한권으로 끝내기

청원경찰
공채·경력경쟁
민간경비론

서울고시각

머리말

산업의 발달은 예전보다 향상된 물질적 풍요를 가져와 현대인들에게 좀더 윤택한 생활을 누릴 수 있게 하는 긍정적 기능을 담당한 반면, 개인주의에 의한 이기주의 만연, 빈부격차에 의한 계층간의 갈등, 무분별한 개발에 따른 환경오염의 심화, 향락산업의 확산에 따른 퇴폐와 무질서의 조장 등 사회 전반의 부정적 문제점들을 양산하기도 하였다. 특히, 지능화·전문화·흉포화되는 범죄의 증가는 개인의 생명과 재산 및 단체의 이익에 상당한 위험이 됨은 물론, 공권력을 위협하는 단계에까지 이르고 있어 그 불안감은 더욱 가중되고 있는 실정이다.

이처럼 증가하고 있는 각종 범죄에 공권력이 능동적으로 대처하기에는 한계가 있으므로 민간경비제도의 필요성이 제기되었다. 이와 관련 정부기관 및 지방자치단체에서는 경비대체요원인 청원경찰을 선발하기 위한 시험제도를 마련하여 공개선발하게 되었다.

청원경찰제도란 국가기관 또는 공공단체, 국내주재 외국기관 등의 장이나 중요시설 또는 사업장의 경영자가 청원경찰법에 의하여 그 소요경비를 부담하고 경찰관의 배치를 청원하는 제도를 말하며, 청원경찰은 청원경찰의 배치결정을 받은 청원주와 배치된 기관, 시설 또는 사업장 등의 구역을 관할하는 경찰서장의 감독을 받아, 그 경비구역 내에 한하여 「경찰관 직무집행법」에 의한 경찰관의 직무를 제한적으로 행하는 경찰을 말한다.

청원경찰 선발시험은 각 지방해양수산청에서 수시로 실시하는 청원경찰 공개경쟁채용시험이 대표적이며, 이외에 각 시·도에서 시행하는 관공서 청원경찰 시험도 있다. 청원경찰은 취업난이 가중되고 있는 시점에서 보수나 복지혜택 및 근무조건과 정년보장 등에 있어서 타 직종보다 안정적이어서 최근 각광을 받는 직종으로 부상하였다. 그러나 이러한 인기에도 불구하고 수험생에게 실질적인 도움이 되는 청원경찰 관련 수험서가 전무한 형편이기 때문에 애로사항이 많은 것이 사실이다.

이에 서울고시각에서는 청원경찰 공개경쟁채용시험에 응시하는 수험생들의 고득점 확보에 일조하고, 수험준비의 편의를 제공하기 위하여 다음과 같은 사항에 역점을 두어 청원경찰 민간경비론을 발간하게 되었다.

이 책의 구성과 특징

① 반드시 숙지해야만 되는 핵심이론 총정리

반드시 숙지해야만 되는 핵심이론과 시험에 나올 수 있는 중요내용을 모두 정리하였으며, 지금까지 출제되었던 기출문제를 철저히 분석하여 출제 가능성이 높은 이론내용을 첨부하였다.

② 특별히 유의해야 할 중요사항의 도해식 정리

특별히 유의해야 할 중요사항에 대해서는 간결한 도해식으로 압축·정리하여 강조하였다. 상세하게 정리된 심화학습 내용을 잘 숙지한다면, 완벽한 이론정립이 가능할 것이다.

③ 기출문제 및 예상문제 다량 수록

기출문제는 향후 출제경향을 예측할 수 있는 중요한 단서가 되기 때문에, 최근까지 시행된 경비지도사 민간경비론 기출문제를 상세한 해설과 함께 수록하였다. 또한 출제 가능성이 매우 높은 신경향 문제들을 엄선하여 예상문제로 구성하였으며, 이론정리식 해설을 통해 해설 자체만으로도 학습효과가 배가 되도록 하였다.

  이상과 같은 목적하에 수험생들에게 실질적으로 도움이 되도록 심혈을 기울여 집필하였기 때문에 이 책을 선택하여 공부하는 수험생들은 결코 후회하지 않을 것이며 나아가 만점을 받으리라 확신한다.
  끝으로 이 책으로 공부하는 수험생들이 소기의 목적을 달성할 수 있기를 기원하며, 이 책을 출간하는 데 많은 관심을 가져주셨던 서울고시각 김용관 회장님께 감사드린다. 또한 기획에서 영업까지 신경을 써 주신 김용성 사장님, 그리고 언제나 최선을 다하는 편집부 직원 여러분께도 감사를 드린다.

편저자 드림

GUIDE

청원경찰 공개경쟁채용 시험안내

이하에 제시된 청원경찰 채용시험 안내는 처음 응시하는 수험생의 편의를 위하여 각 시·도 지방자치단체에서 공고한 청원경찰 공개경쟁채용시험 공고문에서 공통적이고 일반적인 사항만을 발췌하여 수록한 내용입니다. 자세한 내용은 각 시·도별 홈페이지를 방문하여 채용 공고문을 반드시 확인하시기 바랍니다.

1 채용분야 등

채용분야	근무예정지	주요임무
청원경찰	각 시·도 지방자치단체 본청, 직속기관, 사업소 등	각 시·도 지방자치단체 청사시설 방호·경비 및 민원인 안내 등

2 임용의 근거
- 「청원경찰법」 제5조(청원경찰의 임용 등)
- 「청원경찰법 시행령」 제3조(임용자격) 및 제4조(임용방법 등)
- 「청원경찰법 시행규칙」 제4조(임용의 신체조건)

3 응시자격
① 거주지 제한
  ㉠ 공고일 전부터 최종 시험일(면접시험 최종예정일)까지 계속하여 해당 시·도에 주민등록상 주소지를 갖고 있는 자로서 동 기간 중 주민등록의 말소 및 거주 불명으로 등록된 사실이 없어야 함
  ㉡ 공고일 전까지, 해당 시·도에 주민등록상 주소지를 두고 있었던 기간을 모두 합산하여 총 3년 이상인 사람
  ※ 행정구역의 통·폐합 등으로 주민등록상 시·도의 변경이 있는 경우 현재 행정구역을 기준으로 하며, 과거 거주사실의 합산은 연속하지 않더라도 거주한 기간을 월(月)단위로 계산하여 36개월 이상이면 응시 가능(주민등록의 말소, 거주 불명 등록기간은 제외함)
  ※ 거주지 요건 확인은 "개인별주민등록표"를 기준으로 함
② 응시연령 : 18세 이상인 사람(단, 남자의 경우에는 군복무를 마쳤거나 면제된 자에 한함)
③ 학력 및 경력 : 제한 없음
④ 신체조건(청원경찰법 시행규칙 제4조)
  • 신체가 건강하고 팔다리가 완전한 자
  • 시력(교정시력을 포함한다)은 양쪽 눈이 각각 0.8 이상인 자
⑤ 국가공무원법 제33조에 의거 아래의 청원경찰 임용결격사유가 없는 자
  • 피성년후견인

- 파산선고를 받고 복권되지 아니한 자
- 금고 이상의 실형을 선고받고 그 집행이 끝나거나 집행이 면제된 날부터 5년이 지나지 아니한 자
- 금고 이상의 형의 집행유예를 선고받고 그 유예기간이 끝난 날부터 2년이 지나지 아니한 자
- 금고 이상의 형의 선고유예를 받은 경우에 그 선고유예 기간 중에 있는 자
- 법원의 판결 또는 다른 법률에 따라 자격이 상실되거나 정지된 자
- 공무원으로 재직기간 중 직무와 관련하여 형법 제355조(횡령과 배임) 및 제356조(업무상 횡령과 배임)에 규정된 죄를 범한 자로서 300만원 이상의 벌금형을 선고받고 그 형이 확정된 후 2년이 지나지 아니한 자
- 다음 각 목의 어느 하나에 해당하는 죄를 범한 사람으로서 100만원 이상의 벌금형을 선고받고 그 형이 확정된 후 3년이 지나지 아니한 사람
  - 「성폭력범죄의 처벌 등에 관한 특례법」 제2조에 따른 성폭력범죄
  - 「정보통신망 이용촉진 및 정보보호 등에 관한 법률」 제74조 제1항 제2호 및 제3호에 규정된 죄
  - 「스토킹범죄의 처벌 등에 관한 법률」 제2조 제2호에 따른 스토킹범죄
- 미성년자에 대하여 「성폭력범죄의 처벌 등에 관한 특례법」 제2조에 따른 성폭력범죄 또는 「아동·청소년의 성보호에 관한 법률」 제2조 제2호에 따른 아동·청소년 대상 성범죄를 범한 사람으로서 다음 각 목의 어느 하나에 해당하는 날부터 20년이 지나지 아니한 사람
  - 금고 이상의 실형을 선고받고 그 집행이 끝나거나(집행이 끝난 것으로 보는 경우를 포함한다) 집행이 면제된 날
  - 금고 이상의 형의 집행유예를 선고받고 그 집행유예가 확정된 날
  - 벌금 이하의 형을 선고받고 그 형이 확정된 날
  - 치료감호를 선고받고 그 집행이 끝나거나 집행이 면제된 날
  - 징계로 파면처분 또는 해임처분을 받은 날
- 징계로 파면처분을 받은 때부터 5년이 지나지 아니한 자
- 징계로 해임처분을 받은 때부터 3년이 지나지 아니한 자

⑥ 다른 법령에 의하여 응시자격을 정지당하지 않은 자

4 시험방법

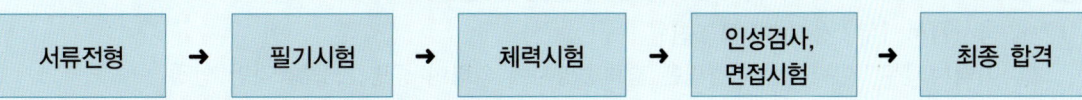

※ 단계별 합격자에 한하여 다음 단계 응시자격 부여
※ 각 시·도별로 시험방법 등이 상이하므로 채용공고를 반드시 확인해야 함

① **서류전형** : 당해 직무수행에 관련되는 응시자의 거주지, 병역, 연령 등이 심사기준에 적합한지 여부를 서면으로 심사하여 공고된 자격기준에 적합할 경우 합격

GUIDE

② 필기시험 : 4지 택일형, 과목당 20문제
  - 시험과목 : 국어, 한국사, 관계법규(청원경찰법, 경비업법, 경찰관 직무집행법), 민간경비론, 일반상식
  - 합격자 결정방법 : 각 과목 만점의 40% 이상, 전 과목 총점의 60% 이상 득점한 자 중 선발예정인원의 3배수 범위 내에서 고득점자 순으로 합격자 결정
③ 체력시험 : 좌우악력, 교차윗몸일으키기, 10미터 왕복달리기 등
  - 측정기관 : 국민체력100 체력인증센터
  - 합격자 결정방법 : 총점 30점 중 12점 이상을 득점한 자를 합격자로 결정
④ 인성검사 : 면접시험 전 실시하여 면접자료로 활용
⑤ 면접시험 : 개별(상황)면접 + 집단면접
  - 청원경찰로서의 정신자세
  - 전문지식과 그 응용능력
  - 의사표현의 정확성과 논리성
  - 예의·품행 및 성실성
  - 창의력·의지력 및 기타 발전 가능성
⑥ 최종합격자 결정방법
  - 최종합격자는 면접시험 합격자 중에서 고득점자 순으로 결정
  - 선발예정인원을 초과하여 동점자가 있는 경우 취업지원대상자, 필기시험 성적이 우수한 자, 체력시험 성적이 우수한 자 순으로 합격자를 결정

5 응시원서 접수, 시험일시·장소 및 합격자 발표(각 시·도 지방자치단체 중심)

① 접수방법 : 자치단체 통합 인터넷원서접수센터(http://local.gosi.go.kr)를 통하여만 접수. 일부 방문접수 및 우편접수인 경우도 있으므로 각 시·도의 채용공고 참조
② 접수시간 : 인터넷 접수시 응시원서 접수시간은 해당 시험 접수기간 중 24시간(일부 09:00~21:00, 응시원서 접수시작일 09:00부터 접수종료일 18:00까지)
③ 시험일시·장소 : 각 시·도 지방자치단체에서 수시 공고하는 청원경찰 공개경쟁채용시험 시행계획을 참조
④ 합격자 발표 : 각 시·도 지방자치단체 홈페이지 게재 및 개별통지

6 응시자 제출서류(각 시·도 지방자치단체 중심)

① 응시원서 1부 : 응시수수료 5천원
② 이력서 1부 : 이력서상의 경력은 경력증명서에 의하여 증명 가능한 것만 인정
③ 자기소개서 1부
④ 자격요건 검증을 위한 동의서 1부
⑤ 개인정보 수집 및 제공·이용동의서 1부
⑥ 주민등록 초본 1부 : 남자인 경우 '병역사항포함'으로 발급
⑦ 해당자에 한함 : 자격증 사본, 취업지원대상자 증명서류 각 1부

CONTENTS

민간경비론

CHAPTER 01	**민간경비의 개관**	3
제 1 절	민간경비의 개요	3
제 2 절	국가별 민간경비업의 발달현황	9
제 3 절	국가별 민간경비의 법적 지위	22
제 4 절	한국 치안여건의 변화와 방범실태	32
	기출 및 적중예상문제 / 35	
CHAPTER 02	**민간경비의 조직 및 원리**	62
제 1 절	민간경비업무의 유형	62
제 2 절	인력경비와 기계경비	66
제 3 절	민간경비의 실시과정	68
	기출 및 적중예상문제 / 87	
CHAPTER 03	**시설경비와 시설보호의 기본원칙**	113
제 1 절	시설물의 경비활동	113
제 2 절	재해예방과 비상계획	127
제 3 절	경비업무의 유형	140
	기출 및 적중예상문제 / 156	
CHAPTER 04	**컴퓨터 범죄 및 안전관리**	199
제 1 절	컴퓨터 범죄의 특징 및 유형	199
제 2 절	컴퓨터 범죄의 예방대책	208
	기출 및 적중예상문제 / 216	
CHAPTER 05	**민간경비 산업의 과제와 전망**	236
제 1 절	한국 민간경비업의 문제점	236
제 2 절	우리나라 민간경비업의 개선방안	242
제 3 절	민간경비산업의 전망	246
	기출 및 적중예상문제 / 253	

CONTENTS

부 록

최근 기출문제 267
- 1 경비지도사 민간경비론 기출문제 / 269
- 2 정답 및 해설 / 277

민간경비론

CHAPTER 01	민간경비의 개관
CHAPTER 02	민간경비의 조직 및 원리
CHAPTER 03	시설경비와 시설보호의 기본원칙
CHAPTER 04	컴퓨터 범죄 및 안전관리
CHAPTER 05	민간경비 산업의 과제와 전망

청원경찰
민간경비론

CHAPTER 01

민간경비의 개관

제1절 | 민간경비의 개요

1 민간경비와 공경비의 개념

(1) 민간경비(Private Security)
   ① 민간경비의 개념
      ㉠ 협의의 민간경비 : 민간이 주체가 되어 특정 고객의 생명과 신체 및 재산을 위해로부터 보호(최협의)하고, 질서를 유지하기 위한 단순한 범죄예방활동을 말한다.
      ㉡ 광의의 민간경비 : 공공기관에 의한 공경비 활동을 제외한 협의의 민간경비의 개념은 물론, 경비의 3요소인 방범·방재·방화 등 일체를 포함하는 예방활동을 말한다.
      ㉢ 실질적 의미의 민간경비 : 민간 차원의 민간경비 개념이 경찰에서 행하는 공공의 안녕과 질서유지 등의 **경찰 활동과 본질적인 차이가 없다는 관점**으로, 고객(국민)의 생명과 신체 및 재산보호, 사회적 손실감소와 질서유지를 위한 모든 활동을 말한다.
      ㉣ 형식적 의미의 민간경비 : 사경비로서의 민간경비 개념과 공경비로서의 경찰 개념이 명확하게 구별되는 관점으로, 실정법인 **경비업법에서 규정하는 업무를 수행**하고, 경비업법에 의해 허가받은 법인에 의해 수행되는 경비활동을 말한다.
   ② 민간경비의 특성 : 여러 종류의 위해로부터 개인의 이익이나 생명 및 재산을 보호하기 위하여 국가가 아닌 개인 간의 이해관계에서 성립된 **비영리 자구적 집단**이나 **특정한 의뢰자**(고객)**에게 받은 보수만큼** 경비 및 안전에 관한 서비스를 제공하는 영리활동을 말한다.

③ 민간경비의 성장배경
  ㉠ 범죄 및 손실문제의 심화 : 인구 및 주요시설의 대도시 집중, 사회조직과 기능의 급속한 분화, 전통적인 윤리규범의 와해, 배금주의 사상의 팽배, 국제화 등 사회제반의 변화에 따라 야기되는 일련의 강력범죄는 공공의 안녕과 질서를 위협하는 심각한 위험요소로 부각되고 있다.
  ㉡ 국가공권력(경찰력)의 한계 : 범죄의 양적 증대와 유형의 다양화, 수법의 흉악화·조직화 등으로 인한 치안수요의 급증에도 불구하고, 민생치안에 대한 경찰의 대응능력은 인력 및 장비의 부족, 업무량의 과다 등으로 인하여 그 수요에 적절히 대응하지 못하는 경찰력의 한계가 있다.
  ㉢ 개인 및 조직의 안전의식 증대 : 민주주의가 발달하고 자유시장의 경제원리가 보편화됨에 따라 시민은 자신의 안전을 공공경찰의 역할에만 전적으로 의존하는 전통적 사고에서 벗어나 개개인의 자경주의(自警主義)를 강화시키고 있다.
  ㉣ 대규모 사유재산의 증대 : 자본주의 발전에 수반하여 기업중심의 경제활동이 증대되고 기업활동의 규모와 범위가 확대화·복잡화함에 따라 대기업을 중심으로 한 수요자들은 자신들에게 충분한 서비스를 제공하지 못하는 공경찰 대신에 민간경비에 의존한다.
④ 민간경비의 발전배경 : 국민소득의 증가, 경비개념에 대한 사회적 인식변화, 민간경비 제도나 서비스의 유용성에 대한 일반시민들의 인식변화, 실제적인 범죄의 증가 등이 원인이 되어 국가마다 제도적 차이를 두고 민간경비가 발전하게 되었다.
⑤ 민간경비의 주요임무 : **범죄예방**(민간경비의 주된 임무로 가장 공공성이 강한 임무), **위험방지**(화재예방 및 사고예방), **질서유지**(사회불안과 혼란의 방지 및 안전활동) 등의 경비서비스를 특정한 의뢰자를 위해서 제공한다.
⑥ 민간경비의 효시 : 영국을 시발점으로 유럽에서 시작된 민간경비는 원시적인 사설경비업체가 우선하여 존재하였고, 이후 공경비의 필요성이 대두되면서 국가경찰이 등장하게 되었다.

(2) 공경비(Public Security)
① 공경비의 의의 : 대표적인 공경비인 경찰 등이 관할구역 내에서 **법집행**에 관한 각종 권한을 가지고 일반국민들의 **공공의 이익**을 위하여 범죄를 예방, 진압하고 국가 및 사회의 안녕과 질서를 유지하는 모든 활동을 말한다.
② 공경비의 주요임무 : 국가권력인 경찰에 의한 공공의 질서유지, 범죄예방, 범죄자 체포 및 수사, 교통통제, 개인의 생명보호 및 재산보호 등의 임무를 수행한다.

2 민간경비와 공경비의 본질적 차이

(1) 권력작용 측면에서의 차이점
① 민간경비 : 특정한 의뢰자인 고객을 위해 임무를 수행하기 때문에 권한은 극히 한정되어 있으며, **각종 제약**을 받는다. 즉, 자신들이 맡고 있는 특정 시설 내지 사람들을 중심으로 경비업무를 수행한다.

② 공경비 : 일반시민을 위한 공공의 이익을 위해 임무를 수행하기 때문에 각종 **강제권을 포함한 권한**이 주어진다. 원칙적으로 자신들의 순찰구역을 중심으로 경비업무를 수행하되, 민영화를 통해 민간경비로 하여금 경찰의 경비업무를 수행하도록 하기도 한다.

(2) 업무수행 측면에서의 차이점
① 민간경비 : 특정한 의뢰자에게 받은 보수만큼 그 특정 의뢰자만을 위하여 범죄예방 및 억제, 경제적 손실의 방지 및 이익을 위한 사전 예방적 차원에서 고객과의 계약관계를 통해 형성된 역할을 수행한다.
② 공경비 : 사회 전반의 질서유지와 공공의 이익을 위하여 범죄수사 및 범인체포를 위한 **법집행의 임무**를 주로 수행한다.

(3) 재원과 인력측면에서의 차이점
① 민간경비 : 범죄예방 및 손실예방 등 위험방지에 관한 사무를 **자본금과 경비료**를 재원으로 하여 사인(私印)인 **민간경비원**으로 하여금 수행하게 한다. 이는 경찰이 수행하는 위험방지 등의 역할이 국가에 의해서만 수행되는 것이 아님을 뜻한다.
② 공경비 : 범죄예방과 범죄진압 등 위험방지에 관한 사무를 국민의 **세금**을 재원으로 하여, 국가 공권력인 **경찰공무원**으로 하여금 수행하게 한다.

> **심화연구** 민간경비와 공경비의 차이점과 공통점
>
> | 구분 | 민간경비 | 공경비 |
> |---|---|---|
> | 수혜대상 | 특정 의뢰인(계약당사자인 고객)
→ 사익보호(영리성 추구) | 불특정 일반국민(시민)
→ 공익 및 사익보호(공익성 추구) |
> | 목적과 기능
(주요임무) | 범죄예방·고객재산 보호 및 손실감소
→ 경비계약에 의함 | 법집행(범인체포·범죄수사와 조사를 통한 국민의 안녕과 질서유지)
→ 법령에 의함 |
> | 서비스 범위 | • 특정(한정) → 경제재(경합적 서비스)
• 고객지향적 서비스 | • 일반(포괄) → 공공재(비경합적 서비스)
• 시민지향적 서비스 |
> | 업무의 주체 | 민간(영리)기업 → [법인] | 정부 → [경찰] |
> | 공권력 작용 | 강제력 사용시 제약받음(위탁자의 私權) | 강제력이 포함된 통치권(경찰권) |
> | 공통점 | 범죄예방(가장 공공성이 강한 활동)·범죄감소·질서유지·위험방지·재산보호 ||

(4) 민간경비의 공공성
① 공공서비스로서의 치안서비스
  ㉠ 공공서비스 : 공공기관(정부나 자치단체)에서 공익을 만족시킬 목적으로 생산하고 공급하는 재화와 국방·소방·교육·보건·경찰 등과 같은 공공서비스를 말한다.
  ㉡ 치안서비스 : 공공서비스 중 가장 기본적인 것으로서 공공질서를 유지하면서 각종 범죄와 무질서 등의 위험으로부터 국민의 인적·물적 자원을 보호하는 공공서비스의 일부로서 사회간접자본(SOC)의 성격을 갖는다.

② 치안서비스의 제공 주체
　㉠ 국방 및 형사사법기관 : 국가방위를 위해 중앙정부에서 관리·제공하는 국방서비스는 치안서비스 중 가장 거시적인 서비스를 제공하며, 경찰·법원·교정기관 등과 연계하여 이루어지는 형사사법서비스가 국방서비스 다음으로 거시적인 서비스를 제공한다.
　㉡ 경찰 : 경찰의 범죄예방과 수사 결과에 따라 다음 단계인 기소와 재판, 행형과 교정대상의 정도를 결정하기 때문에 경찰은 형사사법 체계의 제1단계인 입구(Intake Valve)에 해당한다. 따라서 경찰서비스는 범죄통제에 있어서 본질적이고 대표적인 치안서비스라고 할 수 있다.
　㉢ 민간부문 : 현행법상 민간경비는 경찰의 허가 및 지도·감독을 받기 때문에 법적·제도적으로 경찰과 밀접한 관련을 맺고 있지만, 정보보호·시큐리티 자문·사설탐정 등과 같이 다양한 형태로 치안서비스가 이루어지고 있다. 일반 시민의 참여는 보통 경찰서 내지 파출소 단위에서 조직화되어 치안서비스가 이루어지고 있는 것이 보통이다.

③ 치안서비스의 순수공공재이론
　㉠ 순수공공재이론 : 머스그레이브(Musgrave)는 순수공공재를 정의하면서 **비경합성, 비배제성, 비거부성**이라는 세 가지 기준을 제시하였다. 공공서비스로서의 치안서비스가 이러한 세 가지 기준에 부합될수록 민간부분, 특히 민간경비의 접근은 제한된다고 보았다.
　　ⓐ 비경합성(Non-rivalness) : 치안서비스라는 재화는 "**추가이용자의 추가비용이 발생하지 않는다.**"는 것이다. 즉, 치안서비스는 다수의 사람들이 동등한 서비스를 동시에 소비하며 동등한 이익을 서로 받을 수 있는 것이지, 어느 특정인이 서비스를 받음으로써 다른 사람의 참여가 제한되어 손해를 보는 재화가 아니라는 것이다.
　　ⓑ 비배제성(Non-excludability) : 치안서비스라는 재화는 "**이용 또는 접근에 대해서 제한할 수 없다.**"는 것이다. 즉, 치안서비스의 제공자가 특정 집단 또는 개인을 서비스 제공대상에서 제외시켜 혜택을 못 받도록 할 수 없다는 것이다.
　　ⓒ 비거부성(Non-rejectability) : 치안서비스라는 재화는 "**서비스의 이용에 대한 선택권이 없다.**"는 것이다. 즉, 시민이 국방 또는 경찰서비스를 거부할 수 없는 것처럼 서비스가 일단 공급되면 모든 시민들은 본인의 의지와 상관없이 서비스를 이용하게 된다는 것이다.
　㉡ 순수공공재성의 한계(비순수성의 요인)
　　ⓐ 행정구역의 편성 : 경찰활동의 영역이 일정 지역을 중심으로 이루어져 규모가 작아진다면 공공서비스가 갖는 순수공공재의 특성인 비경합성, 비배제성, 비거부성을 유지하기가 어렵게 된다.
　　ⓑ 거리감퇴효과 : 경찰서·법원·공원·도서관 등과 같은 공공서비스들은 행정구역 내의 모든 지역사회에서 이용할 수 있지만, 이용자들이 해당시설에 이동하는데 드는 비용이 증가하면 서비스가 이용되지 않는 지점이 발행하게 되어 순수공공재의 특성인 비경합성, 비배제성, 비거부성을 유지하기가 어렵게 된다.

ⓒ 외부효과성 : 외부성 효과에는 주변지역에 양질의 교육시설 등과 같은 유익한 시설이 인접해 있으면 이익이 발생하는 정(+)의 효과와 쓰레기처리장과 같은 유해시설이 인접해 있으면 손해가 발생하는 부(-)의 효과가 있는데, 이는 개인의 가치체계와 행정경계를 넘어서 영향을 미칠 수 있기 때문에 순수공공재의 특성을 유지하기가 어렵게 된다.

3 민간경비가 성장하게 된 이론적 배경

(1) 경제환원이론(Economic Reduction Theory)
① 개념 : 사회현상이 직접적으로 경제와 무관하더라도 특정한 사회현상의 발생원인을 **경제문제에서 찾으려는 입장**으로, 경기침체로 실업자가 증가하면 자연적으로 범죄가 증가하게 되고, 이에 직접 대응하기 위하여 민간경비 시장이 성장한다는 이론이다.
② 이론적 근거 : 범죄의 증가원인이 **경제와 직접 무관한 성격**을 가짐에도 불구하고 **실업의 증가에서 찾으려고 하는 경제환원론적 시각**의 단순성 이외에도 한 사례의 특정한 시간대를 기준으로 해서 나온 사회현상의 **경험론적 관찰**에 근거를 두고 있다. 즉, 1965년에서 1972년 미국의 경제침체기에 민간경비 시장의 성장과정에 대한 경험적 관찰에 기초한 이론이다.
③ 이론적 취약성 : 경제 전반의 상태와 운용에 연결시켜 민간경비업이 성장한다는 경제환원론적 이론은 경기침체와 민간경비 부문의 수요증가의 관계를 인과적 성격으로 보는 것이 아니라 **단순한 상관관계의 성격**으로 보기 때문에 이론적 취약성이 있다.

(2) 공동화(空洞化)이론(Vacuum Theory)
① 개념 : 경찰이 이웃 간의 다툼해결, 사회봉사활동, 공중위생의 유지, 교통관제 등의 비범죄적(非犯罪的)인 업무에 쫓기고 있어서 경찰 본래의 직무인 범죄예방이나 범죄통제와 같은 서비스를 충분하게 제공할 수 있는 인적·물적 측면의 요인들이 감소됨으로써 나타나게 된 '**공동화(空洞化) 상태**'를 민간경비가 메우기 위해서 민간경비가 발달한다는 이론이다. 이는 경찰과 같은 공경비가 감당하지 못하는 치안환경의 사각지대(국가공권력인 경찰력이 미치지 못하는 장소 내지 지역)를 민간경비가 메꾸어 준다는 논리이다. 즉, 민간경비가 경찰이 행하는 본연의 기능이나 역할을 보완하거나 대체한다는 관점에서 접근하는 이론이다.
② 이론적 근거 : 경찰 본연의 역할인 범죄예방이나 범죄통제 능력이 국민의 욕구를 만족시키지 못할 때 생기는 공동(Gap)상태를 민간경비가 대체·보완한다는 공동화 이론은 경찰과 민간경비가 **상호갈등이나 경쟁관계에 있는 것이 아니라 상호보완 및 역할분담적 관계**에 있다는 이론적 근거에 바탕을 둔다.

(3) 이익집단이론(Interest Group Theory)
① 개념 : 경제환원이론이나 공동화 이론을 부정하는 입장으로 민간경비도 **기업(법인) 자체의 이익**을 극대화시키기 위해서 스스로 규모를 팽창시키고 새로운 법률이나 제도를 창출시키는 등의 노력을 기울이는 과정에서 민간경비가 발전한다는 이론이다. 즉, **방치하면 보호받지 못하게 되는 재산** 등을 민간경비가 보호한다는 관점으로 플레벨(Flavel)이 공동화 이론을 부정하면서 주장한 이론이다.

② 이론적 근거 : 한 사회 내에 존재하는 많은 이익집단들이 그들의 이익을 극대화시키기 위하여 행위하는 것처럼 민간경비도 **하나의 독립된 행위자**(Actor)로서 고유한 이해관계를 가질 수 있다는 가정에서 출발한다. 이는 민간경비 시장이 성장함에 따라 경비업체들은 하나의 독립된 이익집단을 형성함으로써 공경비인 경찰과 대등한 관점에서 자신들의 활동영역을 확대시켜 가고 있음을 의미한다.

(4) 수익자부담이론(Profit-Oriented Enterprise Theory)
 ① 개념 : 개인이 의료보험이나 자동차 보험에 가입하여 자신의 건강이나 사유재산을 보호받는 것처럼 개인의 신체나 재산보호는 **수익자 개인의 비용에 의해서 담보되어야 한다는 입장**으로 경찰의 역할이 개인의 안전과 사유재산을 보호하는 것이라는 일반적 관념에 제한을 두는 이론이다.
 ② 이론적 근거 : 자본주의가 발달한 사회에 있어 경찰의 공권력 작용은 자본주의 사회의 **질서유지나 체제수호** 등과 같은 거시적 측면의 역할에 **한정**하고, 사회구성원의 개인 차원이나 여타 집단과 조직의 안전과 보호는 **해당 개인이나 조직이 담당**해야 한다는 인식에 기초를 둔다. 이는 국가 공경비인 경찰이 갖는 근본적 성격·역할·기능에 대한 일반 사회의 통념적 인식에 의문을 제기하는 이론이다.

(5) 공동생산이론(Coproduction Theory)
 ① 개념 : 경찰이 근본적으로 안고 있는 사후 대응적 경찰활동의 한계를 일부 극복하고, 시민의 안전욕구를 증대시키기 위하여 민간부문의 능동적인 참여를 다각적으로 유도하여 **경찰과 시민들이 공공서비스를 공동으로 생산**하도록 한다는 이론이다.
 ② 이론적 근거 : 오늘날 범죄는 날로 증가하고 있고, 범죄양상도 갈수록 흉포화되고 있는 실정이기 때문에, 이러한 범죄 증가와 심각화를 억제하는 기능을 단순히 경찰에게만 맡겨둔다면 범죄를 사전적으로 예방하는 데는 일정한 한계가 있기 마련이다. 따라서 시민들을 다양한 방식으로 범죄예방활동에 적극 참여시킴으로써 **효율적인 범죄예방을 위한 경찰활동과 시민참여**라는 치안공동이익 추구에 이론적 근거를 두고 있다. 여기서 치안서비스 공동생산의 주체로서만 작용하는 경찰과 민간경비와는 다르게, 시민은 치안서비스의 수혜대상(생산객체)이면서 생산주체로서 작용하게 된다. 즉, **민간경비를 공경비의 보조적 차원이 아닌 주체적 차원으로 인식**함으로써, 치안서비스 제공은 경찰의 역할수행과 민간경비의 공동참여로 이루어진다고 보는 이론이다.

(6) 민영화이론(Private Management Theory)
 ① 개념 : 단기적으로 **정부의 역할을 축소**하는 대신 **민간의 역할을 증대**시켜 국가는 경찰과 같은 국가공권력의 경비부담 감소와 비용 절감의 효과를 거두고, 나아가 작은 정부의 수립을 통한 국민의 권리신장과 시민의 기본권 신장, 정치권력의 최소화를 통한 권력남용의 폐해를 줄이고자 하는 이론이다. 즉, **국가독점에 의한 비효율성을 극복하기 위해 시장경쟁논리를** 도입하여 국가중요시설의 경호 및 경비를 민간에 위탁시켜 공경비의 역할을 줄이는 대신 민간경비를 확대시키자는 이론이다.
 ② 이론적 근거 : 근대국가 성립 이후 군사와 형사사법 등과 같은 영역에서 물리적 강제력을 독점적으로 사용하고 사적인 개입을 허용하지 않았지만, 1970년대 이후 신자유주의 영향에 따라 그간 국가가 독점적으로 사용해 오던 물리적 강제력이 쇠퇴하면서 민간경비산업이 발전하는 계기가 되었다. 즉, 전통적으로 시장기능으로 해결할 수 있는 문제를 국가가 직접 개입하여 해결하려고 함으로써 국가기구의 비대화와 심각한

예산팽창이라는 비효율성을 가져오게 되었다. 그 결과 관료제 정부를 축소하고 시장경제로 환원해야 한다는 주장이 비등하면서, 정부기능의 민간이양 내지 민간위탁에 대한 논의가 거세졌다. 이러한 논의는 공공지출의 증가율을 통제하려는 정부의 노력과 시장의 자유화, 민영화, 아웃소싱, 작은 정부의 지향 등을 목표로 하는 정책의 고려 등의 공공서비스 공급에 중요한 영향을 미치게 됨으로써 기업경쟁력과 효율성 증가, 사적 이익창출에 따른 시너지 효과 등의 소득재분배의 효과를 낳게 되었다. 이처럼 재화나 서비스의 생산이 공공분야에서 민간분야로 이전되면서, 자원이용의 효율성을 높일 수 있게 됨으로써 **민간의 활동이 활성화될 수 있는 배경**이 되었다.

제2절 | 국가별 민간경비업의 발달현황

1 고대 민간경비의 발전

(1) 원시시대
① 민간경비의 자연발생적 태동 : 원시시대에는 자연재해, 종족 내부에서의 생존, 다른 종족으로부터 자신과 종족을 보호하기 위한 자구책을 강구하게 되면서 개인차원의 민간경비가 생겨나게 되었다.
② 원시적 공경비 개념의 태동 : 이후 공동체 문화의 성립에 따라 자신과 종족보호라는 초기 원시적 민간경비의 개념이 부족의 공동보호라는 형태로 변화되어 다수(단체)의 이익과 안전을 위한 권력의 간섭이 시작됨으로써 원시적 공경비의 개념이 태동되었으며, 이때 부족장(지도자)은 원시적 법집행 기관으로 등장하게 되었다.

(2) 바빌로니아 왕국의 함무라비(Hammurabi)왕 시대(기원전 2200)
① 최초로 법집행 개념을 명문화 : 함무라비 왕이 **세계 최초로 법집행**이라는 개념을 **법으로 명문화**하여 이를 바탕으로 정부가 법을 집행하고, 개인에게 책임을 부여할 수 있었다.
② 경비개념의 분리 : 바빌로니아 왕국의 함무라비 왕 때부터 경비의 개념이 **개인 차원의 민간경비**와 **국가차원의 공경비**로 **분리**되기 시작하였다.

> **심화연구** 함무라비 법전(Code of Hammurabi)
>
> **1** 세계 최고의 성문법 : 고대 바빌로니아 제1왕조의 제6대 왕인 함무라비(BC 1792~BC 1750)가 기원전 1750년경 수메르(Sumer) 법과 아카드(Akkad) 법을 절충·보완하여 편찬한 세계 최초의 성문법전이다.
> **2** 발견과 외양 : 1901년말 프랑스 탐험대가 페르시아의 고도(古都) 수사에서 발견하였으며, 현재 완전한 원형으로 루브르 미술관에 소장되어 있다. 높이 2.25m 되는 돌기둥의 게시법으로 설형문자(쐐기문자)에 의하여 282조의 규정이 새겨져 있으며, 윗부분에는 함무라비 왕이 샤마슈신(태양신)으로부터 받는 장면이 새겨져 있다.
> **3** 구성 : 전문과 후문에는 함무라비의 입법정신(정의법, 약자의 보호)이 새겨져 있고, 282개의 판례법은 형법·가족법·민법 등으로 이루어져 있으며, 형법은 '눈에는 눈', '이에는 이'라는 동해보복법(同害報復法) 원칙도 있다.

(3) 초기 그리스의 도시국가(Polis)
① **경비개념의 확대** : 부족이나 씨족의 생명·신체·재산을 보호하는 개인차원의 경비개념이 **사회질서 유지차원의 공공개념으로 확대**하여 발전하였다.
② **최초의 국가경찰** : 도리아인이 원주민을 정복하여 세운 폴리스인 스파르타(Sparta)에서는 일찍부터 **법을 집행하기 위한 치안책임자를 임명**하는 제도가 발달하였는데, 이는 최초로 국가경찰이 발달하였음을 의미한다.

(4) 고대 로마(Roma)
① **최초의 비무장수도경찰인 자경단원의 임명** : 악티온 해전에서 이집트의 클레오파트라와 제휴한 안토니우스를 격파하여 로마의 지배권을 장악한 **옥타비아누스**(Octavianus)는 원로원에서 아우구스투스(존엄자)란 칭호를 받고 로마의 제정시대를 이끌며 **자경단원**이라 불리는 수천 명의 **비무장 군인**을 각 관할 구역의 질서유지를 위해 임명하였다.
② **로마제국의 몰락** : 오리엔트 문화, 그리스 문화, 헬레니즘 문화를 계승통합하여 이를 유럽 세계와 이슬람 세계에 전해 준 로마의 문명사회가 붕괴됨에 따라 경비의 책임도 국가적 차원에서 **다시 개인적 차원으로 귀속**되는 순환과정을 겪게 되었다.

2 고대 이후 민간경비의 발전

(1) 경비제도 발전과정
① **최초의 경비제도** : 고대사회 이래 인간은 주변환경과 동족으로부터 자신을 스스로 보호하기 위한 방법을 강구하였는데, 이를 통하여 **민간경비제도**가 공경비제도보다 **먼저 발달**하였음을 알 수 있다.
② **경비제도의 연역적 추론** : 경비제도는 『민간경비시대 → 공경비와 민간경비개념의 미분화 시대 → 공경비시대 → 공경비와 민간경비의 병행시대』로 발전하였다.

(2) 영·미법계 국가와 대륙법계 국가의 경비제도
① **영·미법계 국가의 경비제도** : 영·미법계 국가에서는 지방분권주의의 활성화로 일찍부터 사경비제도가 발달하여 자기보호 내지는 자구사상을 기초로 하는 **자치경찰제**가 자치주의 원칙에 따라 경찰과 함께 공존하며 범죄문제에 대처하여 왔다.
② **대륙법계 국가의 경비제도** : 대륙법계 국가에서는 중앙집권적인 성격이 강하여 국가보호 내지는 국가기능을 토대로 하는 **국가경찰제**가 발전하여 국가주의 원칙에 따라 범죄문제에 대한 대처가 관(官) 주도로 행해져 공경비 위주로 발전하여 왔다.

3 영국 민간경비의 발전

(1) 민간경비의 출현
① **민간경비의 시작** : 민간경비의 역사는 영국을 중심으로 하여 유럽에서 시작되었으며, 영국에서는 사설 경찰활동이 공적인 경찰활동보다 먼저 존재하였다.
② **공경비의 필요성 대두** : 영국에서 내란과 소요가 많았던 17세기에 공경찰의 도입 필요성이 제기되었는데, 이와 같은 배경은 인간은 태어나면서부터 자유, 평등의 권리를 가지며, 이 권리를 보다 잘 보장하기 위하여 서로 계약을 맺어 법이 지배하는 정치사

회(국가)를 구성할 필요가 있다고 설명하고 있는 **사회계약설의 작용**에 의해서였다. 즉, 경찰활동은 이러한 사회계약을 이행하는 한 수단으로 도입된 것이다.

③ 사설경찰활동의 출현 : 전통적인 경찰이 영국에 도입되었던 18세기 초, 당시 런던에는 재산범죄가 만연하였으며, 이에 대해 공권력(공경찰)이 절도당한 물건이나 분실한 물건을 모두 찾아 줄 수가 없었다. 여기에서 **조나단 와일드**(Jonathan Wild)와 같은 도둑잡는 사람이 나타나 개인에게 돈을 받고 분실한 물건을 찾아주거나 경찰에게 넘기는 일을 함으로써 사설경찰활동이 출현하는 계기가 되었다.

(2) 규환(叫喚)제도(Hue and Cry)

① 개념 : 치안에 대하여 개인과 집단이 **공동으로 책임을 지는 제도**를 말한다. 이는 현대 사회에서 **시민체포와 같은 개념**으로 모든 건장한 사람이라면 범법자를 추적·체포하는 데 참여해야 한다는 인식을 바탕으로 한다.

② 경비상 시민의 의무와 벌칙

　㉠ 시민의 의무 : 모든 시민들은 개인 자신의 행동뿐만 아니라 이웃의 행동에 대해서도 책임이 있다고 명시하고, 범죄가 발생하면 **고함소리**(규환)를 질러 사람을 모아 그 지역에 침입한 범죄자를 추적하여야 하였다.

　㉡ 벌금의 부과 : 만약, 개인과 집단이 범죄자를 체포하지 못하면 국왕으로부터 벌금을 부과받는 제재를 당하게 된다.

(3) 헨리(Henry) 국왕의 법령

① 레지스 헨리시법(The Legis Henrici Law) 공포

　㉠ 개념 : 모든 범죄는 개인에 대한 위법이 아니라 '**국왕의 평화**(King's Peace)'에 **대한 도전**으로 간주되기 때문에 죄를 범한 범죄자에 대한 처벌은 피해 당사자인 개인이나 희생물에 대한 처벌이기보다는 **국왕에 의해서 직접 처벌**되어야 한다는 개념이다.

　㉡ 역사적 의의 : 헨리 국왕의 집권기인 1116년경에 경비책임을 **국가적 치안개념으로 발전**시킨 레지스 헨리시법을 공포하여 경비의 개념을 민간 차원에서 공경비 차원으로 바꿔 놓았으며, 중범죄(Felony)와 경범죄(Misdemeanor)에 대한 법률적인 구분을 내렸다는 점에서 의의가 있다.

② 헨리시법 개념의 변천

　㉠ 경찰의 의미 변화 : 국왕의 평화에 대한 의지를 침해하면 위법행위가 되어 이를 어기는 자는 추방이나 징역으로 처벌할 수 있는데, 이는 경찰이 사립경찰로서 더 이상 활동하지 않는 중요한 의미를 가진다.

　㉡ 사법에서 공법으로의 법개념 변천 : 범법자에게 추방의 의사결정을 할 때 사회는 반사회적 행위나 부당행위의 처벌 등에 대해 명문화하여 평화에 대한 국왕의 의지를 강화시켰는데, 이는 사법(민간경비)에서 공법(공경비)으로 법의 개념이 변천한 것을 의미한다.

(4) 주야 감시(Watch and Ward) 시대

① 시대상황
  ㉠ 치안판사직 신설 : 법의 집행이 정부의 책임으로 귀착되어 감에 따라 국왕 에드워드 1세는 지역의 경찰에 철저한 통제를 하고, 주(州) 보안관(Sheriff)의 무능함을 견제하기 위하여 치안판사직(Justice of the Peace)을 신설하였다.
  ㉡ 범죄의 증가 : 치안판사직을 신설하는 등 국가적인 노력을 하였지만, 1500년부터 1800년까지 약 300년 동안 영국 사회는 불안하고 경제적인 압박을 받은 시기였기 때문에 범죄가 증가하였다.

② 사설경비기관의 등장
  ㉠ 배경 : 날로 범죄가 증가함에도 정부는 범죄로부터 시민의 생명과 재산, 상업과 산업시설에 대하여 충분하게 보호하고 신속하게 대처할 능력이 없었다.
  ㉡ 주야감시원의 구성 : 범죄예방에 있어 **정부의 무능에 따른 치안의 부재현상**은 사설경비기관의 발달을 가져 왔는데, 이들 사설경비기관은 주로 은행의 경비원, 상인들의 고용인, 사업장소 등에서 **주·야간감시원으로 활동**하였다.

(5) 보우가(The Bow Street) 주자(Runners) 시대

① 보우가 주자의 유래
  ㉠ 범죄예방과 시민의 역할 : 헨리 필딩(Henry Fielding)이 1748년 영국 보우가의 행정장관으로 임명되면서 범죄예방을 위해서는 보우가의 **시민들 스스로가 단결**을 해야 한다는 개념을 창시하였다.
  ㉡ 범죄예방조직과 시민의 활동 : 헨리 필딩(Henry Fielding)은 보우가(The Bow Street)의 타락하고 무질서한 당시의 치안을 바로잡기 위해 시민들 중 지원자를 중심으로 소규모 단위의 범죄예방조직을 만들었으며, 시민들의 활동에 대해서는 **일정한 보수를 지급**하였다.

② 보우가 주자 시대의 개막과 활동
  ㉠ 보우가 주자 시대의 개막 : 필딩(Fielding)의 노력과 보우가 시민들의 활약에 힘입어 1785년경에는 인류 역사상 **최초의 형사기동대**라고 할 수 있는 '보우가 주자(The Bow Street Runners)'로 명성을 얻게 되었다.
  ㉡ 보우가 주자들의 활동 : 신속한 범죄수사와 분실재산의 성공적인 회수활동 등을 하였으며, 크롬웰(Cromwell)은 강력한 중앙정부가 지방정부를 통제하려는 계획을 추진하였으나 시민들의 반발로 다시 지역단위의 관구경찰제도로 부활되었으며, 이후 영국에서는 자치경찰제도를 선호하게 되었다.

> **심화연구** 헨리 필딩(Henry Fielding)의 업적
>
> **1** 민간경비 제안 : 영국에서 직업적으로 충분한 급료를 받는 민간경비 제도를 제안하였다.
> **2** 경찰조직의 세분화 : 주·야간경비대, 수상경찰, 도보경찰, 기마경찰, 특별조사관 경찰법원, 보우가 주자(형사기동대) 등을 만들어 경찰조직을 세분화하였다.
> **3** 교구경찰 창시 : 책임이 교회구역 내에서만 한정되는 교구경찰을 창설하였다.

(6) 산업혁명 이후의 민간경비
  ① 민간경비와 공경비 발달의 시대적 배경
    ㉠ 산업혁명의 영향 : 산업혁명의 결과 공장의 출현과 더불어 새로운 도시가 생기고, 농촌으로부터 도시로의 인구이동이 현저하여 치안의 부재현상이 일어났다.
    ㉡ 산업화에 따른 범죄증가 : 장물아비의 활동, 어린아이들에 대한 도둑질 강요, 위조화폐공장의 설립 등 산업화에 따른 범죄홍수에 대해서 지역 관구경찰의 활동으로는 속수무책이었다.
  ② 민간경비와 공경비의 성장
    ㉠ 성장 배경 : 최악으로 전개되는 치안상태를 바로잡고 날로 악화되는 개인의 생명과 재산을 보호하기 위한 정부와 시민의 노력이 계속되어 많은 **민간경비조직(민간경비)과 법집행기관(공경비)이 탄생**하게 되었다.
    ㉡ 법집행기관의 탄생 : 템즈리버(Thames River)경찰, 보우가의 주자, 감시인과 경비원, 탐정기관, 산업경찰, 특수경찰 및 관구경찰 등이 출현하였다.

(7) 현대적 의미의 방범활동
  ① 영국수도경찰 : 로버트 필(Robert Peel)은 "범죄문제를 해결하는데 있어 책임이 분리되어서는 훌륭한 경찰활동을 조직적으로 운용할 수 없다."고 언급하고, 1829년 수도경찰법을 의회에 제출함으로써 영국 **최초의 근대 경찰 조직인 영국수도경찰이 창설**되는 계기가 되었다.
  ② 런던 경시청 창설 : 1829년 내무장관 산하 유급의 국가경찰관으로 구성된 관료제 전문 경찰조직인 런던 경시청이 창설되었다.

4 미국 민간경비의 발전

(1) 식민지 시대(1620~1776)
  ① 미국의 치안현황 : 스페인, 네덜란드, 프랑스, 영국 등 유럽의 여러 나라들이 식민지 개척자로서 미국에 건너오기 전 당시 미국은 어떠한 치안조직 활동도 구축되지 않은 상태였다. 따라서 식민지 개척자들은 식민지 사회 구성원을 외적이나 내부 이단자로부터 안전을 확보하는 것이 급선무였다. 특히, 영국은 식민지 개척의 주도권을 확보하면서 본국에서 친숙했던 치안제도를 **미국 사회에 이식하여 새로운 환경에 맞도록 점차 변형**시켜 갔다.
  ② 공경비와 자경주의 태동
    ㉠ 보안관(Sheriff) : 식민지 총독에 임명된 최상의 공적 기관으로 법집행업무, 징세, 선거관리, 공공시설의 유지 등 광범위한 공경비 업무를 수행하였다.
    ㉡ 치안관(Constable) : 보안관의 업무를 보조하는 부보안관(Little Sheriff)의 역할을 수행하면서 법집행은 물론 시민생활 등 비교적 폭넓은 공경비 업무를 수행하였다.
    ㉢ 경비원(Watchman) : 영국에서 발달한 자경주의(自警主義)의 전통에 따라 보안관과 치안관과 같은 공적 기관이 담당한 치안활동 이외의 경비업무를 지역사회 구성원 전체가 야간경비와 순찰업무를 의무적으로 수행하였다.

(2) 독립 후 초기 시대

① **독립과 영토 확장에 따른 경비의 필요성 대두** : 영국에 의해 13개 지역으로 나뉘었던 동해안 13개 식민지는 1721년 본국의 중상주의 정책을 공개적으로 비판하며, 1776년 독립 선언으로 13개 주로 독립하였다. 이후 1812년 전쟁이 끝나면서 영국으로부터 경제적으로 독립하고 미국인이라는 정체성과 국민의식이 자라게 된 미국은 급속도로 영토를 확장하게 되었다. 이에 따라 지역 간 교역이 급속히 늘어나 상품운송에 따른 경비의 필요성이 대두되었고, 부두와 운하에 경비원 내지 감시원이 배치되었다.

② **산업혁명과 도시화의 영향** : 산업혁명과 도시화의 진전에 따라 모든 주민이 치안유지의 책임이 있다는 **보통법(Common Law)**은 유명무실화되었고, 대신 돈을 주고 사람을 사서 경비 임무를 대행시키는 형태로 바뀌어갔다. 이러한 시대의 흐름은 19세기 중반 보스턴(1838), 뉴욕(1844), 필라델피아, 시카고, 뉴올리언스, 세인트루이스 등 동부지역에서 공식적인 경찰이 만들어지는 단계로 발전하였다. 그러나 당시에는 미국 전체를 관할할 수 있는 연방경찰이나 고도의 전문적인 지식과 능력을 가진 형사사법기관은 형편상 존재할 수 없었고, 대도시 주변에만 설치된 공식적인 정규경찰도 모든 사람의 생명과 재산을 완전히 지킬 수 있는 능력이 없었기 때문에, 나머지 지역에서의 개인의 생명과 재산의 보호는 전적으로 개인의 책임이라는 자경주의나 민간경비에 의존할 수밖에 없었다.

③ **사설탐정의 등장** : 19세기 초 노예제도 폐지를 위한 여러 움직임이 있는 가운데, 1820년 미주리 협약의 체결에 따라 노예제도를 폐지하려는 북부 세력과 유지하려는 남부 세력이 갈라서면서 갈등이 증폭되었다. 당시 거대 농장을 기반으로 하는 남부 경제에 있어서 노예는 자본의 핵심이었기 때문에 노예들의 탈출은 심각한 문제였다. 이에 남부 지방 사람들은 북부로 탈출하도록 도망 노비를 도와주는 사람들의 처벌을 강화하기 위하여 도망노예송환법(1850)을 제정해 노비 이탈을 막았다. 도망노예송환법을 제정하였다고 하더라도 도망 노비를 공식적인 통로를 이용해 돌려받는 것은 사실상 불가능하였기 때문에, 도망친 노예만을 전문적으로 잡아들이는 사설탐정을 고용하여 은밀하게 활동하게 하였다.

(3) 서부개척시대

① **금광의 발견** : 1848년 캘리포니아에서 금광이 발견되고, 네바다와 콜로라도 등지에서도 귀금속이 발견되면서 동부 지역과 유럽에서 수많은 사람들이 서부 개척지에 몰려들어 1년 만에 골드러시를 이루었다.

② **철도의 부설과 민간경비 산업의 발달** : 동부와 서부 사이를 왕복하며 사람이나 금을 운반하는 역마차와 철도가 부설되었지만, 이들을 범죄자들의 습격으로부터 유효하게 보호할 수 있는 경찰은 존재하지 않았다. 따라서 역마차 회사나 철도회사들은 민간무장경비원을 고용하여 광산이나 운송경비에 배치하여 귀금속을 지키게 하였다.

③ **전문적 운송업체의 등장** : 귀금속과 여러 상품의 운송이 활기를 띠면서 이들의 운송을 전문적으로 취급하는 운송업체들이 생겨났다. 대표적인 운송업체는 1850년 웰스(Wells)와 파고(Fargo)가 설립한 아메리칸 익스프레스(American Express)이고, 1852년에는 웰스파고(Wells Fargo)를 창립하여 서부지역만을 대상으로 운송하였다.

그리고 캘리포니아에서 채굴된 귀금속은 아담스 익스프레스(Adams Express)가 운송을 전담하였다.

④ 철도부설의 활성화 : 철도가 귀금속과 상품의 주된 운송수단이 됨에 따라, 연방정부는 철도건설회사에게 땅을 무상으로 양도하는 법안을 발표하여 철도부설을 장려하였다. 그리고 각 주는 철도경찰법을 제정하여 승객과 화물을 위험에서 항시 보호하도록 하였고, 사유철도를 보호하기 위한 경찰권한을 가진 민간경비조직을 설치하는 것을 인정하였다.

⑤ 사설탐정의 전면적 등장 : 당시의 경찰은 대도시에만 집중되었고, 사법관할권이 주 경계를 넘지 못했기 때문에, 의뢰자가 만족할만한 치안서비스를 제공받기에는 한계가 있었다. 그러나 경비회사의 경비원들은 주 경계를 벗어나 범인을 추적할 수 있었고, 공공경찰이 갖는 법 절차상의 까다로운 제약과 정치가의 간섭 없이 자유롭게 활동할 수 있었다. 이에 따라 공권력의 영향이 미치지 않는 대부분의 치안부재 지역에 대한 공백을 민간경비가 맡게 됨에 따라, 민간경비 및 사설탐정이 전면에 등장하게 되었다. 이로써 **미국의 민간경비 산업은 일대의 전기를 마련**하게 되었다.

⑥ 민간경비 산업의 대표적 인물 : 서부개척시대의 미국 민간경비 산업의 대표적 인물은 핑커톤(Pinkerton)과 1858년에 색다른 경비서비스로 주목을 받은 **경보회사**(Central-Station Burglar Alarm Company)를 최초로 설립한 **에드윈홈즈**(Edwin Holmes)이다. 특히, 핑커톤은 **서부개척시대의 치안 공백을 메우는데 중요한 역할**을 하였으며, 그가 기록해 놓은 범죄자들에 대한 유형별 자료는 오늘날 **프로파일링**(Profiling) 수사기법의 전형이 되었다.

(4) 남북전쟁(1861~1865) 시기

① 남북전쟁의 배경 : 독립 후 미국은 민주주의가 발전하고, 1840년대에는 영토가 태평양 연안에 이르렀지만, 남부와 북부는 노예제 문제로 심각하게 대립하였다. 남부는 대농장이 발달하여 노예 노동이 필요했고, 북부는 소농과 상공업이 발달하여 자유로운 노동력이 필요하였다. 1850년대 몇몇 북부인들이 노예제의 완전한 폐지를 요구하기 시작했고, 남부의 주들은 북부의 링컨(Lincoln)이 1860년 대통령에 당선되자, 1860~1861년 남부 11개 주가 연방을 탈퇴하고 아메리카 연방을 결성하여 북부에 대항하였다.

② 핑커톤(Pinkerton) 민간경비회사의 활약 : 대통령으로 당선된 링컨이 워싱턴으로 가는 도중에 암살된다는 소문이 끊이지 않자, 펜실베이니아 철도회사에서 핑커톤에게 암살소문의 진상을 알아 줄 것을 부탁하였고, 핑커톤사의 탐정들이 조사한 결과 암살계획이 남부 주민들에 의해 비밀리에 진행되고 있음을 알아냈다. 이로써 핑커톤은 **당시 링컨 대통령의 경호업무를 수행**하게 되었으며, 미국 철도수송경비의 발전에 기여하였다.

> **심화연구** 핑커톤(Pinkerton)의 업적
>
> **1 핑커톤 흥신소 설립** : 시카고 경찰의 최초 형사였던 핑커톤은 1850년에 시카고에 흥신소를 설립하여 활동하다가 그해 국가탐정회사(National Detective Agency)를 설립하였고, 1855년에는 경비회사의 시초가 되었던 노스웨스트 경찰사무소(Northwest Police Agency)를 설립하였다.
> **2 유일의 경비회사 설립** : 1857년에 경비회사 이름을 핑커톤 방호순찰대(Pinkerton Protection Patrol)로 변경하고 이후 50년 동안 미국의 철도수송의 안전을 도모하는 주와 주 사이의 경비회사가 되었다.
> **3 사설탐정소 개설** : 남북전쟁(1861~1865) 당시 '육군첩보부'라는 사설탐성소를 개실하여 남부군이 위조지폐를 대량으로 발행하여 북부 지역의 경제 교란작전을 펴자 핑커톤은 위조지폐사범 일당을 검거하는데 결정적 공헌을 하여 부보안관으로 임명되었다. 남북전쟁 후 '육군첩보부'는 첩보국(Secret Service)으로서 연방정부의 정식기관이 되었다.
> **4 보석관련 정보를 집중관리** : 1883년 보석상 연합회의 위탁을 받아 보석의 도난이나 절도에 관한 정보를 집중관리하는 조사기관이 되었으며, 20세기에 들어서는 FBI 등 연방법 집행기관이 범죄자 정보를 수집하고 관리하게 됨으로써 민간 대상의 정보수집으로 업무가 한정되었다.

(5) 노동자 운동 시대

① **격렬한 노동운동의 전개 배경** : 노사분규는 남북전쟁 이후 산업의 성장과 일자리를 원하는 저임금 이민자들의 급증으로 1930년대에 이르기까지 격렬하게 전개되었다. 경찰이나 법원과 같은 법집행기관은 사용자의 입장에 서있었고, 경영주들은 사설 민간경비원을 동원하여 노조결성을 방해하였다. 노동자들은 사용자측의 무장 세력인 민간경비원과 합법적 세력인 경찰에 대항함으로써 가장 폭력적인 사태를 야기하였다.

② **민간경비업체의 노동운동 개입과 번창** : 19세기 후반에서 20세기 초반 유럽의 사회주의와 무정부주의의 영향을 받아 노사분규는 점차 확산되었고, 불경기가 이러한 노사분규를 더욱 심각하게 만들었다. 그러나 이 시기에는 치안을 효과적으로 유지하기 위한 경찰력이 없었기 때문에, 자본가측은 노사분규에 따른 소란을 막고 회사재산을 지키기 위해 민간경비회사에 경비를 의뢰하지 않을 수 없었다. 이에 따라 계약경비 산업이 비약적으로 발전하게 되어, 핑커톤(Pinkerton)과 번즈(Burns) 등과 같은 민간경비업자가 운영하는 경비회사가 오랫동안 번창하게 되었다.

(6) 제1차 세계대전(1914~1918) 전후

① **이전의 상황** : 핑커톤사와 같은 사설탐정회사들이 노사분규에 개입하여 심각한 폭력사태를 야기시키자, 의회는 정부기관이 사설탐정을 고용하지 못하게 하는 '핑커톤 법(Pinkerton Law)'을 제정하였다. 1908년 FBI의 전신인 BI(Bureau of Investigation)가 발족하였고, 1909년에는 윌리엄 번즈 국제탐정회사(Wiliam Burns International Detective Agency)가 만들어져 번즈와 핑커톤은 노사분규에 개입하는 대신 조사 및 수사업무에 주력하면서 금융연합과 호텔연합 등을 새로운 고객으로 맞았다.

② 이후의 상황 : 제1차 세계대전이 끝난 후 미국은 공산주의 위협에 직면하였고, 정치개혁과 청렴성이 강조되면서 경찰의 부도덕성과 비리가 언론에 집중 부각되었다. 경찰의 각종 부정부패는 공권력의 신뢰성을 잃게 만들었고, 많은 기업은 경찰보다는 민간경비회사에 의존해 공산주의자들의 사보타주와 테러 가능성을 대비하였다.

(7) 제2차 세계대전(1939~1945) 전후
① 이전의 상황 : 미국의 군수산업은 1941년 일제의 진주만 공습으로 제2차 세계대전에 참전하기 이전부터 민간경비회사들에 의해서 급격히 팽창하고 있었다. 제2차 세계대전이 본격적으로 전개되면서 적의 사보타주나 산업스파이 활동이 증가하고 젊은 경찰인력들이 군 병력으로 전선에 차출되었다. 이에 따라 연방정부는 치안 공백을 메우고, 군수산업의 안전을 확보하기 위해 20만 명에 이르는 민간경비업체 소속 공장경비원에게 보조군사경찰직원(Auxiliary Military Police)이란 자격을 주고, 군수산업의 보호에 관한 책임을 부여하였다.
② 이후의 상황 : 미·소 냉전이 계속되고 우주경쟁이 가속화됨에 따라 주요 과학시설에 대한 경비가 강화되면서 민간경비산업의 새로운 시장이 마련되었다. 또한, 극단적 반공주의인 매카시즘(McCarthyism)의 열풍은 국가중요시설에 대한 경비강화의 필요성이 제기되어 **민간경비산업은 급속히 발전**하였다.

(8) 1950년대 이후의 시대
① 사회불안과 민간경비의 성장 : 1950년대 말기를 넘어 1960년대에 들어서서 마약·강도·절도 등 범죄의 폭발적 증가, 베트남 전쟁(1955~1975) 개입과 반전열기에 따른 사회불안, 폭발물 테러로 인한 피해자 속출, 흑인폭동의 진압을 위한 정규군의 동원, 항공교통량의 증가에 따른 항공기 납치 등과 같은 범죄의 증가는 **민간경비산업을 성장시켰고**, 기계경비회사들이 급성장할 수 있는 배경으로 작용하였다. 특히, 1970년대로 들어서면서 특정한 기업과 상점에만 설치되었던 새로운 시큐리티 장치들이 일반가정에도 도입되어 기계경비 서비스가 확산되기 시작하였다.
② 정부기관의 민간경비 이용 증가 : 1980년대로 들어서면서 **정부기관의 민간경비에 대한 용역이 크게 증가**하면서, 미국 연방정부가 민간경비의 최대 고객으로 등장하였다. 경찰이 담당하고 있는 거의 모든 영역을 민간경비업체들이 용역을 맡아 경찰의 기능을 대신하고 있고, 실제 규모면에서도 경찰을 넘어서고 있다. 이와 같이 민간경비산업은 1990년대 중반까지 미국에서 두 번째로 가파른 성장률을 보였으며, 특히 **2001년 발생한 9·11테러는 미국 민간경비산업을 새롭게 성장시키는 계기**가 되었다. 이후 2002년에 국토안보부(DHS)를 신설하여 갑자기 늘어난 각종 테러에 대비하려고 하였으나 한계에 봉착하게 되고 민간경비업체들이 그 공백을 보완하기 위해 동원됨으로써 민간경비산업이 급성장하게 되었다.

> **심화연구** 미국 민간경비산업의 성장요인
>
> **1 사경비 조직의 효율성** : 주로 골드러시(Gold Rush) 시대에 서부에서 금괴나 현금수송을 보호할 목적으로 설립되어 발달한 미국의 경비회사는 가드맨(Guard Man)이면 주(州) 외에서도 범인을 쫓을 수 있고 까다로운 절차상의 제약이 없었기 때문에 각종 제약과 관할권상의 한계가 있었던 공경찰보다 자유로운 활동이 가능하였다.
>
> **2 대규모의 파업** : 19세기 말부터 20세기 초에 걸쳐서 발생한 대규모 파업의 양상은 유럽의 사회주의와 무정부주의의 영향을 받아 노사관계를 뛰어넘어 점차 지역 전체의 소란상태로 확산되어 갔고, 불경기와 경제공황이 이를 더욱 부추겼지만, 이러한 상태를 방지하고 적극적으로 대처하기 위한 경찰력은 없었다. 이에 따라 자본가들은 소란이나 공장 파괴를 막고 회사재산을 지키기 위해서 민간경비회사에 의존하게 됨으로써 경비산업이 성장하게 되었다.
>
> **3 산업화의 진전** : 도시화와 산업화가 진전되어 파괴활동이나 스파이와 같은 문제가 급증했기 때문에 제1차 세계대전을 전후하여 안전에 대한 일반인들의 관심이 매우 높아져 민간경비업체는 한층 더 영역을 확대해 나갔다.
>
> **4 군수산업의 증가** : 군수산업이 확대되고 적의 사보타지(Sabotage) 활동이나 스파이 활동이 증가됨에 따라 연방정부는 군수산업의 안전을 확보하기 위하여 공장경비원에게 보조군사경찰의 자격을 주고 군수물자, 장비, 직원 및 기밀의 보호에 관한 임무를 부과하였고, 지방경찰로 하여금 이들의 훈련에 대한 책임을 지게 하였다.
>
> **5 기술혁신과 전문화** : 제2차 세계대전 후 민간경비업체의 화재경보기, 침입경보장치회사들은 전자공학분야에서 기술혁신에 힘입어 고객을 크게 증가시켜 나갔으며, 그 대표적 기업이 아메리칸 전신회사(American District Telegraph)였다. 또한 사무량의 증가에 따라 경비라는 직무가 분리되어 독립된 직종으로 인식하게 됨으로써 민간경비가 성장하게 된 배경이 되었다.
>
> **6 경찰과 민간경비원의 관계** : 범죄예방을 위하여 상호 긴밀한 협조관계를 유지하고 있으며, 주(州)마다 차이는 있지만 경찰관 신분으로 민간경비회사에서 부업(Part-time job)을 하기도 한다. 미국은 경찰과 민간경비원 상호 간에 보수, 신분상의 차이를 느끼지 못할 정도로 민간경비산업이 성장하였다.

5 일본 민간경비의 발전

(1) 전통적 민간경비의 출현

① 헤이안(794~1185) 시대 : 막강한 지방 성주들인 무사 계급이 자신의 세력을 유지하고 지방 영주들을 통제하기 위해 민간경비를 실시하였다.

② 도쿠가와 막부시대 : 경비업을 전문으로 하는 **장병위(庄兵衛)**라는 직업경비업자가 생겨나 노동자를 공급하거나 경비업무를 실시하였다.

③ 도쿠가와 막부시대 이후 : 경비업무가 호상들의 저택경비나 물품 및 귀중품을 운반하는 전문적인 직업경비로 확대되었다.

(2) 현대적 민간경비의 발전

① 현대적 의미의 민간경비업의 출현 : 제2차 세계대전 이후 현대적 민간경비업을 전문으로 하는 민간경비업체가 본격적으로 출현하게 되는데, 1962년 7월에 발족한 일본경비보장 주식회사(SECOM의 전신)가 시초이다. 이후, 세콤(SECOM)은 스웨덴 경비회사 SP(Security Patrol)와 제휴하여 경비시스템을 도입하였다.

② 민간경비의 비약적 발전 : 1964년 **도쿄 올림픽**을 계기로 민간경비 역할이 널리 인식되었고, 이후 일본의 민간경비는 획기적으로 발전하였다.
③ 민간경비의 양적·질적 성장 : 1970년 오사카에서 개최된 **만국박람회(EXPO)**의 대회장에 민간경비가 투입되어 시설관리·관람객들의 안전, 질서유지를 완벽하게 수행함으로써 일본의 민간경비가 양적·질적으로 성장하는 계기가 되었다.
④ 민간경비의 해외진출 : 1950년대 말 미국에서 민간경비 제도를 도입한 이후 1964년 도쿄올림픽과 1970년 오사카 만국박람회를 계기로 비약적으로 성장한 민간경비는 **1980년대 초 한국과 1988년 중국**에까지 진출하였다.

(3) 일본 경비업법의 제정과 개정
① 경비업법의 제정 : 민간경비업이 건전한 발전방향을 확립하지 못한 상황하에서 경비원의 비행 및 위법·부당한 경비업무가 급증하자, 경비업자 및 경비원에 대한 특별한 지위를 일체 인정하지 않는다는 내용의 경비업법이 1972년 7월에 공포되어 11월에 시행되었다. 경비업법 제정 당시에는 신고제로 운영되었다가 **1982년 허가제**로 바뀌었다.
② 경비업법의 개정 : 민간경비산업이 공항경비와 원자력 관련 시설까지 경비를 하는 등 활동영역이 확대되고, 전자기술의 발달에 따른 기기의 진보 등으로 경비업무의 기계화가 급속히 진행됨에 따라, 기계경비업무의 특수성을 감안한 법적 규제를 하기 위해 1982년 7월에 경비업법을 개정하였다.

(4) 1990년대 전후 일본 민간경비의 동향
① 기계경비로의 급속한 전환과 경비업체의 과점화 : 인력에 의한 상주경비에서 기계경비로 전환되고 있고, 2대 기업에 의한 과점이 심화되고 있다.
② 경비업계의 새로운 시장 전개 : 기존의 경비개념과는 다른 경비택시 제도와 도시안전시스템(Town Security System)이 도입되고 있다.
③ 민간조사제도의 합법화 : '탐정업무의 적정화에 관한 법률(탐정업법)'이 2006년에 공포되어 2007년에 시행됨으로써 국가가 관리·규제하는 **공인탐정제도가 도입**되었으나, 허가제가 아닌 **신고제** 형식을 취하고 있는 것이 특징이다.

(5) 일본 경비업법에서 규정한 경비서비스의 형태
① 시설경비업무 : 상주경비, 순회경비, 기계경비를 포함하는 경비를 말한다.
  ㉠ 상주경비 : 빌딩과 공장 등의 경비대상시설 내에 소요되는 경비원을 파견·상주시켜 출입관리, 순회, 감시업무를 행함으로써 도난 등의 사고발생을 경계하고 방지하는 경비방법을 말한다.
  ㉡ 순회경비 : 경비대상시설 내에 경비원을 상주시키지 않고 대신 경비원이 경비대상 시설을 차량 등으로 순회하며 경비하는 방법을 말한다.
  ㉢ 기계경비 : 경비대상시설에 설치한 기기를 이용하여 경비하는 방법으로 현재는 시설경비 분야에 있어서 상주경비가 기계경비로 활발하게 전환되고 있다.
② 혼잡장소경비업무 : 대규모의 행사장 등에서 교통유도를 경비하는 방법을 말한다.
③ 호송경비업무 : 운송 중인 귀중품, 현금호송 등의 물건에 대해 경비하는 방법을 말한다.

④ 신변호보업무 : 기업테러의 증가, 살인사건의 증가 등에 따라 고객의 생명·신체에 대해 경비하는 방법을 말한다.

6 한국 민간경비의 발전

(1) 전통적 의미의 민간경비제도

① 고대 : 민간경비나 공경비의 명확한 구분은 없었지만, 지역사회(부족·촌락) 전체가 공동운명체적 성격을 띠고 있었기 때문에 외부의 침입으로부터 **원주민 자신의 부족이나 촌락을 보호**하기 위하여 서양의 감시자(Watchman)나 자경단원(Vigilance Man)과 같은 원시적 **민간경비 방어체계가 출현**하였다.

② 고조선, 삼국시대 : 부족 공동체 사회에서 가장 먼저 국가로 발전한 고조선으로 넘어 오면서 자의적 자경의 의미에 머물렀던 공동운명체적 방어체계가 집권적 지배수단으로서의 성질을 갖게 됨으로써 **민간위주의 경비보다는 집권적 성향**이 두드러지게 되었다.

③ 고려시대 : 중앙의 세도가나 지방의 귀족들이 자신의 권력유지나 재산을 보호하기 위하여 무사를 고용해 사병기관화 하였으며, 도방·삼별초·승병·마별초 등이 대표적이다. 이를 통해 고려시대에 비로소 실질적으로나 형식적으로 민간경비조직이 광범위하게 나타났다고 볼 수 있다.

④ 조선시대 : 태종(1400~1418)의 사병(私兵) 혁파 정책으로 이후 공경비에 비해 민간경비가 위축되었고, 권력자나 사업가들이 힘센 장정들을 고용하여 주택이나 묘지기·창고지기 등의 형태로 극히 제한적으로 운영되다가 조선 중기 이후 사회구조가 변화되면서 다시 민간경비가 등장하게 되었다. 그러나 민간경비 활동은 일반화되지 못하였다.

(2) 현대적 의미의 민간경비제도(우리나라 민간경비산업의 발달과정)

① 민간경비의 태동 : 우리나라에 민간경비(계약경비) 산업이 처음으로 도입된 시기는 한국전쟁 이후 국내에 주둔하게 된 주한미군에 대한 군납경비를 통해서이다.

② 민간경비의 효시 : 1960년대 초 용진보안공사, 봉신기업, 화영기업 등이 미8군부대의 용역경비를 담당한 계기가 민간경비의 효시라고 볼 수 있다.

③ 순수한 민간경비의 시설물에 대한 민간차원의 민간경비 : 1962년 범아실업공사가 KOSCO(한국석유저장주식회사)와 석유제품 경비 및 검수에 관한 용역경비계약을 체결함으로써 시작되었다.

④ 청원경찰제도 실시 : 1960년대 이후 본격적인 국가경제건설에 들어서면서 전국 각지에 국가 중요산업시설이 산재하게 되었고, 이들 시설물에 대한 경비문제가 뒤따르게 되었지만, 당시의 경찰력은 국내의 치안질서유지에도 벅찬 상황이었고, 더욱이 북한의 대남전술이 유격화된 시점에서 각종 중요산업시설의 효과적인 방호에 큰 문제가 제기되었다. 결국 1962년에 제정된 청원경찰법을 1973년 12월 31일에 전면 개정하여 늘어난 경비영역에 경찰인력만이 아닌 **민간인 신분**으로 **근무지역 내에서만 경찰관 직무집행법에 의거하여 경찰관의 직무**를 수행할 수 있는 우리나라만의 독특한 제도인 청원경찰제도를 실시하게 되었다.

⑤ 용역경비업법 제정 : 치안상황이 경찰력만으로는 부족하다는 정책적 판단하에 **1976년 12월 31일** 법률 제2946호로 **용역경비업법이 제정**되었으며, 1977년 6월 30일에는 대통령령으로 용역경비업법 시행령이, 1977년 11월 22일에는 내무부령으로 용역경비업법 시행규칙이 제정됨으로써 민간경비산업이 제도적으로 발전하는 기틀이 마련되었다.

⑥ 경비업 허가 1호 : 용역경비업법 관련 법령들이 제정됨에 따라 '한국경비실업'이 1977년 12월 29일에 내무부장관 허가 제1호를 취득하였고, 이어 한국경보, 한국보안공사, 범아실업공사, 용진실업, 신원기경, 봉신산업, 경화기업 등이 영업허가를 받았다.

⑦ 한국용역경비협회 설립 : **1978년**에는 경비업체 대표들이 모여 민간경비업체의 건전한 육성과 발전을 위하여 내무부장관의 승인하에 한국용역경비협회를 발족시켰다.

⑧ 허가관청의 경찰 이관 : 1976년 용역경비업법 제정 당시 민간경비업에 대한 허가권은 지방단체장이 가지고 있었으나, **1991년** 제4차 용역경비업법의 개정으로 **허가관청이 경찰로 이관**되었다. 1994년에는 일반국민들을 대상으로 '94방범 전시회를 개최하였다.

⑨ 신변보호업무 추가 : **1995년** 제5차 용역경비업법의 개정으로 경비업의 종류에 **신변보호업무가 추가**되었으며, 민간경비업에 대한 경찰청장의 허가권한을 경비업을 하고자 하는 법인의 주사무소의 소재지를 관할하는 지방경찰청장(현, 시·도경찰청장)에게 위임하였다.

⑩ 경비지도사제도 도입 : **1996년**에는 경비원의 자질향상을 도모하기 위해 경비원의 지도·감독 및 교육을 전담하는 **경비지도사제도를 도입**하였으며, 1997년에는 제1회 경비지도사 자격시험을 실시하였다.

⑪ 법률 명칭 변경 : **1999년** 제7차 개정에서 기존의 '용역경비업법'의 법률 명칭이 '**경비업법'으로 변경**되었고, 행정규제기본법에 의한 규제정비계획에 따라 경비지도사의 자격 등과 관련된 규정을 합리적으로 조정하여 민간경비산업이 제도적으로 보완되었다.

⑫ 1980년대 민간경비산업의 급성장 : 1981년 기계경비가 도입되면서 경비업무의 기계화·과학화가 시작되었으며, **1986년 아시안 게임·1988년 서울올림픽·1993년 대전 세계엑스포**에 민간경비업체가 참여하면서 **양적·질적으로 급성장**하였다. 1970년대 후반부터 미국이나 일본 등지에서 방범기기를 구입하거나 종합적인 경비시스템 구축을 위해 노하우를 도입한 기업들은 이 시기에 외국 경비회사와 합작하거나 제휴의 방식으로 시장진출을 모색하였다.

⑬ 경비업법의 전면 개정 : **2001년** 제8차 '전면 개정'으로 종래 시설경비업무, 호송경비업무, 신변보호업무 외에 **기계경비업무와 특수경비업무가 추가**됨으로써 기계경비제도가 신고제에서 허가제로 변경되고, 국가중요시설의 경비에 **특수경비원 제도가 도입**되었다.

⑭ 경비업자의 겸업금지 의무 개선 : 2002년 제9차 개정에서는 경비업 외의 영업을 할 수 없도록 하는 **경비업자의 겸업금지의무 조항을 삭제**하고 특수경비업자로 한정함으로써 경비업자의 영업에 대한 규제를 완화하였다.

⑮ **경비업의 규제 강화** : 2013년 제17차 개정에서는 '**집단민원현장**'을 명시하고 허가와 허가취소, 결격사유, 경비업자 등의 의무, 복장·장비·출동차량, 배치신고·허가, 감독, 벌칙 및 형의 가중처벌, 과태료 등 민간경비의 전반적인 영역에 대한 엄격한 규제를 강화하였다.

제3절 | 국가별 민간경비의 법적 지위

1 미국 민간경비원의 권한

(1) 일반시민으로서 누리는 광범위한 권한
  ① 일반시민의 법적 권리 : 모든 시민은 **보통법과 성문법**에 의해 체포, 조사, 수사, 무기의 사용, 압수, 정당방위, 주거방위, 재산방위 등을 할 수 있는 법적 권한이 주어져 일반시민이 누리는 경찰권한 내지 자경주의(Vigilantism) 권한이 광범위하다.
  ② 민간경비의 권한형성 배경 : 일반시민이 개인의 자경주의(自警主義)를 근거로 권리를 침해당한 경우 **불법행위법**(Tort Law)**과 형법**을 통하여 구제하고, 재산권에 의한 자기방어의 권리를 행사하기 위하여 **계약법**을 통하여 제3자의 계약·고용에 의해서 자신의 권한을 상대방에게 행사시키고, 공공업무의 위탁 및 위임 등을 위해 주(州)의 **특별법**을 활용함으로써 경찰관 신분을 가진 민간경비원이 활동하는 경우가 있음을 알 수 있다.
  ③ 민간경비원의 권한범위 : 민간경비원이 경찰의 대리인으로 활동할 경우에는 헌법상의 제한을 받는다. 즉, 타인에게 명령·강제할 수 있는 권한행사에 있어서 경찰의 경우 법적으로 일정한 권한이 주어져 있는 반면에 민간경비는 극히 한정되어 있거나 각종 제한을 받기 때문이다.

> **심화연구 빌렉(Bilek)이 분류한 민간경비원의 법적 권한**
>
> **1 일반시민과 같은 법적 권한을 갖는 민간경비원** : 선서에 의해 정부기관으로부터 임명되거나 특별임무의 위임이나 자격증을 경찰기관으로부터 받지 못한 상태에서 민간경비업무를 수행하는 민간경비원으로 우리나라의 경우 대부분의 민간기업체 경비원이 이에 해당한다.
> **2 일반시민보다 특별한 법적 권한을 갖는 민간경비원** : 정부기관 또는 경찰에 의해 특별한 권한 위임을 받아 제한된 근무지역 내에서 경찰권한의 일부를 사용할 수 있는 민간경비원으로 우리나라의 경우 청원경찰이 이에 해당한다.
> **3 경찰관 신분을 갖는 민간경비원** : 경찰이 근무시간에는 공무원 신분으로서 근무를 하고, 경찰근무시간 외에는 부업(Part-time job)으로 일반경비회사에서 시간제 민간경비원으로 근무하는 형태를 말하며, 우리나라에는 없으나 미국의 경찰이 그 예에 해당한다.

(2) 민간경비원의 형법상의 권리
  ① 민간경비원의 실력행사
    ㉠ 허용요건 : 재산방어, **정당방위 및 긴급피난** 등의 경우와 같이 정당한 목적을 실현하는데 필요한 만큼의 실력행사에 대하여 허용된다.

ⓒ 책임발생 : 특별한 권한위임이나 동의 없이 또는 과잉방어(과도진압) 및 정당성이 없는 행동에 의하여 타인의 권리에 침해가 발생한 경우에는 **손해배상의 책임**을 지며, 본래의 법적 **특권과 권리는 상실**한다.

> **심화연구 정당방위와 긴급피난**
>
> **1 정당방위(正當防衛)** : 자기 또는 타인의 법익에 대한 현재의 부당한 침해를 방위하기 위한 행위를 말한다. 즉, 자신을 보호하기 위하여 불법행위나 형법상 위법행위를 하는 것으로 보통 폭력을 사용하여 상해를 입히거나 죽음에 이르게 하는 것을 말한다.
> **2 긴급피난(緊急避難)** : 급박한 위난(危難)을 피하기 위하여 부득이 취하는 행위를 말하는 것으로, 이는 위난상태에 빠진 법익을 보호하기 위해서, 다른 법익을 침해하지 않고는 달리 피할 방법이 없을 때 인정되는 정당화 사유의 하나이다.

② 민간경비원의 신문과 질문
  ㉠ 판례상 원칙 : 민간경비원에 의한 신문 또는 질문에 대해서 일반시민이 반드시 응답하여야 할 규정은 없다. 즉, 묵비권 행사의 권리를 존중하여 **폭력 등이 결합된 대답의 유도와 신문은 금지**하고 있으며, 체포 및 구금 등도 허용되지 않는다.
  ㉡ 범죄행위 : 용의자에게 대답을 강제하기 위하여 물리적 폭력과 위협, 인권이 침해되는 비합리적인 체포와 구금이 행해진 경우에는 범죄행위로 처벌되며 손해배상책임이 발생한다.
③ 민간경비원의 수색
  ㉠ 수색의 타당성 : 수색은 실시단계부터 구금할 만한 범죄의 혐의성이 있어야 하며, 구금할 만한 타당성이 결여된 경우의 수색은 불법이 되며, 이 경우 경찰관이라고 하더라도 **사생활의 침해나 희생자의 손해에 대해서는 책임**을 져야 한다.
  ㉡ 수색의 허용범위 : 경찰관의 협조 또는 준경찰로 활동하는 수색의 경우를 제외하고 민간경비원이 행사하는 어떠한 권한도 모든 시민들이 자신의 신체와 재산의 보호를 위해 행사하는 권리 그 이상도 그 이하도 아닌 일반 사인과 동일하다.

(3) 민간경비원의 민법상 권리
① 손해배상 : 제한된 규정 안에서의 활동 이외에 개인이 타인 또는 사회에 대하여 부담하는 법률상의 의무를 위반하는 불법행위(Tort)를 하여 상대방에게 손해를 입게 한 경우 미국의 보통법(Common Law)은 특별한 권한의 부여 없이 금전배상의 책임을 지게 하는 것이 원칙이다. 따라서 **민간경비원의 불법행위**도 일반사인의 불법행위와 마찬가지로 동일한 법리에 의하여 **민사책임을 부담**한다.
② 경비업자와 경비원과의 계약관계 : 경비업자와 경비원과의 계약관계 중 특히 민간경비원의 **권한범위 및 직위**와 전문적인 민간경비업체에 의해서 제공되는 경비서비스의 **활동영역**에 대해서는 엄격하게 규제하고 있다.

2 일본 민간경비원의 권한

(1) 경비업법상 법적 지위
① 권한집행 : 경찰은 사회적 공공의 안전을 위해 일반인에게 신문, 체포, 무기사용, 법집행 등의 특별한 권한을 가지고 있는 반면, 민간경비원은 특정의뢰인(고객)의 이익이나 생명·신체·재산을 보호하기 위하여 위임받은 범위 내에서 권한을 행사한다.
② 장비사용 : 경찰은 무기 소지가 가능하지만, 민간경비원은 무기를 소지할 수 없으며, 호신 용구의 소지에 있어서도 금지 및 제한이 따르며, 경찰관과 유사한 제복도 착용이 금지된다.
③ 운영체제 : 경찰은 부대체제에 의한 행동이 가능하지만 민간경비원은 일대일의 대응으로 범위가 한정된다.
④ 임용방법 : 일본 경비업법은 경찰권한을 침해하지 않는 범위 내에서 경찰업무를 보조하는 방향으로 제정되었기 때문에 경비업자 및 경비원은 특별한 권한이 부여되지 않는다. 따라서 경찰은 엄격한 조건과 기준에 의해 선발되며 고도의 능력을 발휘하기 위하여 장기간의 교육훈련이 필요한 반면, 민간경비원은 부적격자를 배제하는 기준으로 선발되어 단기간의 교육훈련을 통하여 양성된다.
⑤ 활동범위 : 경찰은 사법처리의 방범활동 수준과 활동영역으로 광역·공공영역·중요지점을 포함하여 광범위한 반면, 민간경비원은 현행범 체포·정당방위·긴급피난 같은 사인이 할 수 있는 방범활동 수준으로 제한되고 활동영역도 경비의뢰자의 관리권 범위 내인 일정한 사적 영역으로 제한된다.
⑥ 기계경비제도 : 경찰의 경우 행정구 단위로 기계경비제도가 시민을 위한 서비스 차원에서 실시되고 있는 반면, 민간경비의 경우에는 고객의 분포도에 따라 임의적으로 세분화되어 있다.

(2) 기타 제법상 법적 지위
① 민간경비원의 법집행상 권한 : 형사소송법상 민간경비원의 **현행범 체포의 정당성**이 인정되며, 형법상 **긴급피난이나 정당방위도 사인(私人)과 같은 지위에서 보장**된다. 즉, 민간경비원의 법적 지위는 사인으로서의 지위 이상의 특권이나 권한을 부여받지 못하고 있다.
② 민·형사상의 책임 : 형사법상 일본의 경비업법은 민간경비업체나 민간경비원에게 특별한 권한을 부여하고 있지 않으며 타인의 권리와 자유를 침해하지 못하도록 엄격하게 규정하고 있다. 따라서 민간경비원의 법집행 권한은 사인의 재산관리권 범위 내에서만 정당화될 수 있기 때문에 형사법상 문제가 발생할 경우에는 사인과 동일한 민·형사상의 책임을 진다.

3 한국 민간경비원의 권한

(1) 민간경비의 형사책임과 민사책임

① 민간경비원의 법적 지위 : 민간경비원은 일반시민과 구별되는 특별한 권한(물리적 강제력)을 갖지 않는 사인(私人), 즉 민간인이기 때문에 전문적 직업인으로서 자신이 수행한 행동에 대하여 일반사인이 지는 것과 같은 형사책임과 민사책임을 지게 된다.

㉠ 형사책임 : 행위자에 대한 응보 및 장래에 있어서의 해악의 발생을 방지하는 것을 목적으로 행위자의 사회에 대한 책임을 묻는 것을 말한다. 범죄에 대하여 형벌을 가할 수 있는 권한 또는 권력은 국가만이 소유할 수 있기 때문에 **형사책임은 국가에 대한 책임**(공법관계)이다. 다만, 형벌은 개인의 이익에 대한 중대한 침해를 수반하므로 국가가 형벌을 사용하여 사회생활을 규율하는 것은 필요한 최소의 경우에 한해야만 한다. 따라서 형사책임의 전제는 좁게 한정하여 범죄의 구성요건에 해당하는 위법하고 유책(有責)한 행위에 제한되어야 한다.

㉡ 민사책임 : 피해자에게 생긴 손해의 배상을 목적으로 하여 행위자의 **피해자 개인에 대한 책임을 묻는 것**을 말한다. 즉, 민법 등의 관련규정을 위반한 자들에 대하여 '계약불이행 및 불법행위'에 대한 일정한 권리(손해배상청구)를 주장하는 것이다. 손해배상책임이 성립하기 위하여는 행위자의 고의 또는 과실·책임능력·위법성 및 손해의 발생이 있어야 하고, 그 손해의 배상은 금전배상이 원칙이다.

> **심화연구** 형사책임과 민사책임의 비교

구분	형사책임	민사책임
본질	• 범죄에 대한 응보와 예방 • 국가적 제재에 의하여 행위자를 벌하는 데 본질이 있는 대사회적 책임	• 사인간에 생긴 손해의 전보와 분담 • 사인 사이의 손해의 공평한 보상을 목적으로 하는 대개인적 책임
원리	• 엄격한 책임주의 적용(책임이 없으면 형벌도 없다) • 죄형법정주의로 인한 유추해석금지	• 위험책임·무과실 책임의 원리 인정(손해가 없으면 배상도 없다) • 민사책임의 객관화 현상
고의와 과실	고의범을 원칙으로 하고 과실범은 별도의 규정이 있는 경우에 한하여 처벌	고의와 과실 사이의 경중은 묻지 않음(고의·과실 구분 없음)
미수 책임	기수뿐만 아니라 미수인 경우에도 별도의 규정이 있는 경우에는 처벌가능	실제로 손해가 발생한 경우에만 책임 인정(즉, 민사책임에서 미수는 문제되지 않음)
재판 절차	검사의 기소 → 검사의 증거제시 → 피고인측의 반박 → 법관의 판결(형사처벌)	원고의 소송제기 → 원고측 주장 → 피고측 반박 → 법관의 판결(손해배상책임)

② 민간경비업자의 법적 지위 : 시설경비업무·호송경비업무·신변보호업무·기계경비업무·특수경비업무의 **전부 또는 일부를 도급받아 영업**을 행하는 민간경비업자는 상법상의 **의제상인**이다.

> **심화연구** 상법(제4조·제5조)상 당연상인과 의제상인
>
> 1. **당연상인(當然商人)** : 자기 명의로 상행위를 하는 자를 말한다.
> 2. **의제상인(擬制商人)** : 점포 기타 유사한 설비에 의하여 상인적 방법으로 영업을 하는 자를 말한다.

(2) 경비업자의 형사책임과 민사책임
① 경비업자의 형사책임
㉠ 3년 이하의 징역 또는 3천만원 이하의 벌금형 : 경비업의 허가를 받지 아니하고 경비업을 영위한 자(경비업법 제4조 제1항), 직무상 알게 된 비밀을 누설하거나 부당한 목적을 위하여 사용한 자(동법 제7조 제4항), 경비업무의 중단을 통보하지 아니하거나 경비업무를 즉시 인수하지 아니한 특수경비업자 또는 경비대행업자(동법 제7조 제8항), 집단민원현장에 경비원을 배치하면서 제7조의2(경비업무 도급인 등의 의무) 제1항을 위반하여 제4조(경비업의 허가) 제1항에 따른 허가를 받지 아니한 자에게 경비업무를 도급한 자, 제7조의2 제2항을 위반하여 집단민원현장에 20명 이상의 경비인력을 배치하면서 그 경비인력을 직접 고용한 자, 경비원에게 경비업무의 범위를 벗어난 행위를 하게 한 자(동법 제15조의2 제2항)
㉡ 1년 이하의 징역 또는 1천만원 이하의 벌금형 : 경비업법 제15조의2(경비원 등의 의무) 제1항을 위반하여 경비업무의 범위를 벗어난 행위를 한 경비원, 제16조의2(경비원의 장비 등) 제1항에서 정한 장비 외에 흉기 또는 그 밖의 위험한 물건을 휴대하고 경비업무를 수행한 경비원 또는 경비원에게 이를 휴대하고 경비업무를 수행하게 한 자, 제18조(경비원의 명부와 배치허가 등) 제8항을 위반하여 경찰관서장의 배치폐지 명령을 따르지 아니한 자, 제24조(감독) 제3항에 따른 시·도경찰청장 또는 관할 경찰관서장의 중지명령에 따르지 아니한 자
㉢ 양벌규정 : 법인의 대표자나 법인 또는 개인의 대리인, 사용인, 그 밖의 종업원이 그 법인 또는 개인의 업무에 관하여 제28조(벌칙)의 위반행위를 하면 그 행위자를 벌하는 외에 그 법인 또는 개인에게도 해당 조문의 벌금형을 과한다. 다만, 법인 또는 개인이 그 위반행위를 방지하기 위하여 해당 업무에 관하여 상당한 주의와 감독을 게을리하지 아니한 경우에는 그러하지 아니한다(동법 제30조).
② 경비업자의 민사책임
㉠ 손해배상책임의 요건 : 경비업자가 계약상의 의무를 이행하지 않거나(계약불이행 또는 채무불이행), 업무집행과정에서 타인의 권리나 이익을 불법적으로 침해하여 손해를 끼친 경우(불법행위)에 그 정도에 따라 민간경비원 혹은 경비업자가 손해배상의 책임을 진다.
㉡ 경비업법상 손해배상 요건 : 경비업자는 경비원이 업무수행중 고의 또는 과실로 경비 대상에 손해가 발생하는 것을 방지하지 못한 때에는 그 손해를 배상하여야 한다(경비업법 제26조 제1항). 경비업자는 경비원이 업무수행중 고의 또는 과실로 제3자에게 손해를 입힌 경우에는 이를 배상하여야 한다(동법 제26조 제2항).

(3) 일반경비원과 특수경비원의 형사책임과 민사책임
    ① 일반경비원의 형사책임과 민사책임 : 현행 경비업법상 일반경비원의 민사책임에 대한 별도규정은 없고 경비업자로 하여금 책임을 지도록 하고 있다. 또한 형사책임에 대한 규정도 거의 없다.
    ② 특수경비원의 형사책임
        ㉠ 5년 이하의 징역 또는 5천만원 이하의 벌금형 : 특수경비원은 국가중요시설에 대한 경비업무 수행 중 국가중요시설의 정상적인 운영을 해치는 장해를 일으켜서는 안 되는데(경비업법 제14조 제2항), 이를 위반한 경우에 처해진다(동법 제28조 제1항).
        ㉡ 3년 이하의 징역 또는 3천만원 이하의 벌금형 : **과실**(過失)로 인하여 경비업법 제14조(특수경비원의 직무 및 무기사용 등) 제2항의 규정에 위반하여 국가중요시설의 정상적인 운영을 해치는 장해를 일으킨 특수경비원(동법 제28조 제2항 제7호), 특수경비원으로서 경비구역 안에서 시설물의 절도, 손괴, 위험물의 폭발 등의 사유로 인한 위급사태가 발생한 때에 경비업법 제15조(특수경비원의 의무) 제1항 또는 제2항의 규정에 위반한 자(동법 제28조 제2항 제8호)
        ㉢ 2년 이하의 징역 또는 2천만원 이하의 벌금형 : 경비업법 제14조(특수경비원의 직무 및 무기사용 등) 제4항의 후단의 규정에 위반하여 정당한 사유없이 무기를 소지하고 배치된 경비구역을 벗어난 자(동법 제28조 제3항)
        ㉣ 1년 이하의 징역 또는 1천만원 이하의 벌금형 : 경비업법 제14조(특수경비원의 직무 및 무기사용) 제7항의 규정에 위반한 관리책임자(동법 제28조 제4항 제1호), 제15조(특수경비원의 의무) 제3항의 규정에 위반하여 쟁의행위를 한 특수경비원(동법 제28조 제4항 제2호), 제15조의2(경비원 등의 의무) 제1항을 위반하여 경비업무의 범위를 벗어난 행위를 한 경비원(동법 제28조 제4항 제3호), 제16조의2(경비원의 장비 등) 제1항에서 정한 장비 외에 흉기 또는 그 밖의 위험한 물건을 휴대하고 경비업무를 수행한 경비원 또는 경비원에게 이를 휴대하고 경비업무를 수행하게 한 자(동법 제28조 제4항 제4호), 제18조(경비원의 명부와 배치허가 등) 제8항을 위반하여 경찰관서장의 배치폐지 명령을 따르지 아니한 자(동법 제28조 제4항 제5호), 제24조(감독) 제3항에 따른 시·도경찰청장 또는 관할 경찰관서장의 중지명령에 따르지 아니한 자(동법 제28조 제4항 제6호)
        ㉤ 형의 가중처벌
            ⓐ 경비업법 제14조 제8항 및 제15조 제4항 위반 : 특수경비원이 무기를 휴대하고 경비업무를 수행 중에 경비업법 제14조(특수경비원의 직무 및 무기사용 등) 제8항의 규정 및 동법 제15조(특수경비원의 의무) 제4항의 규정에 의한 무기의 안전수칙을 위반하여 형법 제258조의2(특수상해) 제1항·제2항, 제259(상해치사) 제1항, 제260조(폭행·존속폭행) 제1항, 제262조(폭행치사상), 제268조(업무상과실·중과실치사상), 제276조(체포·감금·존속체포·존속감금) 제1항, 제277조(중체포·중감금·존속중체포·존속중감금) 제1항, 제281조(체포·강금 등의 치사상) 제1항, 제283조(협박·존속협박) 제1항, 제324조(강요) 제2항, 제350조의2(특수공갈) 및 제366조(재물손괴 등)의 죄를 범한 때에는 그 죄에 정한 형의 2분의 1까지 가중처벌한다.

ⓑ 경비업법 제16조의2 제1항 위반 : 경비원이 경비업무 수행 중에 제16조의2(경비원의 장비 등) 제1항에서 정한 장비 외의 흉기 또는 그 밖의 위험한 물건을 휴대하고 형법 제258조의2(특수상해) 제1항·제2항, 제259(상해치사) 제1항, 제261조(특수폭행), 제262조(폭행치사상), 제268조(업무상과실·중과실치사상), 제276조(체포·감금·존속체포·존속감금) 제1항, 제277조(중체포·중감금·존속중체포·존속중감금) 제1항, 제281조(체포·강금 등의 치사상) 제1항, 제283조(협박·존속협박) 제1항, 제324조(강요) 제2항, 제350조의2(특수공갈) 및 제366조(재물손괴 등)의 죄를 범한 때에는 그 죄에 정한 형의 2분의 1까지 가중처벌한다.

(4) 민간경비원의 형법상 지위

① 위법행위 : 민간경비원의 경비활동은 **사법적 규율대상**으로 **사인적 지위**에서 행하는 행위에 불과하기 때문에 위법성의 조각 사유 없이 범인체포 등의 행위를 한 경우에는 형법 제276조의 체포·감금죄에 해당한다.

② 위법성이 배제되는 경우(위법성 조각사유) : 원칙적으로 민간경비원은 **일반시민의 신분으로서 행사할 수 있는 권한**을 가지고 있기 때문에 **정당방위**(형법 제21조)·**긴급피난**(형법 제22조)·**자구행위**(형법 제23조)·**피해자의 승낙**(형법 제24조)·**현행범인의 체포**(형사소송법 제212조) 등의 경우에만 위법성이 배제된다.

③ 증거수집활동 : 일반시민으로서 사인적 지위를 가진 민간경비원에 의해서 수집된 증거의 경우 이를 증거로서 인정할 형사소송법상의 규정은 없다. 다만, 법정에서 소송당사자에 의하여 증거로 원용될 경우에는 증거능력은 인정된다.

(5) 민간경비원의 민법상 지위

① 경비업의 영위자격과 허가주체
   ㉠ 영위자격 : 경비업은 **법인만**이 영위할 수 있다(경비업법 제3조).
   ㉡ 허가주체 : 경비업을 영위하고자 하는 법인은 도급받아 행하고자 하는 경비업무를 특정하여 그 법인의 주사무소의 소재지를 관할하는 **시·도경찰청장의 허가**를 받아야 한다(경비업법 제4조 제1항).

② 민법상의 규정준용
   ㉠ 사단법인에 관한 규정준용 : 법인의 규율에 대하여 경비업법에 특별한 규정이 없으면 민법상의 사단법인에 관한 규정을 준용한다.
   ㉡ 사단법인 : 일정한 목적을 위해 결합한 사람의 단체를 실체로 하는 자율적인 법인을 사단법인이라 한다. 사단법인에는 영리사단법인과 비영리사단법인이 있으며 경비법인은 영리를 목적으로 하므로 영리사단법인에 해당한다.
   ㉢ 법인 사무의 검사·감독 : 법인의 사무는 주무관청이 검사·감독한다(민법 제37조).
   ㉣ 법인 설립의 허가 취소 : 법인이 목적 이외의 사업을 하거나 설립허가의 조건에 위반하거나 기타 공익을 해하는 행위를 한 때에는 주무관청은 그 허가를 취소할 수 있다(민법 제38조).

③ 경비업법상의 규정을 엄격히 적용받는 경우 : 벌칙(경비업법 제28조), 과태료(동법 제31조), 양벌규정(동법 제30조) 등은 경비업의 특수성 때문에 민법상의 사단법인과는 달리 엄격한 규율을 받는다.
④ 민간경비원의 불법행위
  ㉠ 손해배상 : 경비업자는 경비원이 업무수행 중 고의 또는 과실로 경비대상에 손해가 발생하는 것을 방지하지 못한 때에는 그 손해를 배상하여야 한다(경비업법 제26조 제1항). 또한 경비업자는 경비원이 업무수행 중 고의 또는 과실로 제3자에게 손해를 입힌 경우에는 이를 배상하여야 한다(동법 제26조 제2항).
  ㉡ 사용자의 배상책임 : 타인을 사용하여 어느 사무에 종사하게 한 자는 피용자가 그 사무집행에 관하여 제3자에게 가한 손해를 배상할 책임이 있다(민법 제756조).

(6) 경비업자와 경비원에 대한 행정적 통제
① 경비업자의 의무 : 경비업자는 경비대상시설의 소유자 또는 관리자(시설주)의 관리권 범위 안에서 경비업무를 수행하여야 하며, 다른 사람의 자유와 권리를 침해하거나 그의 정당한 활동에 간섭하여서는 아니된다(경비업법 제7조 제1항).
② 국민의 권리와 자유를 보장하기 위한 행정적 통제 : 경비업의 허가(경비업법 제4조), 결격사유 확인을 위한 범죄경력조회 등(동법 제17조), 경비원의 명부와 배치허가 등(동법 제18조), 행정처분(동법 제19조·제20조·제21조), 감독(동법 제24조), 보안지도·점검(동법 제25조), 벌칙(동법 제28조·제29조·제30조·제31조) 등이다.

(7) 청원경찰의 형사책임과 민사책임
① 청원경찰의 신분에 따른 책임문제
  ㉠ 공무원 신분으로 보는 근거
    ⓐ 청원경찰법 제5조(청원경찰의 임용 등) : 청원경찰의 **임용기준**(제2항) 및 **복무기준**(제4항)을 공무원(국가공무원, 경찰공무원)에 맞추어 공무원으로서의 성격을 강하게 나타내고 있다.
    ⓑ 청원경찰법 제10조(직권남용 금지 등) : 청원경찰의 직권남용과 관련하여 "청원경찰이 직무를 수행할 때 직권을 남용하여 국민에게 해를 끼친 경우에는 6개월 이하의 징역이나 금고에 처한다(제1항)."고 규정하고, "청원경찰업무에 종사하는 사람은 형법이나 그 밖의 법령에 따른 벌칙을 적용할 때에는 공무원으로 본다(제2항)."고 규정하고 있어 **벌칙규정에 있어서는 청원경찰을 공무원 신분으로 인정하고 있다.**
    ⓒ 청원경찰법 제11조(벌칙) : 제9조의4(쟁의행위의 금지)를 위반하여 파업, 태업 또는 그 밖에 업무의 정상적인 운영을 방해하는 쟁의행위를 한 사람은 1년 이하의 징역 또는 1천만원 이하의 벌금에 처한다.

> **심화연구** **쟁의행위의 금지(청원경찰법 제9조의4)**
> 청원경찰은 파업, 태업 또는 그 밖에 업무의 정상적인 운영을 방해하는 일체의 쟁의행위를 하여서는 아니 된다.

ⓒ 민간인 신분으로 보는 근거
  ⓐ 청원경찰법 시행령 제18조(청원경찰의 신분) : 청원경찰은 **형법이나 그밖의 법령에 따른 벌칙을 적용**하는 경우와 법 및 이 영에서 **특별히 규정한 경우를 제외**하고는 공무원으로 보지 아니한다.
  ⓑ 청원경찰법 제10조의2(청원경찰의 불법행위에 대한 배상책임) : 청원경찰(국가기관이나 지방자치단체에 근무하는 청원경찰 제외)의 **직무상 불법행위에 대한 배상책임**에 관하여는 **민법의 규정**을 따른다.
② 청원경찰의 형사책임 : 일반 민간인이 아닌 **공무원 신분일 경우**에 진다.
③ 청원경찰의 민사책임 : 공무원이 아닌 **민간인 신분일 경우**에 진다.

(8) 경찰·청원경찰·민간경비의 차이점

구분	경찰(순경)	청원경찰	민간경비
목적	공익보호	준공익보호	사익보호
교육	• 신임교육 : 52주 이내 • 계급별 기본교육	• 신임의 실무교육 : 2주 • 임용 후 직무교육 : 매월 4시간 이상	• 신임교육 : 일반경비원(24시간), 특수경비원(80시간) • 직무교육 : 일반경비원(월 2시간 이상), 특수경비원(3시간)
신분	특정직 국가공무원	민간인(18~60세)	민간인(18세 이상)
보수	경찰공무원 보수규정	최저부담기준액 이상	협회조정·기업자유
복제	행정안전부령	청원경찰법	경비업법
지역	광역·공공구역	지정구역	사영역·계약지정 구역
주요 임무	**경찰관 직무집행법 제2조** • 국민의 생명·신체 및 재산의 보호 • 범죄의 예방·진압 및 수사 • 범죄피해자 보호 • 경비, 주요 인사(人士) 경호 및 대간첩·대테러 작전 수행 • 공공안녕에 대한 위험의 예방과 대응을 위한 정보의 수집·작성 및 배포 • 교통 단속과 교통 위해(危害)의 방지 • 외국 정부기관 및 국제기구와의 국제협력 • 그 밖에 공공의 안녕과 질서 유지	**청원경찰법 제3조** 청원경찰의 배치 결정을 받은 자(청원주)와 배치된 기관·시설 또는 사업장 등의 구역을 관할하는 경찰서장의 감독을 받아 그 경비구역만의 경비를 목적으로 필요한 범위에서 「경찰관 직무집행법」에 따른 경찰관의 직무를 수행	**경비업법 제2조** • 시설경비업무 : 경비를 필요로 하는 시설 및 장소(경비대상시설)에서의 도난·화재 그 밖의 혼잡 등으로 인한 위험발생을 방지하는 업무 • 호송경비업무 : 운반 중에 있는 현금·유가증권·귀금속·상품 그 밖의 물건에 대하여 도난·화재 등 위험발생을 방지하는 업무 • 신변보호업무 : 사람의 생명이나 신체에 대한 위해의 발생을 방지하고 그 신변을 보호하는 업무 • 기계경비업무 : 경비대상시설에 설치한 기기에 의하여 감지·송신된 정보를 그 경비대상시설 외의 장소에 설치한 관제시설의 기기로 수신하여 도난·화재 등 위험발생을 방지하는 업무 • 특수경비업무 : 공항(항공기 포함) 등 대통령령이 정하는 국가중요시설의 경비 및 도난·화재 그 밖의 위험발생을 방지하는 업무

			• 혼잡·교통유도경비업무 : 도로에 접속한 공사현장 및 사람과 차량의 통행에 위험이 있는 장소 또는 도로를 점유하는 행사장 등에서 교통사고나 그 밖의 혼잡 등으로 인한 위험발생을 방지하는 업무
무기	사용 가능	사용 가능(근무지에 한함)	• 일반경비원 : 불가능 • 특수경비원 : 가능
배상	국가(국가배상법)	시설주(청원주)	경비업자(경비업체)

(9) 민간경비의 규제

① 민간경비의 규제 필요성 : 민간경비가 개인의 생명·재산을 범죄 등으로부터 보호하는 것을 목적으로 하고 있는 한, 일반시민들에 대해 체포·구금·압수·자백·증언 등을 요구할 가능성이 있기 때문에 헌법상의 기본적 인권과 밀접한 관련을 맺고 있고, 경우에 따라서 상대(위반자 및 침입자, 무고한 시민)에 대하여 치명적인 무기를 사용할 수 있으며, 민간경비 관련 종사자들의 제복이나 각종 장비가 공경비인 경찰과 유사하여 일반시민이 오해할 소지가 있기 때문에 이에 대한 엄격한 규제가 필요함에 따라 민간경비업에 대한 감독 및 보안지도, 행정처분, 벌칙 등을 통해 **경비업의 허가관청이 경비업자 및 경비지도사에 대해 감독권한을 갖는 것이다.**

② 민간경비업의 허가 : 일반적으로 민간경비업무의 특성과 관련하여 각국에서는 민간경비업에 대해 **허가주의를 채택**하고 있다. 즉, 민간경비는 국민의 생명과 재산을 담보로 하는 업무의 특성상 공경비인 경찰의 역할과 유사하기 때문에 민간경비업을 국가가 관리하여 민간경비업체에 적절한 기준을 제시해 민간경비업의 질적 향상을 유도하고 개인의 자유와 권리보호 및 공공의 안녕과 질서유지에 기여할 필요가 있기 때문이다. 따라서 민간경비업은 단순히 영리를 추구하는 다른 일반직업과는 달리 개인의 생명과 재산을 담보로 하는 업무의 공공성이라는 특성 때문에 허가기준을 강화하는 일환으로 개인이 아닌 **법인만이 경비업을 영위**할 수 있도록 규정하고 있는 것이다.

제 4 절 | 한국 치안여건의 변화와 방범실태

1 치안여건의 변화

(1) 범죄형태의 다양화와 민영교도소의 설립
  ① 범죄형태의 다양화
    ㉠ 가정파괴범의 증가 : 청소년 범죄, 성범죄의 흉포화, 여성범죄의 증가 등 가정 파괴와 직결되는 범죄가 증가추세를 보이고 있다.
    ㉡ 사이버 범죄의 증가 : 정보통신의 발달로 인터넷의 특성을 악용한 해킹, 바이러스 유포 등은 물론 무선 인터넷과 스마트폰 등의 보급 확대로 인하여 첨단 사이버 범죄가 지속적으로 증가하고 있다.
    ㉢ 강도·살인범죄의 지능화·전문화·흉포화·조직화·저연령화 : 살인·강도 등 강력범죄가 매년 증가하고, 납치·인질·유괴, 특수강도의 빈발·금융·보험·신용카드 등 범죄형태가 점차 지능화·흉포화·조직범죄화·전문화·저연령화되는 경향으로 흐르고 있다.
    ㉣ 경제범죄의 증가 : 세계 경제의 장기침체 등 국내외의 경제 상황의 악화로 인하여 경제적 이익을 목적으로 하는 금융범죄가 대형화되는 추세에 있다.
    ㉤ 아동·청소년 대상 성범죄의 증가 : 아동·청소년에 대한 강간·강제추행, 아동·청소년을 이용한 음란물의 제작·배포, 아동·청소년의 매매행위, 아동·청소년의 음란물을 사는 행위, 아동·청소년에게 성적 수치심을 주는 성희롱 등 아동·청소년·독신 여성을 대상으로 한 성범죄가 날로 증가하고 있다.
    ㉥ 노인 범죄와 외국인 범죄 증가 : 국제화·개방화로 인해 외국인 범죄가 증가하고, 고령화로 인한 노인인구가 증가하면서 생계형 노인 범죄가 심각한 사회문제로 대두되고 있다.
    ㉦ 신종 범죄와 청소년 범죄 증가 : 치안환경이 악화되면서 보이스피싱 등 신종 범죄가 대두되고, 청소년 범죄가 흉포화 되고 있으며 범죄연령이 낮아지는 추세이다.
    ㉧ 마약 범죄의 증가 : 인터넷이나 클럽, SNS 등 기존 방식에 비하여 마약구입 경로가 다양하고 교묘해지면서 향정신성의약품 흡입 및 투약범죄가 날로 증가하고 있다.
  ② 우리나라 최초의 민영교도소 설립 : 2010년 2월 경기도 여주에 문을 연 '아가페 소망교도소'는 『형의 집행 및 수용자 처우에 관한 법률(형집행법)』 제7조와 『민영교도소 등의 설치·운영에 관한 법률(민영교도소법)』에 근거하여 수용자의 실질적인 내적 변화를 유도하고 수용자와 가족 공동체의 회복을 목표로 설립되었다.

(2) 수사장비의 현대화
  ① 첨단과학 수사기법의 활용 : 과학수사의 기법을 활용하기 위해 지문자동검색시스템(AFIS), 컴퓨터 거짓말탐지기의 활용 확대, CCTV 판독시스템 운용, 컴퓨터 그래픽을 이용한 몽타주 활용수사, 족·윤적 검색시스템 활용, 유전자 감식 등 첨단수사 과학장비를 도입하고, 이들의 장비를 이용한 수사기법을 개발하고 있다.

② 사용자 중심의 범죄정보관리시스템 운영체계 개편 : 범죄 용의자를 전국에 걸쳐 신속하게 수배하기 위하여 온라인상 네트워크 수사지원체제를 강화하고, 수사경찰의 지식과 범죄정보의 종합관리를 위한 내부 인트라넷을 구현하였고, 범죄정보관리센터 설립 및 수사종합전산망의 통합을 추진하였다.

2 경찰의 역할과 방범실태

(1) 방범경찰의 임무와 법적 근거
① 방범경찰의 임무 : 범죄통제, 질서유지, 봉사의 제공 등이 대표적이며, 이 외에 범죄에 의하여 위험에 처해 있는 국민의 생명·신체 및 재산을 사전에 보호하고, 범죄발생을 미연에 방지하기 위하여 **순찰·불심검문·경찰방문·방범진단·방범상담·방범홍보·방범단속** 등의 임무를 수행한다.
  ㉠ 경찰방문 : 경찰관이 관할구역 내의 각 가정, 상가 및 기타시설 등을 방문하여 청소년선도, 소년소녀가장 및 독거노인·장애인 등 사회적 약자 보호활동 및 안전사고방지 등의 지도·상담·홍보 등의 업무를 수행하며 민원사항을 청취하고, 필요시 주민의 협조를 받아 방범진단을 하는 등의 예방경찰활동을 말한다.
  ㉡ 방범진단 : 범죄예방 및 안전사고방지를 위하여 관내 주택, 고층빌딩, 금융기관 등 현금다액취급업소 및 상가·여성운영업소 등에 대하여 방범시설 및 안전설비의 설치상황, 자위방범역량 등을 점검하여 미비점을 보완하도록 지도하거나 경찰력 운용상의 문제점을 보완하는 활동을 말한다.

> **심화연구** 경찰의 임무와 사무(경찰법 제3조, 제4조)
>
> **1** 경찰의 임무(국가경찰과 자치경찰의 조직 및 운영에 관한 법률 제3조)
>   ㉠ 국민의 생명·신체 및 재산의 보호
>   ㉡ 범죄의 예방·진압 및 수사
>   ㉢ 범죄피해자 보호
>   ㉣ 경비·요인경호 및 대간첩·대테러 작전 수행
>   ㉤ 공공안녕에 대한 위험의 예방과 대응을 위한 정보의 수집·작성 및 배포
>   ㉥ 교통의 단속과 위해의 방지
>   ㉦ 외국 정부기관 및 국제기구와의 국제협력
>   ㉧ 그 밖에 공공의 안녕과 질서유지
> **2** 경찰의 사무(국가경찰과 자치경찰의 조직 및 운영에 관한 법률 제4조)
>   ㉠ **제1항 제1호(국가경찰사무)** : 제3조에서 정한 경찰의 임무를 수행하기 위한 사무. 다만, 제2호의 자치경찰사무는 제외한다.
>   ㉡ **제1항 제2호(자치경찰사무)** : 제3조에서 정한 경찰의 임무 범위에서 관할 지역의 생활안전·교통·경비·수사 등에 관한 다음 각 목의 사무
>   ⓐ 지역 내 주민의 생활안전 활동에 관한 사무
>   • 생활안전을 위한 순찰 및 시설의 운영
>   • 주민참여 방범활동의 지원 및 지도
>   • 안전사고 및 재해·재난 시 긴급구조지원
>   • 아동·청소년·노인·여성·장애인 등 사회적 보호가 필요한 사람에 대한 보호업무 및 가정폭력·학교폭력·성폭력 등의 예방
>   • 주민의 일상생활과 관련된 사회질서의 유지 및 그 위반행위의 지도·단속. 다만, 지방자치단체 등 다른 행정청의 사무는 제외한다.

- 그 밖에 지역주민의 생활안전에 관한 사무
ⓑ 지역 내 교통활동에 관한 사무
  - 교통법규 위반에 대한 지도·단속
  - 교통안전시설 및 무인 교통단속용 장비의 심의·설치·관리
  - 교통안전에 대한 교육 및 홍보
  - 주민참여 지역 교통활동의 지원 및 지도
  - 통행 허가, 어린이 통학버스의 신고, 긴급자동차의 지정 신청 등 각종 허가 및 신고에 관한 사무
  - 그 밖에 지역 내의 교통안전 및 소통에 관한 사무
ⓒ 지역 내 다중운집 행사 관련 혼잡 교통 및 안전 관리
ⓓ 다음의 어느 하나에 해당하는 수사사무
  - 학교폭력 등 소년범죄
  - 가정폭력, 아동학대 범죄
  - 교통사고 및 교통 관련 범죄
  - 「형법」제245조에 따른 공연음란 및 「성폭력범죄의 처벌 등에 관한 특례법」제12조에 따른 성적 목적을 위한 다중이용장소 침입행위에 관한 범죄
  - 경범죄 및 기초질서 관련 범죄
  - 가출인 및 「실종아동 등의 보호 및 지원에 관한 법률」제2조 제2호에 따른 실종아동 등 관련 수색 및 범죄

② 경찰방범활동의 법적 근거 : 경찰방범활동에 적용되는 대표적인 관계법으로는 '풍속영업의 규제에 관한 법률(풍속영업규제법)', 총포·도검·화약류 등의 안전관리에 관한 법률(총포화약법), 사행행위 등 규제 및 처벌특례법(사행행위규제법), 영화 및 비디오물의 진흥에 관한 법률(영화비디오법), 경찰관 직무집행법, 경범죄처벌법, 즉결심판에 관한 절차법(즉결심판법), 사격 및 사격장 안전관리에 관한 법률(사격장안전법), 소년법, 아동·청소년의 성보호에 관한 법률(청소년성보호법) 등이 있다.

(2) 경찰의 범죄예방능력 한계요인
① 경찰인력과 경찰장비의 부족 및 경찰장비의 노후화
② 경찰관의 민생치안 부서의 근무기피현상
③ 고정관념으로 인한 경찰활동에 대한 주민의 이해 부족
④ 경찰 1인당 담당하는 시민의 비율이 선진국에 비해 높음
⑤ 타 부처와의 업무협조 과중

CHAPTER 01 민간경비의 개관

기출 및 적중예상문제

01 ★★
23, 18, 17, 16. 기출

민간경비와 공경비에 관한 내용으로 옳지 않은 것은?

① 민간경비와 공경비의 영역이 뚜렷하고 확실하게 구분되는 것은 아니다.
② 범죄와 관련한 치안서비스를 제공한다는 점에서 민간경비와 공경비의 역할은 유사하다.
③ 민간경비와 공경비 모두 의뢰자로부터 받은 대가 내지 보수만큼만 자신의 역할과 기능을 수행한다.
④ 사회가 다원화되면서 민간경비의 중요성이 강조되고 있다.

> 민간경비의 경우 국가가 아닌 개인 간의 이해관계에서 성립된 비영리 자구적 집단이나 특정한 의뢰자(고객)에게 받은 보수만큼 경비 및 안전에 관한 서비스를 제공하는 영리활동을 하나, 공경비의 경우 일반국민들의 공공의 이익을 위하여 범죄를 예방, 진압하고 국가 및 사회의 안녕과 질서를 유지하는 모든 활동을 수행한다.

▶ 민간경비와 공경비의 차이점과 공통점
민간경비와 공경비의 공통점과 차이점을 구별하는 문제는 매년 출제되는 경향이기 때문에 개별 특성에 대해 반드시 암기해야 한다.

02
20, 18, 17. 기출

민간경비의 개념에 관한 설명으로 옳지 않은 것은?

① 실질적 개념의 민간경비는 고객의 생명과 신체에 대한 위해를 방지하고 재산을 보호하는 제반활동으로 인식된다.
② 형식적 개념의 민간경비는 경비관련 제반활동의 특성과 관계없이 실정법에서 규정하는지의 유무에 따른다.
③ 형식적 개념은 공경비와 민간경비가 명확히 구별된다.
④ 광의의 개념은 국민의 생명과 재산을 보호하기 위하여 일정한 비용을 지불한 특정고객에게 안전관리 서비스를 제공하는 개인만을 의미한다.

> ④는 협의의 민간경비 개념에 해당한다.

▶ 민간경비의 개념

정답 01 ③ 02 ④

03

민간경비에 관한 설명으로 옳지 않은 것은?

① 민간경비의 역할은 범죄예방 및 손실감소이다.
② 민간경비원은 현행범을 영장 없이 체포할 수 있다.
③ 민간경비의 주체는 영리기업이다.
④ 민간경비업자는 불특정 다수인에게 경비서비스를 제공할 의무가 있다.

> 민간경비업자는 특정한 의뢰자(고객)에게 받은 보수만큼 경비서비스를 제공할 의무가 있고, 불특정 다수인에게 경비서비스를 제공할 의무는 공경비의 영역이다.

[20. 기출] — 민간경비의 개념 이해

04

민선행정관인 보안관(Sheriff)의 무능함을 견제하기 위해 영국의 국왕이 치안판사직을 신설했던 시대는?

① 보우가의 주자
② 크롬웰 집권기
③ 주야감시원 시대
④ King's Peace 시대

> 주야감시원(Watch and Ward) 시대에 국왕 에드워드 1세는 주의 보안관(Sheriff)의 무능함을 견제하기 위해 치안판사직(Justice of the Peace)을 신설하였다.

— 영국 민간경비의 역사적 발전 과정

05 ★

민간경비의 성장에 관한 이론적 설명으로 옳지 않은 것은?

① 경제환원이론은 경기변동의 영향을 받아 민간경비가 성장한다는 이론이다.
② 공동생산이론은 경찰과 민간이 치안서비스를 공동으로 생산한다는 이론이다.
③ 공동화이론은 공경비 자원의 한계로 발생하는 치안서비스 수요의 공백을 민간경비가 채워준다는 이론이다.
④ 이익집단이론은 공동화이론과 유사하나 공경비가 독립적 행위자로서의 고유 영역을 가진다는 점을 강조한 이론이다.

> 이익집단이론은 방치하면 보호받지 못하게 되는 재산 등을 민간경비가 보호한다는 관점의 이론으로 플레벨(Flavel)이 공동화 이론을 부정하면서 주장한 이론이다.

[23. 기출] — 민간경비성장의 이론적 배경

정답 03 ④ 04 ③ 05 ④

06 ★★

24, 21, 18, 17. 기출

민간경비의 이론적 배경 중 공동화이론에 관한 설명으로 옳은 것은?

① 민간경비 시장의 성장을 범죄의 증가에 따른 직접적 대응으로 보았다.
② 경찰과 민간경비는 상호보완적 관계에 있다.
③ 개인이나 집단과 조직 등의 안전과 보호는 해당 개인이나 조직이 담당하여야 한다.
④ 치안서비스의 생산과 공급에 민간의 역할을 증대시킨다.

① 민간경비 시장의 성장을 범죄의 증가에 따른 직접적 대응이 아닌 공적경비인 경찰이 이웃 간의 다툼해결, 사회봉사활동, 공중위생의 유지, 교통관제 등의 비범죄적인 업무에 쫓기고 있어서 경찰 본래의 직무인 범죄예방이나 범죄통제와 같은 서비스를 충분하게 제공할 수 있는 인적·물적 측면의 요인들이 감소됨으로써 나타나게 된 '공동화 상태'를 메우기 위해서 민간경비가 발달 성장하게 되었다고 하는 이론이다.
③ 수익자부담이론에서 주장하는 이론이다.
④ 민영화이론에서 주장하는 이론이다.

> **출제 POINT**
> ▶ 민간경비성장의 이론적 배경
> 민간경비의 성장배경과 관련된 이론들의 특징에 대해 비교분석하여 암기하여야 한다.

07 ★

15, 10. 기출

민간경비원의 권한관계에 관한 설명으로 옳지 않은 것은?

① 민간경비원은 자구행위를 할 수 있다.
② 민간경비원은 현행범을 체포할 수 없다.
③ 특수경비원이 휴대할 수 있는 무기종류는 권총 및 소총으로 한다.
④ 청원경찰은 경비구역 내에서 경비목적을 위해 필요한 경우 불심검문 및 무기사용을 할 수 있다.

민간경비원은 일반시민의 신분으로서 행사할 수 있는 권한을 가지고 있기 때문에 정당방위, 긴급피난, 자구행위, 피해자의 승낙, 현행범인의 체포 등의 경우에만 위법성이 배제된다.

▶ 우리나라 민간경비원의 법적 지위

08 ★

23. 기출

수익자부담이론에 관한 설명으로 옳지 않은 것은?

① 경찰의 근본적 역할 및 기능은 개인의 안전과 사유재산의 보호에 있다는 일반적 통념에 의문을 제기하면서 출발한다.
② 자본주의 사회에서 경찰의 공권력 작용은 질서유지와 체제수호와 같은 거시적 역할 및 기능에 한정시켜야 한다고 주장한다.
③ 사회구성원으로서의 개인이나 집단의 안전과 보호는 결국 해당 개인이나 집단이 담당하여야 한다고 주장한다.
④ 경기침체에 따른 국민소득 감소 및 치안비용 부담의 증가와 함께 주장되었다.

수익자부담이론에서 경찰의 공권력 작용은 자본주의 사회의 질서유지나 체제수호 등과 같은 거시적 측면의 역할에 한정하고, 사회구성원의 개인차원이나 여타 집단과 조직의 안전과 보호는 해당 개인이나 조직이 담당해야 하는 인식에 기초를 두고 주장되었다. 치안비용 부담의 증가와 함께 주장되는 이론은 민영화이론으로 볼 수 있다.

▶ 수익자부담이론

정답 06 ② 07 ② 08 ④

09 ★★

민영화이론에 관한 설명으로 옳은 것은? [21. 기출]

① 복지국가 확장의 부작용에 따른 재정위기를 극복하기 위해 국가의 역할 범위를 축소하고 재정립한다.
② 그냥 내버려두면 보호받지 못한 채로 방치될 만한 재산을 민간경비가 보호한다.
③ 경기침체에 따른 실업자의 증가로 범죄가 증가함으로써 민간경비 시장이 성장·발전한다.
④ 경찰의 치안서비스 제공 과정에서 시민과 민간경비의 능동적 참여를 다각적으로 유도한다.

②는 이익집단이론, ③은 경제환원론, ④는 공동생산이론에 대한 설명이다.

> 출제POINT: 민영화이론

10 ★★

민영화이론에서 말하는 민영화의 내용에 관한 설명으로 옳지 않은 것은? [20. 기출]

① 자원이용의 효율성을 높일 수 있다.
② 민간의 활동이 활성화될 수 있다.
③ 공공지출과 행정비용의 증가효과를 유발하기 위한 방법이다.
④ 재화나 서비스의 생산이 공공분야에서 민간분야로 이전되는 것이다.

민영화이론은 공공지출과 행정비용의 증가효과를 억제하기 위한 방법이다.

> 출제POINT: 민영화이론

11 ★

우리나라에서 민간경비제도가 독자적으로 발전하기 시작한 시기는?

① 미8군부대의 용역경비를 실시하던 1960년대 초부터이다.
② 1976년 용역경비업법이 제정된 이후부터이다.
③ 1980년대 이후 선진국가의 민간경비의 기술과 자본을 도입한 시기부터이다.
④ '86아시안게임과 '88서울올림픽을 개최한 이후부터이다.

우리나라에서 민간경비제도를 독자적으로 실시하게 된 것은 1976년 용역경비업법이 제정된 이후부터이다.

> 출제POINT: 우리나라 민간경비제도의 역사적 발전과정

정답 09 ① 10 ③ 11 ②

12
1908년 FBI의 전신인 BI가 발족하자 책임자로 임명되어 여러 차례 유명사건을 해결함으로써 명성을 얻은 사람은?

① Allan Pinkerton
② Edwin Holmes
③ Wiliam J.Burns
④ George R.Wackenhut

> 1908년 FBI의 전신인 BI(Bureau of Investigation)가 발족하자 번즈(Burns)가 책임자로 임명되어 명성을 얻었고, 1909년에 윌리엄 번즈 국제탐정회사(Wilian J.Burns International Detective Agency)를 창설하여 핑커톤(Pinkerton)과 마찬가지로 조사 및 수사업무에 주력하면서 미국 금융연합과 호텔연합 등을 새로운 고객으로 맞았다.

출제 POINT: 번즈(Burns)의 업적

13 ★★
각국의 민간경비산업에 관한 설명으로 옳지 않은 것은?

① 미국은 제2차세계대전 중 전쟁수요에 힘입어 한층 더 확대되었다.
② 일본은 1964년 동경올림픽과 1970년 오사카만국박람회 개최 후 급속하게 발전하였다.
③ 한국은 1960년대 경제발전과 더불어 급속하게 성장하였다.
④ 독일은 1990년대 통일 후 치안수요의 증가로 인해 양적으로 확산되었다.

> 한국에서 민간경비산업이 급성장하게 된 것은 1986년 아시안게임·1988년 서울올림픽·1993년 대전 세계엑스포에 민간경비업체가 참여하면서 양적·질적으로 급성장하게 된 1980년대이다. 1960년대 초 용진보안공사, 봉신기업, 화영기업 등이 미8군부대의 용역경비를 담당한 계기가 민간경비의 효시라고 볼 수 있다.

[23, 16, 14, 13, 기출]

출제 POINT: 각국 민간경비의 발달사

14 ★★
우리나라의 민간경비제도에 관한 설명으로 옳지 않은 것은?

① 청원경찰제도는 우리나라에만 있는 독특한 제도이다.
② 경비지도사는 경비원들의 지도·감독 및 교육을 임무로 한다.
③ 2000년 경비업법이 개정되어 특수경비업무가 도입되었다.
④ 1999년 용역경비업법이 경비업법으로 변경되었다.

> 2001년 경비업법의 전면 개정으로 특수경비원제도가 도입되었다.

[17, 07, 05, 기출]

출제 POINT: 우리나라 민간경비 산업의 역사적 발전과정

정답 12 ③ 13 ③ 14 ③

15

17. 13. 기출

각국 민간경비의 발전과정에 관한 설명으로 옳은 것은?

① 영국은 공경찰 활동이 사경찰 활동보다 먼저 존재하여 사경찰 도입의 필요성을 불러오는 계기가 되었다.
② 미국의 민간경비산업은 소규모화 되고 있으며, 변화속도가 느려지는 특징을 가진다.
③ 일본 경비업체 세콤(SECOM)은 스웨덴 경비회사 SP(Security Patrol)와 제휴하여 경비시스템을 도입하였다.
④ 한국은 1972년 청원경찰법과 1980년 용역경비업법을 제정하여 경비업이 정착되었다.

① 영국에서는 사설 경찰활동이 공적인 경찰활동보다 먼저 존재하였다.
② 미국의 민간경비산업은 거대화와 세분화가 동시에 진행되어 초고속으로 발전하고 있다.
④ 청원경찰법은 1962년, 용역경비업법은 1976년에 제정되었다.

> 출제POINT
> 각국의 경비지도사 제도

16

다음 중 영국의 '국왕의 평화시기'에 대한 설명과 관계없는 내용은?

① 이때는 시기적으로 레지스 헨리시법을 공포한 1116년경이다.
② 경비의 개념이 공경비의 개념으로 바뀌면서 경찰은 공복으로서 역할이 강조되었다.
③ 처벌의 방법을 명문화한 것으로 보아 법개념이 사법에서 공법으로 변천하였음을 알 수 있다.
④ 국왕의 평화시대에 있어서의 범죄는 시민의 권리를 침해하는 해악으로 간주되었다.

범죄를 개인의 권리를 침해하는 위법으로 보기보다는 국왕의 평화에 대한 도전으로 보았다.

> 영국의 민간경비 발달사

17

18. 16. 기출

경제환원론에 관한 설명으로 옳지 않은 것은?

① 민간경비가 성장함에 따라 민간경비 기업들은 하나의 이익집단을 형성한다고 본다.
② 민간경비시장의 성장을 범죄의 증가에 따른 직접적인 대응이라는 전제하에서 출발한다.
③ 거시적 차원에서 범죄의 증가를 실업의 증가에서 그 원인을 찾으려고 한다.
④ 민간경비시장의 성장을 경제전반의 상태와 운용에 연결시켜서 설명한다.

①은 이익집단이론에 대한 설명이다.

> 민간경비의 성장이론 구분

정답 15 ③ 16 ④ 17 ①

18 ★

민간경비성장의 이론적 배경의 하나인 수익자부담이론의 특징으로 보기 어려운 내용은?

① 경찰은 자본주의 체제를 유지하기 위한 정치적 역할을 수행하는 공조직으로 파악되어진다.
② 원칙적으로 경찰의 공권력을 거시적 측면에서 질서 유지나 체제수호와 같은 역할과 기능으로 한정한다.
③ 사회구성원의 개개인이나 집단과 조직의 안전과 보호는 개인이나 조직이 담당한다.
④ 수익자부담이론은 자본주의 체제에서는 부적당한 이론이다.

> 고도의 자본주의 체제하에서 수익자부담이론은 잘 적용되는 이론이다.

▶ 자본주의 체제하 민간경비 성장의 이론적 배경

19 ★

역사적으로 민간경비와 공경비를 개인과 국가적인 차원으로 분리하여 보기 시작한 시기는?

① 함무라비의 시대
② 고대의 원시시대
③ 로마제국의 말기
④ 영국의 왕조시대

> 바빌론(Babylon)의 함무라비(Hammurabi) 왕에 의해서 민간경비 개념과 공경비 개념이 분리되기 시작하였다.

▶ 함무라비 왕 시대 민간경비와 공경비

20 ★

[16, 14, 10. 기출]

민간경비와 공경비에 관한 설명으로 옳지 않은 것은?

① 민간경비원은 현행범을 영장 없이 체포할 수 있다.
② 민간경비의 역할은 범죄의 예방, 진압 및 수사가 포함된다.
③ 경비업자는 불특정 다수인에게 경비서비스를 제공할 의무가 없다.
④ 민간경비의 목적은 사익보호이고, 공경비의 목적은 공익 및 사익보호이다.

> ① 민간경비원의 형법상 지위로서 위법성이 배제되는 경우이다.
> ② 민간경비원은 진압 및 수사를 할 수 없다.
> ③ 경비업자는 특정한 의뢰자(고객)에게 받은 보수만큼 경비서비스를 제공해야 한다.
> ④ 민간경비의 목적은 사익보호(영리성 추구)이고, 공경비의 목적은 공익 및 사익보호(공익성 추구)이다.

▶ 민간경비와 공경비의 역할 비교

정답 18 ④ 19 ① 20 ②

21

우리나라 치안환경의 변화로 옳지 않은 것은?

① 인구의 고령화로 인하여 노인범죄 및 노인대상범죄가 증가하고 있다.
② 전체적으로 도시와 농촌 간의 범죄발생 차이가 적어 통일적인 치안활동이 요구된다.
③ 다문화 사회 및 인구구조의 글로벌화로 외국인 근로자 및 불법체류자 등에 의한 범죄가 증가하고 있다.
④ 빈부격차의 심화와 사회 해체적 범죄 양상이 나타나고 있다.

> 인구의 도시화 현상으로 인구 과밀한 도시에서 범죄 발생률이 증가하고 농촌 인구의 감소로 농촌에서의 범죄 발생률은 감소하고 있어 다변화된 치안활동이 요구된다.

22

민간경비의 법적 근거 및 규제에 관한 설명으로 옳지 않은 것은?

① 개인은 자신의 신체와 재산을 보호하기 위하여 타인의 권리를 침해하지 않는 범위 내에서 민간경비원을 고용할 수 있다.
② 민간경비의 규제와 관련하여 일본에서는 신고제를 취하고 있지만, 우리나라에서는 허가제를 취하고 있어 이에 대한 규제가 보다 엄격하다.
③ 모든 민간경비원을 전형적인 공무수탁사인(公務受託私人)으로 보기는 어렵지만, 경비업법상의 특수경비원의 직무는 공무수탁사인의 한 형태로 볼 수 있다.
④ 민간경비의 활동영역은 경비업법 외에도 청원경찰법, 재난 및 안전관리기본법 등과도 관련된다.

> 일반적으로 민간경비업무의 특성과 관련하여 각국에서는 민간경비업의 허가주의를 채택하고 있다. 일본도 경비업법에서 경비업의 영업에 관한 규제를 하고 있다. 즉, 일정한 요건을 충족하고 있는가의 여부를 공안위원회가 심사하여, 충족된 경우에 경비업을 허가하고 있다.

23

로버트 필(Robert Peel)의 업적에 관한 설명으로 옳지 않은 것은?

① 영국 수도경찰을 창설하였다.
② 교구경찰, 주·야간경비대, 수상경찰, 보우가경찰대 등으로 경찰조직을 더욱 세분화하였다.
③ Peelian Reform(형법개정안)은 현대적 경찰조직 설립의 시초가 되었다.
④ 경찰은 훈련되고 윤리적이며, 정부의 봉급을 받는 요원이어야 한다고 주장하였다.

> ②는 헨리 필딩(Henry Fielding)의 업적과 관계된다.

정답 21 ② 22 ② 23 ②

24

건국 초기 미국의 민간경비 발달과정에서 노예의 탈출과 소요사태 등을 통제하기 위해 도망노예송환법을 제정한 지역은?

① 남부지역   ② 서부지역
③ 동부지역   ④ 북부지역

> 19세기 초 노예제도 폐지를 위한 여러 움직임이 있는 가운데, 1820년 미주리 협약의 체결에 따라 노예제도를 폐지하려는 북부 세력과 유지하려는 남부 세력이 갈라서면서 갈등이 증폭되었다. 당시 거대농장을 기반으로 하는 남부경제에 있어서 노예는 자본의 핵심이었기 때문에 노예들의 탈출은 심각한 문제였다. 이에 남부지방 사람들은 북부로 탈출하도록 도망 노비를 도와주는 사람들의 처벌을 강화하기 위하여 도망노예송환법(1850)을 제정하여 노비 이탈을 막았다.

출제POINT: 미국의 민간경비 발달과정

★25

미국의 민간경비 발전과정에 기여한 인물을 모두 고른 것은?

| ㉠ 포프(A. Pope) | ㉡ 브링크(W. Brink) |
| ㉢ 허즈버그(F. Herzberg) | ㉣ 웰즈(H. Wells) |

① ㉠, ㉢
② ㉠, ㉡, ㉣
③ ㉡, ㉢, ㉣
④ ㉠, ㉡, ㉢, ㉣

> ㉠ 19세기 후반 활동한 미국의 발명가이자 경찰관인 포프(August Pope)는 Pope System이란 도난 방지 및 감시 시스템을 개발하였다. 이 시스템은 전선 및 신호 장치를 사용하여 건물의 출입구를 보호하는데 사용되어 미국 민간경비 발전에 기여하였다.
> ㉡ 서부개척시대 워싱턴 페리 브링크(Washington F. Brinks)는 1859년 트럭 수송회사를 설립하여 1891년에는 방탄장갑차를 이용한 현금수송을 시작하였고 1900년에는 무려 85대의 장갑차를 보유하게 되었다.
> ㉣ 서부개척시대 철도의 부설로 귀금속과 여러 상품의 운송이 활기를 띠면서 이들의 운송을 전문적으로 취급하는 운송업체들이 생겨났고 그 대표적인 운송업체는 웰스(Henry Wells)와 파고(Fargo)가 설립한 아메리칸 익스프레스(American Express)이다.

출제POINT: 민간경비와 관련된 인물의 업적

26

민간경비업의 개념에 관한 설명으로 틀린 것은?

① 우리나라 경비업법상 경비업에는 시설경비, 호송경비, 신변보호, 기계경비, 특수경비, 민간정보조사업무가 있다.
② 민간경비라는 용어는 경찰조직에서의 경비와 그 의미에서 차이가 있다.
③ 민간경비업은 영리성을 그 특징으로 한다.
④ 민간경비종사자는 사인신분으로 특정 고객에게 계약사항 내에서의 서비스를 제공한다.

> 경비업이라 함은 시설경비업무, 호송경비업무, 신변보호업무, 기계경비업무, 특수경비업무 등에 해당하는 업무의 전부 또는 일부를 도급받아 행하는 영업을 말한다(경비업법 제2조 제1호).

출제POINT: 민간경비의 개념구분
민간정보조사업무는 탐정업이라고 할 수 있다. 현재 우리나라에서는 흥신소, 심부름센터 등의 업체가 불법행위를 하는 것을 방지하기 위해 탐정업법(민간조사원법) 제정에 관한 논의가 진행되었지만 변호사 단체 등의 반대에 부딪혔다. 또한 경비업법에도 소위 탐정업무는 경비업무에 규정되어 있지 않다.

정답 24 ① 25 ② 26 ①

27 ★

경비업자의 손해배상에 대한 내용 중 틀린 것은?

① 경비업자는 경비원이 업무수행 중 고의로 경비대상에 손해가 발생하는 것을 방지하지 못한 때에는 그 손해를 배상하여야 한다.
② 경비업자는 경비원의 과실로 경비대상에 발생하는 손해를 방지하지 못한 때에는 그 손해를 배상하여야 한다.
③ 경비업자는 경비원의 업무수행 중 고의로 제3자에게 입힌 손해는 배상하여야 한다.
④ 경비업자는 경비원이 업무수행 중 과실로 제3자에게 입힌 손해는 배상할 필요가 없다.

경비업자는 경비원이 업무수행 중 고의 또는 과실로 제3자에게 손해를 입힌 경우에는 이를 배상하여야 한다(경비업법 제26조 제2항).

> 출제POINT
> 경비업자의 민사책임

28 ★★

15, 14, 10, 기출

다음 내용이 설명하고 있는 민간경비의 이론적 배경은?

> 경찰의 공권력 작용은 원칙적으로 거시적인 측면에서 체제수호 등과 같은 역할과 기능에 한정되고, 사회 구성원 개개인 차원이나 집단과 조직의 안전한 보호는 결국 해당 개인이나 조직이 담당하여야 한다.

① 경제환원론   ② 공동화이론
③ 수익자부담이론   ④ 이익집단이론

① **경제환원론** : 경기가 침체되어 실업률이 증가하게 되면 범죄가 증가하게 되는데, 이에 대응하기 위해 민간경비가 성장한다는 이론이다.
② **공동화이론** : 경찰과 같은 공권력이 제공할 수 있는 서비스의 한계로 인하여 발행하는 공동상태를 민간경비가 보완함으로써 민간경비가 성장한다는 이론이다.
④ **이익집단이론** : 한 사회를 구성하는 집단들이 자신들의 이익을 극대화시키기 위해 규모를 팽창시키고 새로운 규율이나 제도를 만들어내는 것처럼 민간경비도 양적으로 성장시켜 입지를 다진다는 이론이다.

> 출제POINT
> 민간경비 성장의 이론적 배경
> 민간경비 성장의 이론적 배경에 대한 문제는 매년 출제되므로 매우 중요하다. 따라서 각각의 특성에 대해서 반드시 숙지해야 한다.

29

14. 기출

다음의 경우에 해당하는 치안서비스 공동생산의 유형은?

> 시민 A는 이웃감시활동, 시민자율순찰대와 같은 주민들이 공동으로 펼치는 자율방범활동에 참여하였다.

① 개인적, 소극적 공동생산   ② 개인적, 적극적 공동생산
③ 집단적, 소극적 공동생산   ④ 집단적, 적극적 공동생산

치안서비스 공동생산의 유형은 경찰·시민·민간경비의 삼자구도로 나타낼 수 있는데, 시민은 모든 지역사회의 모든 시민을 의미하는 것은 아니며, 경제활동에 적극적 또는 소극적으로 참여하는 시민을 의미한다. 또한 경찰과 민간경비는 공동생산의 생산주체로서만 작용하지만, 시민은 서비스의 수혜대상(생산객체)인 동시에 생산주체로서 작용한다.

> 출제POINT
> 치안서비스의 공동생산

정답 27 ④ 28 ③ 29 ④

30

민간경비산업 성장의 이론적 배경에 관한 설명으로 옳지 않은 것은?

① 이익집단이론 - 그냥 내버려두면 보호받지 못한 채로 방치될 재산을 민간경비가 보호한다.
② 경제환원이론 - 경제의 활성화로 고용기회가 창출되어 민간경비가 성장하게 된다.
③ 공동화이론 - 공경비가 대응하기 어려운 범죄의 사각지대를 민간경비가 메워준다.
④ 수익자부담이론 - 범죄로 인한 신체적 피해의 보호는 개인적 비용부담에 의해 민간경비가 담당한다.

> 민간경비의 성장과 관련한 경제환원론적 관점은 경기가 침체되어 실업률이 증가하고, 이로 인해 범죄문제가 증가하기 때문에 이에 대응하기 위해 민간경비가 성장한다는 것이다.

출제 POINT
> 현대 민간경비산업의 성장 원인에 대한 이론적 배경

31

청원경찰의 신분에 관한 내용 중 옳지 않은 것은?

① 청원경찰의 직무상 불법행위에 대한 배상책임에 관하여는 민법의 규정을 따른다.
② 청원경찰업무에 종사하는 사람은 형법이나 그 밖의 법령에 따른 벌칙을 적용할 때에는 공무원으로 본다.
③ 청원경찰은 경비구역 내에서의 경비근무 시에만 경찰관 직무집행법에 따른 경찰관의 직무를 수행한다.
④ 청원경찰은 명백하게 신분상에 있어서 공무원이며 국가배상법의 적용을 받고 있다.

> ① 청원경찰법 제10조의2, ② 청원경찰법 제10조 제2조, ③ 청원경찰법 제3조 등에 규정되어 있으며, ④의 경우 청원경찰의 민사책임은 공무원이 아닌 민간인으로서 지기 때문에 옳지 않은 설명으로 정답이다(청원경찰법 제5조, 제10조의2 참조).

출제 POINT
> 청원경찰의 형사상 책임과 민사상 책임
> 청원경찰의 직무상 불법행위에 대한 배상책임은 원칙적으로 민법에 의하지만 국가기관 또는 지방자치단체에 근무하는 청원경찰의 직무상 불법행위에 대한 배상책임은 국가배상법에 의한다.

32

다음 중 청원경찰이 그 직무를 수행함에 있어 직권을 남용하여 국민에게 해를 끼친 때의 벌칙으로서 옳은 것은?

① 1년 이하의 징역이나 금고
② 3월 이하의 징역이나 금고
③ 6월 이하의 징역이나 금고
④ 9월 이하의 징역이나 금고

> 청원경찰이 직무를 수행할 때 직권을 남용하여 국민에게 해를 끼친 경우에는 6개월 이하의 징역이나 금고에 처한다(청원경찰법 제10조 제1항).

출제 POINT
> 청원경찰의 형사책임

정답 30 ② 31 ④ 32 ③

33

미국 민간경비의 역사적 발전과정으로 옳지 않은 것은?

① 1861년 핑커톤(A. Pinkerton)은 국가탐정회사를 설립하였다.
② 서부개척시대의 귀금속 운송을 위한 철도의 개발은 미국 민간경비산업의 획기적인 발달을 가져왔다.
③ 식민지시대 법집행과 관련된 기본적 제도는 영국의 영향을 받은 보안관(sheriff), 치안관(constable), 경비원(watchman) 등이 있다.
④ 2001년 9·11테러가 발생하면서 공항경비 등 민간경비산업이 급성장하게 되었다.

핑커톤(A. Pinkerton)이 국가탐정회사를 설립한 때는 1851년이다.

34

한국 민간경비의 역사적 발전과정에 관한 설명으로 옳지 않은 것은?

① 1977년 설립된 한국경비실업은 경비업 허가 제1호를 취득하였다.
② 1989년 용역경비업법은 용역경비업자가 대통령령으로 정하는 기계경비시설을 설치·폐지·변경한 경우 허가관청에 신고하여야 한다고 규정하였다.
③ 2001년 경비업법이 전면 개정되면서 경비업의 종류에 신변보호업무가 추가되었다.
④ 2013년 경비업법 개정으로 집단민원현장에 배치된 경비원의 지도·감독 규정이 강화되었다.

1995년 12월 30일 법률 제5124호로 일부 개정된 용역경비업법에서 경비업의 종류에 신변보호업무가 추가되었다.

35

범죄예방 및 안전사고 방지를 위해 관내 금융기관 등 현금다액취급업소, 상가, 여성운영업소 등에 대하여 방범시설 및 안전설비의 설치상황, 자위방범역량 등을 점검하여 미비점을 보완하도록 지도하기 위한 경찰활동은?

① 방범홍보
② 경찰방문
③ 생활방범
④ 방범진단

제시된 설문은 방범경찰의 임무 중 방범진단과 관련된 내용이다.

정답 33 ① 34 ③ 35 ④

36

21. 기출

범죄예방 및 안전사고방지를 위하여 관내 주택, 고층빌딩, 금융기관 등에 대한 방범시설 및 안전설비의 설치상황, 자위방범역량 등을 점검하여 문제점을 보완하는 경찰활동에 해당하는 것은?

① 문안순찰
② 방범진단
③ 방범홍보
④ 경찰방문

> 방범진단이란 범죄예방 및 안전사고방지를 위하여 관내 주택, 고층빌딩, 금융기관 등 현금다액취급업소 및 상가·여성운영업소 등에 대하여 방범시설 및 안전설비의 설치상황, 자위방범역량 등을 점검하여 미비점을 보완하도록 지도하거나 경찰력 운용상의 문제점을 보완하는 활동을 말한다.

▶ 방범경찰의 임무

37

11. 기출

한국 민간경비와 청원경찰의 특성에 관한 설명으로 옳지 않은 것은?

① 협의의 개념으로 민간경비는 고객의 생명·신체·재산보호를 위한 범죄예방활동을 의미한다.
② 실질적 개념으로 민간경비는 경비업법에서 규정하는 업무를 수행하는 활동을 의미한다.
③ 청원경찰은 무기를 사용할 수 있다.
④ 학교 등 육영시설에도 청원경찰을 배치할 수 있다.

> 민간경비의 개념 중 실질적 의미의 민간경비는 고객의 생명과 신체에 대한 위해를 방지하고 재산을 보호하는 제반활동으로 인식하는 반면, 형식적 의미의 민간경비는 실정법에서 일정한 활동과 역할을 규정하고 있는 것을 민간경비로 본다.

▶ 민간경비와 청원경찰의 특성

38

18, 17. 기출

현행 법령상 국가경찰의 임무에 해당하는 것을 모두 고른 것은?

㉠ 국민의 생명·신체 및 재산의 보호
㉡ 범죄의 예방·진압 및 수사
㉢ 경비·요인경호 및 대간첩·대테러 작전 수행
㉣ 공공안녕에 대한 위험의 예방과 대응을 위한 정보의 수집·작성 및 배포
㉤ 교통의 단속과 위해의 방지
㉥ 외국 정부기관 및 국제기구와의 국제협력

① ㉠, ㉣, ㉥
② ㉡, ㉢, ㉤, ㉥
③ ㉠, ㉡, ㉢, ㉣, ㉤
④ ㉠, ㉡, ㉢, ㉣, ㉤, ㉥

> 경찰관의 직무(경찰관 직무집행법 제2조) : 1) 국민의 생명·신체 및 재산의 보호, 2) 범죄의 예방·진압 및 수사, 3) 범죄피해자 보호, 4) 경비, 주요 인사(人士) 경호 및 대간첩·대테러 작전 수행, 5) 공공안녕에 대한 위험의 예방과 대응을 위한 정보의 수집·작성 및 배포, 6) 교통 단속과 교통 위해(危害)의 방지, 7) 외국 정부기관 및 국제기구와의 국제협력, 8) 그 밖에 공공의 안녕과 질서 유지

▶ 우리나라 경찰의 의무

정답 36 ② 37 ② 38 ④

39 ★★ 　　　　　　　　　　　　　　　　　　　　　　　20, 19, 17. 기출

경비업법상 경비업무로 명시되어 있지 않은 것은?

① 신변보호업무　　　　② 시설경비업무
③ 인력경비업무　　　　④ 호송경비업무

> 경비업법상 경비업무(경비업법 제2조) : 시설경비업무, 호송경비업무, 신변보호업무, 기계경비업무, 특수경비업무

▶ 민간경비의 임무

40 ★ 　　　　　　　　　　　　　　　　　　　　　　　05, 99. 기출

우리나라 민간경비업과 민간경비원의 법적 지위에 관한 설명으로 틀린 것은?

① 민간경비원의 활동은 일반 통치권에 의한 작용이므로 사인적 지위와는 다르다.
② 민간경비원의 범인체포 등의 행위는 형법상의 체포, 감금죄가 성립될 수 있다.
③ 경비업법은 민간경비원이 업무수행 중에 고의 또는 과실로 경비대상에 발생하는 손해를 방지하지 못한 때에는 경비업자가 이를 배상하도록 규정하고 있다.
④ 경비업체는 법인으로 제한되어 있다.

> 민간경비원은 사인(私人) 즉, '민간인'의 신분이기 때문에 민간경비원의 경비활동은 사인적 지위의 행동에 불과하다.

▶ 민간경비원의 법적 지위
우리나라 민간경비원의 법적 지위에 관한 문제가 출제될 경우 민간경비원의 신분이 '민간인'이라는 사실을 명심할 필요가 있다.

41 ★ 　　　　　　　　　　　　　　　　　　　　　　　18. 기출

미국 민간경비의 발전에 관한 설명으로 옳은 것을 모두 고른 것은?

　㉠ 건국 초기부터 영국식의 강력한 중앙집권적 경찰조직이 발전하였다.
　㉡ 서부개척시대 철도운송의 발달과 함께 민간경비가 획기적으로 발전하였다.
　㉢ 핑커톤(A. Pinkerton)은 경찰당국의 자료요청에 응하여 경찰과 민간경비업체의 바람직한 관계를 정립하는데 공헌하였다.
　㉣ 2001년 9·11 테러와 같은 국가적 위기상황은 민간경비가 발전하는 중요한 계기가 되었다.
　㉤ 현재 산업보안자격증인 CPP(Certified Protection Professional) 제도를 연방정부 차원에서 시행하고 있다.

① ㉠, ㉡, ㉢　　　　② ㉠, ㉣, ㉤
③ ㉡, ㉢, ㉣　　　　④ ㉢, ㉣, ㉤

> ㉠ 건국 초기 미국은 어떠한 치안조직 활동도 구축되지 않은 상태였다.
> ㉤ 산업보안자격증인 CPP(Certified Protection Professional) 제도는 미국경비산업협회(ASIS)에서 주관하고 있다.

▶ 미국 민간경비제도의 발달 과정

정답 39 ③ 40 ① 41 ③

42

다음 중 한국의 민간경비시장이 넓어지고 비약적인 발전과 성장이 있었던 때는 언제인가?

① 1960년대　　　　　　　② 1970년대
③ 1980년대　　　　　　　④ 1950년대

> 우리나라의 민간경비산업은 1986년 아시안 게임, 1988년 서울 올림픽, 1993년 대전 세계엑스포에 민간경비업체가 참여하면서 양적·질적으로 급격히 성장하였다.

출제 POINT 한국의 민간경비 산업이 도약하게 된 계기

43

21, 20, 19. 기출

경비업무 중 '경비를 필요로 하는 시설 및 장소에서의 도난·화재 그 밖의 혼잡 등으로 인한 위험발생 방지 업무'에 해당하는 것은?

① 호송경비업무　　　　　② 시설경비업무
③ 특수경비업무　　　　　④ 기계경비업무

> ① **호송경비업무** : 운반 중에 있는 현금·유가증권·귀금속·상품 그 밖의 물건에 대하여 도난·화재 등 위험발생을 방지하는 업무
> ② **시설경비업무** : 경비를 필요로 하는 시설 및 장소에서의 도난·화재 그 밖의 혼잡 등으로 인한 위험발생을 방지하는 업무
> ③ **특수경비업무** : 공항(항공기 포함) 등 대통령령이 정하는 국가중요시설의 경비 및 도난·화재 그 밖의 위험발생을 방지하는 업무
> ④ **기계경비업무** : 경비대상시설에 설치한 기기에 의하여 감지·송신된 정보를 그 경비대상시설 외의 장소에 설치한 관제시설의 기기로 수신하여 도난·화재 등 위험발생을 방지하는 업무

출제 POINT 경비업무의 유형

44

11, 09. 기출

미국과 일본의 민간경비제도에 관한 설명으로 옳지 않은 것은?

① 미국에서는 주 정부 관할하에 주 정부별로 CPP(Certified Protection Professional)제도를 시행하고 있다.
② 일본에는 교통유도경비에 관한 검정제도가 있다.
③ 일본의 민간경비원은 법집행권한이 있다.
④ 미국은 경찰관 신분을 가진 민간경비원이 활동하는 경우가 있다.

> 일본 경비업법은 경찰권한을 침해하지 않는 범위 내에서 경찰업무를 보조하는 방향으로 제정되었기 때문에 경비업자 및 경비원은 특별한 권한이 부여되지 않는다.

출제 POINT 일본 민간경비원의 법적 관계와 지위

정답 42 ③ 43 ② 44 ③

45

우리나라 민간경비원이 합법적으로 수행할 수 있는 업무는?

① 현행범체포
② 긴급체포
③ 압수 · 수색
④ 감청

원칙적으로 민간경비원은 일반시민의 신분으로서 행사할 수 있는 권한을 가지고 있기 때문에 정당방위, 긴급피난, 자구행위, 피해자의 승낙, 현행범인의 체포 등의 경우에만 위법성이 배제된다.

출제 POINT: 민간경비원의 형법상 지위

46

미국에서 금괴 수송을 위한 경비가 강화되어 민간경비가 획기적으로 발달되었던 시대는?

① 노동자운동시대
② 제1차 세계대전시대
③ 서부개척시대
④ 제2차 세계대전시대

1948년 서부 캘리포니아에서 금광이 발견되어 골드러시(Gold Rush)가 진행됨에 따라 사람이나 금괴수송을 위한 교통수단으로 동서 대륙간에 철도가 부설되었다. 이에 철도회사는 약탈과 범죄에 대응하기 위해서 자체적으로 경비를 수행할 수 있는 경비조직을 가져야만 했는데 이는 민간경비가 획기적으로 발달하는 계기가 되었다.

출제 POINT: 미국 민간경비의 역사적 발전과정
각국의 민간경비산업이 발달하게 되는 계기 및 과정에 대해서 유의하여 알아두어야 한다.

47

다음 설명 중 옳지 않은 것은?

① 공경비의 대상은 국민이고, 민간경비는 특정 의뢰인이다.
② 공경비의 목적은 법집행이고, 민간경비는 의뢰자의 보호 및 손실 감소이다.
③ 공경비의 주체는 정부이고, 민간경비는 영리기업이다.
④ 공경비의 임무는 범죄의 예방과 대응이고, 민간경비는 범죄의 예방과 피해회복이다.

범죄예방활동은 민간경비와 공경비에 공통된 임무이지만 피해회복과는 거리가 있다.

출제 POINT: 공경비와 민간경비의 특성

48

우리나라 민간경비제도에 관한 설명으로 옳지 않은 것은?

① 1976년 용역경비업법이 제정되면서 본격적인 민간경비가 실시되었다.
② 1997년 제1회 경비지도사 자격시험이 실시되었다.
③ 1999년 용역경비업법이 경비업법으로 변경되었다.
④ 2021년 국가경찰과 자치경찰의 조직 및 운영에 관한 법률을 통해 경찰관 신분을 가진 민간경비원이 합법화되었다.

국가경찰과 자치경찰의 조직 및 운영에 관한 법률(경찰법)은 경찰의 민주적인 관리 · 운영과 효율적인 임무수행을 위하여 경찰의 기본조직 및 직무 범위와 그 밖에 필요한 사항을 규정함을 목적으로 제정된 법률이다. 따라서 경찰법을 통해 경찰관 신분을 가진 민간경비원이 합법화되었다는 설명은 옳지 않다.

출제 POINT: 우리나라 민간경비의 발전과정

정답 45 ① 46 ③ 47 ④ 48 ④

49 ★★

[20, 15, 08, 기출]

범죄자에 대한 처벌은 국왕에 의해서 처벌되어야 한다는 의미로 다음 주장을 한 사람은?

> 모든 범죄는 더 이상 개인에 대한 위법이 아니라 국왕의 평화에 대한 도전이다.

① 헨리 필딩(Henry Fielding)
② 함무라비(Hammurabi) 국왕
③ 로버트 필(Robert Peel)
④ 헨리(Henry) 국왕

영국 국왕인 헨리(Henry)는 레지스 헨리시법(The Legis Henrici Law)을 공포하여 범죄자에 대한 처벌은 국왕이 직접 처벌해야 한다고 주장했다.

▶ 영국의 민간경비 발전

50 ★

[21, 19, 기출]

민간경비와 공경비의 차이점에 관한 설명으로 옳지 않은 것은?

① 민간경비의 주체는 민간기업이고, 공경비의 주체는 정부이다.
② 민간경비는 고객지향적 서비스이고, 공경비는 시민지향적 서비스이다.
③ 민간경비의 목적은 고객의 범죄예방 및 손실보호이고, 공경비의 목적은 국민의 안녕과 질서유지이다.
④ 민간경비의 임무는 범죄예방이고, 공경비의 임무는 범죄대응에 국한된다.

공경비는 범죄대응에 국한하지 않고 법집행을 통해 범인을 체포하고 범죄를 수사하여 사회 전반의 질서유지와 공공의 이익을 추구하는 임무를 수행한다.

▶ 공경비와 민간경비의 특성

51

[18, 15, 05, 기출]

민간경비에 관한 설명으로 옳은 것은?

① 영리성을 갖는다.
② 불특정다수의 시민이 수혜대상이다.
③ 사전예방과 법집행을 한다.
④ 공권력을 추구한다.

민간경비는 특정한 의뢰자에게 받은 보수만큼 그 특정 의뢰자만을 위해 일정한 서비스를 제공하는 영리기업을 말한다. ②, ③, ④는 공경비와 관련된다.

▶ 민간경비 업무의 본질

52 ★

[21, 기출]

민간경비의 주요임무로 옳지 않은 것은?

① 질서유지활동
② 범죄수사활동
③ 위험방지활동
④ 범죄예방활동

'범죄수사활동'은 국가 공권력인 경찰공무원의 주요임무이다.

▶ 민간경비의 업무

정답 49 ④ 50 ④ 51 ① 52 ②

53 ★

21, 15, 11, 기출

일본의 민간경비 발전과정에 관한 설명으로 옳지 않은 것은?

① 1960년대에 한국과 중국으로 진출하면서 비약적인 발전을 하였다.
② 1964년 동경올림픽 선수촌 경비를 계기로 민간경비 역할이 널리 인식되었다.
③ 1970년 오사카 만국박람회(EXPO) 개최시 민간경비가 투입되었다.
④ 경비업법 제정 당시 신고제로 운영하였으나, 그 후 허가제로 바뀌었다.

일본 민간경비는 1980년대 초 한국과 1988년 중국에 진출하였다.

> 일본 민간경비의 특징

54

민간경비와 공경비에 대한 설명으로 맞는 것은?

① 민간경비는 공경비와 절대적으로 대립적인 관계이다.
② 민간경비의 대상은 특정인과 일반시민들이다.
③ 민간경비에 비해 공경비는 강제력을 갖고 있다.
④ 민간경비의 주된 임무는 범죄예방과 범인구인이다.

① 민간경비와 공경비의 관계는 보조적 관계구조·경쟁적 관계구조·협력적 관계구조 차원에서 논의하여야 한다.
② 일반시민이 수혜대상이 되는 것은 공경비에 속한다.
④ 범인구인은 국가권력인 경찰(공경비)의 업무이다.

> 민간경비와 공경비의 역할 관계 및 관계구조

55 ★

05. 기출

미국의 경비산업을 크게 발전시킨 이유로 볼 수 없는 것은?

① 캘리포니아에서 금광의 발견에 따른 역마차 및 철도 운송경비 수요의 증가
② 19세기 말부터 20세기 초에 걸친 대규모 산업 스트라이크
③ 1892년의 홈스테드의 파업분쇄사건
④ 제2차 대전 후 산업경비의 필요성에 대한 인식 증대

미국의 노동자 운동시대에 민간경비원들은 노조의 시위를 물리적으로 막고 분쇄한 역할을 충실히 수행하여 핑커톤(Pinkerton)과 번즈(Burns) 등과 같은 경비회사가 비약적으로 발전하는 기폭제가 되었지만, 1892년 홈스테드(Homestead) 사건의 결과로 '핑커톤 법(Pinkerton Law)'이 제정되어 미국의 정부기관들은 민간경비 요원들을 고용하지 못하게 됨으로써 민간경비업 성장에 제동이 걸리게 되었다.

> 미국의 민간경비가 크게 발달할 수 있었던 계기

정답 53 ① 54 ③ 55 ③

56 ★★

[23. 기출]

각국 민간경비의 법적 관계에 관한 설명으로 옳지 않은 것은?

① 미국은 주정부 또는 지방자치단체 차원에서 규제가 이뤄지다보니 주에 따라 민간경비업의 규제방식과 실태가 다르다.
② 일본은 경비업법 제정을 통하여 민간경비업에 대한 규제사항을 정립하고 안전사회의 기반을 형성하는 산업으로 발전하였다.
③ 호주는 독립된 '민간경비산업위원회(Security Industry Authority)'를 통하여 민간경비업을 통합 및 규제한다.
④ 한국에서 민간경비원은 사법(私法)적 규율의 대상이므로 사인(私人)적 지위에 불과하다.

> 독립된 '민간경비산업위원회(Security Industry Authority)'를 통하여 민간경비업을 통합 및 규제하는 것은 영국이다.

출제 POINT: 각국 민간경비의 법적 관계

57

다음 중 경비원이 경비업무를 수행하는 도중 불가항력적인 경우가 아닌 사고가 발생하였을 때의 1차적인 책임자는?

① 시설주
② 경비업자
③ 해당 경비원
④ 관할 경찰서장

> 민간경비원이 업무수행 중에 고의 또는 과실로 경비대상에 발생하는 손해를 방지하지 못하였을 때는 경비업자가 배상한다(경비업법 제26조 제1항).

출제 POINT: 경비업자의 민사책임

58

[05. 기출]

민간경비의 이론적 배경 중 "그냥 내버려 두면 보호받지 못한 채로 방치될 재산을 민간경비가 보호한다."는 시각에서 출발한 이론은?

① 경제환원론
② 공동생산이론
③ 이익집단이론
④ 수익자부담이론

> 이익집단이론이란 그냥 내버려 두면 보호받지 못한 채로 방치될 재산을 민간경비가 보호한다는 기본적 시각에서 출발하는 민간경비 성장의 이론적 배경 중의 하나이다. 이는 민간경비가 자체적으로 고유한 영역을 가질 수 있는 것으로 파악하면서 출발하는 이론이다.

출제 POINT: 민간경비가 성장할 수 있었던 이론적 배경

정답 56 ③ 57 ② 58 ③

59 ★★

민간경비원의 행위 중 일반인과 동일하게 위법성이 배제되는 경우가 아닌 것은?

① 상해치사
② 정당방위
③ 긴급피난
④ 현행범체포

> 한국의 민간경비원은 사인에 불과하므로 범인체포 등의 행위는 형법상 체포·감금죄에 해당하지만, 자기 또는 타인의 법익에 부당한 침해를 방지하기 위한 행위로서 정당방위나 긴급피난, 자구행위가 된 때와 형사소송법상의 현행범 체포는 정당행위로 위법성이 조각된다.

출제 POINT: 민간경비원의 위법성 조각사유

60

민간경비의 역사적 발전과정에 관한 설명으로 옳지 않은 것은?

① 규환제도(Hue and Cry)는 범죄 대응 시 시민의 도움을 의무화하였다.
② 레지스 헨리시 법(The Legis Henrici Law)은 모든 범죄를 국왕의 안녕질서에 대한 도전으로 보았다.
③ 보우가 주자들(Bow Street Runners)의 운영을 통해 범죄예방에 있어서 시민의 자발적 단결이 중요시되었다.
④ 핑커튼(A. Pinkerton)은 민간경비회사가 노사분규에 지속적으로 개입하는 것을 정당화하고 지지하였다.

> 사설탐정회사들이 노사분규에 개입하여 심각한 폭력사태를 야기시키자 의회가 사설탐정을 고용하지 못하게 하는 '핑커톤 법(Pinkerton Law)'을 제정하자 핑커톤은 노사분규에 개입하는 대신 조사 및 수사업무에 주력하였다.

출제 POINT: 핑커톤(Pinkerton)의 업적

61

A. J. Bilek이 제시한 민간경비원의 법적 지위의 유형이 아닌 것은?

① 청원주의 권한을 가진 민간경비원
② 특별한 권한을 가진 민간경비원
③ 경찰관 신분을 가진 민간경비원
④ 일반시민과 같은 민간경비원

> 빌렉(A. J. Bilek)은 민간경비원의 유형을 그 권한에 따라 ㉠ 일반시민과 동일한 권한을 가진 민간경비원, ㉡ 일반시민보다 특별한 권한을 가진 민간경비원, ㉢ 경찰관 신분을 가진 민간경비원의 3가지 유형으로 구분하였다.

출제 POINT: 민간경비의 지위유형

정답 59 ① 60 ④ 61 ①

62

일본 민간경비원의 법적 지위에 관한 설명으로 옳은 것은?

① 민간인 지위 이상의 특권이나 권한을 부여받는다.
② 현행범 체포는 위법성이 조각되지 않는다.
③ 정당방위는 위법성이 조각된다.
④ 긴급피난은 정당성이 인정되지 않는다.

① 민간인 지위 이상의 특권이나 권한을 부여받지 못한다.
② 현행범 체포는 위법성이 조각된다.
④ 긴급피난은 정당성이 인정된다.

[21. 기출]

> 일본 민간경비원의 법적 지위

63

우리나라의 경찰관과 민간경비원에 대한 비교 설명 중 틀린 것은?

① 경찰관은 법적으로 범죄자를 체포할 권한이 있다.
② 민간경비원은 원칙적으로 현행범을 제외하고는 범죄자에 대한 체포 권한이 없다.
③ 경찰관의 경비활동으로 인한 손해에 대해서는 손실보상이나 손해배상을 하여야 한다.
④ 경비업자는 경비원이 고의로 경비대상 등에 손해를 입힌 경우에만 그 손해를 배상한다.

경비업자는 경비원이 업무수행 중 고의 또는 과실로 경비대상에 손해가 발생하는 것을 방지하지 못한 때에는 그 손해를 배상하여야 한다(경비업법 제26조 제1항).

[08. 기출]

> 민간경비의 법적 근거와 민간경비원의 규제

64

우리나라 치안여건의 변화에 관한 설명으로 옳지 않은 것은?

① 과거에 비해 인터넷, 클럽, SNS 등 마약류의 구입경로가 다양하지만 마약 범죄는 감소추세에 있다.
② 무선인터넷과 스마트폰 보급의 확대로 사이버 범죄가 증가하고 있다.
③ 노령인구 증가로 노인 범죄가 사회문제시 되고 있다.
④ 금융, 보험, 신용카드 등과 관련된 지능화·전문화된 범죄가 증가하고 있다.

마약 범죄는 더욱 증가하는 추세에 있다.

[21. 기출]

> 우리나라 치안여건

정답 62 ③ 63 ④ 64 ①

65. 최근 범죄의 변화 양상에 관한 설명으로 옳지 않은 것은?

① 무선인터넷과 스마트폰 등의 보급 확대로 인하여 사이버 범죄가 증가하고 있다.
② 노령인구가 증가하면서 노인 범죄가 사회문제로 대두되고 있다.
③ 청소년 범죄가 흉포화되고 있다.
④ 범죄행위 및 방법이 지역화, 기동화, 조직화, 집단화되고 있다.

> 사회의 개방화에 따라 최근의 범죄 양상은 개방화·도시화·과학화·정보통신의 발달 등의 영향으로 복잡해지고 있다.

출제POINT: 치안여건의 변화에 따른 최근 범죄 양상

66. 민간경비의 의의에 관한 설명으로 옳지 않은 것은?

① 서구에서는 민간경비를 논의할 때 영리를 목적으로 하는 계약경비뿐만 아니라 자체경비도 포함시키는 경향이 있다.
② 민간경비산업을 계약경비산업으로 한정하면 자체경비는 이러한 민간경비산업에서 제외된다.
③ 실정법에서 규정하고 있는 민간경비는 개념적으로 실질적인 의미의 민간경비에 해당된다.
④ 민간경비는 주로 일정한 비용을 지불하는 특정고객을 대상으로 한다.

> 실질적 의미의 민간경비는 민간차원에서 고객의 생명과 신체에 대한 위해를 방지하고 재산을 보호하는 제반활동으로 인식되는 반면, 형식적 의미의 민간경비는 보호 및 경비관련 제반활동의 특성과는 관련없이 실정법에서 규정하고 있는지의 유무에 달려 있다.

출제POINT: 실질적 의미의 민간경비와 형식적 의미의 민간경비

67. 사고발생시 대처요령에 관한 설명으로 옳지 않은 것은?

① 경비원은 범죄나 사고발생시 신속히 112에 신고하는 동시에 현장에 들어가서 증거확보 작업에 착수해야 한다.
② 범죄현장에서 발견자나 목격자는 중요한 참고인인 경우가 많으므로 남아있도록 요청한다.
③ 사고 당사자인 가해자 및 피해자가 가벼운 상처를 입은 경우에는 경찰관이 현장에 도착할 때까지 남아있도록 요청한다.
④ 현장에 중상자가 있는 경우에는 즉시 구급차를 요청하는 동시에 응급조치를 해야 한다.

> 민간경비원은 일반시민과 구별되는 특별한 권한을 갖지 않는 사인(私人), 즉 민간인이기 때문에 경찰이 갖는 권한 행사는 할 수 없다. 따라서 범죄나 사고발생시 신속히 112에 신고는 할 수 있으나, 현장에 들어가서 증거확보 작업은 할 수 없다.

출제POINT: 사고발생시 민간경비원의 대처요령

정답 65 ④ 66 ③ 67 ①

68

민간경비원의 권한 범위에 관한 설명으로 옳지 않은 것은?

① 일반경비원은 사인적(私人的) 지위와 특별한 권한을 갖는다.
② 일반경비원은 고용주의 관리권 범위 내에서 경비업무만을 수행할 수 있다.
③ 청원경찰은 경비구역 내에서 경비목적을 위해 필요한 경우 불심검문 및 무기사용을 할 수 있다.
④ 특수경비원은 국가중요시설 등 경비구역 내에서 경비목적을 위해 필요한 경우 무기휴대 및 사용이 가능하다.

> 민간경비에 종사하는 대부분의 민간경비원들은 사인(私人)이기 때문에 국가나 지방정부가 공공경찰에게 부여하는 것과 같은 어떤 특별한 법적 권한(사인과 구별되는 물리적 강제력)을 가질 수가 없다. ② 경비업법 제7조 제1항, ③ 청원경찰법 제3조, ④ 경비업법 제14조 참조

출제POINT: 민간경비원의 권한 정도

69

공경비와 민간경비의 관계에 관한 설명으로 옳지 않은 것은?

① 우리나라의 치안메커니즘은 크게 공경비와 민간경비 양축으로 구성된다.
② 공경비 분야에서 나타난 한계와 비생산성은 민간경비가 등장하는 계기가 되었다.
③ 오늘날 민간경비의 도움 없이 공경비만으로 공동체의 안전과 질서를 유지하기 어렵다.
④ 민간경비서비스는 공경비서비스와 같이 소비자의 경제능력과 상관없이 이용할 수 있다.

> 민간경비는 경제적 능력이 있는 특정고객에 한정해서 경비서비스를 제공하는 제도이다. 이는 경비서비스의 제공이 일반시민이 아닌 비용을 지불할 수 있는 특별한 고객과의 계약관계를 통해서 이루어진다는 것을 의미한다. 이와 같이 민간경비는 이윤추구를 본질로 하기 때문에 민간경비서비스는 소비자의 경제능력과 밀접한 관련이 있다. 그러나 경찰과 같이 일반 국민들의 공공의 이익을 위하여 경비업무를 수행하는 공경비의 경우에는 소비자의 경제능력과 상관없이 일반적이고 보편적으로 공경비서비스를 이용할 수 있다.

출제POINT: 민간경비와 공경비의 일반적 구별

70

민간경비의 성장이론과 그 내용의 연결이 옳지 않은 것은?

① 비용공동부담이론 - 경기 침체로 인해 실업자가 증가하면 범죄율이 증가하고 민간경비의 발전으로 이어진다는 이론
② 수익자부담이론 - 경찰의 공권력 작용은 질서유지나 체제수호 등과 같은 거시적 역할에 한정하고 개인이나 집단의 안전과 보호는 해당 개인이나 집단이 담당하여야 한다는 이론
③ 공동화이론 - 경찰이 수행하고 있는 본연의 기능이나 역할을 민간경비가 보완하거나 대체하면서 성장했다는 이론
④ 이익집단이론 - '그냥 내버려두면 보호받지 못한 채로 방치될 재산을 민간경비가 보호한다'는 시각에서 출발한 이론

> ①은 경제환원이론과 관계된 민간경비의 성장이론이다.

출제POINT: 민간경비 성장이론

정답 68 ① 69 ④ 70 ①

71

미국의 민간경비산업에 관한 설명으로 옳지 않은 것은?

① 현재 계약경비업체가 자체경비업체보다 비약적인 발전을 보이고 있다.
② 경찰과 민간경비는 업무수행에 있어 상명하복의 관계가 명확하다.
③ 제2차 세계대전 이후 민간경비산업이 급속히 발전하였다.
④ 2001년 9·11테러 이후 국토안보부를 설치하였으며, 이는 공항경비 등 민간경비산업이 발전하는 중요한 계기가 되었다.

> 경찰과 민간경비는 범죄예방을 위하여 상호 긴밀한 협조관계를 유지하고 있으므로 업무수행에 있어 상명하복의 관계가 명확하다는 설명은 틀리다.

▶ 미국 민간경비산업의 발달 요인

72

민간경비의 실질적 개념에 관한 설명으로 옳지 않은 것은?

① 경비업법에 의하여 허가받은 법인이 경비업법상 규정된 업무를 수행하는 경비활동이다.
② 민간경비뿐만 아니라 지역 내 자율방범대 및 개인적 차원 등에서 이루어지는 범죄예방 관련 제반활동이다.
③ 민간차원에서 수행하는 개인 및 집단의 생명과 신체에 대한 위해방지, 재산보호 등과 관련된 활동이다.
④ 정보보호, 사이버보안은 실질적 개념의 민간경비에 속한다.

> ①은 형식적 의미의 민간경비 개념에 해당된다.

▶ 민간경비의 개념

73 ★

우리나라 민간경비의 발전과정에 관한 설명으로 옳지 않은 것은?

① 1950년대 주한미군에 대한 군납경비의 형태로 태동하였다.
② 1960년대 국가중요시설에 대한 경비문제가 중요하게 대두되면서 청원경찰법이 제정되었다.
③ 1970년대 용역경비업법이 제정되면서 민간경비는 제도적 틀에서 보호받기 시작하였다.
④ 1980년대 대기업이 민간경비산업에 진출하면서 무인경비시설이 확대되기 시작하였다.

> 1980년대에 1986년 아시안게임·1988년 서울올림픽·1993년 대전 세계엑스포에 민간경비업체가 참여하면서 양적·질적으로 급성장하였다. 이 시기에 외국 경비회사와 합작하거나 제휴의 방식으로 시장진출을 모색하였다. 우리나라의 민간경비 산업은 양적 팽창을 이뤄냈지만, 인력경비 중심의 영세한 경호·경비업체의 난립으로 민간경비의 발전에 걸림돌로 작용하고 있다.

▶ 우리나라 민간경비산업의 발전과정
각 나라의 민간경비 발전과정에 대해서 잘 정리되어 있어야 하지만, 특히 우리나라 민간경비의 발전과정은 자주 출제되는 부분이므로 체계적으로 정리해 두어야 한다.

정답 71 ② 72 ① 73 ④

74 ★★

16. 기출

민간경비원의 법적 지위와 권한에 관한 설명으로 옳지 않은 것은?

① 민간경비원은 정당방위나 자구행위를 할 수 있다.
② 민간경비원의 법적 지위는 일반시민과 같은 사인(私人)에 불과하다.
③ 특수경비원은 인질·간첩 또는 테러사건에 있어서 은밀히 작전을 수행하는 부득이한 경우에는 경고 없이 소총을 발사할 수 있다.
④ 특수경비원은 배치된 기관·시설 또는 사업장 등의 구역을 관할하는 시·도 경찰청장의 감독을 받아 그 경비구역만의 경비를 목적으로 경찰관 직무집행법에 따른 경찰관의 권한을 행사한다.

> 현재 우리나라의 경비원은 경비업의 허가를 받은 법인(경비업자)이 채용한 고용인으로서 일반경비원과 특수경비원이 있는데, 이들 모두는 민간경비원에 해당한다. 또한 공경비 인력이 부족했던 우리나라만의 특수한 환경에서 비롯된 청원경찰도 민간경비원에 해당한다. 일반경비원과 특수경비원, 그리고 청원경찰 모두 민간경비원에 해당하지만, 세계적으로도 예가 없는 우리나라만의 특수한 제도인 청원경찰은 업무를 수행하는 데 있어 일반경비원이나 특수경비원과는 차이가 있다. 즉, 일반경비원이나 특수경비원이 할 수 없는 경찰관의 직무를 청원경찰이 수행하는 경우에는 청원주와 배치된 기관·시설 또는 사업장 등의 구역을 관할하는 경찰서장의 감독을 받아 그 경비구역만의 경비를 목적으로 필요한 범위에서 『경찰관 직무집행법』에 따라 경찰관의 직무를 수행해야 한다. 따라서 같은 민간경비원이라고 하더라도 청원경찰을 제외한 일반경비원이나 특수경비원이 경찰관 직무집행법에 따른 경찰관의 권한을 행사하는 경우는 있을 수 없다.

출제 POINT: 민간경비원의 법적 지위와 권한

75

21. 기출

국가경찰과 자치경찰의 조직 및 운영에 관한 법률상 경찰의 사무에 관한 내용으로 옳지 않은 것은?

① 지역 내 교통활동에 관한 사무는 자치경찰이 담당한다.
② 공공안녕에 대한 위험의 예방과 대응을 위한 정보의 수집·작성 및 배포에 관한 사무는 국가경찰이 담당한다.
③ 학교폭력 등 소년범죄에 해당하는 수사사무는 자치경찰이 담당한다.
④ 가정폭력, 아동학대 범죄에 해당하는 수사사무는 국가경찰이 담당한다.

> ④ 가정폭력, 아동학대 범죄에 해당하는 수사사무는 자치경찰이 담당한다(국가경찰과 자치경찰의 조직 및 운영에 관한 법률 제4조 제1항 제2호 라목).

출제 POINT: 경찰의 사무

정답 74 ④ 75 ④

76

21, 15. 기출

치안서비스의 순수공공재 이론 중 다음 내용에 해당되는 특성은?

> 치안서비스의 이용에 있어서 '추가 이용자의 추가 비용이 발생하지 않는다.'

① 비배제성 ② 비경합성
③ 비거부성 ④ 비한정성

치안서비스의 순수공공재 이론
① **비배제성** : 치안서비스라는 재화는 "이용 또는 접근에 대해서 제한할 수 없다."
② **비경합성** : 치안서비스라는 재화는 "추가 이용자의 추가 비용이 발생하지 않는다."
③ **비거부성** : 치안서비스라는 재화는 "서비스의 이용에 대한 선택권이 없다."

▶ 순수공공재 이론

77

21. 기출

순수공공재 이론에서 "치안서비스라는 재화는 이용 또는 접근에 대해서 제한할 수 없다."는 내용에 해당하는 것은?

① 비경합성 ② 비배제성
③ 비거부성 ④ 비순수성

① **비경합성** : 치안서비스라는 재화는 추가 비용이 발생하지 않는다.
② **비배제성** : 치안서비스라는 재화는 이용 또는 접근에 대해서 제한할 수 없다.
③ **비거부성** : 치안서비스라는 재화는 서비스 이용에 대한 선택권이 없다.

▶ 순수공공재 이론

78

23. 기출

우리나라 민간경비와 경찰의 협력방안으로 옳지 않은 것은?

① 지역방범활동 협력 강화
② 상호 정보교환 네트워크 구축
③ 공공안전과 관련된 교육훈련 등의 지속적 교환
④ 경찰의 민간경비 겸업화

경찰의 민간경비 겸업은 공경비의 공공성을 저해하고 사적 이익에 치우친 경비활동의 위험성이 있다.

▶ 민간경비와 경찰의 협력방안

정답 76 ② 77 ② 78 ④

79 ★ [24. 기출]

각국의 민간경비제도에 관한 설명으로 옳지 않은 것은?

① 미국에서는 경찰관 신분을 가지고 민간경비분야에서 부업을 하고 있는 경우가 있다.
② 일본에는 교통유도경비에 관한 검정제도가 있다.
③ 한국의 청원경찰은 경비구역에서 발생한 범죄에 대하여 범죄수사를 할 수 있다.
④ 영국의 로버트 필(Robert Peel)경은 수도경찰법을 의회에 제출하여 수도경찰을 창설하였다.

한국의 청원경찰은 국가공무원이 아닌 민간인으로서 경비구역에서 발생한 범죄에 대하여 범죄수사를 할 수 있는 권한이 없다.

출제 POINT: 각국의 민간경비제도

80 ★ [24. 기출]

최근 민간경비의 치안환경변화에 관한 설명으로 옳지 않은 것은?

① 국제화·개방화에 따라 내국인의 해외범죄, 외국인의 국내범죄가 증가하고 있다.
② 인터넷 등 컴퓨터통신망의 발달에 따라 해킹 등 첨단사이버범죄가 대폭 증가하고 있다.
③ 치안환경이 변화되면서 보이스피싱 등 신종사기범죄는 많이 줄어들었다.
④ 청소년에 의한 마약범죄 증가가 사회문제로 대두되었다.

치안환경이 악화되면서 보이스피싱 등 신종사기범죄가 폭발적으로 증가하고 있다.

출제 POINT: 민간경비의 치안환경변화

정답 79 ③ 80 ③

CHAPTER 02
민간경비의 조직 및 원리

제1절 | 민간경비업무의 유형

1 자체경비 서비스

(1) 자체경비의 개념과 형태
  ① 개념 : 개인, 기관, 기업체 등이 중요하다고 판단되는 시설·사람·물품·정보 등의 대상을 보호하기 위하여 자체적으로 경비업무를 담당하는 부서를 설치하고, 경비 담당 직원을 선발하여 인사관리를 하는 것을 말한다.
  ② 형태 : 중요시설·사업장 또는 장소 등의 어느 하나에 해당하는 기관의 장 또는 중요시설·사업장 등과 같은 특정시설의 소유자나 경영자가 스스로 소요경비(청원경찰경비)를 부담할 것을 조건으로 경찰의 배치를 신청하는 경우에 그 기관·시설 또는 사업장 등의 경비를 담당하게 하기 위하여 배치하는 경찰인 **청원경찰제도는 자체경비의 한 형태**로 볼 수 있다.

(2) 자체경비부서의 조직원리
  ① 경비부서의 조직형태
    ㉠ 독립적 경비부서의 설치 : 경비업무의 전문성을 고려하여 타부서에 예속하지 않고 독립적으로 경비부서를 설치하는 형태로, 이 경우 경비부서의 책임자는 전문적인 경비관련 지식을 가지고 회사책임자인 사장의 지시에 의해 주어진 경비업무를 수행한다.
    ㉡ 비독립적 경비부서의 설치 : 기업체의 규모 또는 경비업무의 전문성에 대한 인식부족으로 경비부서를 독립적으로 설치하지 않고 기업체의 일반관리부서 내에 예속시켜 설치하는 형태로, 이 경우 경비부서의 경비원들은 책임과 권한을 가지고 전문적인 경비업무를 수행할 수 없다.

② 경비책임자의 권한
　㉠ 권한규정 : 경비책임자에게 부여되는 권한은 경비부서가 효과적으로 임무를 수행하거나, 여러 부서의 내부활동에 대해 조사할 수 있도록 규정되어야 하며, 또한 회사 전체에 대한 위험요소나 경비의 집행결과를 평가할 수 있는 위치에 있도록 규정되어야 한다.
　㉡ 권한정도 : 경비책임자는 법으로 규정된 제한적 활동범위 내에서 조직 내에 부여된 재량권의 범위 내에서 경비원을 명령하고 지시하는 권한을 행사하여야 한다.
③ 효과적인 손익산출 : 효과적인 경비프로그램을 경비부서에 도입하여 회사의 손실을 최소화하고, 경비부서의 기능 및 조직을 효율적으로 관리하여 이익을 극대화시킬 수 있도록 하여야 한다.
④ 다른 부서와의 상호관계 : 경비활동을 조직적으로 수행하기 위해서는 회사 내의 경비부서를 다른 부서와 유기적 협조관계가 가능하도록 구축되어야 한다.

(3) 경비부서 관리자의 역할(4대 기본요소)
① 경영상의 역할 : 기획, 조직, 채용, 지도, 감독, 혁신 등에 있어 회사 조직 내에 있는 다른 모든 부서의 경영자들과 일치하는 역할을 말한다.
② 관리상의 역할 : 예산·재정상의 감독, 정책관련 사무행정과 경비문제를 관할하는 정책설정, 경비부서 직원에 대한 훈련과 경비교육, 다른 부서와의 상호긴밀성과 의사소통향상, 조직체계와 절차의 발전 등이 해당한다.
③ 예방상의 역할 : 경비원들에 대한 감독·순찰·화재와 경비원의 안전, 경비활동의 감사, 교통통제, 출입금지지역의 감시, 경비장비들의 상태점검 등이 해당한다.
④ 조사상의 역할 : 회사규칙의 위반과 모든 손실에 대한 조사·감시, 회계감사, 경찰과 소방서 등 유관기관과의 연계능력, 관련 문서의 분류 및 확인 등이 해당한다.

(4) 자체경비의 장·단점
① 자체경비의 장점
　㉠ 고용주(사용자)에 대한 강한 충성심 : 자체경비원들은 계약경비원들보다 고용주에 대한 **충성심이 강하며** 자질이 우수한 사람들이 지원한다.
　㉡ 이직률이 낮은 근무여건 : 고용주에 의해 회사의 정규직원으로 채용됨으로써 회사 내에서의 승진 및 진급의 가능성이 높고 보수도 비교적 높은 직업적 안정성 등으로 계약경비원에 비해 **이직률이 낮다.**
　㉢ 감독과 통제의 용이 : 회사 내에 소속된 직원으로서 고용주가 경비원들을 직접 관리함으로써 이들에 대한 **감독과 통제 및 교육 등이 용이하며,** 경비원들에 대한 보다 **직접적인 의사전달이 가능하다.**
　㉣ 긍정적인 회사 이미지 제고 : 공정한 선발을 통해 채용되어 직업적 안정성을 바탕으로 근무지 내에서 오랜 기간 근무함으로써 회사에 대한 관련 지식이 높고 경찰 등 법집행 기관과의 우호적인 관계가 형성되어 **긍정적으로 회사의 이미지를 제고시킬 수 있다.**

② 자체경비의 단점
  ㉠ 비용문제에 따른 행정적·관리적 부담 : 회사 내의 정규직원으로서 계약경비원에 비해 봉급, 연금, 직무보상, 사회보장, 보험, 장비, 교육훈련 등에서 **비용이 많이 든다**.
  ㉡ 높은 친밀도와 경직성 및 노동조합 결성문제 : 다른 부서의 직원들과 높은 친밀도를 유지하여 효과적인 직무수행이 안 될 수 있고, 정규직원으로서 회사 내의 노동조합과 함께 행동할 수 있다.

2 계약경비 서비스

(1) 계약경비의 개념과 성장
  ① 개념 : 개인 및 기관, 기업 등의 시설물을 경비하는데 있어 경비인력을 자체적으로 조달하지 않고 민간경비 관련 전문 서비스를 제공하는 **외부 민간경비업체와 계약**을 맺어 일정 장소에서 일정기간 동안 경비 일체를 수행하게 하는 경비 서비스를 말한다.
  ② 성장 : 경비분야의 전문화와 경비원의 인건비 상승 등이 문제가 되어 자체적으로 경비원을 선발 및 채용하기보다는 관련 경비원을 보유하고 있는 민간경비 전문업체와 계약을 체결하여 민간경비원을 공급받는 **계약경비 서비스가** 자체경비 서비스보다 **더 빠르게 성장하고 있는 추세**에 있다. 따라서 현행 경비업법은 계약경비를 전제로 한다.

(2) 계약경비 서비스의 유형
  ① 시설경비 : 신체적 위험에 놓인 개인의 보호, 주변 경찰관서 등 법집행기관에 연락, 권한 없는 출입 및 활동에 대한 예방 및 감지, 시설물의 용도 및 내부 귀중품, 화재·절도·손실 등에 대한 예방 및 감지, 주변 경찰관서·소방관서·병원 등의 위치 파악, 범죄·테러·화재 등 비상사태에 대한 대응, 자산보호와 관련된 규정 및 정책의 집행, 시설물 내부구성원의 업무형태 및 행태 파악, 차량 또는 보행자에 대한 교통의 통제 및 규제, 시설내부의 순찰활동 실시 등의 경비업무를 말한다.
  ② 순찰순회 : 도보나 순찰차량으로 1인 또는 팀으로 근무지역 내의 시설물을 정기적으로 확인하는 경비형태로서 시설방범경비원보다 제한된 지역에서 활동하는 특성이 있다.
  ③ 사설탐정 : 미국에서는 성행하고 있지만, 우리나라에서는 미개척 분야로 남아있는 경비 형태로, 어떤 개인 내지 조직의 정보수집, 직원조사, 보험분쟁조사, 범죄정보조사 등과 관련된 서비스 제공을 주로 수행하는 경비유형을 말한다.
  ④ 호송경비 : 한 장소에서 다른 장소로 운반 중에 있는 현금·유가증권·귀금속·상품 기타 물건에 대하여 도난·화재 등 위험 발생을 방지하는 업무를 주로 하는 유형으로, 오직 고객이 지정한 중요 품목의 안전한 운송에 전적으로 책임을 진다.
  ⑤ 기계경비 : 건물 내 경비대상시설에 설치한 기기에 의하여 감지·송신된 정보를 그 경비 대상시설 외의 장소에 설치한 관제시설(중앙통제시스템)의 기기로 수신하여 도난·화재 등 위험 발생을 방지하는 업무를 수행하는 경비를 말한다.
  ⑥ 기타 경비 서비스의 유형 : 일시 또는 장기적인 경호경비, 특정 사건의 단기적 조사, 회사 내 경비인력을 증강시키는데 제공되는 지원, 다양한 형태의 경보·조사 및 거짓말 탐지기테스트, 기업이 가지고 있는 손실문제를 시큐리티와 관련하여 조언을 해주고 위해를 조사하여 분석·평가하는 서비스 등이 있다.

(3) 계약경비의 장·단점
① 계약경비의 장점
- ⊙ 저렴한 비용 : 계약경비는 계약경비업체에 의하여 이루어지기 때문에 경비원의 감독, 교육훈련, 행정관리 등과 관련된 모든 비용이 포함되어 있어 자체경비에 비해 **비용이 훨씬 저렴하다.**
- ⓒ 경비인력의 탄력적 운용용이 : 사용자(고객)는 자체경비처럼 특별한 선발절차 없이 경비원을 계약을 통해서 쉽게 **선발**할 수 있으며, 필요에 따라 선발한 경비원의 수를 용이하게 **추가 및 감축**할 수 있다.
- ⓒ 교육훈련의 전문성을 통한 경비원의 높은 질적 수준 : 경비원들에 대한 정기교육훈련은 민간경비원을 파견한 경비회사가 담당하기 때문에 자체경비에 비해 질적 측면에서 **전문성**을 갖춘 경비인력을 쉽게 공급할 수 있다.
- ⓔ 객관적인 업무처리 : 계약경비원들은 급여를 사용자(고객)가 아닌 자신의 소속 회사로부터 직접 수령하기 때문에 경비업무의 수행에 있어서 특정한 관점에서 수행하지 않고 정해진 절차에 따라 소신껏 **객관적으로 업무를 처리**할 수 있다.
- ⓜ 경찰 등 법집행기관과의 관계 : 경비업체의 허가 및 관리를 관할 경찰이 담당하기 때문에 경비업체 차원에서 **경찰과 일정한 관계를 형성**하고 있어서 이를 통해 파견된 경비원들과도 **긴밀한 협조관계를 형성**할 수 있다.

② 계약경비의 단점
- ⊙ 높은 이직률과 낮은 충성심 : 신분보장의 불안정성과 저임금으로 직업적 안정성이 자체경비보다 낮기 때문에 **이직률이 높은 편**이고, 소속된 경비회사와 근무하고 있는 회사를 동시에 고려하게 되어 **충성심과 소속감이 결여**될 수가 있다.
- ⓒ 부적절한 선발기준과 인사교체 : 전문적 경비원을 선발하기 위해서는 추가비용이 들기 때문에 관련 경비업무와 무관한 경비원을 선발하여 파견해 버리는 경우가 있다.

제 2 절 인력경비와 기계경비

1 인력경비

(1) 인력경비의 개념과 향후 전망
① 개념 : 사람의 능력에 의해 절도 및 화재·분실·파괴 등 각종 범죄 내지 피해로부터 개인이나 기업의 인적·물적 안전을 확보하기 위한 노동집약적 경비활동을 말한다.
② 향후 전망 : 기계경비가 성장을 거듭하고 있지만, 기계경비시스템을 작동하고 관리하는 것은 결국 인간의 전문성에 의존하기 때문에 **인력경비의 사회적 요구는 앞으로도 크게 증가**할 것이다.

(2) 인력경비에 의해 제공되는 경비서비스
① 상주경비 : 산업시설, 빌딩, 아파트, 상가, 캠퍼스 등 특정 시설 내에서 고정적으로 24시간 상주하며 경비활동을 수행하는 경비형태를 말한다.
② 순찰경비 : 범죄 및 위험으로부터 고객의 인적·물적 안전을 확보하기 위하여 경비원이 일정구역을 정기적으로 순찰하는 경비형태를 말한다.
③ 요인경호 : 정치인·기업인·연예인 등 특정 유명인과 일반 개인의 신체적 안전확보와 질서유지를 목적으로 경호를 수행하는 형태로 일종의 '보디가드(Body Guard)'를 말한다.
④ 혼잡경비 : 각종 행사 등으로 모인 군중들에 의해 발생할 수 있는 혼란상태를 예방하거나 위험상황 발생시 신속하게 대처하여 사태가 확대되는 상황을 방지할 목적으로 실시하는 경비형태를 말한다.

(3) 인력경비의 장·단점
① 인력경비의 장점
  ㉠ 업무의 중복수행 : 경비원이 특정 경비업무를 수행하는 과정에서 질서유지업무, 안내업무, 보호업무 등과 같이 다른 **업무를 동시에 수행**할 수 있다.
  ㉡ 신속한 상황대처 : 어떠한 사건이 발생하였을 경우 **사건현장에 신속하게 도착**하여 **대응할 수 있고**, 고객과의 친밀한 관계형성이 용이하다.
② 인력경비의 단점
  ㉠ 과도한 인건비와 인명피해 우려 : 인력에 의해 각종 위해로부터 인적·물적 가치를 보호하는 경비체계이므로 **인건비가 많이 소요**되며, 사건이 발생하였을 경우 **인명피해의 가능성이 우려**된다.
  ㉡ 외부와의 상황연락 두절 가능성과 경비활동의 효율성 저하 : 경비업무 수행 중 경비원이 부상이나 화재 진압 등으로 불가피한 상황에 직면하게 되었을 경우 **외부에 신속하게 전달이 되지 않을 수가 있다**. 또한 인간의 속성상 **야간 시간대에는 경비활동의 효율성이 저하**된다.

2 기계경비

(1) 기계경비의 개념과 종류
  ① 기계경비의 개념 : 인력경비에 대응되는 개념으로 기존의 사람에 의존하던 경비 방식에서 벗어나 컴퓨터시스템 등 각종 첨단장비를 이용하여 인적·물적인 가치를 사람 없이도 **기계경비 시스템을 이용하여 보호하는 경비형태**를 말한다.
  ② 기계경비의 종류
    ㉠ 순수무인기계경비 : 경비대상 지역에 ATM(현금자동지급기)과 같이 경비인력을 배치하지 않고 각종 감지장치·CCTV 등 **순수한 기계적 장치로만 구성하여 경비목적을 달성하는 경비형태**를 말한다. 무인기계경비 시스템은 고객의 경비대상 시설물에 각종 첨단기계장치 등을 설치하고 외부에 위치한 경비회사의 관제센터 사이에 통신회선망이 구축됨으로써 만들어진다.
    ㉡ 혼합기계경비 : 고객의 의뢰에 의하여 지정된 경비대상 지역에 경비원이 상주하면서 설치되어 있는 감시장치에 이상이 발견되거나 불법 침입자가 감지된 때 즉시 출동하여 대처하는 경비형태로 **인력과 기계에 의하여 경비활동이 동시에 이루어지는 시스템**을 말한다.

(2) 기계경비 시스템의 구성과 기능
  ① 기계경비 시스템의 구성(3대 기본구성요소) : 고객과의 계약에 의해 설정된 경비구역 내에 경비회사가 각종 감지장치를 설치하여, 중앙관제센터가 24시간 정보를 탐지할 수 있도록 기계경비 시스템을 구성하여야 한다. 구축된 기계경비 시스템에 의해 이상정보가 **'불법침입에 대한 감지 및 경고 → 침입정보의 전달 → 침입에 대한 대응'**의 과정을 거쳐 탐색될 경우 중앙관제센터는 기계경비원이나 관제경비원 또는 출동경비원이 25분 이내에 긴급출동하여 상황에 대처하도록 대응체계를 세워야 한다.
  ② 기계경비의 기능 : 관공서, 학교, 국가중요시설 등 산업시설, 빌딩, 기업체 및 일반상가, 주택 및 아파트, 은행, 박물관, 병원 등에 설치된 기계경비 시스템은 범죄예방 및 대응, 화재감지, 가스누출통보, 구급통보, 홈시큐리티(Home Security), 설비이상통보, 설비제어 서비스 등의 기능을 수행한다.

(3) 기계경비의 장·단점
  ① 기계경비의 장점
    ㉠ 운용비용절감과 경비효율 증가 : 기계장치를 설치하기 위한 초기비용은 과다하지만, 이후로 유지관리비만 들기 때문에 장기적으로는 인력경비에 비해 **소요비용의 절감효과**가 있으며, 시간적 취약대인 **야간에 경비효율이 현저히 증가**한다.
    ㉡ 효과적 감시와 정확성 : CCTV와 같은 감시장치는 일정한 장소를 효과적으로 감시하고, 감시기록을 남길 수 있어서 사후에 **범죄수사의 단서로 활용이 가능**하며, 첨단장비는 일부 침입을 정확히 탐지하여 신속대응할 수 있도록 하는 장점이 있다.
    ㉢ 강력범죄의 예방효과 : 동일조건으로 **24시간 지속적인 감시가 가능**하며 강력범죄로부터 인명피해를 예방할 수 있으며, 잠재적 범죄자에 대한 경고효과가 크다.

ⓔ 화재예방 시스템과 통합운용가능 : 기계경비는 인력경비와는 달리 화재예방과 같은 **다른 예방시스템과 통합운용이 가능**하다는 이점이 있다.
② 기계경비의 단점
㉠ 초기 비용부담의 과중 : 첨단감시장치는 고가인 경우가 많고 설치비용도 많이 소요되어 **설치 초기에는 비용부담이 크다.**
㉡ 범죄자들에 의한 역이용 가능성 : 첨단 기계장비 시스템을 맹신하고 있다가 범죄자들이 이를 **역이용하여 기계장치를 차단**하거나 다른 물리적 방법으로 침입하여 범죄를 저지르는 경우가 있다.
㉢ 오경보(False Alarm) 위험성 : 실제로 범죄위험이 발생하지 않았는데도 **기계장치의 자체결함이나 이용자의 부적절한 작동, 미세한 환경변화** 등으로 인하여 경보가 민감하게 작동하는 경우가 있어 비능률성의 원인이 되고 있다.
㉣ 유지·보수의 복잡성과 고비용성 : 기계가 작동하지 않을 경우 수리에 있어서는 전문성이 요구되어 자체적으로 신속한 대응이 어렵기 때문에 수리시에서 완료시까지 **많은 시간이 소요**되며, 기계경비의 유지·보수에 있어서도 **적지 않은 비용**이 든다.
㉤ 업무수행의 제한성 : 인력경비는 다른 업무를 동시에 수행할 수 있지만, 기계경비는 **입력된 방범관련 업무 자체만 수행할 수 있다.**
㉥ 기타 : 오경보로 인한 불필요한 출동은 경찰력 운용의 효율성에 장애요인이 되며, 계약상대방에게 기기 사용요령 및 운영체계에 관해 설명해야 하는 번거로움이 있다.

제 3 절 | 민간경비의 실시과정

1 경비대상의 경비진단 활동

(1) 경비요소의 조사업무
① 경비조사업무의 필요성
㉠ 경비조사의 개념 : 경비위해요소와 경비대상에 대한 다양한 정보를 수집하기 위하여 건물(시설물)에 대한 세밀한 물리적 검사 및 모든 집행체계와 절차를 조사하는 활동을 말한다.
㉡ 경비조사의 과정 : 경비조사는 '**현 상태의 경비대상 점검 → 경비방어의 취약점 확인 → 요구되는 경비보호의 정도 측정 → 경비활동 전반에 대한 객관적 분석 → 종합적인 경비프로그램의 수립**'의 절차에 따라 철저하게 실시되어야 한다.
㉢ 경비조사를 위한 전제 조건 : 효율적인 경비조사를 하기 위해서는 충분한 예산이 확보되어야 하며, 경비대상 시설물 내 모든 구성원들의 원활한 협조를 이끌어 내기 위해서는 최고경영자의 의지와 지지가 요구된다.
㉣ 경비조사의 대상 : 경비조사의 과정에 따라 경비대상 시설물의 물리적 설비뿐만 아니라 규칙적으로 운영되는 절차와 일상 업무에 대한 조사도 폭넓게 이루어져야 한다.

ⓜ 경비조사의 주체 : 회사 내 경비부서의 참모나 외부 경비전문가들이 담당한다.
  ⓐ 내부 참모에 의한 경비조사의 장점 : 내부 업무구조 및 과거 경비위해요소에 대한 경험적 사실의 **숙지정도가** 높으며, 타부서와 경비부서와의 **협조체계가 용**이하다는 장점이 있다.
  ⓑ 외부 전문가에 의한 경비조사의 장점 : 조직 내부책임자의 영향을 받지 않기 때문에 현 상황에 대해 보다 **전문적이고 객관적으로 정확한 평가**를 내릴 수 있는 장점이 있다.
  ⓒ 경비조사 주체들이 갖추어야 할 요건 : 고도로 단련된 훈련 및 전문지식이 축적되어 있고, 관련 시설물과 집행절차에 대한 숙지가 있어야 하며, 조사진행에 대한 사전계획이 각 단계에서 수립되어 있어야 한다.

② 일반시설물의 조사업무 및 가치평가
  ㉠ 일반시설물의 조사업무 : 일정지역의 울타리·출입구·배수로 등 주변경계 확인, 주차장 내에서 자동차 절도나 차량 파손 행위에 대해서 적절하게 보호할 수 있는지 여부를 확인, 인접건물 가까이에 다른 사람들이 접근할 수 있는 공간이 있는지를 확인, 출입구의 열쇠 사용여부 확인, 승강기·쓰레기 하치·조명시설·화장실 등 공동점유시설의 확인, 경보보호시설의 적절성 확인, 경비원들의 근무형태 및 근무방법 확인, 내부직원의 출입통제 및 감독확인, 열쇠잠금장치의 확인, 시설물 내 방화시설의 적절성 여부 확인 등은 일반시설물에 대한 조사업무에 해당한다.
  ㉡ 일반시설물의 가치평가 : 현금이나 유가증권 및 범죄대상 물품의 보유현황, 기밀자료 및 비품의 보관상태, 직원들의 내·외부 왕래빈도, 공금횡령 및 화재위험의 가능성 여부 등의 평가항목에 따라 일반시설물에 대한 각 부서의 잠재적 손실을 개별적으로 평가한다. **평가결과에 특정한 위험이 있는 부분에 대해서는 이를 제거하기 위한 특단의 조치가 강구**되어야 한다.

③ 인사조사 및 회계조사업무
  ㉠ 인사조사업무 : 인사서류에는 최고 책임자를 포함하여 회사 내 모든 직원들에 관한 신상관련 정보가 기록되어 있기 때문에 인사서류에 대한 관리는 특정인에 의해 철저하게 보관되고 취급되어야 한다.
  ㉡ 회계조사업무 : 범죄에 의해 큰 손실을 입을 가능성이 높은 **취약부분**이기 때문에 철저한 조사업무가 이루어져야 한다.
    ⓐ 출납원에 대한 안전성 확인 업무 : 건물구조상 현금보관장소에 대한 접근 용이성 정도, 출납원의 위치와 근무시간 및 출납원에 대한 무장강도의 공격가능성, 공금횡령에 대한 공모가능성 및 통제방법, 위험에 대한 방어체제 구축여부 등을 철저하게 확인해야 된다.
    ⓑ 수취 및 지불계정의 안전성 확인 업무 : 수표의 현금대체 가능성, 수표유지 및 현금화 정도, 소액지불청구서의 변경가능성에 대하여 확인하여야 한다.
    ⓒ 경리부에 대한 안전성 확인 업무 : 경리과와 인사과 직원의 공모가능성과 예방대책, 부서간 상호 감시 정도 등에 대해서 확인하여야 한다.

ⓓ 회사의 은행예금에 대한 안전성 확인 업무 : 회사의 은행예금과 관계된 일체의 내용, 즉 약관의 종류 및 약관의 개정방법, 예금운반 및 통제방법, 예금 감사 담당자의 선정문제 및 감사의 빈도 등을 확인해야 된다.

④ 자료관리 조사업무 및 구매조사와 반출입물 조사업무
  ㉠ 자료관리 조사업무 : 보안을 요하는 기밀정보자료에 대한 출력통제방법, 하드웨어에 저장된 자료관리 방법, 기록방법 및 자료검증에 있어서의 컴퓨터 사용여부, 컴퓨터 접근시에 이용되는 통제장치의 종류 등을 확인하여야 한다.
  ㉡ 구매조사업무 : 구매자가 물품을 구입할 때 공개입찰 및 최저입찰가격 등과 같은 정상적 방법에 의하지 않고 부당한 방법으로 물품을 구입하여 부당이득을 취하는 문제를 예방하는 차원에서 지불결정 및 허가에 관한 절차를 확인하여야 한다.
  ㉢ 반출입물 조사업무 : 화물의 반출입을 취급하는 항만 지역에서는 분실 및 절도 가능성이 높기 때문에 면밀한 확인과 지속적인 경비가 필요하다.

⑤ 조사업무 보고서와 경비조사 업무철 작성
  ㉠ 조사업무 보고서 작성 : 경비업무가 모두 종결된 뒤 그 결과물을 작성한 최종보고서로서 이는 경비계획 수립의 기초 자료가 되기 때문에 경비의 취약성이 드러난 부분과 합리적인 경비를 수행할 수 있는 방법론 등이 제시되어 있어야 한다.
  ㉡ 경비조사 업무철 작성 : 조사업무 보고서는 특정일 또는 특정사건에 대한 문제확인, 범죄유형·목적·발생빈도에 대한 데이터 정립, 범죄에 대한 신속한 조사와 대처방안의 수립 등에서 유용하기 때문에 가장 최신의 자료를 철하여 두면 경비계획을 세우는 데 매우 유용하다.

(2) 경비위해요소의 분석
  ① 경비위해요소의 개념 : 경비활동의 대상이 되는 위험요소들을 대상별로 추출하여 성격을 파악하는 경비진단활동으로 경비계획에서 가장 먼저 실시해야 되는 부분이다.
  ② 경비위해요소의 형태 : 민간경비가 의뢰자(고객)의 안전을 확보하기 위하여 대응해야 할 경비위해요소로는 **자연적 위해**(화재·폭풍·홍수·지진·건물붕괴·안전사고 등), **인위적 위해**(범죄·절도·사기·횡령·폭행·간첩행위·안전사고·화재 등), **특정한 위해**(화학공장의 화학적 화재나 폭발·원자력 발전소 방사능 누출 등)로 나눌 수 있다.
  ③ 경비위해요소의 사정 : 위해요소의 인지와 인식된 위해요소의 척도를 포함한다.
    ㉠ 경비위험요소의 인지 : 위험요소분석에서 가장 선행되어야 하는 것으로 경비대상 시설이 안고 있는 경비상의 취약성을 확인하는 절차로서 손실이 예상되는 곳, 물건을 훔쳐갈 수 있는 곳 등을 확인한다.
    ㉡ 경비위해요소의 손실발생 가능성 예측(인지된 위험요소의 척도화) : 경비위해요소에 대한 인지된 사실들을 현재의 경비대상 시설물들이 갖고 있는 환경들을 고려하여 위험가능성이 큰 순서대로 서열화하여 보호대상의 유형에 따라 **다양한 수준의 보호계획**을 세우고 보호대상의 우선순위를 설정할 수 있도록 하는 절차를 의미한다.

④ 예상된 위험도(손실정도)의 평가 : 위해요소로 인하여 특정한 손실발생시 회사(고객)에 얼마나 심각한 영향을 미치는가를 고려하고, 손실에 대한 위험의 빈도를 조사하는 과정을 말한다.

⑤ 경비활동의 비용효과분석 : 투입비용 대 산출효과를 비교하여 적정한 경비수준을 결정하는 과정으로 현재의 회사재정상태를 비교하여 수치적으로 비교분석하는 작업을 말한다. 즉, **투입되는 경비비용 대 경비비용으로 인해 나타나는 경비효과**를 의미한다.

2 경비계획의 수립

(1) 경비계획의 의의
① 경비계획의 개념 : 경비요소의 조사활동과 경비위해요소의 분석에서 나타난 정보와 자료들을 토대로 물리적 요소와 여러 가지 절차, 그리고 경영적인 환경 등을 종합적으로 고려하여 계약자가 요구하는 **경비실시의 구체적인 형태를 결정하는 과정**을 말한다.
② 경비계획의 기본방향 : 계약에 의해 설정된 경비대상 시설물에 대한 경비업무를 효과적으로 수행하기 위해서는 경비요소 조사활동과 위해분석에서 나타난 자료를 기초로 경비계획이 수립되어야 하는데, 그 수립과정은 관련된 분야나 계층의 충분한 참여가 이루어져 **실제적용과의 괴리를 최소화하고 절차상의 민주성이 담보**되어야 한다.
③ 경비계획 담당자의 구비조건 : 경비업무에 대한 전문지식을 가지고 현재상황을 정확히 파악하고 있어야 하며, 심리적 안정감과 원만한 대인관계를 가지고 있어야 한다. 또한 융통성 있는 창의력과 결단력·판단력을 가지고 있어야 하며, 경비대상 조직의 특유한 풍토나 기질·전통문화를 이해하고 있어야 한다.

(2) 경비실시의 형태
① 보호대상의 우선순위 결정 : 경비계획은 재정적인 측면을 충분히 고려해야 하기 때문에 보호가치가 동일하지 않은 모든 시설물에 대하여 똑같이 표준화된 인력경비와 기계경비시스템을 적용한다면 관련 운영예산면에서 효과적이지 못하다. 따라서 조직의 목표, 조직의 재무상태, 경비진단결과 나타난 손실발생의 가능성과 정도 등을 충분히 고려하여 **경비대상에 경중을 두어 경비형태를 결정**하여야 한다.
② 일반시설물의 경비계획 : 경비계획을 수립하는데 곤란한 경우가 많은 **낡고 오래된 건물**이라도 기본적인 단계에서부터 철저하게 분석하고 설계해 나가야 하며, 또한 새로운 **현대식 건물양식**이라도 기본적 경비조사는 물론 시설물이 지니는 특수성을 감안하여 보다 전문적인 경비계획을 수립하여야 한다.
③ 경비의 실시방식에 따른 분류
㉠ 1차원적 경비 : 가장 단순하고 원초적인 경비형태로 **사설경비원을 고용**하는 것과 같이 **단일 예방체계에 의존**하는 경비형태이다.
㉡ 단편적 경비 : 전체적인 경비계획에 의해서가 아니라 **경비실시가 필요할 때마다 단편적으로 경비조직을 추가해 경비를 수행**하는 경비형태이다.
㉢ 반응적 경비 : 특별한 사건(손실)이 발행할 때마다 **단지 그 사건(손실)에만 대응**하기 위하여 수행하는 경비형태이다.

② 총체적 경비 : 특정한 위험요소와 관계없이, 언제 발생할지 모르는 각종 위해요소를 차단하기 위해 **인력경비와 기계경비를 종합하여 표준화**시킨 경비형태이다.

④ 경비의 중요도에 따른 분류
  ③ 최저수준경비(Level Ⅰ) : 출입문과 자물쇠 같이 **단순한 물리적 장벽만으로 외부의 이상행동을 방어**하기 위해 마련된 경비수준으로, 이 단계에서 보호되는 대표적인 예는 **일반가정의 경우**이다.
  ⓒ 하위수준경비(Level Ⅱ) : 단순한 물리적 장벽과 자물쇠가 설치되고 거기에 보강된 출입문, 창문의 창살, 보다 복잡한 수준의 자물쇠, 조명시스템, 기본적 경보시스템 및 기본적 안전장비 등이 **추가로 설치되어 구성**된 방어수준으로 **작은 소매상점과 저장창고** 등이 이 단계에서 보호되는 예이다.
  ⓔ 중간수준경비(Level Ⅲ) : 불법적인 외부침입과 일부 내부침입을 방지, 탐지, 사정할 수 있도록 계획되어진 방어체계로 이 단계에서는 보다 발전된 경보시스템, 높은 수준의 물리적 장벽, 장비를 갖춘 **경비원 등이 조직**된다. 이 수준에서 보호되는 대표적 예는 **큰 물품창고, 제조공장, 대형 소매점** 등이다.
  ⓡ 상위수준경비(Level Ⅳ) : CCTV, 고도화된 경계경보시스템 및 조명시스템, 고도로 훈련받은 무장 경비원, 사고발생시 **경비원의 대응과 경찰의 협력이 이루어지는 시스템 등으로 조직**되는 경비수준이다. 대부분 패턴이 없는 외부 및 내부의 이상행동을 발견·저지·방어·예방하도록 계획되어진 수준으로 **교도소, 제약회사, 전자회사** 등이 이 단계에서 보호받는다.
  ⓜ 최고수준경비(Level Ⅴ) : 일정한 패턴이 전혀 없는 외부 및 내부의 침입을 발견, 억제 및 사정하고 무력화할 수 있도록 **최첨단 경비시스템**과 사고현장에서 즉시 대응이 가능한 **24시간 무장체계**를 갖추도록 요구되는 경비단계이다. 이 수준의 단계가 적용되는 곳은 **핵 시설물, 중요교도소 및 중요군사시설, 정부의 특별연구기관, 외국 대사관** 등이다.

(3) 경비계획의 수립과정
  ① 광의의 경비계획 과정 : **문제인지**(경비 문제가 발생하거나 발생이 예견될 때, 경비용역 의뢰가 있을 때) → **목표설정**(경비조직의 목표를 인지한 다음 향후 수행될 경비목표의 방향설정) → **자료 및 정보의 수집분석**(경비요소조사, 경비위해분석, 사전조사[현장조사·현장청취]를 통한 경비진단에서 파악된 내용을 기초로 작성된 경비계획서) → **경비계획 전체의 검토**(조직의 공동목표·손실발생가능성·손실의 심각성 정도, 경비통솔기준의 설정, 대상조직의 현재 환경 검토) → **대안의 작성 및 경비계획안 비교검토** → **최종안의 선택** → **실시** → **평가**
  ② 협의의 경비계획 과정 : 문제인지단계 → 자료 및 비교검토 → 최선안의 선택
  ③ 경비계획의 순서 : 공동의 목표 → 경비의 목표결정 → 개발 및 기획 → 경비조직을 통한 목표달성 → 평가와 재검토

(4) 경비계획수립시 고려해야 할 기본원칙

① **경계구역과 건물출입구** : 건물출입구 수는 안전규칙 범위 내에서 **최소한으로 유지**되어야 하며, 정상적인 출입구 외에 건물 외부의 틈으로 접근이 가능하거나 탈출이 용이한 지점 및 경계구역(천장·공기환풍기·하수도관·맨홀 등)은 안전 확보방안이 강구되어야 한다.

② **유리창과 잠금장치** : 지면으로부터 약 4m 이내의 높이로 설치되어 있는 경우에는 **강화유리나 센서 등의 안전장치를 설치**하여야 하며, 잠금장치는 정교하고 파손이 되지 않게 제작되어야 한다.

③ **항만지역에서의 효율성 제고 방안** : 효과적인 경비를 위해 항구·부두지역에서 물건을 선적하거나 수령하는 지역은 분리되어 경비원이 확인할 수 있도록 설계되어야 하며, 운전자가 물건을 실은 차량을 바로 창고지역으로 움직이지 못하도록 해야 한다.

④ **경비관리실과 경비원 대기실** : 경비관리실은 **사람의 통행이 많은 곳**에 설치하고, 직원의 출입구는 **주차장으로부터 멀리 떨어진 곳**에 위치하여야 하며, 경비원 대기실은 시설물의 **출입구와 비상구에 인접**하도록 하고, 비상시에만 사용하는 외부출입구는 **경보장치** 등을 설치하여 보완하도록 한다.

3 경비부서의 조직화 과정

(1) 민간경비조직의 운영원리

① 계층제의 원리

㉠ 계층제의 개념 : 계층제는 직무를 권한과 책임의 정도에 따라 등급화하고, 상하계층 간에 **명령·복종과 지휘·감독체계를 확립**하는 것을 말한다.

㉡ 계층제의 필요성 : 계층제란 한 사람이 유효적절하게 통솔할 수 있는 부하의 수에 한계가 있기 때문에 필요성이 제기되는 원리이다.

㉢ 계층제의 특성

ⓐ 계층 수의 증가 : 조직의 규모와 전문화가 확대되고 업무의 다양성과 구성원의 수가 증가되는 데 따라 조직의 계층도 증가된다.

ⓑ 계선조직을 기반으로 형성 : 참모조직은 피라미드를 거꾸로 세운 형태이다.

ⓒ 계층제에 따른 업무성질 : 상위계층은 정책과 기획의 업무를 담당하고, 하위계층은 정형적 업무를 담당한다.

㉣ 계층제의 순기능

ⓐ 조직의 안정성 확보 : 조직 안정성, 질서유지 및 통일성을 확보할 수 있다.

ⓑ 권한·책임의 명확 : 업무의 능률성 및 권한과 책임의 명확성을 보장할 수 있다.

ⓒ 각종 통로의 역할 : 명령, 상하 간 의사소통, 업무분담 및 권한위임, 정보의 여과 등의 통로가 되며, 또한 승진의 통로가 되어 사기(士氣)를 앙양시킨다.

ⓓ 행정목표의 설정 기능수행 : 계층제의 행정목표를 설정하는 기능을 수행한다.

ⓔ 갈등의 조정과 내부통제의 확보수단 : 2개 계(係) 간의 분쟁이 해당 계장(係長) 간의 절충에 의해 해결되지 않을 때는 과장에 의해 해결할 수 있다.

⑩ 계층제의 역기능
　　　　ⓐ 기관장의 독단화 : 개인에게 의존하게 되어 기관장의 독단이 우려된다.
　　　　ⓑ 조직의 경직성 : 계층이 많아지면 환경변동에 신축성 있게 적응하기 어렵다.
　　　　ⓒ 인간지배 체계로 오인 : 동태적이고 융통성 있는 인간관계의 형성을 저해한다.
　　　　ⓓ 의사소통의 왜곡 : 계층이 심화될수록 의사소통의 장애를 가져온다.
　　　　ⓔ 할거주의 초래 : 종적 관계가 중시되어 서로 자기 부서를 중시하거나 다른 부서에 무관심한 부서 할거주의를 형성한다.
② 통솔범위의 원리
　　㉠ 개념 : 통솔범위란 한 사람의 상관 또는 감독자가 효과적으로 직접 통솔할 수 있는 최대한의 부하직원 수에 관한 것을 말한다.
　　㉡ 통솔범위의 결정요인
　　　　ⓐ 계층제의 수와 통솔범위 : 계층의 수가 많을수록 통솔범위는 좁아지고, 계층의 수가 적을수록 통솔범위가 넓어지는 반비례 관계가 형성된다.
　　　　ⓑ 시간적 요인 : 신설조직이나 발전적 사업을 다루는 조직에 비해 오래된 조직이나 안정된 조직의 상관이 많은 부하를 통솔할 수 있다.
　　　　ⓒ 공간적 요인 : 부하들이 지리적으로 분산된 조직보다 밀집되어 있는 조직일수록 통솔범위가 넓어지기 때문에 교통·통신수단의 발전은 통솔범위를 넓혀준다.
　　　　ⓓ 직무의 성질 : 단순하고 반복적이며 일상적인 업무일수록 통솔범위가 넓어진다.
　　　　ⓔ 부하와 감독자의 능력 : 부하가 유능하거나 감독자의 능력이 크면 클수록 통솔범위가 넓어진다.
　　　　ⓕ 참모와 정보관리체제(MIS) : 능률적인 참모제도와 MIS는 통솔범위를 넓혀준다.
　　　　ⓖ 기타 : 업무의 표준화와 공식화 정도가 높을수록, 통솔범위가 넓어진다.
③ 명령통일의 원리
　　㉠ 개념 : 조직체 구성원은 오직 한 사람의 상관으로부터 명령을 받고 그에게만 보고하여야 한다는 원리를 말한다.
　　㉡ 필요성과 문제점
　　　　ⓐ 필요성 : **책임소재의 명확화**로 조직혼란을 방지하고, 활동의 전체적인 조정과 통합을 가능하게 하며, 이중명령의 방지로 조직의 안정감에 기여한다.
　　　　ⓑ 문제점 : 커뮤니케이션의 과중한 부담과 업무의 지연을 초래하게 되며, 업무능률과 횡적 조정의 저해, 업무의 전문화 저해, 분권과 권한의 위임을 저해한다.
④ 전문화의 원리
　　㉠ 개념 : 업무를 그 종류와 성질별로 세분하여 조직구성원에게 한 가지의 주된 업무만을 전담시킴으로써 조직관리상의 능률을 향상시키려는 원리를 말한다.
　　㉡ 필요성
　　　　ⓐ 업무의 능률적 수행 : 사람은 성격, 관심, 능력, 기술에 차이가 있으므로, 그에 따라 업무를 분담시킴으로써 업무를 능률적으로 수행할 수 있다.
　　　　ⓑ 지식과 기술의 한계 : 사람이 습득할 수 있는 지식이나 기술에는 한계가 있다.

ⓒ 시간의 단축 : 업무를 세분하면 업무를 습득하는데 걸리는 시간을 단축할 수 있다.
ⓓ 동시 업무수행 불가 : 한 사람이 동시에 여러 곳에서 여러 가지 일을 할 수 없다.
⑤ 조정·통합의 원리
㉠ 개념 : 조직이 지향하는 공동 목적을 효율적으로 달성하기 위하여 하위체계 간에 수행되고 있는 업무가 **통일성 내지 조화**를 이루도록 하는 원리를 말한다.
㉡ 조정의 특성
ⓐ 체제유지적 기능 : 하위체제의 활동을 통합시켜 체제유지기능을 수행한다.
ⓑ 조정의 방식 : 조직구조 및 관련 업무가 복잡하게 분업화·전문화되어 이루어지고 있기 때문에 조정·통합의 원리는 조직이 지향하는 목표를 달성하는 방향으로 쇄신적 활동을 할 수 있도록 하는 것이 매우 중요하다.

(2) 경비부서 설치 이전의 고려 사항
① 사전 검증절차 : 기업의 이익증대라는 공동목표를 달성하는 데 장애요소가 작용하지 않도록 경비계획의 수립 이전에 잠재적인 손실의 발생 가능성에 대해서 분석하고, 이익추구에 대한 저해요인을 색출하여야 한다.
② 효율적인 경비계획의 수립 : 경비부서가 효과적으로 목표를 달성할 수 있도록 경비계획이 세워지고 재정적 원조가 이루어지면, 이어서 경비부서 직원의 규모와 고용절차가 이루어진다. 이런 경우 최소의 비용으로 최대의 경비서비스가 제공될 수 있도록 모든 요소들이 균형 있게 조정되어야 한다.

(3) 경비부서 통제기준의 설정
① 통제기준 : 물품의 선적·수령·출고·재고조사, 현금의 취급 및 회계감사 등의 절차가 포함된 경비부서의 권한 및 역할에 대한 통제기준을 설정해야 한다.
② 효과적인 통제기준 : 통제기준은 경비책임자가 내부규율과 책임한계를 제시하고, 자신의 견해나 반대의견을 제시할 수 있도록 설정되어야 하며, 또한 모든 직원들이 이를 수용하고 만족할 수 있는 합리적 기준이어야 한다.

(4) 경비부서 구성원들의 책임과 의무의 배분
① 소규모 경비부서의 조직화 : 특정한 의무와 책임의 한계에 대한 명확한 개념, 분명한 지휘·명령과 의사전달의 계통이 경비관리자로부터 순찰경비원에 이르기까지 **계층적으로 확립되도록 조직화**되어야 한다.
② 특수한 경비부서의 조직화 : 특수 경비부서는 일반 경비부서와는 다르게 특정위험, 회사규모, 물리적 환경, 예산범위 등 여러 요소면에 있어서 처해지는 상황이 다르기 때문에 이를 고려하여 경비부서를 조직하여야 한다.

> **심화연구** 경비부서의 조직화시 중요 고려사항
>
> **1** **권한위임** : 행정법상 권한의 위임이란 행정관청이 그 권한의 일부를 다른 행정기관(하급행정기관)에 이양하여 그 수임기관이 자기의 명의와 책임 아래 권한을 행사하는 것을 말한다. 민간경비 업무에 있어 **경비의 효율성을 위해 최고관리자가 중간관리자에게 경비운영의 감독권을 위임**하는 경우에 최고관리자는 중간관리자에게 책임의 한도 내에서 업무를 수행하도록 재량권을 부여해야 한다.
> **2** **통솔범위** : 한 사람의 상관이 효과적으로 직접 통솔할 수 있는 부하의 수를 말하는데 경비부서에 있어 관리자의 통솔범위는 **4명 내지 5명 정도**가 이상적이다. 이는 인간의 주의력에는 일정한 한계가 있으므로 적정 수의 통솔범위가 요구되기 때문이다.
> **3** **경비인력** : 경비시설의 규모 등 모든 요소들을 종합적으로 고려하여 최적의 경비인력 수요와 효율적이고 합리적인 운용방법을 도출해 내야 한다.

(5) 경비원의 채용

① 경비원의 신규채용시 고려사항 : 막중한 경비업무가 부여되는 민간경비의 업무특성상 경비원을 신규채용할 때에는 유능한 인력을 채용하여야 한다. 우수한 인적 자원을 확보하여 이들을 적재적소에 배치하고 이들로 하여금 주어진 업무를 효율적으로 수행하도록 해야만 제대로 된 양질의 경비 서비스를 고객들에게 제공할 수 있기 때문이다.

> **심화연구** 경비원의 업무와 경비순찰활동
>
> **1** **경비원의 주요업무** : 관할구역 내 시설물 경비, 시설물 관련 규칙·법규의 인식 및 집행, 보행자·차량통행 등을 조회하는 경비시스템의 감독 및 운용, 내부직원의 위법행위·집단행동에 대한 통제 및 질병·안전사고의 대응, 담당구역의 질서유지·지원·안내, 분실물의 회복, 화재 및 비상사태의 대응 등이다.
> **2** **경비순찰활동** : 시설물 내의 경비원들은 고정근무·순찰근무·예비근무의 형태로 배치된다. **고정근무**는 경비구역의 정문 기타 지정된 장소에서 경비구역의 내부·외부 및 출입자의 동태를 감시하는 것이고, **순찰근무**는 도보나 차량을 이용하여 정해진 구역을 순회하면서 여러 시설물의 상태를 점검하는 것을 의미하며, **예비근무**는 고정근무나 순찰근무자에게 경비상 필요한 지원업무를 담당한다.

② 경비원의 지원자격 : 경비원에게 주어지는 여러 경비업무를 충실히 수행하기 위해서는 높은 수준의 경비자질과 직업적 사명감, 힘든 업무를 처리할 수 있는 신체적 조건(시력, 청력, 장애여부 등), 비상사태에 노련하게 대응할 수 있는 정서적 안정감이 요구된다.

> **심화연구** 현행 경비업법·청원경찰법상 경비원의 결격사유

1 경비지도사 및 경비원의 결격사유(경비업법 제10조 제1항)
1. 18세 미만인 사람 또는 피성년후견인
2. 파산선고를 받고 복권되지 아니한 자(삭제, 시행일 : 2025.10.2.)
3. 금고 이상의 실형의 선고를 받고 그 집행이 종료(집행이 종료된 것으로 보는 경우를 포함)되거나 집행이 면제된 날부터 5년이 지나지 아니한 자
4. 금고 이상의 형의 집행유예선고를 받고 그 유예기간 중에 있는 자
5. 다음 각 목의 어느 하나에 해당하는 죄를 범하여 벌금형을 선고받은 날부터 10년이 지나지 아니하거나 금고 이상의 형을 선고받고 그 집행이 종료된(종료된 것으로 보는 경우를 포함) 날 또는 집행이 유예·면제된 날부터 10년이 지나지 아니한 자
    가. 「형법」 제114조(범죄단체 등의 조직)의 죄
    나. 「폭력행위 등 처벌에 관한 법률」 제4조(단체 등의 구성·활동)의 죄
    다. 「형법」 제297조(강간), 제297조의2(유사강간), 제298조(강제추행)부터 제301조(강간 등 상해·치상)까지, 제301조의2(강간 등 살인·치사), 제302조(미성년자 등에 대한 간음), 제303조(업무상 위력 등에 의한 간음), 제305조(미성년자에 대한 간음, 추행), 제305조의2(상습범)의 죄
    라. 「성폭력범죄의 처벌 등에 관한 특례법」 제3조(특수 강도 강간 등)부터 제11조(공중 밀집 장소에서의 추행)까지 및 제15조(제3조부터 제9조까지의 미수범만 해당)의 죄
    마. 「아동·청소년의 성보호에 관한 법률」 제7조(아동·청소년에 대한 강간·강제추행 등) 및 제8조(장애인인 아동·청소년에 대한 간음 등)의 죄
    바. 다목부터 마목까지의 죄로서 다른 법률에 따라 가중처벌되는 죄
6. 다음 각 목의 어느 하나에 해당하는 죄를 범하여 벌금형을 선고받은 날부터 5년이 지나지 아니하거나 금고 이상의 형을 선고받고 그 집행이 유예된 날부터 5년이 지나지 아니한 자
    가. 형법 제329조(절도)부터 제331조(특수절도)까지, 제331조의2(자동차 등 불법사용) 및 제332조(상습범)부터 제343조(예비, 음모)까지의 죄
    나. 가목의 죄로서 다른 법률에 따라 가중처벌되는 죄
7. 제5호 다목부터 바목까지의 어느 하나에 해당하는 죄를 범하여 치료감호를 선고받고 그 집행이 종료된 날 또는 집행이 면제된 날부터 10년이 지나지 아니한 자 또는 제6호 각 목의 어느 하나에 해당하는 죄를 범하여 치료감호를 선고받고 그 집행이 면제된 날부터 5년이 지나지 아니한 자
8. 이 법이나 이 법에 따른 명령을 위반하여 벌금형을 선고받은 날부터 5년이 지나지 아니하거나 금고 이상의 형을 선고받고 그 집행이 유예된 날부터 5년이 지나지 아니한 자

2 특수경비원의 결격사유(경비업법 제10조 제2항, 동법 시행령 제10조의2)
1. 18세 미만이거나 60세 이상인 사람 또는 피성년후견인
2. 심신상실자, 알코올 중독자 등 대통령령으로 정하는 정신적 제약이 있는 자
    • 심신상실자
    • 마약·대마·향정신성의약품 또는 알코올 중독자
    • 「치매관리법」 제2조(정의) 제1호에 따른 치매, 조현병·조현정동장애·양극성정동장애(조울병)·재발성우울장애 등의 정신질환이나 정신 발육지연, 뇌전증 등이 있는 사람. 다만, 해당 분야 전문의가 특수경비원으로서 적합하다고 인정하는 사람은 제외한다.
3. 제1항 제2호부터 제8호까지의 어느 하나에 해당하는 자
4. 금고 이상의 형의 선고유예를 받고 그 유예기간 중에 있는 자
5. 행정안전부령으로 정하는 신체조건에 미달되는 자

3 청원경찰의 결격사유(청원경찰법 → 국가공무원법 제33조)
1. 피성년후견인
2. 파산선고를 받고 복권되지 아니한 자
3. 금고 이상의 실형을 선고받고 그 집행이 종료되거나 집행을 받지 아니하기로 확정된 후 5년이 지나지 아니한 자
4. 금고 이상의 형을 선고받고 그 집행유예 기간이 끝난 날부터 2년이 지나지 아니한 자
5. 금고 이상의 형의 선고유예를 받은 경우에 그 선고유예 기간 중에 있는 자
6. 법원의 판결 또는 다른 법률에 따라 자격이 상실되거나 정지된 자
6의2. 공무원으로 재직기간 중 직무와 관련하여 「형법」 제355조(횡령죄·배임죄) 및 제356조(업무상 횡령죄·배임죄)에 규정된 죄를 범한 자로서 300만원 이상의 벌금형을 선고받고 그 형이 확정된 후 2년이 지나지 아니한 자
6의3. 다음 각 목의 어느 하나에 해당하는 죄를 범한 사람으로서 100만원 이상의 벌금형을 선고받고 그 형이 확정된 후 3년이 지나지 아니한 사람
  가. 「성폭력범죄의 처벌 등에 관한 특례법」 제2조에 따른 성폭력범죄
  나. 「정보통신망 이용촉진 및 정보보호 등에 관한 법률」 제74조 제1항 제2호 및 제3호에 규정된 죄
  다. 「스토킹범죄의 처벌 등에 관한 법률」 제2조 제2호에 따른 스토킹범죄
6의4. 미성년자에 대하여 「성폭력범죄의 처벌 등에 관한 특례법」 제2조에 따른 성폭력범죄 또는 「아동·청소년의 성보호에 관한 법률」 제2조 제2호에 따른 아동·청소년대상 성범죄를 범한 사람으로서 다음 각 목의 어느 하나에 해당하는 날부터 20년이 지나지 아니한 사람
  가. 금고 이상의 실형을 선고받고 그 집행이 끝나거나(집행이 끝난 것으로 보는 경우를 포함한다) 집행이 면제된 날
  나. 금고 이상의 형의 집행유예를 선고받고 그 집행유예가 확정된 날
  다. 벌금 이하의 형을 선고받고 그 형이 확정된 날
  라. 치료감호를 선고받고 그 집행이 끝나거나 집행이 면제된 날
  마. 징계로 파면처분 또는 해임처분을 받은 날
7. 징계로 파면처분을 받은 때부터 5년이 지나지 아니한 자
8. 징계로 해임처분을 받은 때부터 3년이 지나지 아니한 자

(6) 경비원의 교육
① 경비업법상의 교육 : 경비업법 제13조 제1항
  ㉠ 일반경비원에 대한 교육 : 경비업법 시행령 제18조
    ⓐ 신임교육의 대상 : 경비업자는 일반경비원을 채용한 경우 해당 일반경비원에게 경비업자의 부담으로 경비원 교육기관 중 일반경비원 교육기관에서 실시하는 일반경비원 신임교육을 받도록 해야 한다.
    ⓑ 신임교육의 제외 : 일반경비원으로 채용된 사람이 일반경비원 신임교육을 받은 사람으로서 채용 전 3년 이내에 경비업무에 종사한 경력이 있는 사람, 『경찰공무원법』에 따른 **경찰공무원**으로 근무한 경력이 있는 사람, 『대통령 등의 경호에 관한 법률』에 따른 **경호공무원 또는 별정직 공무원**으로 근무한 경력이 있는 사람, 『군인사법』에 따른 **부사관 이상으로 근무한 경력**이 있는 사람, **경비지도사 자격**이 있는 사람, 채용 당시 일반경비원 신임교육을 받은 지 3년이 지나지 아니한 사람인 경우에는 신임교육 대상에서 제외할 수 있다.

ⓒ 직무교육의 실시 : 일반경비업자는 소속 일반경비원에게 선임한 경비지도사가 수립한 교육계획에 따라 **매월** 행정안전부령이 정하는 **시간**(2시간) **이상의 직무교육을 실시**하여야 한다(경비업법 시행령 제18조 제3항).

ⓓ 신임교육과 직무교육의 의무주체 : **경찰청장**은 경비원에 대한 신임교육의 효율성을 제고하기 위하여 전문인력 및 시설 등을 갖춘 기관 또는 단체를 경비원 교육기관으로 지정할 수 있고, **경비업자**는 경비업무를 적정하게 실시하기 위하여 경비원으로 하여금 신임교육과 직무교육을 받게 하여야 한다(경비업법 제13조, 동법 13조의2).

ⓔ 교육과목·시간 등의 규정 : 일반경비원에 대한 신임교육의 과목 및 시간, 직무교육의 과목 등 일반경비원의 교육실시에 필요한 사항은 행정안전부령으로 정한다(경비업법 시행령 제18조 제5항).

ⓕ 경비원이 되려는 자의 신임교육 : 경비원이 되려는 사람은 대통령령으로 정하는 교육기관에서 미리 일반경비원 신임교육을 받을 수 있다(경비업법 제13조 제2항).

ⓒ 특수경비원에 대한 교육 : 경비업법 시행령 제19조

ⓐ 특수경비원의 신임교육 : 특수경비업자는 특수경비원을 채용한 경우 해당 특수경비원에게 **특수경비업자의 부담**으로 경비원 교육기관 중 특수경비원 교육기관에서 실시하는 특수경비원 신임교육을 받도록 해야 한다.

ⓑ 신임교육의 제외 : 특수경비업자는 채용 전 3년 이내에 특수경비업무에 종사하였던 경력이 있는 사람을 특수경비원으로 채용한 경우에는 해당 특수경비원을 특수경비원 신임교육 대상에서 제외할 수 있다.

ⓒ 직무교육의 실시 : 특수경비업자는 소속 특수경비원에게 선임한 경비지도사가 수립한 교육계획에 따라 **매월** 행정안전부령이 정하는 **시간**(3시간) **이상의 직무교육을 실시**하여야 한다.

ⓓ 교육과목·시간 등의 규정 : 특수경비원에 대한 신임교육의 과목 및 시간, 직무교육의 과목 등 특수경비원의 교육 실시에 필요한 사항은 행정안전부령으로 정한다(경비업법 시행령 제19조 제4항).

② 청원경찰법상의 교육 : 청원경찰법 시행령 제5조, 시행규칙 제6조·제13조

㉠ 신임교육 : 청원주는 청원경찰에 임용된 사람으로 하여금 **경비구역에 배치하기 전**에 경찰교육기관에서 직무수행에 필요한 교육을 받게 하여야 한다.

㉡ 신임교육면제 : 경찰공무원(의무경찰 포함) 또는 청원경찰에서 퇴직한 사람이 퇴직한 날부터 **3년 이내**에 청원경찰로 임용되었을 때에는 교육을 면제할 수 있다.

㉢ 신임교육에 관한 규정 : 청원경찰법 시행령 제5조(교육) 제1항의 교육기간·교육과목·수업시간 및 그밖에 교육의 시행에 필요한 사항은 행정안전부령으로 정한다.

㉣ 직무교육 : 청원주는 소속 청원경찰에게 그 직무집행에 필요한 교육을 **매월 4시간 이상**하여야 한다(시행규칙 제13조 제1항).

㉤ 공무원 파견교육 : 청원경찰이 배치된 사업장의 소재지를 관할하는 경찰서장은 필요하다고 인정하는 경우에는 그 사업장에 소속공무원을 파견하여 직무집행에 필요한 교육을 할 수 있다(시행규칙 제13조 제2항).

③ 민간경비의 교육훈련
　㉠ 교육훈련의 의의 : 민간경비원들의 일반적인 소양과 능력개발, 직무수행에 필요한 지식과 기술향상, 민간경비원의 태도 및 가치관의 변화를 촉진하는 계획적 활동을 말한다.
　㉡ 교육훈련의 필요성 : 급격한 사회 변동에 따른 경비상황에 적극 대응하여 전문적인 직무수행이 가능하도록 신임교육은 물론, 재교육이 필요하다.

④ 교육훈련의 목적
　㉠ 조직목표 달성 기여 : 교육훈련을 실시하면 민간경비원들이 수행하는 경비업무의 질과 양이 향상되어, 직무수행의 생산성이 높아지게 됨으로써 조직의 이익을 가져다준다.
　㉡ 사기제고와 경력발전 : 교육훈련을 통해 습득한 지식과 기술이 경력발전과 연결될 때 민간경비원들의 근무의욕과 사기는 진작된다.
　　ⓐ 태도와 가치관 변화 : 교육훈련을 통해 경비원들의 태도와 가치관에 변화가 생기면, 업무수행을 냉철하고 공명정대하게 수행한다.
　　ⓑ 직업적 전문성 함양 : 교육훈련을 통해 장비에 대한 숙달된 지식과 기술, 정신적·육체적 힘 등 전문적인 능력을 배양하면 직무수행에 자신감을 갖게 된다.
　　ⓒ 전인적 인격체 완성 : 교육훈련은 종국적으로 전인교육을 지향함으로써 위험한 상황에서 총체적으로 대처할 수 있도록 민간경비원들을 냉정하고 침착하게 한다.
　㉢ 조직통제와 조정문제의 감소 : 교육훈련을 체계적으로 받은 민간경비원들은 스스로 업무를 수행할 수 있기 때문에, 조직 내에서 통제와 조정에 드는 비용을 감소시켜 조직이나 경비원에게 긍정적인 결과를 가져다준다.
　㉣ 경비원의 업무상의 실수와 낭비의 감소 : 교육훈련을 통해 업무가 숙달되면 부적절한 직무수행에서 발생되는 사고나 과오를 방지할 수 있어 운영상의 낭비를 줄일 수 있다.
　㉤ 조직의 안정성과 융통성 : 교육훈련은 조직 내에 결원이 생길 경우 경비인력을 보충할 수 있도록 안정성 있게 실시되어야 하고, 단기적인 업무 변동시에도 무리 없이 적응할 수 있도록 융통성 있게 실시되어야 한다.
　㉥ 민간경비산업의 발전 : 교육훈련은 민간경비산업의 침체를 막고 개혁을 가져다주는 수단이기 때문에 가장 포괄적이고 장기적인 안목에서 이루어져야 한다.

(7) 민간경비조직의 특수성
① 위험성 : 민간경비의 보호를 받는 인적·물적 대상은 직·간접적으로 외부의 공격과 위해, 각종 범죄와 화재에 노출되어 있어서, 이를 경비해야 하는 민간경비업무는 항상 위험성을 수반하고 있다.
② 돌발성 : 외부에서 위협을 가하는 공격자는 사전에 철저한 준비를 통해서 인적·물적 대상을 돌발적으로 공격하기 때문에, 민간경비관리자나 경비원들은 예측하지 못한 상황에서 위험에 노출되는 경우가 많다.
③ 기동성 : 공격자와 방어자에게 동시에 요구되는 특성으로서 공격자가 돌발적으로 위험상황을 야기해 순식간에 목표물을 공격하고 신속히 현장을 벗어나는 기동성을 발휘하듯이, 방어자인 민간경비도 보호대상을 중심으로 주변상황을 면밀히 파악하여 기동성 있게 대비하여야 한다.

④ 조직성 : 공격자의 입장에서 조직성이란 두 사람 이상이 공모하여 사전에 치밀한 계획을 세워 보호대상을 공격하는 것을 말하는데, 이러한 공격자의 위험성과 돌발성에 대해 방어자는 체계적인 조직관리 및 운영 원리에 따라 사전에 조직적으로 대비하여야 한다.

(8) 민간경비원의 동기부여이론
① 동기부여이론
  ㉠ 의미 : 인간의 행동과 관련된 내적·심리적인 개념으로 개인의 자발적·적극적 행위를 유도함으로써 개인의 목표와 조직의 목표가 합치되는 상황을 조성해 나가는 과정을 말한다.
  ㉡ 구분 : 동기부여이론은 내용이론과 과정이론으로 대별된다.
    ⓐ 내용이론 : 동기부여에 크게 작용하는 요인들을 규명하는 이론으로 매슬로우(Maslow)의 욕구계층이론, 맥그리거(McGregor)의 X·Y이론, 앨더퍼(Alderfer)의 ERG이론, 아지리스(Argyris)의 미성숙-성숙이론, 허즈버그(Herzberg)의 욕구충족이원론, 리커트(Likert)의 관리체계이론 등이 있다.
    ⓑ 과정이론 : 동기유발의 과정에 초점을 맞추는 이론으로 브룸(Vroom)의 기대이론, 아담스(Adams)의 형평성이론, 포터(Porter)와 롤러(Lawler)의 업적·만족이론, 조고풀로스(Georgopoulos)의 통로·목적이론 등이 있다.
② 내용이론
  ㉠ 매슬로우(Maslow)의 욕구계층이론 : 인간의 욕구는 다섯 계층[1단계 생리적 요구 → 2단계 안전욕구 → 3단계 사회적 욕구 → 4단계 존경요구 → 5단계 자아실현요구]으로 이루어지며 하위욕구로부터 상위욕구로 발달한다는 이론이다.
  ㉡ 맥그리거(McGregor)의 X·Y이론 : 종업원을 보는 관리자층의 인간관으로 X이론의 경우 인간은 본래 게으르고 타율적이어서 강압받거나 명령받지 않으면 일을 하지 않는다고 보는 이론이고, Y이론의 경우 인간은 천성적으로 일이 싫은 것이 아니라, 조건에 따라 책임을 떠맡거나 자진하여 책임을 지려고 한다고 보는 이론이다.
  ㉢ 앨더퍼(Alderfer)의 ERG이론 : 매슬로우의 5단계 욕구를 [생존요구(E), 관계욕구(R), 성장요구(G)]로 재분류하여 수정·보완한 이론이다.
  ㉣ 아지리스(Argyris)의 미성숙-성숙이론 : 인간의 퍼스낼러티(Personality)는 미성숙상태로부터 성숙상태로 변화하므로 조직관리자는 조직구성원을 성숙한 인간으로 관리하여야 한다는 이론이다.
  ㉤ 허즈버그(Herzberg)의 욕구충족 2대(동기-위생)요인 이론 : 인간의 욕구를 불만과 만족으로 구분하고 보수, 근무조건, 조직의 정책과 관리, 감독, 불만, 대인관계 등의 요인이 일으키는 **불만요인(위생요인)**과 승진, 성취감, 인정감, 책임감, 일 자체(보람), 성장발전 등의 요인이 만족을 주는 **만족요인(동기요인)**은 서로 다르다는 이론을 말한다.

4 직업윤리

(1) 직업의 의미와 어원
   ① 직업의 의미 : 한 인간이 사회구성원으로 살아가면서 **자발적**으로 자신의 적성과 능력에 따라 일정기간 **지속적**으로 일에 종사하며, 독립적인 삶을 꾸려가기 위해 **경제적 보상**을 받는 활동을 말한다.
   ② 직업의 어원
      ㉠ 동양의 관점 : 직업이란 '사회적 지위와 역할'을 나타내는 직(職)과 '생계유지를 위한 노동'을 뜻하는 업(業)이 합쳐진 말로 동양의 유교에서는 직업을 하늘이 맡긴 일, 나누는 일 등의 의미로 이해하고 희생과 봉사를 다해야 함을 강조하였다.
      ㉡ 서양의 관점 : '아큐페이션(occupation)'이나 '잡(job)'은 보수와 금전을 획득하는 경제력의 근원으로 생계유지를 위해 일을 한다는 의미이고, '프로페션(profession)'은 일이 지니는 사회적 지위나 위상을 강조한다. '보케이션(vocation)'이나 '컬링(calling)'은 사명감, 신의 부름을 받아 행하는 일로 도덕적·종교적 의미를 포함하고 있다. 이처럼 서양에서는 직업을 뜻하는 용어에 경제적 측면이 강조된 생계직, 신으로부터 부여받은 소명직, 사회적 위상이나 지위를 뜻하는 전문직의 의미가 담겨 있다.

(2) 직업의 기능
   ① 경제적 기반 마련 : 인간은 직업 활동을 통해 생존에 필요한 재화를 얻고 물질적·정신적·문화적 풍요를 향유하며 삶의 보람과 긍지를 갖게 된다. 이처럼 직업은 경제적으로 안정된 삶을 영위할 수 있는 기본적인 **생계수단**으로서의 기능을 가진다.
   ② 사회적 역할분담 : 인간은 직업을 통해 사회구성원으로서의 역할을 수행하고 사회발전에 기여한다. 이처럼 직업은 사회의 존립과 성장·발전을 위해 요구되는 역할을 수행하는 활동으로서 **사회적 공헌의 수단**을 가진다.
   ③ 자아실현 : 인간은 직업을 통해 개성을 발휘하고 바람직한 자아 정체성, 자아 존중감, 인격을 확립해 나갈 수 있다. 이처럼 직업은 개인의 잠재적인 능력과 재능을 발휘하게 함으로써 **자아실현**을 할 수 있는 매개의 기능을 가진다.

(3) 직업에 대한 다양한 관점
   ① 우리나라의 직업관
      ㉠ 정약용(1762~1836) : 조선의 실학자들은 생업활동에 의한 물질적 풍요가 백성들의 교양과 도덕적인 인격의 기초라고 보았으며, 인간의 능력이 선천적으로 정해져 있는 것이 아니라고 보았는데, 특히 정약용은 직업에 대해 신분적 질서에서 벗어나, 사회분업에 따라 직능적으로 파악하려 하였다.
      ㉡ 장인(匠人)정신 : 우리나라에서는 전통적으로 자기 일에 긍지를 가지고 전념하거나 한 가지 기술에 정통하려고 노력하는 장인정신을 중요하게 여겨 왔는데, 오늘날까지도 강조되는 직업윤리라고 할 수 있다.

② 동양의 직업관
　㉠ 공자(BC. 551~BC. 479) : "임금은 임금다워야 하고 신하는 신하다워야 하며, 부모는 부모다워야 하고 자식은 자식다워야 한다."고 설파하며, 생활 속에서 자신의 직분에 충실해야 함을 강조한 정명사상(正名思想)을 주장하였다.
　㉡ 맹자(BC. 372~BC. 289) : 일정한 소득이 없으면 바른 마음[항심(恒心)]을 지키기 어렵다고 보고 일정한 생업[항산(恒産)]이 있어야 한다고 강조하였다. 즉, 기본적인 생계가 유지되어야만 일상생활에서 도덕적 마음을 유지할 수 있다는 것이다.
　㉢ 순자(BC. 298?~BC. 238?) : 인간이 물질적 욕망을 추구하는 데 필요한 직업(생업) 활동의 중요성을 강조하였으며, 각자의 능력에 따라 직업을 맡아야 한다는 역할분담론을 주장하였다.

③ 서양의 직업관
　㉠ 고대 : 플라톤(BC. 427?~BC. 347?)은 국가의 세 계급, 즉 통치자 계급, 수호자 계급, 생산자 계급이 각자의 사회적 직분에 맞는 고유한 덕을 발휘하여 직분에 충실하면 정의로운 국가가 된다고 주장하였다.
　㉡ 중세 : 칼뱅(1509~1564)은 직업을 '신으로부터 부름을 받은 자기 몫의 일'이라고 주장하면서 신의 '소명(召命) 의식'으로 이해하였으며, 자기직업에 충실히 종사하는 것이 신의 명령에 따르는 것이라고 말했다. 또한 직업에는 귀천이 없으며, 각자 맡은 바 소명을 실천하기 위해 검소하고 금욕적인 태도를 지녀야 한다고 보았다.
　㉢ 현대
　　ⓐ 마르크스(1818~1883) : 유물론적 관점에서 노동의 본질은 물리적 가치를 창출하는 것으로 보았지만, 자본주의적 분업방식의 생산과정에서 이루어지는 직업 활동에서는 노동자는 자본의 지배와 분업에 따라 단순한 기계의 부속품이 되어 강제적인 노동에 시달리게 되고, 결국 비인간화와 소외의 길을 걷게 된다고 비판하였다. 이를 벗어나기 위해서는 노동을 통해 자기본질을 실현하는 인간 존재의 특성을 되찾아야 한다고 주장하였다.
　　ⓑ 베버(1864~1920) : 중세 칼뱅의 직업관은 이익을 추구하는 경제활동을 정당화하였는데, 베버는 이와 같은 칼뱅의 프로테스탄티즘(Protestantism) 윤리가 자본주의 발달의 정신적 밑바탕이 되었다고 보았다.
　　ⓒ 매슬로우(1908~1970) : 사람은 생산적이고 의미 있는 일을 통해 자아실현을 도모할 수 있으며, 직업을 통해 자신의 잠재능력을 최대한으로 발휘하고 떳떳하게 인정받을 수 있으며 인간관계도 형성할 수 있다고 보았다.

(4) 직업윤리와 청렴
① 직업윤리의 의미와 필요성
　㉠ 직업윤리의 의미 : 어떤 사람이 직업인이 되었을 때 자기가 맡은 일에서 지켜야 할 **가치**와 **행동규범**을 직업윤리라고 한다.
　㉡ 직업윤리의 필요성 : 직업생활에서 지켜야 할 마땅한 도리인 직업윤리는 사회질서를 건강하게 유지하는 필수조건으로서 사회의 도덕성을 향상시키는데 커다란 역할을 한다. 또한 개인이 사회질서에 부합하는 방식으로 자아를 실현하게 하며,

건강한 인격을 형성하는데 기여하기 때문에 직업윤리의 필요성과 중요성이 강조되고 있다.

② 직업윤리의 일반성과 특수성
  ㉠ 직업윤리의 일반성 : 직업에 상관없이 인간이라면 누구나 공통적으로 지켜야 하는 기본윤리로 **정직과 신의, 성실과 근면, 책임과 의무, 공평** 등과 같은 가치와 행동규범을 말한다.
  ㉡ 직업윤리의 특수성 : 특정 직업 활동에서 직무를 수행할 때 요구되는 윤리의 성격을 말하는 것으로, 언제나 직업윤리의 일반성 위에 정립되어야 하는 행동규범을 말한다.

③ 다양한 직업윤리
  ㉠ 기업가윤리와 근로자윤리
    ⓐ 기업가윤리 : 기업가는 법적 테두리 내에서 투명하게 기업을 운영하여 이윤을 추구하되, 근로자의 권리를 침해하거나 편법이나 탈세 등 부당한 방법을 사용해서는 안 된다. 건전한 이윤추구라는 기업의 기본적인 활동에 충실하면서도 사회적 책임을 다하여 공익적 가치를 실현할 수 있도록 하여야 하며, 인간애를 바탕으로 근로자의 근무 및 복지환경의 개선에도 노력하여야 한다.
    ⓑ 근로자윤리 : 근로자는 기업가와 맺은 근로계약에 따라 자신의 책임과 역할을 다해야 하며, 업무를 성실하게 수행하고 약속이나 신뢰를 저버리는 행동을 하지 말아야 한다. 또한 노동생산성을 높여 능률을 향상시키고 자신이 맡은 분야에서 전문가가 되도록 노력해야 하며, 기업가와의 동반자의식을 바탕으로 성실하고 책임감 있는 자세로 직무에 임해야 한다.

> **심화연구 노사갈등의 해결방안**
>
> **1 노사 간의 협력관계구축** : 노사 간의 심한 갈등과 대립은 기업과 근로자 모두에게 부정적인 영향을 미치기 때문에 노사관계를 정상화하기 위한 협력관계를 구축하여야 한다. 이를 위해 개인 윤리적 관점에서는 노사 양측이 **근로기준법**과 **노동조합 및 노동관계조정법** 등의 법규를 준수하며 신뢰관계를 지속해서 정착하려는 노력이 필요하다. 또한 사회 윤리적 관점에서는 건전한 노사관계 정립을 위하여 정부는 기업가와 근로자 사이의 갈등을 조정하기 위해 경제사회발전 노사정위원회, 중소기업 노사협의회와 같은 협의체를 구성해 관련 정책을 마련하고 집행해야 하며, 노사 간 대립의 적극적인 중재자 역할도 해야 한다.
>
> **2 노사 간의 상보적 관계구축** : 기업가와 근로자는 기업의 이익을 최대화하려고 노력한다는 점에서 협력적인 상생의 관계에 있지만, 생산된 이익을 분배하는 이해관계 측면에서 보면 대립관계에 있다. 따라서 기업이 올바른 방향으로 나아가고 많은 이윤을 창출하려면 기업가와 근로자가 서로 의지하여 이익을 얻고 도움을 받는 상호동반자적 관계를 형성하려고 노력해야 한다. 먼저 기업가는 근로자의 권리를 존중하고, 소비자에 대한 책임을 지며, 합법적인 이윤추구를 통해 사회발전에 이바지해야 하며, 더 나아가 기업의 이익을 사회에 환원하거나 환경보호에 적극적으로 참여하는 등 기업의 사회적 책임도 요구된다. 한편 근로자는 자신이 맡은 분야에서 최대의 잠재력을 발휘하고, 동료근로자와 연대의식을 형성하며, 기업의 발전을 위해 기업가와 협력을 추구해야 한다.

- ⓒ 전문직 윤리와 공직자 윤리
    - ⓐ 전문직 윤리 : 전문직은 변호사, 의사 등과 같이 고도의 전문적인 교육과 훈련을 거쳐 일정한 자격 또는 면허를 취득해야만 종사할 수 있는 직업을 말하는데, 이들의 직무는 대개 전문성·독점성·자율성을 특징으로 하기 때문에 전문직 종사자의 사회적 영향력은 매우 크다. 전문직의 독점성과 자율성이 남용될 경우 일반인이 접근하기 어려운 지식이나 정보를 이용하여 쉽게 부당한 이익을 취할 수 있으므로 더욱 높은 수준의 직업윤리의식과 책무성이 요구된다.
    - ⓑ 공직자 윤리 : 중앙정부와 지방정부 또는 공공단체의 사무를 맡아보는 공직자에게는 어떤 직업보다도 투철한 사명감과 책임감이 요구된다. 공직자는 국민의 권한을 위임받아 공무를 수행하는 대리인이기 때문에 업무수행에 있어 권한을 남용하지 말고 민주성과 효율성의 균형을 유지해야 한다. 특정 개인이나 집단의 이익에 치우치지 않고 공익을 기준으로 결정하고 집행하는 공공성이 요구되며, 업무에 대한 전문성, 국민에 대한 봉사정신 등의 높은 직업윤리의식이 필요하다.
- ⓒ 민간경비 윤리
    - ⓐ 민간경비 윤리가 확립되지 않았을 경우 : 민간경비업자 및 민간경비원의 윤리가 확립되지 않아 민간경비가 건전한 방향으로 발전하지 못하면, 고객과 고용주, 국민으로부터 신뢰와 존경은 물론 협력을 얻을 수 없다.
    - ⓑ 민간경비 윤리문제에 대한 기본적 접근 : 민간경비의 윤리문제는 민간경비 관련 종사자 개인의 문제가 아니라 사회 전체적인 문제로 인식하고 접근해야 하며, 거시적인 접근과 미시적인 접근을 동시에 채택하여 상호조화를 모색하여야 한다.
    - ⓒ 민간경비의 윤리성 확립방안 : 민간경비 감독기관인 경찰과 민간경비 이용자인 시민이 민간경비에 대한 인식의 전환이 될 수 있도록 민간경비업자 및 민간경비원들은 윤리성을 확립하여 민간경비 서비스가 질적으로 저하되지 않도록 해야 한다. 또한 민간경비원들의 윤리성을 확립하기 위해서 민간경비 관련 **개별 자격증(License) 제도를 도입**하여 직업적 전문화를 통해 경비원의 자질을 향상시켜야 한다.

> **심화연구** **민간경비원 직업윤리강령(한국경비협회, 2009)**
>
> 법과 윤리에 따라 범죄로부터 고객의 생명과 재산을 보호하고 각종 규정을 준수하고 투철한 직업의식으로 경비원으로서의 직업능력을 함양하며 신의·성실과 책임을 신념으로 직업윤리를 이행할 것을 다음과 같이 다짐한다.
> 1. 법과 원칙을 준수하고 범죄와 사고로부터 고객을 보호하는 데 최선을 다한다.
> 2. 직무를 수행함에 있어 고객의 보호와 편익에 대해 확실하게 인식하고 그 책임을 다한다.
> 3. 민간경비의 발전과 효율성 제고를 위하여 교육과 훈련을 통해 직무능력을 함양하는 데 부단한 노력을 경주한다.
> 4. 어떠한 경우에도 전문인으로서 긍지와 책임감을 잊지 않고 주어진 업무 이외의 행위를 하지 않는다.
> 5. 언제나 회사를 대표한다는 신념으로 고객으로부터 신뢰감을 얻고, 범죄 및 사고예방에 최선을 다한다.

> 6 예방수칙을 숙지하고 고객의 위험상황 및 재산상 손해가 예상되는 순간에 투철한 사명감으로 피해를 최소화한다.
> 7 복장과 장비는 규정에 따라 단정하게 착용하고 근무지를 이탈하지 않으며 근무지 청결을 유지한다.
> 8 근무수칙을 준수하고 소속 상사의 명령에 복종하며, 동료와 친화관계를 유지한다.
> 9 업무상 지득한 고객의 정보를 소중하게 여기고 철저하게 보호한다.
> 10 민간경비의 최일선을 담당한다는 자부심으로 공경비와 협조하며 고객안전과 나아가 지역사회 안정을 도모한다.

④ 부패방지와 청렴문화
　㉠ 부패문제 : 부패가 사회에 만연하면 개인의 권리가 부당하게 침해받을 수 있고, 사회구성원은 공동체의 일원으로서 책임과 의무를 다하고자 하는 시민의식을 갖기 어렵게 되며, 또한 사회적 측면에서 사회적 비용의 낭비로 이어져 사회발전을 저해할 수 있다. 뿐만 아니라 공정한 경쟁의 틀을 깨뜨리며, 국민 간에 위화감을 조성하고, 사회통합을 어렵게 한다. 아울러 대외적으로는 국가신인도의 하락으로 국외자본의 유치와 해외진출을 어렵게 한다.
　㉡ 청렴한 사회의 구축을 위한 노력 : 부패를 멀리하고 맡은 바 직무를 성심성의껏 처리하겠다는 공직자의 자세를 청렴이라는 말로 표현하는데, 청렴문화가 정착되려면 눈앞이 이익보다는 옳음을 중시하는 견리사의(見利思義)의 자세, 부당한 재물을 취하기보다는 올바른 이익을 중시하는 태도, 사익보다 공익을 중시하는 자세를 배우고 실천해 나가야 한다.
　㉢ 청렴을 강조한 전통윤리 : 청백리정신은 청빈한 생활태도를 유지하면서 국가의 일에 충심을 다하려는 정신으로, 정약용은 『목민심서』에서 "수령 노릇을 잘하려는 자는 반드시 자애로워야 하고, 자애로워지려는 자는 반드시 청렴해야 한다."라고 하여 청렴의 중요성을 주장하였다.
　㉣ 청렴사회를 만들기 위한 제도적 노력 : 직장생활에서 발생하는 부패를 방지하고 청렴한 사회를 실현하려면 투명성이 담보되는 절차가 만들어져야 하며, 이를 이행하겠다는 사회적 공감대도 형성되어야 한다. 즉, 이미 발효되어 시행되고 있는 **부정청탁 및 금품등 수수의 금지에 관한 법률(청탁금지법)**을 비롯하여 청렴도측정제도나 청렴계약제, 공익신고제도 운용, 부패방지법 제정, 시민단체의 감시활동 등과 같이 부패행위에 대한 엄중한 처벌 및 감시와 견제수단이 마련되어야 한다.
　㉤ 청렴사회가 지니는 장점 : 청렴한 사회에서는 사회구성원이 상호 간에 신뢰와 소통을 바탕으로 각자 맡은 일을 능률적으로 처리하며 공정한 태도를 보인다. 또한 개인의 노력에 대한 정당한 보상이 이루어지고 사회적인 신뢰도가 형성되면 국가경쟁력이 강화되며, 청렴이 사회적 자본의 역할을 하게 된다.

CHAPTER 02　민간경비의 조직 및 원리

기출 및 적중예상문제

01 ★
계약경비 서비스의 장점을 잘못 설명한 것은?

① 계약경비 서비스는 자체경비 서비스에 비해서 운용경비가 절감된다.
② 계약경비는 행정상의 잡무가 실질적으로 감소하는 효과를 나타낸다.
③ 계약경비원들의 경우에는 경비업자의 눈치를 덜보게 된다.
④ 계약경비 서비스는 자체경비 서비스보다 인력운용이 쉽고 경비원들의 충성심이 강하다.

④ 자체경비원들은 계약경비원들보다 자신들을 고용하고 있는 회사나 고용주에게 더 많은 충성심을 갖는다.

> 계약경비의 장점

02
13. 07. 기출
자체경비에 대한 설명으로 옳은 것은?

① 자체경비의 운용은 계약경비에 비해 봉급, 연금, 직무보상, 사회보장, 보험, 장비, 교육훈련 등에서 보다 비용이 적게 든다.
② 계약경비에 비해 인사관리 차원에서 결원의 보충 및 추가인력의 배치가 용이하다.
③ 계약경비에 비해 다른 부서의 직원들과 지나치게 친밀한 관계를 형성함으로써 효과적인 직무수행을 하지 못할 수 있다.
④ 계약경비에 비해 조직에 대한 충성심이 낮은 것이 일반적이다.

①, ②, ④는 계약경비와 관계된 내용이다.

> 자체경비 서비스의 일반적 특징

정답 01 ④　02 ③

03 ★★ [20. 기출]

자체경비와 계약경비에 관한 설명으로 옳은 것은?

① 계약경비는 자체경비보다 상대적으로 이직률이 낮은 편이다.
② 계약경비는 자체경비보다 사용자의 비용부담이 상대적으로 저렴하다.
③ 자체경비는 경비회사로부터 훈련된 경비원을 파견받아서 운용한다.
④ 계약경비는 자체경비보다 사용자에 대한 충성심이 높은 편이다.

① 계약경비는 자체경비보다 상대적으로 이직률이 높은 편이다.
③ 계약경비는 경비회사로부터 훈련된 경비원을 파견받아서 운용한다.
④ 계약경비는 자체경비보다 사용자에 대한 충성심이 낮은 편이다.

> 출제 POINT
> 자체경비와 계약경비의 비교

04 ★★ [20, 16, 15. 기출]

경비위해요소의 분석단계로 옳은 것은?

① 위해요소 인지 → 위해요소 손실발생 예측 → 위해정도 평가 → 비용효과분석
② 위해요소 손실발생 예측 → 위해요소 인지 → 위해정도 평가 → 비용효과분석
③ 위해요소 인지 → 위해요소 손실발생 예측 → 비용효과분석 → 위해정도 평가
④ 위해요소 손실발생 예측 → 위해요소 인지 → 비용효과분석 → 위해정도 평가

경비위해요소의 분석단계는 '경비위해요소의 인지 → 경비위해요소의 손실발생 가능성 예측 → 예상된 손실에 대한 평가 → 경비활동의 비용효과분석' 등으로 진행된다.

> 경비의 위해요소를 분석하는 단계

05 ★★ [21. 기출]

자체경비와 계약경비의 장단점에 관한 설명으로 옳지 않은 것은?

① 계약경비는 자체경비보다 다양한 경비분야에 전문성을 갖춘 경비인력을 쉽게 제공할 수 있다.
② 자체경비는 신분보장의 불안정성과 저임금으로 계약경비보다 이직률이 높다.
③ 계약경비는 경비인력의 추가 및 감축에 있어 자체경비보다 탄력적 운용이 가능하다.
④ 자체경비는 계약경비보다 고용주에게 높은 충성심을 갖는 경향이 있다.

계약경비는 직업적 안정성이 자체경비보다 낮기 때문에 경비원들의 이직률이 높은 편이다.

> 자체경비와 계약경비의 특징

정답 03 ② 04 ① 05 ②

06 ★★

21, 17, 16, 기출

계약경비와 자체경비의 장·단점을 설명한 것 중 잘못된 내용은?

① 비용면에서 계약경비는 자체경비보다 경제적이다.
② 자체경비원들은 계약경비원보다 소속감이 강하다.
③ 자체경비 서비스는 계약경비 서비스에 비해 이직률이 높은 편이다.
④ 자체경비원들은 고용주에 대한 충성심이 계약경비원들보다 비교적 강하다.

자체경비는 안정적이고 높은 급료를 받고 또한 경비원에 대한 위상이 높아 자질이 우수한 사람들이 지원하기 때문에 자체경비원의 이직률은 낮다.

> **출제 POINT**
> 계약경비 서비스와 자체경비 서비스의 장·단점
> 계약경비와 자체경비의 장·단점을 비교하는 문제는 자주 출제되므로 비교하며 정리한다.

07

10. 기출

계약경비서비스 유형에 관한 설명으로 옳지 않은 것은?

① 사설경호원에 의해 각종 위해로부터 의뢰인을 보호하는 활동은 신변보호서비스이다.
② 시설방범경비서비스는 시설물에 대한 각종 위해로부터 시설물 내의 인적·물적가치를 보호하는 경비형태이다.
③ 순찰서비스는 도보나 순찰차로 한 사람 또는 여러 명의 경비원이 한 팀이 되어 근무지역 내의 시설물들을 정기적으로 확인하는 활동이다.
④ 경비자문서비스는 경보응답에 경비원을 급파하고, 이 사실을 일반경찰관서에 송신하는 역할을 한다.

④는 기계경비에 관한 내용이다.

> 계약경비서비스의 유형

08

15. 기출

민간경비의 조직형태에 관한 설명으로 옳은 것은 모두 몇 개인가?

- 자체경비는 개인 및 기관, 기업 등이 중요하다고 판단되는 자신들의 보호대상을 보호하기 위하여 자체적으로 관련 업무를 수행할 수 있는 경비부서를 조직화하는 것이다.
- 계약경비는 개인 및 기관, 기업 등이 중요하다고 판단되는 자신들의 보호대상을 보호하기 위하여 외부와의 계약을 통해서 경비인력 또는 경비시스템을 도입·운영하는 것이다.
- 청원경찰은 자체경비의 일종이다.
- 현행 경비업법은 계약경비를 전제로 한 것이다.

① 1개
② 2개
③ 3개
④ 4개

제시된 민간경비의 조직형태에 대한 자료는 모두 맞는 내용이다.

> 민간경비의 조직형태

정답 06 ③ 07 ④ 08 ④

09 ★★

16, 12, 11. 기출

경비형태 중 단지 특정한 손실이 발생하는 사건에만 대응하는 경비형태는?

① 1차원적 경비
② 단편적 경비
③ 반응적 경비
④ 총체적 경비

> 경비형태의 종류
> ㉠ **1차원적 경비** : 경비원과 같은 단일 예방체제에 의존하는 경비형태
> ㉡ **단편적 경비** : 경비가 필요할 때마다 손실예방 등의 역할을 수행하기 위하여 단편적으로 실시하는 경비형태
> ㉢ **반응적 경비** : 특별한 사건이 발생할 때마다 단지 그 사건에만 대응하기 위하여 수행하는 경비형태
> ㉣ **총체적 경비** : 특정의 위해요인과 관계없이 언제 발생할지 모르는 상황들에 대비하여 인력경비와 기계경비를 종합하여 표준화한 경비형태

출제 POINT: 실시방식의 경비형태

10

13. 기출

계약경비서비스 유형에 관한 설명으로 옳지 않은 것은?

① 경비업법상 기계경비는 오늘날 가장 많이 행하여지고 있는 경비유형이다.
② 순찰서비스는 고객의 시설물들을 내·외곽에서 순찰하는 형태이다.
③ 경보응답서비스는 보호하는 지역 내 설치된 경보감지장비 및 이와 연결된 중앙통제시스템과 연결되어 있다.
④ 사설탐정은 개인·조직의 정보와 관련된 서비스의 제공을 주업무로 하는데, 현재 우리나라에서는 제도적으로 시행되고 있지 않다.

> 현재 기계경비가 성장을 거듭하고 있지만, 기계경비시스템을 작동하고 관리하는 것은 결국 인간의 전문성에 의존하기 때문에 인력경비의 사회적 요구는 앞으로도 계속 증가할 것이다.

출제 POINT: 계약경비의 유형

11

경비원의 고용절차에 관한 설명으로 바른 것은?

① 경비의 인력수요에 대한 면밀한 분석이 선행되어야 한다.
② 경비의 인력시장에 대한 사전조사는 필요하지 않다.
③ 비용·효과면에서 볼 때 경비원의 업무수행능력이 경비관리자의 수준에 이를 때까지 교육·훈련시키는 것은 적절하지 못하다.
④ 경비원들은 경비업무의 수행에 필요한 기초적인 지식만 습득하면 된다.

> 경비원의 고용절차
> ㉠ 경비계획을 통한 인력수요의 면밀한 분석이 선행되어야 한다.
> ㉡ 경비인력시장이 사전에 조사되어야 하고, 직무내용과 관련된 설명서를 개발해야 한다.
> ㉢ 경비원들은 다양한 상황하에서 많은 사람들을 대상으로 경비업무를 하기 때문에 정서적으로 성숙하고 안정된 사람이어야 하며, 경비업무의 수행에 필요한 기술 습득하고 훈련을 받아야 한다.
> ㉣ 경비원들의 업무수행 잠재능력이 경비관리자 수준에 이를 때까지 지속적으로 개발시키는 것이 중요하다.

출제 POINT: 경비원의 채용절차

정답 09 ③ 10 ① 11 ①

12

다음 중 우리나라 민간경비업체의 업무 중에서 민간경비원이 무기를 소지할 수 있는 경비업무의 종류는?

① 시설경비업무
② 호송경비업무
③ 신변보호업무
④ 특수경비업무

> 시·도경찰청장은 국가중요시설에 대한 경비업무의 수행을 위하여 필요하다고 인정하는 때에는 관할경찰관서장으로 하여금 시설주의 신청에 의하여 시설주로부터 국가에 기부채납된 무기를 대여하게 하고, 시설주는 이를 특수경비원으로 하여금 휴대하게 할 수 있다(경비업법 제14조 제4항).

13

민간경비조직에서 통솔범위의 결정요인으로 옳지 않은 것은?

① 직무의 성질
② 시간적 요인
③ 계급의 수
④ 참모와 정보관리체제

> 통솔범위란 한 사람의 상관 또는 감독자가 효과적으로 직접 통솔할 수 있는 부하직원의 수에 관한 것으로, 통솔범위의 결정요인으로는 계층의 수, 시간적 요인, 공간적 요인, 직무의 성질, 부하와 감독자의 능력, 참모와 정보관리체제(MIS) 등이 있다.

14 ★

민간경비조직의 운영원리에 관한 설명으로 옳지 않은 것은?

① 명령통일의 원리: 직속상관에게 지시를 받고 보고함으로써 책임소재를 명확히 해야 한다.
② 계층제의 원리: 권한과 책임에 따라 직무를 등급화함으로써 상하 간 지휘·감독 관계를 수립하여야 한다.
③ 조정·통합의 원리: 조직의 목표 달성을 위해 업무의 조화를 추구한다는 원리로서 전문화·분업화된 조직일수록 그 필요성이 감소한다.
④ 통솔범위의 원리: 통솔범위는 한 사람의 관리자가 효과적으로 관리할 수 있는 최대한의 직원 수를 말하는 것으로서 계층의 수가 적을수록 통솔범위가 넓다.

> 조직구조 및 관련업무가 복잡하게 분업화·전문화되어 이루어지고 있기 때문에 조정·통합의 원리는 조직이 지향하는 목표를 달성하는 방향으로 쇄신적 활동을 할 수 있도록 하는 것이 매우 중요하다.

정답 12 ④ 13 ③ 14 ③

15

경비부서에서 관리자의 역할에 관한 설명으로 옳은 것은?

① 조사활동은 경비원에 관한 감독·순찰, 화재와 경비원의 안전, 출입금지구역에 관한 감시 등을 일컫는 활동이다.
② 관리상 역할에는 경비의 명확성, 회사규칙의 위반과 모든 손실에 관한 관리·감시·회계, 경찰과 소방서와의 유대관계, 관련문서의 분류 등이 해당된다.
③ 예방상 역할에는 예산과 재정상의 감독, 사무행정, 경비문제를 관할하는 정책의 설정, 조직체계와 절차의 발전 등이 해당된다.
④ 경영상 역할에는 기획, 조직화, 채용, 지도, 감독, 혁신 등이 해당된다.

①은 예방상 역할, ②는 조사상 역할, ③은 관리상 역할에 해당된다.

16

민간경비의 조직화 및 관리과정에 관한 설명으로 옳지 않은 것은?

① 민간경비의 조직화 과정에서 위험성, 돌발성, 기동성 등 경비업무의 특수성을 고려해야 한다.
② 자체경비와 계약경비로 구분할 때 편의점, 소규모 상점 등 보호대상시설의 규모가 작을수록 자체경비를 운용하는 경우가 많다.
③ 민간경비부서를 독립적으로 설치하지 않고 다른 관리부서와 연계시켜 통합적으로 설치하게 되면 전문성은 저하된다.
④ 보호대상의 특성에 따라 인력경비와 기계경비를 운용할 수 있는데, 일반적으로 순수한 형태의 기계경비는 존재하지 않는다.

자체경비는 주로 개인보다는 상당한 규모의 집단 혹은 조직에서 조직화하고, 운용하는 형태이기 때문에 편의점, 상가 등과 같은 소규모의 기업이 자체적으로 경비시스템을 운용하는 데에는 한계가 있다.

17

기계경비의 장·단점에 관한 설명으로 옳지 않은 것은?

① 기계경비를 운영하는 경우 잠재적 범죄자에 대한 예방효과는 미미하다.
② 장기적으로 경비 소요비용의 절감효과를 가져온다.
③ 기계경비를 너무 맹신하였을 때 범죄자에게 역이용될 가능성이 있다.
④ 외부 침입을 정확하게 탐지하고 신속하게 대응할 수 있다.

기계경비는 CCTV 등과 같은 기계의 도움으로 경비를 하고자 하는 건물이나 구역 등을 24시간 지속적으로 감시 가능하므로 범죄 예방이나 범죄의 최소화에 긍정적인 효과를 주어 잠재적 범죄자에 대한 예방 효과가 탁월하다.

정답 15 ④ 16 ② 17 ①

18

경비계획수립의 기본원칙에 관한 설명으로 맞는 것은?

① 경비관리실은 출입자 등의 통행이 많은 곳에 설치하고 직원의 출입구는 주차장으로부터 가급적 멀리 떨어진 곳에 위치해야 한다.
② 경계구역과 건물출입구 수는 안전규칙 범위와 상관없이 최대한으로 유지되어야 한다.
③ 경비원 대기실은 시설물 출입구와 비상구에서 멀리 떨어져 있는 것이 효과적이다.
④ 비상시에만 사용하는 외부출입구에는 경보장치를 설치할 필요가 없다.

② 안전규칙의 범위 내에서 최소한으로 유지되어야 한다.
③ 경비원의 대기실은 시설물 출입구와 비상구 근처에 위치해야 한다.
④ 비상시에만 사용하는 외부출입구나 외딴 곳에 있는 출입구는 경보장치가 되어 있어야 한다.

> 출제POINT
> 경비계획수립시 고려해야 할 기본원칙

19 ★★

20, 18, 16, 기출

다음에 제시된 내용이 설명하는 경비수준으로 옳은 것은?

> 일정한 패턴이 없는 외부의 행동을 방해하고 탐지할 수 있도록 계획된 체계라 할 수 있다. 단순한 물리적 장벽과 자물쇠가 설치되고 거기에 보강된 출입문, 창문의 창살, 보다 복잡한 수준의 자물쇠, 조명시스템, 기본적 경보시스템, 기본적 안전 장벽 등이 설치될 수 있다. 작은 소매상점, 저장 창고 등이 해당된다.

① 최저수준경비(Level Ⅰ : Minimum Security)
② 하위수준경비(Level Ⅱ : Low-Level Security)
③ 중간수준경비(Level Ⅲ : Medium Security)
④ 상위수준경비(Level Ⅳ : High-Level Security)

제시된 보기의 내용은 경비수준의 단계 중 하위수준의 경비 단계를 설명한 것이다.

> 출제POINT
> 경비의 중요도에 따른 경비수준 단계
> 경비실시의 단계에서 분류되는 범위와 그 예를 잘 숙지하고 있어야 한다.

20

19. 기출

총체적 경비에 관한 설명으로 옳은 것은?

① A경비회사는 2019년 1월에 시설경비원을 고용하여 단일 예방체계를 구축하였다.
② B경비회사는 손실예방을 위해 전체적인 계획 없이 2019년 9월(1개월 간)에만 필요하여 단편적으로 경비체제를 추가하였다.
③ C경비회사는 2019년 10월에 특정한 손실이 발생하여 이에 대응하기 위해 경비체제를 마련하였다.
④ D경비회사는 2020년 1월부터는 언제 발생할지 모를 상황에 대비하고 각종 위해요소를 차단하기 위해 인력경비와 기계경비를 종합한 표준화된 경비체계를 갖출 것이다.

①은 1차원적 경비, ②는 단편적 경비, ③ 반응적 경비에 해당한다.

> 출제POINT
> 경비실시의 형태

정답 18 ① 19 ② 20 ④

21

경비위해요소에 관한 설명으로 옳지 않은 것은?　　09. 기출

① 경비위해요소의 분석시 모든 시설물에 있어서 표준화된 시스템을 적용한다.
② 각종 사고로부터 최적의 안전확보를 위해서는 경비위해요소의 인지와 평가가 중요하다.
③ 경비위해요소의 분석결과에 따라 장비와 인원 등의 투입이 결정된다.
④ 많은 손실이 예상되는 경비대상에는 종합경비 시스템이 설치되도록 해야 한다.

> 경비위해요소에 대한 인지된 사실들을 현재의 경비대상 시설물들이 갖고 있는 환경을 고려하여 다양한 수준의 보호계획을 세워야 한다.

출제 POINT: 경비위해요소 분석시 유의사항

22

폭발·화재의 위험은 화학공장이 더 크고, 절도·강도에 의한 잠재적 손실은 소매점에서 더욱 크게 나타난다는 설명과 관련된 위해는?　　19. 기출

① 자연적 위해　　② 인위적 위해
③ 특정한 위해　　④ 지형적 위해

> 특정한 위해는 화학공장의 화학적 화재나 폭발, 원자력 발전소의 방사능 누출 등과 같이 특정한 지역에서 발생하는 위해요소를 말한다.

출제 POINT: 경비위해요소의 형태

23 ★

다음 설명 중 타당하지 않은 것은?　　06. 기출

① 1차원적 경비란 경비원과 같은 단일예방체제에 의존하는 것을 말한다.
② 단편적 경비란 포괄적이고 전체적인 계획하에 필요할 때마다 손실예방 등의 역할을 수행하는 것이다.
③ 반응적 경비란 단지 특정한 손실이 발생하는 사건에만 대응하는 것이다.
④ 총체적 경비란 특정의 위해요소와 관계없이 언제 발생할지도 모르는 상황에 대비하여 인력경비와 기계경비를 종합한 표준화된 경비형태이다.

> 경비형태 중 '단편적 경비'란 포괄적·전체적인 계획 없이 손실예방이 필요한 때에만 추가되는 경비형태를 말한다.

출제 POINT: 경비위해요소의 분석·조사와 관련된 경비형태

정답 21 ① 22 ③ 23 ②

24. 기계경비의 장점에 관한 설명으로 옳지 않은 것은?

① 장기적으로 운영비용의 절감효과를 기대할 수 있다.
② 화재예방과 같은 다른 예방시스템과 통합운용이 가능하다.
③ 24시간 동일한 조건으로 지속적 감시가 가능하다.
④ 기계경비를 잘 아는 범죄자에게 역이용당할 우려가 있다.

④는 기계경비의 단점에 해당한다.

25. 일반시설물의 경비계획에 관한 설명 중 옳은 것은?

① 경비계획수립은 시설물에 대한 기본적 경비조사를 실시하여 각 대상물의 특수성을 고려해야 한다.
② 낡은 시설물의 경우 시설물 보수에 치중하여 경비계획을 세울 필요가 있다.
③ 이웃 건물과 가로지르는 옥상이나 사용하지 않고 방치된 문 등은 시설물 경비계획에서 제외된다.
④ 현대식 건물의 경우 안전요소를 고려하여 설계되므로 일반시설물 경비계획의 대상에 해당하지 않는다.

경비계획을 수립하는 데 어려움이 많이 발생하는 낡고 오래된 건물이라도 경비계획을 수립하는 기본적인 단계에서부터 철저하게 분석하고 설계해 나가야 하며, 새로운 현대식 건물양식도 기본적 경비조사는 물론 시설물이 갖는 특수성을 감안하여 보다 전문적인 경비계획을 수립해야 한다.

26. 경비조사의 과정을 순서대로 나열한 것은?

㉠ 경비대상의 현 상태 점검
㉡ 경비방어상 취약점 확인
㉢ 보호의 정도 측정
㉣ 경비활동 전반에 걸친 객관적 분석
㉤ 종합적인 경비프로그램의 수립

① ㉠ - ㉡ - ㉢ - ㉣ - ㉤
② ㉡ - ㉢ - ㉣ - ㉠ - ㉤
③ ㉢ - ㉣ - ㉠ - ㉡ - ㉤
④ ㉣ - ㉠ - ㉡ - ㉢ - ㉤

경비조사의 과정은 [현 상태의 경비시설 점검 → 경비방어의 취약점 색출 → 요구되는 경비보호의 정도 측정 → 경비활동 전반에 대한 객관적 분석 → 종합적인 경비프로그램의 수립]의 절차에 따라 실시한다.

정답 24 ④ 25 ① 26 ①

27 ★

[17, 13, 10. 기출]

경비를 조직화하는 경우 통솔범위의 결정요인에 대한 설명 중 틀린 것은?

① 신설조직 책임자가 기존조직 책임자보다 통솔범위가 넓다.
② 여러 장소에 근무하는 사람들을 통솔하는 책임자는 한 곳에 근무하는 사람들을 통솔하는 책임자보다 통솔범위가 좁다.
③ 계층의 수가 적을수록 상관의 통솔범위가 넓다.
④ 부하의 자질이 높을수록 상관의 통솔범위가 넓다.

신설조직이나 발전적 사업을 다루는 조직에 비해 오래된 조직이나 안정된 조직에서 통솔범위가 넓어진다.

출제 POINT
▶ 통솔범위의 결정요인

28 ★★

[17, 12, 06. 기출]

경비의 중요도에 따른 분류 중 중간수준경비(Level III)에 해당하는 대상은?

① 물품창고, 제조공장 수준의 경비
② 교도소, 제약회사, 전자회사 수준의 경비
③ 정부의 특별연구기관, 외국대사관 수준의 경비
④ 작은 소매상점, 저장창고 수준의 경비

② 상위수준경비(Level IV), ③ 최고수준경비(Level V), ④ 하위수준경비(Level II)

▶ 중요도에 따른 경비수준의 분류

29 ★

[20, 18, 16. 기출]

다음 중 경비계획수립의 순서가 옳은 것은?

① 경비목표 설정 → 경비문제의 발생 및 인지 → 경비요소 및 위해분석 → 경비의 실시 및 평가 → 경비대안의 비교검토 및 최종안 선택
② 경비요소 및 위해분석 → 경비문제의 발생 및 인지 → 경비목표 설정 → 경비의 실시 및 평가 → 경비대안의 비교검토 및 최종안 선택
③ 경비문제의 발생 및 인지 → 경비목표 설정 → 경비요소 및 위해분석 → 경비대안의 비교검토 및 최종안 선택 → 경비의 실시 및 평가
④ 경비문제의 발생 및 인지 → 경비요소 및 위해분석 → 경비목표 설정 → 경비대안의 비교검토 및 최종안 선택 → 경비의 실시 및 평가

경비계획의 수립과정 : 문제의 인지 → 목표의 설정 → 자료 및 정보수집 → 경비계획 전체의 검토 → 대안의 작성 및 비교검토 → 최선안의 선택 → 실시 → 평가 → 환류(평가결과를 재투입)

▶ 경비계획과정의 연속성

정답 27 ① 28 ① 29 ③

30

07, 02. 기출

회사의 경비책임자의 역할을 세분화하였을 경우 관련문서의 확인 및 감시, 경비의 명확성 및 회계 등의 역할은 어디에 해당하는가?

① 예방상의 역할
② 경영상의 역할
③ 조사상의 역할
④ 관리상의 역할

경비책임자의 조사상의 역할은 관련문서의 확인 및 감시, 경비의 명확성과 회계 등이 해당한다.

출제 POINT: 경비부서 최종 관리자의 역할

31 ★

23. 기출

계약경비와 자체경비에 관한 설명으로 옳은 것은?

① 자체경비는 경비부서에서 오래 근무함으로써 회사운영, 매출, 인사 등에 관한 지식이 높아 여러 부분에서 계약경비보다 비용이 적게 든다.
② 계약경비는 자체경비에 비해 고용주나 회사에 대하여 상대적으로 충성심이 높다.
③ 계약경비는 자체경비에 비해 비상시 인적자원을 탄력적으로 운영할 수 있다.
④ 자체경비는 인사관리 측면에서 결원의 보충이 용이하다.

① 자체경비는 회사 내의 정규직원으로서 계약경비원에 비해 봉급, 연금, 직무보상, 사회보장, 보험, 장비, 교육훈련 등에서 비용이 많이 든다.
② 자체경비는 계약경비에 비해 고용주나 회사에 대하여 상대적으로 충성심이 높다.
④ 계약경비는 자체경비처럼 특별한 선발절차 없이 계약을 통해 쉽게 선발할 수 있어서 결원 보충이 용이하다.

출제 POINT: 계약경비와 자체경비

32

09. 기출

경비계획의 수립에 관한 설명으로 옳은 것은?

① 통행이 적은 곳에 경비실을 설치하고, 직원들의 출입구는 주차장에서 가까운 곳에 위치하여야 한다.
② 유리창이 지면으로부터 약 4m 이내 높이에 설치되어 있는 경우에는 강화유리 등 안전장치를 설치할 필요가 없다.
③ 경비원의 대기실은 시설물의 출입구와 비상구에서 인접한 곳에 위치해야 한다.
④ 건물출입구 수는 안전규칙범위 내에서 최대한으로 유지되어야 한다.

① 경비관리실은 사람의 통행이 많은 곳에, 직원의 출입구는 주차장으로부터 멀리 떨어진 곳에 설치한다.
② 강화유리나 센서 등의 안전장치를 설치하여야 한다.
④ 안전규칙범위 내에서 최소한으로 유지되어야 한다.

출제 POINT: 경비계획의 수립시 고려해야 할 기본원칙

정답 30 ③ 31 ③ 32 ③

33

민간경비의 실시과정으로 옳은 것은?

① 경비진단 → 경비계획수립 → 조직화 → 경비실시 → 평가
② 경비진단 → 조직화 → 경비계획수립 → 경비실시 → 평가
③ 경비계획수립 → 경비진단 → 조직화 → 경비실시 → 평가
④ 경비계획수립 → 조직화 → 경비진단 → 경비실시 → 평가

민간경비는 경비대상의 경비진단 활동 → 경비계획의 수립 → 경비부서의 조직화 → 경비실시 → 평가 등의 순서로 실시되어야 한다.

11. 기출

> 출제 POINT
> 민간경비의 실시과정

34

경비조사업무의 과정으로 옳지 않은 것은?

① 경비방어상의 취약점 확인
② 종합적인 경비 프로그램의 수립
③ 경비활동 전반에 걸친 주관적 분석
④ 요구되는 보호의 정도측정

경비조사는 [현 상태의 경비시설 점검 → 경비방어의 취약점 색출 → 요구되는 경비보호의 정도 측정 → 경비활동 전반에 대한 객관적 분석 → 종합적 경비 프로그램의 수립]의 절차에 따라 실시되어야 한다.

10. 기출

> 경비조사의 과정

35 ★

경비형태에 대한 설명으로 옳지 않은 것은?

① 계약경비는 자체경비에 비해 비용이 저렴하다.
② 자체경비는 기업체 등이 조직 내에 자체적으로 경비인력을 조직화하여 운용하는 것을 말한다.
③ 계약경비는 중앙통제경보장치, 경비자문서비스, 무장차량경호 및 호송서비스 등 다양한 형태로 발전하고 있다.
④ 최근에는 자체경비가 계약경비보다 더 빠르게 증가하고 있다.

오늘날 계약경비는 자체경비보다 비용절감 면에 있어서 효과가 뚜렷하기 때문에 비약적으로 성장·발전하고 있다.

11, 10, 08. 기출

> 자체경비와 계약경비의 장·단점

정답 33 ① 34 ③ 35 ④

36

06. 기출

경비위해요소 분석과 조사업무 실시의 항목 중 일반시설물에 대한 조사내용이 아닌 것은?

① 인접건물의 확인
② 출입구 열쇠사용의 확인
③ 출납원의 위치와 근무시간 확인
④ 경비보호대상 확인

출납원의 위치와 근무시간의 확인은 회계조사업무에 해당한다.

> 출제POINT
> 일반시설물에 대한 경비위해요소 조사업무

37

09. 기출

경비조직화에 관한 설명으로 옳지 않은 것은?

① 최고관리자가 중간관리자에게 경비업무를 위임하면 책임 또한 위임되어야 한다.
② 최고관리자는 중간관리자에게 책임의 범위 내에서 업무를 수행할 수 있도록 재량권을 부여하여야 한다.
③ 통솔범위란 한 사람의 관리자가 효과적으로 관리할 수 있는 최대한의 부하의 수를 말한다.
④ 경비인력 수요는 해당 경비시설물의 규모에 반비례한다.

경비인력의 수요는 해당 경비시설물의 규모에 따라 비례한다.

> 민간경비의 조직화

38

다음 중 우리나라의 인력경비와 기계경비의 실정에 대한 설명으로 틀린 것은?

① 아직까지 많은 경비업체가 인력경비 위주의 영세성을 벗어나지 못하고 있는 부분이 있다.
② 인력경비 없이 기계경비시스템만으로도 경비활동의 목표달성이 가능한 수준에 이르고 있다.
③ 이들 양자 가운데 어디에 비중을 둘 것인가 하는 문제는 경비대상의 특성과 관련된다.
④ 최근 선진국과의 기술제휴 등을 통한 첨단기계경비시스템의 개발뿐만 아니라 국내 자체적으로도 새로운 기술이 개발되고 있다.

경비활동과정에서 어떠한 형태로든 사람의 개입은 불가피하기 때문에 순수한 의미의 기계경비시스템은 아직까지 존재하지 않는다.

> 우리나라 인력경비와 기계경비의 현황

정답 36 ③ 37 ④ 38 ②

39 ★★

경비관리 책임자의 조사상 역할로 옳은 것은?

① 기획 및 조직화
② 예산과 재정상의 감독
③ 사무행정
④ 감시, 회계, 회사규칙의 위반 확인

> **경비부서 관리자의 역할(4대 기본적 요소)**
> ㉠ **경영상의 역할** : 기획, 조직화, 채용, 지도, 감독, 혁신 등이 해당되는 고전적인 역할을 의미한다.
> ㉡ **관리상의 역할** : 예산과 재정상의 감독, 경비문제를 관할하는 정책의 설정, 경비부서 직원에 대한 훈련과정의 개발, 다른 부서와의 상호 긴밀성과 의사소통과 향상 등이 해당된다.
> ㉢ **예방상의 역할** : 경비원에 대한 감독·순찰, 출입금지구역에 대한 감시, 경비활동에 대한 규칙적인 감사, 모든 경비장비들의 상태점검 등이 해당된다.
> ㉣ **조사상의 역할** : 경비의 명확성, 모든 손실에 대한 조사, 감시, 회계, 경찰과 소방서와의 유대관계, 관련문서의 분류 등이 해당된다.

출제 POINT: 경비부서 관리자의 역할

[19, 18, 기출]

40 ★★

경비계획 수립의 기본원칙으로 옳은 것은?

① 건물 출입구 수는 안전규칙의 범위 내에서 최대한으로 유지되어야 한다.
② 통행이 많은 곳에 경비실을 설치하고, 직원들의 출입구는 주차장에서 가급적 멀리 떨어진 곳에 설치한다.
③ 항구·부두지역 등은 운전자가 바로 물건을 창고지역으로 차량을 움직이도록 하고, 경비원에게 물건의 선적이나 하자를 확인할 수 있도록 설계되어야 한다.
④ 효과적인 경비를 위해서는 안전조명이 설치되어야 하고 물건의 선적지역과 수령지역은 통합되어야 한다.

> ① 건물 출입구 수는 안전규칙의 범위 내에서 최소한으로 유지되어야 한다.
> ③ 항구·부두지역 등은 운전자가 바로 물건을 창고지역으로 차량을 움직이도록 못하도록 하고, 경비원에게 물건의 선적이나 하자를 확인할 수 있도록 설계되어야 한다.
> ④ 효과적인 경비를 위해서는 안전조명이 설치되어야 하고 물건의 선적지역과 수령지역은 분리되어야 한다.

출제 POINT: 경비계획의 수립시 고려해야 할 기본원칙

[21, 17, 15, 기출]

정답 39 ④ 40 ②

41

경비지도사에 관한 설명으로 옳은 것은?

① 일반경비지도사와 특수경비지도사로 구분한다.
② 경비현장에 배치된 경비원 순회점검 직무를 행정안전부령이 정하는 바에 따라 성실하게 수행하여야 한다.
③ 경비지도사 제도는 경비업법 제7차 개정 때 도입되었다.
④ 경비원을 지도·감독·교육하는 현장책임자라 할 수 있다.

① 일반경비지도사와 기계경비지도사로 구분한다(경비업법 제2조 제2호).
② 경비현장에 배치된 경비원 순회점검 직무를 대통령령이 정하는 바에 따라 성실하게 수행하여야 한다(경비업법 제12조 제3항).
③ 경비지도사 제도는 경비업법 제5차(1995년) 개정 때 도입되었다.

> 출제POINT: 경비지도사의 특성

42

경비위해요소 분석에 관한 설명으로 옳지 않은 것은?

① 경비계획에 있어 가장 먼저 실시해야 하는 것은 경비위해요소 분석이다.
② 경비위해요소 중 화학공장의 화학적 화재나 폭발 위험은 인위적 위해에 해당한다.
③ 경비위해요소 분석단계는 '경비위험요소 인지 → 손실발생 가능성 예측 → 경비위험도 평가 → 경비비용효과 분석'의 순이다.
④ 경비비용효과 분석은 투입비용에 대한 산출효과를 비교하여 적절한 경비수준을 결정하는 과정을 말한다.

경비위해요소 중 화학공장의 화학적 화재나 폭발 위험은 특정한 위해에 해당한다.

> 출제POINT: 경비위해요소의 분석

43

경비위해요소 분석에 관한 설명으로 옳지 않은 것은?

① 경비계획 수립 시 모든 시설물마다 인력경비와 기계경비시스템을 동일하게 적용해야만 한다.
② 손실이 크게 예상되지 않는 소규모 경비시설물은 손쉬운 손실예방책인 성능이 우수한 잠금장치를 사용할 수 있다.
③ 기업의 손실영역이 증가하고 복잡해지면 1차원적 경비형태만으로 대응하기 어렵다.
④ 손실예방을 위해 최적의 방어책을 세우기 위해서는 위해요소에 대한 인지와 평가가 우선적으로 선행되어야 한다.

경비계획은 재정적인 측면을 고려해야 하기 때문에 보호가치가 동일하지 않은 모든 시설물에 대하여 똑같이 표준화된 인력경비와 기계경비시스템을 적용하면 효과적이지 못하다.

> 출제POINT: 경비위해요소의 분석

정답 41 ④ 42 ② 43 ①

44
다음은 경비조사에 관한 설명이다. 이 중 올바른 문항은?

① 물리적인 설비와 이에 대한 주위환경의 조사도 경비조사의 대상에서 요구된다.
② 경비조사에서 제외되는 것은 규칙적으로 운영되는 절차와 일상업무에 대한 사항이다.
③ 경비부서 내의 참모에 의하여 이루어지는 경비조사가 보다 객관적이다.
④ 경비조사에 있어 외부에서 고용된 전문가는 내부사정을 제대로 파악하기 곤란히기 때문에 객관적 평가를 내리기가 어렵다.

> **경비조사의 대상과 주체**
> ㉠ **경비조사의 대상** : 물리적 설비와 이에 대한 주위환경의 조사뿐만 아니라 규칙적으로 운영되는 절차와 일상업무에 대한 조사도 철저히 요구된다.
> ㉡ **경비조사의 주체** : 경비조사는 경비부서 내의 참모 또는 외부의 경비전문가들에 의해 행해지며, 외부에서 고용된 경비전문가들의 경우 현 상황에 대해 보다 객관적이고 정확한 평가를 내릴 수 있다는 장점을 갖는다.

▶ 경비조사의 대상과 주체

45
다음 중 시설물의 경비계획수립에 관한 설명으로 올바른 문항은?

① 낡은 화재장비나 잠금장치 등의 시설물의 경우에는 시설물의 보수에 치중하여 경비계획을 세울 필요가 있다.
② 경비계획을 수립할 때에는 시설물에 대한 기본적인 경비조사를 실시하여 각 대상물의 특수성을 고려해야 한다.
③ 경비안전요소를 고려하여 설계되는 현대식 건물의 경우에는 특별히 경비계획을 수립할 필요는 없다.
④ 일반적으로 이웃건물과 연결된 옥상이나 사용하지 않고 폐쇄된 출입구 등은 시설물경비계획에서 제외된다.

> **일반시설물의 경비계획**
> ㉠ **낡은 시설물** : 안전사고나 범죄위협으로부터 많은 위험성을 내포하고 있는 낡은 화재장비·잠금장치·벽, 이웃건물과 가로지르는 옥상, 사용하지 않고 방치된 문 등과 같은 구조물들은 좀 더 기본적인 단계에서부터 철저하게 분석하여 경비계획을 세울 필요가 있다.
> ㉡ **새로운 시설물** : 시설물이 갖고 있는 특수성에 따라 보다 전문적으로 경비계획을 수립하는 것이 필요하다.

▶ 일반시설물에 대한 경비계획

정답 44 ① 45 ②

46

경비위해요소 분석의 필요성을 설명한 것으로 부적절한 것은?

① 모든 시설물마다 똑같이 표준화된 인력경비와 기계경비시스템을 적용하여 경비계획을 수립한다.
② 소규모 경비시설물에 대해서는 잠금장치 사용과 시간제 계약경비순찰서비스를 활용할 수 있다.
③ 손실영역이 확대되는 기업의 경우에는 1차원적인 경비시스템만으로는 적절한 대응이 어렵다.
④ 각종의 손실을 예방하기 위한 최적의 방어책은 위해요소에 대한 인지와 평가가 우선적으로 선행되어야 한다.

> 소규모 경비시설물에 대해서는 성능이 우수한 잠금장치를 사용하거나 시간제 계약경비순찰서비스를 활용하는 것처럼 경비계획을 수립함에 있어 모든 시설물마다 똑같이 표준화된 인력경비와 기계경비시스템을 적용하는 것은 아니다. 또한 기업의 손실영역이 증가하고 더욱 복잡해지면 1차적인 경비시스템만으로는 대응하기 어렵기 때문에 전체적인 경비시설물의 위험요소를 분석하고 종합적인 경비시스템을 구축하여야 한다.

출제POINT: 경비위해요소 분석의 필요성

47

경비위해요소 중 인지단계에 해당하는 것은?

① 개인 및 기업의 보호영역에서 손실을 일으키기 쉬운 취약부분을 확인하는 단계이다.
② 경비보호대상의 보호가치에 따른 손실발생 가능성을 예측하는 단계이다.
③ 특정한 손실이 발생하였다면 얼마나 심각한 영향을 미쳤는가를 고려하는 단계이다.
④ 범죄피해로 인한 인적·물적 피해의 정도, 고객의 정신적 안정성, 개인 및 기업체의 비용부담정도 등을 고려하는 단계이다.

> ①은 경비위해요소의 인지, ②는 경비위해요소의 손실발생 가능성 예측, ③은 예상된 손실에 대한 평가, ④는 경비활동의 비용효과분석에 해당한다.

출제POINT: 경비위해요소의 단계

정답 46 ① 47 ①

48

경비업법령상 특수경비원의 교육훈련 및 감독에 관한 설명으로 옳지 않은 것은?

① 특수경비업자는 특수경비원을 채용한 경우 특수경비원의 부담으로 신임교육을 받도록 할 수 있다.
② 채용 전 3년 이내에 특수경비업무에 종사하였던 경력이 있는 사람을 특수경비원으로 채용한 경우에는 신임교육대상에서 제외할 수 있다.
③ 특수경비업자는 소속특수경비원에 대하여 매월 6시간 이상 직무교육을 실시하여야 한다.
④ 관할경찰관서장은 시설주 및 특수경비원의 무기관리상황을 매월 1회 이상 점검하여야 한다.

> 특수경비업자는 특수경비원을 채용한 경우 법 제13조(경비원의 교육 등) 제3항에 따라 해당 특수경비원에게 특수경비업자의 부담으로 특수경비원 신임교육을 받도록 하여야 한다(경비업법 시행령 제19조 제1항).

출제 POINT: 특수경비원의 교육훈련 및 감독

49

기계경비에 관한 단점을 설명한 것으로 적당하지 않은 내용은?

① 기계경비시스템을 맹신할 경우 범죄자들에게 역이용당할 가능성이 크다.
② 기계경비는 자칫 오경보의 위험성이 높다.
③ 야간의 경우에 있어 기계경비는 효율성이 저하된다.
④ 기계경비는 최초에 설비비용이 많이 들지만, 장기적으로 볼 때 비용의 절감 효과를 가져온다.

> **기계경비의 단점**
> ㉠ 고장시 신속한 대응이 어렵고, 가격이 비싸다.
> ㉡ 너무 맹신한 나머지 범죄자들에게 역이용될 가능성이 크다.
> ㉢ 사용자가 작동방법을 정확히 모르는 경우가 발생하며, 오경보 및 허위경보의 위험성이 크다.
> ㉣ 유지보수에 있어서 많은 비용과 전문인력이 요구된다.
> ㉤ 기계경비시스템은 방범 관련 업무만 가능하다.

출제 POINT: 기계경비의 단점
기계경비의 장·단점은 인력경비와 비교해서 파악하되, 상대적인 관점에서 이해하여야 한다.

50

기계경비와 인력경비에 관한 설명으로 옳지 않은 것은?

① 기계경비는 순수무인기계경비와 혼합기계경비 두 종류로 나눌 수 있다.
② CCTV를 통한 불법침입자 감지는 기계경비의 대표적인 사례라고 할 수 있다.
③ 인력경비는 야간 경비활동의 효율성이 증가하는 장점이 있다.
④ 일정구역을 정기적으로 순찰하여 범죄 등으로부터 고객의 인적·물적 안전을 확보하는 경비활동은 인력경비의 일종이다.

> 인력경비는 야간 시간대에 경비활동의 효율성이 현저히 저하된다.

출제 POINT: 인력경비와 기계경비의 비교

정답 48 ① 49 ③ 50 ③

51

경비업법령상 경비원의 교육에 관한 설명으로 옳지 않은 것은?

① 경비원이 되려는 사람은 대통령령으로 정하는 교육기관에서 미리 일반경비원 신임교육을 받을 수 있다.
② 일반경비원의 교육실시에 필요한 사항은 행정안전부령으로 정한다.
③ 일반경비원 신임교육은 44시간이다.
④ 특수경비원 신임교육은 80시간이다.

① 경비업법 제13조 제2항
② 경비업법 시행령 제18조 제5항
③ 경비업법 시행규칙 제12조 제1항[이론교육(4시간), 실무교육(19시간), 기타(1시간)=24시간]
④ 경비업법 시행규칙 제15조 제1항[이론교육(15시간), 실무교육(61시간), 기타(4시간)=80시간]

52

인력경비와 기계경비를 설명한 것으로 옳지 못한 문항은?

① 경비활동을 인력경비와 기계경비 중 어디에 비중을 두느냐에 따라 경비부서의 조직화 과정이 변화될 수 있다.
② 과거 우리나라의 경비형태는 인력경비에 대부분을 의존하여 왔다.
③ 최근에는 첨단기계경비시스템을 도입하여 각종 시설경비에 적용하고 있다.
④ 최근의 경비활동은 순수기계경비로 대체되고 있는 실정이다.

오늘날의 경비활동은 순수인력경비 또는 순수기계경비로서 이루어지기 보다는 기계경비와 인력경비가 혼합되어 이루어지는 실정이다.

53

절도, 화재, 분실, 파괴, 기타범죄 내지 피해로부터 개인이나 기업의 인적·물적 안정을 확보하기 위한 노동집약적 경비활동은?

① 상주경비
② 혼잡경비
③ 인력경비
④ 기계경비

① **상주경비**: 시설 내에서 24시간 고정적으로 상주하여 경비를 실시하는 경비를 말한다.
② **혼잡경비**: 모여든 군중에 의하여 발생하는 혼란 상태를 사전에 예방하기 위해 실시하는 경비를 말한다.
④ **기계경비**: 인력에 의존하는 경비방식에서 벗어나 각종 기계적 장치를 이용하여 경비목적을 달성하는 경비를 말한다.

정답 51 ③ 52 ④ 53 ③

54

다음 중 경비부서의 조직화에 대한 올바른 설명은?

① 대규모 경비부서의 조직 구조는 소규모 조직과는 근본적으로 상이하다.
② 일반조직과 같이 특수경비부서의 경우에도 조직유형의 제시가 비교적 쉽다.
③ 조직의 목표달성을 위하여 조직구성원의 책임과 의무의 적정한 배분에 힘써야 한다.
④ 비교적 소규모 조직의 경우 명확한 보고수준 및 명령계통의 확립은 반드시 필요치는 않다.

> ① 경비부서의 조직 구조는 대규모든 소규모든 근본적으로 동일하다.
> ② 특수경비부서는 일반경비분야와는 달리 조직유형의 제시가 다소 어렵다.
> ④ 소규모 조직이라도 책임에 대한 분명한 개념, 명확한 보고수준과 명령계통이 확립되어야 한다.

▶ 경비부서의 조직화 방법

55 ★★

23. 21. 기출

경비위해요소에 관한 설명으로 옳지 않은 것은?

① 자연적 위해에는 홍수, 폭풍, 지진 등이 있다.
② 경비위해요소 분석단계는 위해요소 인지, 손실발생 예측, 위해정도 평가, 비용효과분석 순이다.
③ 인위적 위해란 특정 지역 및 국가 등에 따라 성질이나 유형이 다양하게 나타나는 위해이다.
④ 효과적인 경비프로그램을 실행하기 위해서는 경비위해요소 조사와 분석이 선행되어야 한다.

> 인위적 위해란 범죄·절도·사기·횡령·폭행·간첩행위·안전사고·화재 등을 말한다. 특정 지역 및 국가 등에 따라 성질이나 유형이 다양하게 나타나는 위해는 특정한 위해이다.

▶ 경비위해요소 분석

56 ★

21. 기출

경비진단을 위한 물리적 사전조사의 착안사안으로 옳지 않은 것은?

① 위험을 야기할 수 있는 인물의 유무
② 경비대상시설물의 형태와 용도
③ 시설 내의 예측할 수 있는 침입경로
④ 주변 구조물 등의 상황

> ①은 인적 사전조사의 착안사안에 해당한다.

▶ 경비진단

정답 54 ③ 55 ③ 56 ①

57 [20. 기출]

경비업법령상 다음 사례에서 甲과 乙이 각각 이수하여야 하는 신임교육의 시간을 모두 합한 숫자는?

> 甲은 일반경비원으로 A경비회사에, 乙은 특수경비원으로 B경비회사에 취업을 하게 되었다. (단, 甲과 乙은 경비원 신임교육 제외 대상이 아님)

① 102 ② 104
③ 112 ④ 114

㉠ 甲은 일반경비원 신임교육을 받아야 한다. 일반경비원 신임교육 시간은 24시간이다(법 제13조 제1항, 시행령 제18조 제5항, 시행규칙 제12조 제1항 관련 별표 2).
㉡ 乙은 특수경비원 신임교육을 받아야 한다. 특수경비원 신임교육 시간은 80시간이다(법 제13조 제3항, 시행령 제19조 제4항, 시행규칙 제15조 제1항 관련 별표 4).
㉢ 따라서 甲과 乙의 신임교육의 시간을 모두 합하면 24시간 + 80시간 = 104시간이다.

> 출제POINT: 경비원의 신임교육

58 [19. 기출]

경비업법령에 따른 일반경비원과 특수경비원의 신임교육에 공통되는 과목은?

① 사격 ② 총검술
③ 총기조작 ④ 기계경비실무

사격, 총검술, 총기조작 등은 특수경비원의 신임교육과목에 해당한다(경비업법 시행규칙 제15조 제1항).

> 출제POINT: 경비원의 신임교육

59 [23. 12. 기출]

경비계획을 수립함에 있어 고려해야 할 사항으로 옳지 않은 것은?

① 건물에는 정교하면서도 파손되기 어려운 잠금장치를 설치해야 한다.
② 경비실은 출입구와 비상구에 인접한 곳에 설치해야 한다.
③ 경비계획 과정에는 관련 분야나 계층의 충분한 참여가 이루어져야 한다.
④ 경비진단결과 나타난 손실발생의 가능성을 고려해야 한다.

경비관리실은 사람의 통행이 많은 곳에 설치하고, 직원의 출입구는 주차장으로부터 멀리 떨어진 곳에 위치하며, 경비원 대기실은 시설물의 출입구와 비상구에 인접하도록 설치한다.

> 출제POINT: 경비계획의 제반 내용

정답 57 ② 58 ④ 59 ②

60 ★

경비업법상 경비원의 교육에 관한 설명으로 옳지 않은 것은?

① 경비원이 되려는 사람은 교육기관에서 미리 일반경비원 신임교육을 받을 수 있다.
② 일반경비원의 교육시 관할경찰서 소속 경찰공무원이 교육기관에 입회하여 지도·감독하여야 한다.
③ 특수경비업자는 특수경비원 신임교육을 받지 아니한 자를 특수경비업무에 종사하게 하여서는 아니 된다.
④ 경비업자는 경비업무를 적정하게 실시하기 위하여 경비원으로 하여금 경비원 신임교육 및 직무교육을 받게 하여야 한다.

② 특수경비원의 교육시 관할경찰서 소속 경찰공무원이 교육기관에 입회하여 지도·감독하여야 한다(경비업법 제13조 제4항).
①은 경비업법 제13조 제2항, ③은 경비업법 제13조 제3항, ④는 경비업법 제13조 제1항

61

기계경비에 관한 장·단점으로 옳은 것은?

① 유지보수에 적지 않은 비용과 전문 인력이 요구된다.
② 단기적으로 설치비용이 적게 든다는 장점이 있다.
③ 시간적 취약대인 야간에 경비효율이 현저히 감소한다고 볼 수 있다.
④ 감시장치의 경우 감시기록유지가 어려워 사후에 범죄의 수사 단서로 활용하기 어렵다.

② 기계경비는 초기 설치비용이 많이 든다.
③ 기계경비는 시간적 취약대인 야간에 경비효율이 현저히 증가한다.
④ 감시장치의 경우 감시기록유지가 용이해 사후 범죄수사의 단서로 활용이 가능하다.

62

민간경비업무의 특수성으로 옳지 않은 것은?

① 조직성
② 돌발성
③ 위험성
④ 권력성

권력성은 공경비인 경찰의 특수성과 관계된다.

정답 60 ② 61 ① 62 ④

63　 21. 기출

경비원이 다른 부서의 관리자들로부터 명령을 받게 된다면 업무수행에 차질이 생길 것이다. 이 문제를 방지하기 위한 민간경비 조직편성의 원리는?

① 계층제의 원리
② 통솔범위의 원리
③ 명령통일의 원리
④ 조정·통합의 원리

> 명령계통이 다원화되어 있다면 결과에 대한 책임소재가 불분명하게 되기 때문에 이를 방지하기 위해 민간경비의 조직편성은 명령통일의 원리를 적용해야 한다.

▶ 조직편성의 원리

★64　 20. 기출

경비업법상 특수경비원의 결격사유로 명시되어 있지 않은 것은?

① 18세 미만인 자
② 금고 이상의 형의 집행유예선고를 받고 그 유예기간 중에 있는 자
③ 파산선고를 받고 복권되지 아니한 자
④ 피특정후견인

> **특수경비원의 결격사유(경비업법 제10조 제2항)**
> ㉠ 18세 미만이거나 60세 이상인 사람 또는 피성년후견인
> ㉡ 심신상실자, 알코올 중독자 등 대통령령으로 정하는 정신적 제약이 있는 자(경비업법 시행령 제10조의2 참조)
>
>> • 심신상실자
>> • 마약·대마·향정신성의약품 또는 알코올 중독자
>> • 「치매관리법」 제2조(정의) 제1호에 따른 치매, 조현병·조현정동장애·양극성정동장애(조울병)·재발성우울장애 등의 정신질환이나 정신 발육지연, 뇌전증 등이 있는 사람. 다만, 해당 분야 전문의가 특수경비원으로서 적합하다고 인정하는 사람은 제외한다.
>
> ㉢ 제1항 제2호부터 제8호까지의 어느 하나에 해당하는 자
> ㉣ 금고 이상의 형의 선고유예를 받고 그 유예기간 중에 있는 자
> ㉤ 행정안전부령으로 정하는 신체조건에 미달되는 자[경비업법 시행규칙 제7조 참조]
>
>> 팔과 다리가 완전하고 두 눈의 맨눈시력 각각 0.2 이상 또는 교정시력 각각 0.8 이상을 말한다.

▶ 특수경비원의 결격사유

65

경비업법령상 일반경비지도사 기본교육의 과목으로 옳지 않은 것은?

[23, 20, 기출]

① 특수경비
② 체포·호신술
③ 교통안전 관리
④ 인력경비 개론

> 일반경비지도사의 교육과목

인력경비 개론은 기계경비지도사의 교육과목이고, 체포·호신술은 공통교육 과목이다.

경비지도사 교육의 과목 및 시간

구분	과목	시간
일반경비 지도사	시설경비	3
	호송경비	2
	신변보호	2
	특수경비	2
	혼잡·다중운집 인파 관리	2
	교통안전 관리	2
	일반경비 현장실습	5
기계경비 지도사	기계경비 운용관리	4
	기계경비 기획 및 설계	4
	인력경비 개론	5
	기계경비 현장실습	5

66

경비업법상 경비지도사의 직무로 명시되어 있지 않은 것은?

[20, 기출]

① 집단민원현장에 배치된 경비원에 대한 지도·감독
② 경비원의 지도·감독·교육에 관한 기록의 유지
③ 소방기관과의 연락방법에 대한 지도
④ 의뢰인의 요구사항을 파악하여 지도

> 경비지도사의 직무

경비지도사의 직무(경비업법 제12조 제2항)
㉠ 경비원의 지도·감독·교육에 관한 계획의 수립·실시 및 그 기록의 유지
㉡ 경비현장에 배치된 경비원에 대한 순회점검 및 감독
㉢ 경찰기관 및 소방기관과의 연락방법에 대한 지도
㉣ 집단민원현장에 배치된 경비원에 대한 지도·감독
㉤ 그 밖에 대통령령이 정하는 직무

정답 65 ④ 66 ④

67 ☐☐☐ [21. 기출]

민간경비의 윤리에 관한 설명으로 옳지 않은 것은?

① 민간경비의 윤리가 확립되지 않으면 고객 및 국민으로부터 신뢰를 얻을 수 없다.
② 민간경비의 윤리문제는 민간경비 자체에 한정된다.
③ 경찰과 시민의 민간경비에 대한 인식전환이 필요하다.
④ 자격증 제도의 도입 등을 통한 전문화는 민간경비의 윤리성을 제고시킬 수 있다.

> 민간경비의 윤리문제는 민간경비 관련 종사자 개인의 문제가 아니라 사회 전체적인 문제로 인식해서 접근해야 한다.

▶ 민간경비의 윤리

68 ☐☐☐ [21. 기출]

경비계획수립의 기본원칙으로 옳은 것은?

① 건물출입구 수는 안전규칙 범위 내에서 최대한으로 유지되어야 한다.
② 경비관리실은 건물 내부에서 통행이 가급적 적은 곳에 설치하여야 한다.
③ 정상적인 출입구 외에 건물 외부와 연결되는 천장, 환풍기, 하수도관 등에 대한 안전확보방안을 강구하여야 한다.
④ 효과적인 경비를 위해서는 물건을 선적하거나 수령하는 지역은 동일지역에서 이루어지도록 설계되어야 한다.

> ① 최소한으로 유지되어야 한다.
> ② 많은 곳에 설치하여야 한다.
> ④ 분리된 지역에서 이루어지도록 설계되어야 한다.

▶ 경비계획수립의 기본원칙

69★ ☐☐☐ [24, 21. 기출]

경비의 중요도에 따른 경비수준에 관한 설명 중 ( )에 들어갈 용어로 옳은 것은?

- (㉠) – 전혀 패턴이 없는 외부와 내부의 이상행동 및 침입을 감지하고 저지, 방어, 대응공격을 위한 경비수준
- (㉡) – 대부분의 패턴이 없는 외부 및 내부의 행동을 발견·저지·방어·예방하도록 계획되어진 것으로, 교도소나 제약회사 또는 전자회사 등에서 이루어지는 경비수준

① ㉠ : 최고수준경비(Level Ⅴ), ㉡ : 상위수준경비(Level Ⅳ)
② ㉠ : 최고수준경비(Level Ⅴ), ㉡ : 하위수준경비(Level Ⅱ)
③ ㉠ : 중간수준경비(Level Ⅲ), ㉡ : 상위수준경비(Level Ⅳ)
④ ㉠ : 상위수준경비(Level Ⅳ), ㉡ : 중간수준경비(Level Ⅲ)

- 최고수준경비(Level V) – 전혀 패턴이 없는 외부와 내부의 이상행동 및 침입을 감지하고 저지, 방어, 대응공격을 위한 경비수준
- 상위수준경비(Level IV) – 대부분의 패턴이 없는 외부 및 내부의 행동을 발견·저지·방어·예방하도록 계획되어진 것으로, 교도소나 제약회사 또는 전자회사 등에서 이루어지는 경비수준

▶ 경비수준의 단계

정답 67 ② 68 ③ 69 ①

70

민간경비원의 동기부여이론에 관한 설명으로 옳지 않은 것은?

① 허즈버그(F. Herzberg)의 동기-위생이론 중 동기요인은 조직 정책, 감독, 급여, 근무환경 등과 관련된다.
② 인간관계론적 관점에서 등장한 동기부여이론은 조직 내 구조적인 면보다는 인간적 요인을 중요시한다.
③ 매슬로우(A. Maslow)의 욕구계층이론 중 안전욕구는 2단계 욕구에 해당한다.
④ 맥그리거(D. McGregor)의 XY이론 중 Y이론은 인간 잠재력의 능동적 발휘와 관련된다.

조직 정책, 감독, 급여, 근무환경 등은 허즈버그(F. Herzberg)의 동기-위생이론 중 위생요인과 관련된다.

출제 POINT
민간경비원의 동기부여이론

정답 70 ①

CHAPTER 03

시설경비와 시설보호의 기본원칙

제1절 시설물의 경비활동

1 시설물 외곽경비

(1) 외곽방호시설물 경비
① 장벽
  ㉠ 자연적 장벽 : 강·도랑·절벽·협곡·수풀지역 등 **지역의 지형지물이나 자연적으로 생성된 특성을 이용하여 외부침입을 제지**하는데 도움이 되는 장벽을 말한다.
  ㉡ 인공적 장벽 : 울타리·철책·철조망·초소·망루·경보장치·담·문·나무방책·철사를 다이아몬드 형으로 엮어 만든 체인링크(Chain Link)·차폐물·방호벽 등과 같이 **사람이 직접 제작한 인위적 피조물을 상설 또는 일시적으로 설치한 방어시설**을 말한다. 인공적 장벽은 외부 침입에 대한 완벽한 예방이 힘들다.
② 울타리
  ㉠ 철조망 : 일시적이고 돌발적인 상황에 대비하는 데 일반적으로 사용되는 방어시설물로서 여러 가닥의 가시철사와 콘서티나철사를 꼬아서 만든다. 철조망은 보통 **높이가 7피트 이상**되어야 하며, 지면에서 **약 2인치 정도 떨어져서 설치**하여야 한다. 단, 지면이 모래이거나 침식 토양인 경우에는 지면에 맞대어 설치한다.
    ⓐ 가시철사(Barbed Wire) : 12구경 철사 4가닥을 반복해서 감아 **4인치마다 가시가 달리도록 만든 철사**를 말한다. 가시철사를 설치하기 위한 기둥은 높이 7피트 이상의 철물이어야 하며, 기둥 사이의 간격은 6피트 이상 떨어져서는 안 된다.
    ⓑ 콘서티나철사(Concertina Wire) : 군부대에서 개발되어 많이 사용되고 있는 철사로 가시철선을 **6각형 모양으로 만든 강철철사**의 코일형이다.
  ㉡ 담장 : 장식효과가 떨어지는 철조망의 **미적 감각을 대신하기 위하여** 또는 시설물 내의 여러 **업무활동을 은폐하기 위하여** 설치되는 시설물을 말한다.

③ 물리적 통제의 기본전략
  ㉠ 물리적 통제의 고려사항 : 장벽(울타리)과 같은 물리적 통제시스템을 구축하려면 보안성, 편리성, 외관성, 환경성, 접근성 등이 **균형** 있게 **조화**를 이루어야 한다.
  ㉡ 물리적 통제의 구성요소 : 기본적으로 **경계지역, 건물외부지역, 건물내부지역**으로 구분되지만, 이들 3가지 방어선은 항상 동일한 비중이 적용되는 것은 아니다.
  ㉢ 동심원영역론(Concentric Zone Theory) : 물리적 통제시스템과 관련하여 딘글(J. Dingle)이 주장한 이론으로 **가치 있는 자산**(1급 보호대상)은 많은 보호층[1단계 금고, 2단계 잠금된 사무실, 3단계 경보장치, 4단계 안정화된 건물, 5단계 경비순찰, 6단계 장벽설치, 7단계 장벽(경계선) 경보장치]을 형성하여 보호해야 한다는 이론이다. 동심원영역론은 CPTED의 접근방법의 하나라고 볼 수 있다.

(2) 출입구 경비
  ① 개방된 출입구 통제
    ㉠ 직원출입구 : 출입구는 외부방문객과 구분하여 **하나의 문만 사용**하되 출입구의 폭은 4~7피트 이내로 넓지 않아야 통행하는 직원을 적절하게 통제할 수 있다. 상품판매시설의 경우는 직원용 출입구와 고객용 출입구를 구분하는 것이 좋다.
    ㉡ 차량출입구 : 차량의 원활한 통행을 위하여 출입구는 가능한 넓어야 하며, 평상시에는 양방통행을 기준으로 하지만, **비상시**나 특별하게 차량통제에 대한 필요성이 발생할 경우 해당 시간에 맞추어 **일방으로만 통행**을 제한할 수 있다.
  ② 폐쇄된 출입구 통제
    ㉠ 잠금장치 : 평상시 폐쇄된 외부출입구는 비상시나 일정기간만 사용하므로 잠금장치는 즉시 확인 가능하도록 특수하게 제작하고 경보장치를 설치하여야 한다.
    ㉡ 수시점검 : 폐쇄된 출입구가 현행 출입형태에 영향을 받지 않거나, 시설물의 일상적인 업무한도에서 벗어난 곳에 위치해 있는 경우는 **자주 점검**하여야 한다.
  ③ 기타 출입구 통제 : 지붕의 창문, 하수구, 건물로 연결된 배수시설, 쓰레기 투하구, 공기흡입관, 맨홀뚜껑, 배기관, 주차용 엘리베이터 등을 통해서도 감시받지 않고 침입할 수 있기 때문에 이들 시설물에 대해서도 경비계획을 세워야 한다.

(3) 건물 경비
  ① 창문과 출입구 통제
    ㉠ 외부보호시설의 설치 : 창문과 출입구가 지상에서 **18피트 이내**에 있거나 **96평방인치 이상**의 크기일 경우 외부공격시 사고나 위험의 원인이 될 수 있으므로 철망이나 창살 같은 외부보조시설물을 설치하여야 한다.
    ㉡ 경계구역과 연결되어 있는 문 : 견고한 구조물과 잠금장치로 구성되어야 하며, 화재 등 여러 위험한 사고의 발생에 즉각 대비하기 위한 예비적 조치가 마련되어야 한다.
    ㉢ 긴급 목적을 위해 만든 비상출입문 : 사람의 왕래가 적고 평상시 경비가 상대적으로 소홀할 수 있는 지역이기 때문에 **특별한 장치를 설치**하여 외부의 침입에는 열리지 않도록 해야 하며, 평상시에는 잠겨 있어야 한다.

② 옥상과 일반외벽의 통제
  ㉠ 옥상 : 외부침입시 용이하게 확인되지 않는 **경비취약지역**이기 때문에 감시(감지)장치 시스템을 설치하여야 한다.
  ㉡ 일반외벽 : 주기적인 순찰을 통하여 건물의 측면이나 후면의 후미진 곳의 이상유무를 확인해야 한다. 이 경우 허술한 인근건물의 벽을 통한 침입을 받으므로 침입사실이나 손상여부를 감지할 수 있는 **감지기를 설치**하는 것이 유리하다.

(4) 경계구역 감시
① 가시지대(Clear Zone) : 경비구역을 감시할 수 있는 경비활동 영역을 말한다.
  ㉠ 가시거리 확보 방안 : 외부로부터 장벽(담장)에 대한 접근의 징후를 보이거나 외부에서 침입한 범죄세력이 경계구역 내에서 활동할 경우 이를 즉각 감지할 수 있도록 **경계구역 안의 불필요한 모든 장애물을 양쪽 벽으로부터 제거하고 취약지역을 보강**하여 가시거리가 가능한 넓게 확보되도록 해야 한다.
  ㉡ 가시지대 효율성 제고 방안 : 가시구역이 협소하여 경비의 효율성이 저하될 경우 **통제지역의 장벽을 고도화시키거나 탐지센서 등을 설치**하여 경비원에게 침입정보를 알려 주는 시스템을 구축하여야 한다.
② 확인점검 : 감시활동이 가시지대 내에서 이루어질 경우 잠금장치가 된 출입문과 설치된 경계초소가 효율적으로 운영되고 있는가를 주의깊게 점검해야 하며, 경계구역 내의 침입확인 등도 세밀하게 이루어져야 한다.

(5) 경계구역 내부의 경비
① 경비의 필요성 : 경계구역 내의 외곽지역(외부환경과 본 건물 사이)이나 옥상이 없는 건물은 외부에 쉽게 노출되어 사전에 침입장소로 선택될 가능성이 높기 때문에 제2의 방어선으로 경계구역 내의 조명과 보안등 상태, 인접건물과의 거리 및 접근가능성, 적치된 물품 유무, 주차장 통제 등은 반드시 **경비활동의 대상으로 고려**되어야 한다.
② 주차구역의 경비요령
  ㉠ 엄격한 차량통제 : 주차지역은 범죄활동의 대상과 이용수단이 되기 때문에 조명점검 및 정기적인 순찰활동이 강화되어야 하며, 특히 개인차량에 대해서는 엄격한 통제가 이루어져야 한다.
  ㉡ 주차구역 설정 : 주차구역은 되도록 **직원차량·고객차량·방문차량으로 구분**할 필요가 있으며, 경계구역이 고용인과 방문객을 위한 주차지역과 인접해 있는 경우는 담장을 설치하여 주차지역을 격리시켜야 한다.
  ㉢ 적재 화물차량 : 화물이 적재된 회사차량은 야간에 범죄의 표적이 되기 쉽기 때문에 경비의 강화를 위해 **경계구역 내에 주차**시켜 안전장치를 세밀히 확인하고, 정기적인 순찰을 실시하여야 한다. 특히 화물을 적재한 트럭과 트레일러는 차가 움직이기 전에는 문을 열 수 없도록 **벽 가까이 주차**하거나 차 뒷부분끼리 붙여 놓는다.

(6) 경비조명
① 의의 : 야간에 경계구역과 외부로부터 침입자의 침입의도를 사전에 포기하도록 하는 **심리적 압박작용 및 경비원의 가시성을 확보**하여 효과적인 침입경보와 대처에 기여하도록 하는 경비 시설물을 말한다.
② 경비조명 설치시의 유의사항
　㉠ 설계상 유의점 : 경비조명은 미적 효과보다 경계구역의 모든 부분을 비추도록 하되, 경비구역 내의 지역과 건물에 경비를 집중시킬 수 있게 설계되어야 한다.
　㉡ 사생활 침해에 유의 : 경계구역 내부지역뿐만 아니라 외부지역에도 충분하게 비출 수 있도록 적당한 밝기와 높이로 설치하되, 인근지역을 너무 밝게 하거나 영향을 미침으로써 타인의 사생활을 침해하지 않도록 해야 한다.
　㉢ 조명의 강도·각도·색깔 : 경비조명은 침입자의 탐지 외에 경비원의 시야를 확보하는 기능이 있어야 하므로 **그림자가 생기지 않도록** 해야 하고, 경비원의 감시활동·확인점검 활동 등을 방해하는 강한 조명이나 각도, 색깔 등을 고려하여야 한다.
　㉣ 조명의 투사·거리 : 경비조명은 위험발생 가능성이 있는 지역에 직접적으로 비춰야 하며, 보호하고자 하는 지역으로부터 일정거리 이상이 유지되어야 한다.
③ 경비조명등의 종류
　㉠ 백열등 : 다른 조명에 비해 **수명이 짧다**는 단점이 있으나, 점등과 동시에 빛을 방출하기 때문에 일반가정이나 그 밖의 **경비조명으로 광범위하게 이용**된다.
　㉡ 가스방전등 : 외곽경비조명으로 적합하지만, 전원스위치를 작동한 경우라도 고온이나 저온인 상태에서 빛을 발하기까지 **3분 정도의 시간이 걸린다**는 단점이 있다.
　　ⓐ 수은등 : 매우 강한 푸른빛을 방출하며, 백열등보다 **수명이 길다**.
　　ⓑ 나트륨등 : 연한 노란색을 띠는 등으로 **안개가 많은 지역에 효과적**이다.
　㉢ 석영등 : 밝은 **하얀빛**을 빠르게 발산하며, 105~200와트 정도의 매우 강한 빛을 내기 때문에 **경계구역과 사고발생 다발지역에 유용하게 사용**되지만, **가격이 비싸다**.
④ 경비조명등의 형태
　㉠ 가로등 : 어떤 특정지역에 조명을 집중시키기보다는 **경비지역 전체를 고루 비추는** 데 이용된다.
　　ⓐ 대칭적 가로등 : 빛이 비춰지는 지역의 **중앙에 위치**하며, 높은 지점에 조명이 필요치 않는 **넓은 지역에서 사용**된다.
　　ⓑ 비대칭적 가로등 : 밝은 조명이 요구되지 않는 경비구역에서 다소 떨어진 장소에서 사용된다.
　㉡ 투광조명등 : 경계지역, 담장, 건물 주변지역 등에 대해 **여러 각도에 일정한 방향으로 강한 빛을 비추어 대상을 뚜렷하게 드러나게 하는 조명등**을 말한다. 투광등은 고도의 밝은 빛을 만들 수 있기 때문에 **특정지역에 초점을 맞추어 빛을 집중시키거나 직접 투사하는 형태**로, 경계지역 및 건물주변지역 등에 자주 사용된다.

ⓒ 프레이넬등 : 폭이 넓은 빛을 내는 조명으로 **길고 수평하게 빛을 확장**하여 경계구역에 접근을 방지하는데 유용하게 사용된다. 또한 수평으로 180° 정도, 수직으로 15~30° 정도 **폭이 기다란 광선을 투사**하므로 어두운 시설물에 침입하는 경우에도 유용하게 사용되며, 투광조명등처럼 적은 양이 필요한 외딴 산간지역이나 조금 떨어진 경계지역을 비추는데 사용된다.

ⓔ 탐조등 : 침입이 예상되거나 사고발생 잠재가능성이 높은 **특정지점에 대해 강력한 빛을 발산**해 주며, 비상사태 발생시 특정지역에 대해 추가적인 조명을 필요로 할 때 유용하게 사용하기 위해 만들어진 250~300와트 밝기의 조명등으로, 보통 **외딴 곳**이나 **소형 선박**으로 시설물에 쉽게 접근할 수 있는 위치에 설치한다.

⑤ 경비조명의 설치구분

ⓐ 상시조명 : 주로 감옥이나 **교정기관에서 이용**되고 있는 경비조명 시스템으로 장벽과 벽의 외부를 비추어 장벽 주변의 접근을 살피고, 이웃이나 인접해 있는 재산에 접근하는 것을 효과적으로 방지할 수 있다.

ⓑ 예비조명 : 상시조명 시스템이 작동하지 않을 경우를 대비하여 고안된 조명시스템으로 우범지역·순찰취약지역·일회적으로 조명이 필요한 지역 등의 조명에 유용하게 사용된다.

ⓒ 이동조명 : 상시조명이나 예비조명의 보충적 성격을 지니는 시스템으로 탐조등이나 투광조명 등과 같이 **휴대할 수 있는 조명장치**로 구성되며 건축지에 유용하게 사용된다.

ⓔ 비상조명 : 다른 조명시스템이 작동하지 않는 긴급사태가 발생했을 경우 기존의 조명을 보충해 주는 시스템을 말한다. 따라서 평상시에 작동의 이상유무를 점검해야 하며, 이상 발견시에는 즉시 원상회복시키는 조치를 취해야 한다.

⑥ 출구·통로의 경비조명 : 출입구와 내부통로는 신분확인은 물론, 내부물품·밀수품·장물 등을 점검하는 중요 장소이기 때문에 시설물의 경비를 위해 조명설치에 유의해야 한다. 따라서 보행자의 출입구는 **문의 안쪽에서부터 약 7m**(25 feets) **정도**, 차량의 출입구는 **약 14m**(50 feets) **정도**까지 비추도록 조명을 설치하여야 한다.

2 시설물 내부경비

(1) 내부경비의 목적과 설계

① 출입통제의 목적 : 외부출입통제의 주목적이 경계구역에 대한 부적절한 침입을 방지하기 위한 것이라면, 내부출입통제는 외부인의 시설물 내부로의 불법침입이나 절도, 도난, 기타 횡령 등을 막기 위한 것이 주목적이다.

② 설계와 운영 : 경비구역에 대한 사전조사를 통해서 얻어진 중요도에 따라 경비방법과 경비설계가 합리적으로 이루어져 경비요소들이 효율적으로 배치되어야 하며, 실제로 1차 보호시스템인 외부출입통제 시스템과 2차 보호시스템인 내부출입통제 시스템이 제대로 운영되고 있는지를 확인해야 한다.

(2) 출입통제
    ① 외부 방문객에 대한 통행통제
        ㉠ 검색 시스템 설치 : 빈번하게 출입하는 외부 방문객에 대해서는 개개인의 신원을 확인할 수 있는 검색 시스템을 설치하여 출입을 통제하는 것이 효과적이다.
        ㉡ 대기실 마련 : 방문객이 사전 통고 없이 방문하는 경우에는 대기실에서 대기하며 일정한 절차를 거치도록 하고, 사전에 방문예정이었던 경우에는 방문객임을 확인할 수 있는 신분증을 부착하게 하여 통제한다.
        ㉢ 이동지역 설정 : 대기실 외의 중요 장소로 이동하는 방문객에 대해서는 경비원이 개별적으로 안내하거나 CCTV 등 감시장치를 활용하여 감시와 통제를 해야 하며, 시설물의 중요도에 따라 이동지역도 제한한다. 이 경우 방문객에 불쾌감을 주지 않아야 하며, 시설물의 이용이나 목적을 방해해서도 안 된다.
    ② 내부 직원에 대한 통행통제
        ㉠ 신분증 발급 : 직원이 다수인 경우 개인마다 일일이 신원을 확인한다는 것이 번거롭고 불가능하기 때문에 신분증을 발급하여 효과적으로 통행 및 통제절차를 실시하여야 한다.
        ㉡ 신분증 관리 : 통제절차로 사용되는 신분증은 평상시 잘 관리되어야 하며, 갱신이나 분실시의 재발급, 기타 여러 상황에도 적절하게 대비할 수 있는 관리시스템도 잘 갖추어져 있어야 한다.
        ㉢ 신분증 제작 : 내부 직원들이 사용하는 신분증에는 2년 이내에 촬영한 컬러사진과 함께 본인의 신상명세에 관한 정보가 수록되도록 하되 위조가 불가능하도록 해야 한다. 여건에 따라서는 해당 직원의 출입가능지역 내지 직위를 좀 더 명확하게 구분하기 위하여 색깔을 달리하여 신분증을 제작하는 것이 효과적이다.
    ③ 화물과 출입차량에 대한 통행통제
        ㉠ 화물통제 : 화물에 대한 통제절차와 취급절차에 관련한 규정을 별도로 마련하여 충분히 숙지한 다음 시설물 내로 출입하는 화물을 철저하게 확인하고, 허가 없이 화물을 외부에 반출할 경우에는 철저한 조사를 통해 그 결과를 상부에 보고하는 조치를 취하여야 한다.
        ㉡ 차량통제 : 차량에 따라 **주차구역을 한정**, 또는 차량을 용도별로 분류하여 차량의 출입목적에 따라 **출입허가증을 발급**하거나 신분확인 내지 주차스티커를 유리창에 붙이도록 유도함으로써, 부정직한 직원들이 차량을 이용하여 시설물 내의 자료나 물품을 반출하는 경우를 효과적으로 통제할 수 있도록 해야 한다.
(3) 창문과 출입문 경비
    ① 창문 경비
        ㉠ 창문의 보호 : 대부분 외부의 침입자들은 창문을 통하여 들어오기 때문에 이를 방어하기 위해서 창문에는 강화유리나 외부침입감지시스템 등이 설치되어야 하고, 화재 등 비상사태 발생시 내부에서 손쉽게 뜯어내고 신속하게 대피할 수 있도록 설계되어야 한다.

- ⓒ 안전유리(Security Glass) : 광물질인 폴리카보네이트(Polycarbonate)를 유리에 첨가하여 강도를 강화시킨 고강도 특수방화·방호유리를 말한다.
    - ⓐ 안전유리의 설치목적 : 미관을 유지하면서도 외부 침입자들의 **침입시도를 효과적으로 차단**시켜 경찰이나 경비원이 출동할 수 있는 시간적 여유를 주는 데 있다.
    - ⓑ 안전유리의 장·단점 : 인체에 손상을 입히지 않게 파편모양으로 갈라지고, 고온상태나 냉동기기에 의한 충격에도 잘 견디며, 화재에도 타지 않는 **불연성 물질**로서 가볍기 때문에 **설치가 용이**하다는 장점이 있는 반면, 일반유리에 비해 **비싸다**는 단점이 있다.
- ⓒ 이중안전유리 : 이중 폴리비닐 부티랄(Polyvinyl Butyral)을 첨가하여 가벼운 이중의 안전유리로 제작한 것으로 다른 안전유리에 비해 안전하고 **뛰어난 방음효과**가 있고, 일반유리와 동일한 두께를 가지기 때문에 **건물외벽, 천장, 바닥, 내부창, 쇼윈도 등에 널리 사용**된다.
- ⓔ 창살(차폐시설)의 설치 : 강도가 강하고 촘촘하게 설치(지상 5.5m 이내 인접 4.3m 이내)할수록 외부의 침입에 대한 방어기능이 뛰어나다는 장점이 있지만, 부식과 미관상의 문제가 발생할 수 있다는 단점이 있다.

② 출입문 경비
- ㉠ 전제조건 : 경비자원의 낭비를 제거하고 적재적소에 배치하기 위하여 시설 내 모든 출입문에 대한 안정성과 중요성을 조사한 결과를 토대로 경비인력과 장비를 어느 정도 배치할 것인가를 사전에 조사하고 분석할 필요성이 있다.
- ㉡ 출입구조물 : 출입문은 외부공격을 가장 많이 받기 쉬운 내부시설 중의 하나이기 때문에 목재는 가급적 피하고 견고하고 내구성을 갖춘 재질을 사용하여 방어능력을 강화시키는 방향으로 설치되어야 하며, 설치된 출입문은 방화실험과 외부파손에 대한 강도, 저항실험 등을 통하여 제 기능이 작동하는지의 여부를 확인하여야 한다.
- ㉢ 출입문의 통행절차 : 직원들은 허용된 출입문만을 통해서 통행하도록 해야 하며, 비상사태 발생시 모든 출입문이 비상구로 활용될 수 있도록 비상등과 비상벨, 침입경보장치 등이 설치되어 있어야 한다. 또한 화재발생시 비상구로 사용되는 문은 시야에 잘 포착되도록 해야 하며, 자주 사용하지 않는 창고문이라도 외부침입자에 대한 대비와 관리가 항상 뒤따라야 한다.
- ㉣ 중요지역의 출입문 관리 : 보안성을 유지해야 하는 시설물 내의 통신장비실이나 컴퓨터전산실, 연구개발실 등과 같은 중요지역에서는 보안체계에 맞게 출입인원의 양을 파악하여 출입문을 설치하여야 하며, 오작동도 발생하지 않도록 안전장치를 강화하고, 출입대상자가 용이하게 시설물에 접촉할 수 있도록 출입문이 고안되어야 한다. 또한 출입문은 구역의 중요성에 따라 등급화하거나 구분하여 관리해야 한다.
- ㉤ 사무지역의 출입문 관리 : 사무실의 출입문은 사람들의 출입이 빈번하게 이루어지기 때문에 보안성과 내구성을 갖도록 설계되어야 하며, 중요문서나 각종 사무기기의 보호를 위하여 보안장치도 설치되어야 한다.

ⓗ 출입문의 잠금관리 : 각 출입문을 통해 들어가는 지역의 중요성과 그 지역 내에 존재하는 물건의 중요성에 따라 경비계획을 분류하여 보다 엄격한 경비시스템이 될 수 있도록 출입문의 잠금관리는 철저하게 고려·운영되어야 한다. 또한 보안적인 측면과 출입자의 편리성 측면은 상충되는 면이 있기 때문에 이들 양자를 적절히 조화하여 잠금장치가 행해져야 한다.

(4) 자물쇠

① 자물쇠의 기능 : 불법침입에 대한 완전방지가 아닌 부수적인 보호장치로 **외부침입자의 출입시간을 최대한 지연시키는 기능**을 본질로 한다.

② 자물쇠의 종류

㉠ 기계식 자물쇠

ⓐ 돌기형 자물쇠(Warded Locks) : 일반적으로 널리 사용되는 잠금장치로 열쇠에 튀어나온 돌기부분과 그 부분에 맞게 열쇠구멍을 제작하여 작동하도록 하는 방식이다. 잠금장치 중에서도 **가장 구조가 간단**하고 쉽게 열리기 때문에 외부침입을 예방하는 기능은 상당히 취약하다.

ⓑ 판날름쇠 자물쇠(Disk Tumbler Locks) : 열쇠의 홈이 한쪽 면에만 있어 맞지 않는 열쇠를 꽂을 경우 자물쇠가 열리지 않도록 만들어진 잠금장치로 **책상, 서류함, 패드록 등에 주로 사용**된다. 돌기형 자물쇠보다 한 단계 진전된 형태로 효과적이지만, 높은 안전성을 보장하지는 않는다.

ⓒ 핀날름쇠 자물쇠(Pin Tumbler Locks) : 열쇠의 양쪽에 홈이 불규칙적으로 파여져 있는 복잡한 형태의 잠금장치로 판날름쇠 자물쇠보다 한 단계 높은 안전성을 제공한다. 따라서 일반 **산업분야**뿐만 아니라 **일반주택**에도 널리 사용된다.

ⓓ 숫자맞춤식 자물쇠(Combination Locks) : 자물쇠에 달린 3개 내지 4개의 숫자판에 있는 숫자를 조합하여 비밀번호를 맞춤으로써 작동하는 잠금장치이다. 여는 기술이 요구되기 때문에 **외부침입과 절도위협에 효과적인 방어가 가능**하다.

㉡ 디지털식 자물쇠

ⓐ 암호사용식 자물쇠(Code Operated Locks) : 기계적인 방법으로 작동하는 숫자맞춤식 자물쇠를 전자적 방법으로 발전시킨 잠금장치로 주로 **전문적이고 특별한 경비를 필요로 하는 경우에 사용**되도록 고안되었지만, 요즈음에는 일상생활에도 널리 사용된다. 자물쇠의 전자판에 있는 암호화된 문자를 조합하여 문이 열리도록 하는 전자제어방식으로 암호를 잘못 누르는 경우 비상경보가 작동한다.

ⓑ 카드작동식 자물쇠(Card Operated Locks) : 열쇠 대신 암호가 내장된 카드를 자물쇠에 꽂을 경우 전자식 방식에 의해 암호가 인식되면, 즉시 자물쇠가 열리도록 고안된 잠금장치이다. 일반적으로 카드열쇠는 신분증의 기능을 가지고 있어, 자신에게 허용된 구역 내에서는 마음대로 출입할 수가 있기 때문에 주로 **제한구역에서 활용**된다.

ⓒ 반도체 내장형 자물쇠 : 내부에 반도체(또는 마이콤)가 내장된 자물쇠로 외부에서 키나 비밀번호를 입력해도 열 수 없도록 하는 내부강제 잠금기능과 내부에서 문을 열 수 없도록 하는 외부강제 잠금기능, 도난시나 외부침입시 경보음 발생 등의 **첨단 기능이 작동**되도록 고안된 잠금장치를 말한다.

ⓓ 지문인식 자물쇠 : 최첨단 디지털형 자물쇠로 내부에 설치된 초소형 컴퓨터(Micom)칩이 미리 등록되어 있는 다수의 지문과 입력된 지문이 일치하는지를 비교하여 본인임을 확인하는 과정을 통해 인식하면 문이 개폐되도록 하는 잠금장치를 말한다. 이는 **고도의 통제가 요구되는 곳**에서 주로 사용되는 시스템으로 최근에는 상용화되어 점차 보편화되고 있는 추세에 있다.

ⓔ 정맥인식 자물쇠 : 손바닥인 손목의 혈관을 대상으로 그 고유한 정맥패턴을 인식하여 문을 개폐하도록 고안된 **최첨단 생체인식 기술**로 사용자의 거부감이 적고, 지문이나 손바닥이 없는 사람도 이용이 가능하여 출입통제 응용제품에 많이 활용된다.

(5) 패드록(Pad-Lock) 잠금장치

① 특징 : 출입문에 자체적으로 부착되어 있지 않고 분리되어 있는 형태로 다른 형태의 잠금장치와 특별히 구별되는 것은 아니다. 즉, 자물쇠와 같은 기능을 갖지만 문의 몸체 중간에 설치되어 열쇠를 삽입할 경우 문이 열리는 장치를 말한다.

② 기능 : 일반 자물쇠의 단점을 보완하고, 외부의 강한 충격에도 견뎌 경비의 안전성을 강화하기 위해 만들어진 장치로, 시설물 자체에 부착된 잠금장치라기보다는 시설물과 탈부착이 가능한 형태로 작동한다. 현재 **대부분의 아파트나 일반가정집의 출입문에 설치되어 보편적으로 사용**되고 있는 안전장치이다.

③ 패드록 잠금장치의 종류

㉠ 기억식 잠금장치(Recording Locking Devices) : **일정한 시간에만 출입문이 개폐**되도록 전자장치가 설치되어 있는 잠금장치로 **은행금고나 박물관 등에서 사용**되고 있는 방식이다.

㉡ 전기식 잠금장치(Electric Locking Devices) : 출입문의 개폐가 전기신호에 의해 **원거리에서 제어**되도록 설치되어 있는 잠금장치로 **가정집이나 교도소** 등에서 사용되고 있는 방식이다.

㉢ 일체식 잠금장치(Sequence Locking Devices) : 원격조종에 의하여 하나의 출입문이 개폐될 경우 나머지 **전체의 출입문이 동시에 개폐되도록 설치**되어 있는 잠금장치로 교도소와 같이 죄수탈옥의 가능성이 높거나 **동시다발의 사고발생 우려가 높은 장소에서 사용**되는 방식이다.

(6) 내부서류 및 중요물품의 안전관리

① 내부서류에 대한 안전관리

㉠ 안전관리의 주요소 : 경비대상 시설물에 대한 안전관리는 해당 시설물의 규모와 성격에 맞게 안전장치가 설치되어야 하지만, 문서종류에 대한 안전관리는 화재예방과 절도방지의 두 가지 목적을 위해서 안전장치가 설치되어야 한다.

ⓛ 서류보관함의 안전관리 : 회사 내의 중요한 자료가 유출되거나 화재 등으로 인하여 파손될 경우 상당한 문제점이 발생되기 때문에 발생 가능한 모든 위험요소로부터 서류보관함을 안전하게 보관할 수 있도록 안전장치를 설치하고 관리하여야 한다.

② 경비시설물 내 중요물품에 대한 안전관리
ㄱ. 금고의 안전관리 : 금고 자체에 대한 보안시설 이외에도 화재 및 절도로부터의 안전성, 설치장소의 선택, 바닥면의 상태 등을 고려한 안정장치를 설치하여, 금고에 접근하는 자를 제한하는 것은 물론 철저한 안전관리가 이루어지도록 해야 한다.
ㄴ. 중요물품보관실의 안전관리
ⓐ 제작방법 : 중요물품보관실이란 시설물 내의 중요한 귀중품을 안전하게 보관하기 위하여 출입문은 6인치(약 15cm) 두께의 **강화금속**으로, 외벽은 12인치(약 30cm) 두께의 **강화콘크리트**로 하여 금고보다 크게 방처럼 만든 보관함을 말한다. 중요물품보관실은 주로 지하에 설치하기 때문에 제작과정에서 상당한 주의와 기술을 요하며, 지상에 설치할 경우에는 하중을 견뎌내기 위한 별도의 철골구조도 만들어야 한다.
ⓑ 관리방법 : 이외에도 경보기 감응센서를 외벽에 부착하여 침입자 접근시 경고신호를 보내는 경보시스템의 적용, 경비원의 직접 확인·점검, CCTV에 의한 감시 등과 같은 경비계획을 별도로 수립해야 하며, 안전지대에 대한 지속적인 평가와 안전설비에 대한 유지보수 및 사후관리가 이루어져야 한다.

> **심화연구** 강화콘크리트의 장점
>
> **1** 일반콘크리트는 내부의 철근이 녹이 슬거나 알칼리성으로부터 중성화하는 것에 의해 성능이 점차 나빠지지만, 강화콘크리트는 내부의 미세한 구멍을 유기질이 막아서 빗물이나 염분이 침투하지 않기 때문에 건물의 외벽이나 호안(護岸 ; 하안·해안·둑을 보호해서 유수에 의한 물가선의 침식을 방지하기 위하여 그 바닥면에 설치하는 공작물) 등의 콘크리트 구조물이 오래 지속되도록 한다.
> **2** 강도는 일반콘크리트에 비하여 인장강도가 2배, 굴곡강도가 2~3배, 내충격성이 10배 이상 강하다.

(7) 경비대상 시설물에 대한 경비원의 순찰과 감시
① 시설물에 대한 방어개념
ㄱ. 1차적 방어수단 : 외부의 침입시간을 지연시키는 울타리, 절벽, 암벽, 강, 무수한 수풀지역, 담, 문 등과 같은 **외곽 방호시설물**들을 말한다.
ㄴ. 2차적 방어수단 : 외부의 침입자를 감지하여 중앙통제센터나 지령실, 경찰서 등에 보고하는 각종 **경보장치**를 말하는 것으로, 경비원이 직접 활동할 수 없는 취약지역을 보완해 주는 역할을 한다.

> **심화연구** 브란팅햄(Brantinham)과 파우스트(Faust)의 범죄예방 구조모델론
>
> **1** 소개 : 1976년 브란팅햄(P. J. Brantinham)과 파우스트(F. L. Faust)에 의해 범죄예방의 구조모델이 체계적으로 분류되고 소개되었으며, 1986년 독일의 쿠베(Kube)가 주사위모델로 응용하여 이해하기 쉽도록 하였다. 범죄예방 구조모델론은 이후 1992년 랩(Lab)에 의해 범죄예방에 관한 유용한 접근방법으로 논의되고 있다.

❷ **1차적 범죄예방**(Primary Crime Prevention) : 일반 시민(불특정 다수)을 대상으로 범죄예방이 이루어지는 모델이다. 즉, 사회환경 중에서 범죄원인이 되는 조건들을 발견하고 개선하는 예방활동으로 **잠재적 범죄자가 쉽게 범죄를 저지르지 못하도록 환경을 조성**하여 사전에 범죄예방효과를 기대하는 것을 말한다.
❸ **2차적 범죄예방**(Secondary Crime Prevention) : 우범자 및 우범집단을 대상으로 범죄예방이 이루어지는 모델이다. 즉, 범죄를 저지를 가능성이 높은 잠재적 범죄자나 범죄발생률이 높은 특정 지역을 초기에 발견하고 이들의 범죄행위를 저지하기 위한 예방활동으로 **잠재적 범죄자의 범행의지 또는 욕망과 기회 자체를 제거**하는데 초점을 두는 것을 말한다.
❹ **3차적 범죄예방**(Tertiary Crime Prevention) : 과거 범죄경력이 있는 범죄자를 대상으로 범죄예방이 이루어지는 모델이다. 즉, 실제로 범죄를 저지른 **전과자를 대상**으로 이들이 더 이상 범죄를 저지르지 않도록 하는 예방활동으로 주로 **교정과 보호관찰** 등에 의해서 이루어지는 것을 말한다.

② 경비원의 순찰활동
㉠ 물리적 경비체계의 확립 : 안전장치가 설치된 내부시설물이라도 내・외부인에 의한 침입은 늘 상존하기 때문에 경비원에 의한 일정한 순찰활동과 CCTV와 같은 감시시스템이 확립되어야 한다.
㉡ 업무종료 이후 경비원의 점검 : 경비원들은 직원들이 퇴근한 이후에 경비대상 시설물에 대해서 철저히 점검해야 한다. 특히, 범죄발생 가능성이 높은 장소 및 대상에 대해서는 집중적인 확인절차가 이루어져야 하며, 경비원 상호 간에는 순찰정보가 교환되어야 한다.
㉢ 긴급대응체계의 수립 : 정기순찰 도중에 위험한 상황에 직면할 경우를 대비하여 긴급대응체계가 수립되어 있어야 하며, 순찰조사에 관한 경비원 상호간의 토론을 활성화시켜 더욱 견고한 긴급대응체계가 수립되어야 한다.

심화연구 순찰의 종류

❶ **단독순찰** : 경비원 한 명이 단독으로 순찰하는 방법을 말한다.
  ㉠ 장점 : 경비원의 인원이 적더라도 순찰업무를 분산하여 실시할 수 있다.
  ㉡ 단점 : 다수의 범죄자가 있을 경우 신속한 대응이 불가능하다.
❷ **복수순찰** : 다수의 경비원들이 팀을 이루어 순찰하는 방법을 말한다.
  ㉠ 장점 : 다수 범죄자에 대한 대처와 유사시 협력하여 위기사항을 해결할 수 있다.
  ㉡ 단점 : 많은 인원이 일부구역만 순찰할 경우 특정구역에 일시적 공백이 발생한다.
❸ **정선순찰** : 사전에 정해진 노선을 **규칙적으로 순찰**하는 방법을 말한다.
  ㉠ 장점 : 노선이 일정하고 경비원의 행동이 규칙적이므로 감독과 연락이 용이하다.
  ㉡ 단점 : 범죄자들이 순찰을 예측할 수 있어 순찰경비원을 피할 수 있다.
❹ **난선순찰** : 순찰경비원이 임의로 순찰지역이나 노선을 선정하여 **불규칙적으로 순찰**하는 방법을 말한다.
  ㉠ 장점 : 범죄자의 예측을 교란시켜 범죄예방의 효과를 증대시킬 수 있다.
  ㉡ 단점 : 근무자의 위치추적이 곤란하고, 근무자의 태만과 소홀을 조장할 수 있다.
❺ **요점순찰** : 정선순찰과 난선순찰의 장점을 살리고 단점을 보완한 절충방식으로 순찰구역 내 미리 **지정된 중요지점**을 근무자로 하여금 반드시 통과하도록 하고, 요점과 요점 사이에는 난선순찰 방식에 따라 순찰하는 방법을 말한다.
❻ **구역순찰** : 전체적으로 순찰하는 것이 아니라, 순찰구역 내 특별히 범죄, 침입 우려가 있는 중요한 구역을 정하여 중점적으로 난선순찰하는 방법을 말한다.

> **7 자율순찰** : 순찰시간과 구역을 정해주고 주어진 시간 내에 경비원의 판단과 업무의 필요에 따라 창의적으로 순찰하게 하는 방법을 말한다.
> **8 도보순찰** : 걸어서 순찰하는 방식으로 상세한 점검과 사고발생시 신속한 대응이 가능하며, 장소의 영향을 적게 받고 음향청취가 용이하여 야간순찰시 효과가 크다.
> **9 자전거 순찰** : 자전거를 이용하여 적당한 속도로 순찰하기 때문에 비교적 상세한 순찰이 가능한 방법이다.
> **10 차량순찰** : 주로 기계경비회사에서 이용하는 방식으로 공단지역 등 넓은 지역을 신속하게 순찰할 수 있는 장점이 있으나, 세밀한 점검이 곤란하다는 단점이 있다.

(8) 경보장치

① 경보장치의 종류

㉠ 침입경보장치 : 불법적인 외부침입시에 발생되는 빛, 온도, 진동, 자력, 압력 등의 변화량을 경보센서가 감지하여 침입사실을 알려주는 방범용 장치를 말한다.

㉡ 화재경보장치 : 화재발생시 열과 연기를 경보센서가 감지하여 화재가 발생한 사실을 알려주는 방재용 감지기를 말한다.

㉢ 특수경보장치 : 외부침입이나 화재발생시 작동하는 경보장치 이외에 기계고장이나 오작동의 발견, 실내온도가 너무 낮아질 때 경보를 울리는 온도감지장치, 자동차의 이상을 알려주는 장치로 많이 사용되는 경보장치를 말한다.

② 경보시스템의 종류

㉠ 중앙관제시스템 : CCTV나 감지기를 주요지점에 설치하고, 경비원이 중앙모니터 상에서 경비 대상물을 **원격으로 감시**하는 시스템으로 사태에 대한 파악이 기계보다 신속하며, 오경보나 오작동의 우려도 상대적으로 낮은 경보체계이다. 따라서 상황전개에 따른 대응도 적절하게 할 수 있어서 **가장 일반적으로 활용**된다.

㉡ 상주경보시스템 : 경비 대상물의 **주요지점에 경비원을 배치**하여 비상사태가 발생할 경우 이에 대응하도록 하는 가장 고전적인 경비시스템을 말한다. 이 시스템은 경비원이 대상물을 일일이 조사하고 순찰을 하기 때문에 문제가 발생할 경우에는 신속한 대응이 가능하지만, 많은 인력이 소요되어 비용측면에서 볼 때 비효과적인 면이 있다.

㉢ 로컬(Local) 경보시스템 : 경비원들이 최첨단장비와 컴퓨터시스템과 같이 특정기계장치가 설치된 시설물의 **감지센터에 근무**하면서 이상이 발견되거나 감지될 때 사고현장에 출동하여 대처하는 경보시스템을 말한다.

㉣ 제한적 경보시스템 : 주로 화재예방시설에 사용되며 사이렌이나 종, 비상등과 같은 제한된 경보장치가 작동하게 되면 이를 감지한 경비원이 경찰서나 소방서 및 경비센터로 **직접 가서 경보를 전달**하는 고전적 경비체계를 말한다.

㉤ 외래지원경보시스템 : 비상사태 발생시 전용전화회선을 통해 직접 외부의 각 관계기관에 자동으로 연락이 취해지도록 구축된 시스템으로, 경비원이 필요 없기 때문에 비용효과 면에서 경제적이지만 **오보율이 높다**는 단점이 있다.

㉥ 다이얼경보시스템 : 비상사태가 발생하였을 경우 핫라인(Hot-line)처럼 사전에 입력된 특정 전화번호(112·119)로 긴급 연락을 하는 것으로 **설치가 간단하고 유지비가 저렴**하다는 장점이 있다.

> **심화연구** 환경설계를 통한 범죄예방(CPTED)
>
> **1 CPTED의 의미** : 'Crime Prevention Through Environmental Design'의 약자로 환경적인 요소를 적극적으로 활용하여 범죄를 예방하려는 **환경 생태학적 이론**을 말한다. 즉, 인간의 본성은 선과 악 사이에 존재하기 때문에 어떠한 환경에 놓이게 되느냐에 따라 범죄성을 결정지으므로 물리적 환경의 적절한 설계와 효율적인 활용을 통해 범죄를 억제하고 범죄의 두려움을 감소시킬 수 있고, 아울러 삶의 질까지도 향상시킬 수 있다는 이론적 근거에 기초한 범죄예방 접근방식을 말한다.
>
> **2 CPTED의 기본전략** : 자연적인 접근통제, 자연적인 감시, 영역성의 강화라는 세 가지 차원에서 출발한다. 즉, ⊙ **접근통제전략**은 조직적 통제(경비원 운용)·기계적 통제(장벽·잠금장치)·자연적 통제(공간구획)를 통해 외부침입자가 목표물에 접근하는 것을 차단하는 전략을 말하며, ⓒ **감시전략**은 조직적 감시(경비원 배치 및 순찰활동)·기계적 감시(조명·감시카메라)·자연적 감시(창문)를 통해 침입자의 행동을 효과적으로 관찰하는 전략을 말하며, ⓒ 영역성의 **강화전략**은 물리적 설계를 통해 특정공간에 대한 소유의식 및 소속의식을 강화하고 잠재적 범죄자에 대해 배타적 영역성의 존재를 인식하게 하여 위협을 느끼도록 하는 전략을 말한다.

(9) 경보센서(감지기)

① 경보센서 설치시 고려사항 : 경비센서는 외부의 자극을 그대로 감지하는 감지장치이기 때문에 경비대상의 지역이나 공간, 주변의 상황, 소음의 정도나 분진 등의 요소들을 정확히 고려하여 설치하여야 한다.

② 경보센서의 종류

⊙ 자력선식 센서 : 건물의 지붕이나 천장, 담벼락 등에 자력선 발생장치를 설치하여 이상이 감지될 경우에 경보를 보내는 장치를 말한다. 즉, 설치된 자력선에 침입자가 접촉하여 이상이 감지되면 중앙통제센터에 통고됨과 동시에 경보나 경광등이 작동되도록 유도하는 경보장치로써, 이는 **교도소나 은행과 같이** 규모가 큰 **외벽이 침입의 통로로 이용되는 장소**에 주로 사용된다.

ⓒ 전자기계식 센서 : 문과 문 사이에 설치된 접지극에 항상 전류를 흐르게 하여 문이 열릴 경우 전류가 차단되어 외부로부터의 침입이 확인되도록 하는 경보센서를 말한다. 창문을 통한 침입을 접촉의 유무로 감지하고 작동하는 **가장 단순한 기능의 경보센서**로 비용면에서도 저렴하여 여러 분야에서 활용되고 있다.

ⓒ 압력반응식 센서 : 출입문 앞, 카페트 밑 등에 설치된 감지기(센서)를 통해 침입자가 직·간접적으로 센서를 건드리거나 밟게 되면 압력이 가해지는데, 이 경우 즉시 센서가 작동하여 신호를 보내도록 하는 경보센서를 말한다.

ⓔ 초음파감지기 : 송신장치와 수신장치가 일정한 진동파를 주고 받도록 설치된 상태에서 외부의 어떠한 물체가 들어오게 되면, 그 **파동의 변화량을 감지**하여 경보를 보내는 장치를 말한다. 불가청주파수의 특성을 이용한 초음파감지기는 양 기계간에 상호간섭에 의해 오작동에 의한 오경보를 낼 가능성이 크다.

ⓜ 음파경보시스템 : 외부의 침입이 있는 경우 침입자가 내는 소리를 듣고서 경보를 울리는 장치를 말하는 것으로 주변에 잡음이나 소음이 많은 환경에서는 사용이 불가능하다는 단점이 있다.

ⓑ 적외선감지기 : 어떠한 외부침입에 의해 **적외선이 차단**되면 이를 감지하여 곧바로 비상신호로 바뀌도록 하는 장치로서 적외선 빔을 방출하는 송신부(투광기)와 이를 수신하는 수신부(수광기)로 구성되어 있다.

ⓢ 반사경 부착 적외선감지기 : 적외선감지기를 보완하기 위해서 고안된 경보센서로서 적외선 발사장치로부터 발사된 적외선을 반사경으로 받아 다른 경계지역으로 반사시켜 감시체계를 복잡하게 구성하는 시스템을 말한다.

ⓞ 진동감지기 : 도난을 방지하기 위해 고미술품이나 전시 중인 물건에 진동을 감지할 수 있는 센서를 직접 부착하여 물건에 **일정한 수준 이상의 진동이 발생하면 경보가 작동**하도록 설정된 장치를 말한다. 가격이 저렴하고, 실치가 용이하며, 오차율이 적어 정확성이 높다는 장점이 있다.

ⓩ 콘덴서식 경보장치(단선감지기) : 금고와 금고문, 각종 철제로 제작된 문과 담 등과 같은 **금속장치에 외부의 충격을 쉽게 감지할 수 있도록 경보기를 설치**한 장치를 말한다. 외부자극에 의한 충격이 가해져 경보기에 계속적으로 흐르던 전류의 흐름이 방해가 될 경우 이를 외부에 의한 충격으로 감지하여 경보를 울리게 된다.

ⓒ 전자파울타리 : 레이저 광선을 그물망처럼 여러 가닥으로 쏘아서 하나의 전자벽을 만들어 외부의 자극에 경보가 울리도록 하는 경보장치를 말한다. 광전자식 센서와 같이 벌레나 동물에 의한 오작동으로 오보율이 높다는 단점이 있다.

㉠ 무선주파수장치(전계감지기) : 무선주파수를 통한 그물망을 형성하고 외부침입자에서 나오는 **체온에 의해 전파의 이동이 방해받은 경우** 그 즉시로 경보를 울리도록 고안된 경보장치를 말한다.

㉡ 열감지기 : 침입자의 체온에서 방사하는 열 가운데 **원적외선**의 변화량을 포착·감지하여 신호를 내보내는 경보장치로서, 실내의 공간감지에 주로 사용된다. 온도 변화에 민감하기 때문에 여러 가지 오작동 문제가 발생할 수가 있다.

㉤ 자석감지기 : 동작전원이 필요없고, 구조가 간단하여 쉽게 설치할 수 있으며, 또한 외부환경에 의한 영향을 덜 받기 때문에 오보의 발생비율이 낮아 **1차 감지기로 많이 사용되는 경보장치**로서 **영구자석과 리드(Reed) 스위치로 구성**된다. 문이 열릴 경우 자력의 변화가 생기게 되는데 이를 감지하여 경보를 울리는 형식이다.

㉣ 마이크로웨이브(Microwave) 감지기 : 마이크로파를 발신해 침입자의 움직임과 물체의 이동을 감지하여 경보를 울리게 하는 장치를 말한다.

㉮ 루프코일 : 땅속에 매설된 루프코일 등에 전류를 흐르게 하고 차량 등의 금속물체가 접근할 경우 경보가 발생하도록 하는 장치를 말한다.

(10) 감시시스템

① 경비원 : 외부인의 출입관리, 안내, 주차관리, 경비조명·CCTV와 같은 감시카메라·침입탐지기 등 시설점검, 순찰활동, 담장·출입문·벽 등과 같은 물리적 장벽 점검 등 다양한 업무를 수행하며, 위험상황이 발생하였을 경우 **즉응대처 능력**이 뛰어난 감시시스템 중의 하나이다.

② CCTV(Closed Circuit Television ; 폐쇄회로텔레비전)
  ㉠ CCTV의 의미 : 영상정보를 특정대상에게 특정목적으로 전달하는 물리적 통제시스템을 말한다.
  ㉡ CCTV의 기능 : 원거리에서 대형빌딩 내부·대규모 공장 외곽·은행의 객장·교통상황·산업현장의 공정과정 등을 다수인이 **동시에 감시**하거나 **1인이 다수의 장소**를 보이지 않는 영역까지 지속적이고 **집중적으로 동시에 감시**할 수 있으며, 사람의 접근이 불가능하거나 **환경이 열악한 장소를 감시**할 수 있다.
  ㉢ CCTV의 장점 : 한 사람이 여러 곳을 동시에 관찰할 수 있어 **비용절감 효과**를 가져다 주는 장점이 있기 때문에 방범용, 공업용, 교육용, 의료용, 화상용 등 **수많은 영역에서 이용**되고 있다. 또한 디지털 녹화기술의 급속한 발달로 사용이 쉽고, 탐색기능이 고도화되었으며, 기록과 재생의 기능이 동시에 가능하고, 향상된 압축과 저장이 뛰어나서 **기존의 아날로그 CCTV를 빠르게 대치**하고 있다.
③ 연속촬영카메라 : 침입자가 경비지역에 들어올 경우 센서의 신호를 받아서 **16mm 필름을 사용**한 고속렌즈로 침입자의 사진을 연속촬영하도록 고안된 감시장치이다.

제2절 재해예방과 비상계획

1 화재예방경비

(1) 화재의 이론체계
  ① 불과 화재의 정의
    ㉠ 불 : 가연성 물질이 산소와 화학반응을 하게 되면 열과 빛이 동반되어 급격하게 연소되는 현상을 말한다.
    ㉡ 화재 : 사람의 고의나 과실에 의해 발생하는 연소현상으로서 소화시설 또는 그 이상의 소방력을 동원하여 소화할 필요가 있는 재해를 말한다. 즉, 불을 사용하는 사람의 부주의와 불안정한 상태에서 발생하는 현상으로, 자연 또는 인위적인 원인에 의해 물체를 연소시키고 인간의 신체, 재산, 생명의 손실을 초래하는 재난을 말한다.
  ② 화재발생의 3대 요소 : 화재는 **열**(발화온도), **가연성**(연료), **산소**(공기)의 3요소에 의해서 발생하며, 이 3대 요소 중 하나만을 제거하게 되면 화재는 진압된다.
  ③ 소화방법의 기본원리
    ㉠ 제거소화 : 연소반응에 관계된 가연물체를 치우거나 다른 곳으로 옮겨 불이 다른 곳으로 옮겨 붙거나 번지는 것을 차단하여 불을 끄는 방법이다.
    ㉡ 냉각소화 : 연소물을 착화온도 이하로 떨어뜨리기 위하여 불에 타고 있는 물체에 **물을 뿌려서 열을 제거**하는 방식으로 불을 끄는 방법이다.
    ㉢ 질식소화 : 모래나 담요, 소화기를 사용하여 **산소공급원을 차단**하는 방식으로 공기 중 산소의 농도를 21%에서 15% 이하로 낮추어 불을 끄는 방법이다.

② 억제소화(부촉매 효과) : 할로겐 화합물 등 **소화약제를 화재에 주입**하여 연쇄반응을 억제하면서 동시에 냉각, 산소희석, 연료제거가 되도록 하여 불을 끄는 방법이다.
◎ 희석소화 : 제4류 위험물의 수용성 액체인 알코올, 에스터, 케톤류 등의 물질에 다량의 **물을 방사**하여 가연물의 농도를 낮추어 불을 끄는 방법이다.
⊕ 유화소화 : 물분무 소화설비를 **중유에 방사**하는 경우 유류표면에 엷은 막으로 유화층을 형성하여 불을 끄는 방법이다.

④ 열의 전달
  ㉠ 전도(Conduction) : 티스푼을 통해서 뜨거운 커피의 열이 손에 전달되는 것처럼 화재시에 화원과 격리된 인접 가연물에 불이 옮겨 붙는 현상으로, 고온에서 지온으로 이동하는 데 온도차, 두께, 길이에 따라 달라진다.
  ㉡ 대류(Convection) : 실내에 난로를 피웠을 때 따뜻한 공기는 위쪽으로 올라가고 찬 공기는 아래로 흘러가는 현상이 반복되어 실내가 더워지는 것처럼 유체의 흐름이나 공기의 운동에 의하여 열이 이동하는 현상을 말한다.
  ㉢ 복사(Radiation) : 태양열이 지상의 물체를 따뜻하게 해주는 것처럼 중간의 매개물 없이 직접 열이 이동하는 현상으로 화재시 열의 이동에 가장 크게 작용하는 열을 말한다.

⑤ 화재의 유형별 발생현황
  ㉠ 원인별 화재발생 현황 : 야간에 발생하는 화재는 누전, 합선 등의 전기로 인한 전기화재가 가장 많으며 담배, 방화, 불티, 불장난의 순이다.
  ㉡ 장소별 화재발생 현황 : 생활 주거지인 주택이 가장 많고 아파트, 차량, 공장 등의 순이다.
  ㉢ 계절별 화재발생 현황 : 건조한 동절기인 겨울이 가장 많고, 그 다음 봄(가을), 여름 등의 순이다.

(2) 화재의 종류(소화기의 적응화재별 표시)

급수 구분	A급	B급	C급	D급	E급
화재의 종류	일반화재	유류화재	전기화재	금속화재	가스화재
소화기 표시색	백색	황색	청색	무색	황색
주된 소화방법	냉각소화	질식소화	질식소화	질식소화	제거소화
적응 소화기구	산(酸)·알칼리, 물, 포말, 분말, 강화액	이산화탄소, 분말, 포말, 강화액, 할로겐화합물	이산화탄소, 강화액, 분말, 할로겐화합물	마른 모래, 팽창질석, 팽창진주암	분말, 이산화탄소, 할로겐화합물
적응 대상물	목재, 섬유, 종이류	제4류 위험물질, 유성페인트	발전기, 변압기	금속분, 마그네슘, 철분	일반가스, LPG, 수소, LNG

① 일반화재(Class A)
   ㉠ 개념 : 목재, 종이, 합성수지류(페놀·멜라민·규소·폴리에틸렌·폴리우레탄 등), 특수가연물(면화류·대팻밥·넝마·종이조각·볏짚·고무·석탄 등)의 **일반 가연물에 의해서 발생**하는 화재를 말한다.
   ㉡ 특성 : 화재발생시 생성되는 **연기는 백색**이며, 연소 후에는 **재가 남는다**.
   ㉢ 소화방법 : 물을 분사하여 발화점 밑으로 온도를 떨어뜨려 화재를 진압하는 **냉각소화**에 의한다.
② 유류화재(Class B)
   ㉠ 개념 : 휘발성 액체연료, 알코올, 제 1·2·3·4 석유류, 특수 인화물, 동식물유류 등 제4류, 기타 잘 타는 유연성 액체에 의해서 발생하는 화재를 말한다.
   ㉡ 특성 : 화재발생시 생성되는 연기는 **검은색**으로 연소 후에는 재를 남기지 않으며, 화재의 진행속도가 일반화재에 비하여 빠르다.
   ㉢ 소화방법 : 액체 자체가 연소하는 것이 아니고 액체 표면에서 발생한 증기가 연소하는 것이기 때문에 **물을 뿌려서는 안 되며**, 포말·이산화탄소·할로겐화합물·분말·청정소화약제와 같은 **불연성의 무해한 기체를 살포**하여 진압하는 **질식소화**에 의한다.
③ 전기화재(Class C)
   ㉠ 개념 : 전선의 합선, 누전, 과전류, 전압기·변압기·기타 전기설비에 의하여 발생하는 화재를 말한다.
   ㉡ 특성 : 초기에는 전기에 의하여 화재가 발생하지만 일반화재나 유류화재로 전환이 되며, 화재의 양상은 매우 다양하여 **원인규명이 곤란한** 경우가 많다.
   ㉢ 소화방법 : 이산화탄소, 할로겐화합물, 청정소화약제를 살포하여 진압하는 **질식소화**에 의한다. 특히, 소화시 물 등 전기전도성을 가진 약제를 사용하면, 감전사고의 위험이 있기 때문에 안전을 위하여 절연성의 방전복을 착용하는 것이 중요하다.
④ 금속화재(Class D)
   ㉠ 개념 : 마그네슘(Mg), 나트륨(Na), 수소화물(Hydride), 탄화알루미늄(Al_4C_3), 황린(P_4), 금속분류와 알칼리 금속의 과산화물 등이 포함된 물질에 발생하는 화재를 말한다.
   ㉡ 특성 : 화재시 **물을 뿌리면 화재가 확대**되는 성질이 있다.
   ㉢ 소화방법 : 물과 반응하여 강한 수소를 발생하기 때문에 마른 모래, 팽창질석, 팽창진주암을 살포하여 진압하는 **질식소화**에 의한다.
⑤ 가스화재(Class E)
   ㉠ 개념 : 가연성 가스, 압축가스, 액화가스 등에 의하여 발생하는 화재를 말한다.
       ⓐ 가연성 가스 : 수소(H), 일산화탄소(CO), 아세틸렌(Acetylene), 메탄(CH_4), 에탄(C_2H_6), 프로판(C_3H_8), 부탄(C_4H_{10}) 등의 폭발한계농도가 하한값이 10% 이하, 상한값과 하한값의 차이가 20% 이상인 가스를 말한다.
       ⓑ 압축가스 : 수소(H), 산소(O) 등이 상온에서 압력을 가해도 액화되기 어려운 가스를 말한다.

ⓒ 액화가스 : 공기보다 약 1.5~2배 정도 무겁고 프로판과 부탄이 주요성분인 액화석유가스(LPG), 공기보다 0.65배 가볍고 메탄이 주요성분인 액화천연가스(LNG) 등과 같이 액화되어 있는 가스를 말한다.
ⓒ 특성 : 연소속도가 상당히 빨라서 **순식간에 대형화재로 발생**하며, 가스중독 및 연쇄폭발을 일으키는 등 **큰 위험성**을 안고 있다.
ⓒ 소화방법 : 점화원을 차단하고 살수 및 냉각으로 진압하는 **제거소화**에 의한다.

(3) 화재의 부산물

① 플래시오버(Flash Over) : 가연성 가스를 동반하는 연기와 유독가스가 방출되면 실내의 온도가 급격히 상승하여 실내 전체에 **순간적으로 연기가 충만하는 현상**을 말한다. 즉, 옥내화재가 서서히 진행되어 열이 축적되었다가 **일시에 화염이 크게 발생**하는 상태를 말한다.

② 연기 : 완전연소되지 않은 가연물인 탄소 및 타르 입자가 떠돌아다니는 상태로서 화재발생 후 약 2분 정도가 지나면 앞을 볼 수가 없을 정도로 복도에 꽉 차게 되며, 인체에 영향을 주어 인지능력을 감소시키거나 시력 장애 및 질식을 일으킨다.

③ 유해가스 : 화재발생시 인체에 해로운 일산화탄소(CO), 포스겐($COCl_2$), 염화수소(HCl), 황화수소(H_2S), 이산화탄소(CO_2), 아크롤레인(CH_2CHCHO), 아황산가스(SO_2), 시안화수소(HCN) 등이 발생하여 인체에 영향을 준다. 특히, 일산화탄소(CO)는 불안전 연소시에 다량으로 발생하며, 혈액 속의 헤모글로빈(Hb)과 결합하여 산소결핍현상을 일으킴으로써 사망에 이르게 하는 유해가스이다.

(4) 화재피해 및 손실정도

① 화재의 피해
ⓒ 인명피해 : 사상자(화재현장에서 사망 또는 부상을 당한 사람), 사망자(화재현장에서 부상을 당한 후 72시간 이내에 사망한 사람), 중상자(의사의 진단을 기초로 하여 3주 이상의 입원치료를 필요로 하는 사람), 경상자(3주 미만의 입원치료와 3주 이상이라도 통원치료를 필요로 하는 사람) 등으로 분류하여 인명피해에 대하여 조사한다.
ⓒ 재산피해 : 손실피해(열에 의한 용융, 탄화, 파손 등의 피해), 수손피해(소화활동으로 인한 피해), 기타피해(연기, 화재 중 폭발 등에 의한 피해) 등이 있다.

② 화재의 손실정도
ⓒ 부분소 화재 : 전체의 30% 미만이 소손된 경우
ⓒ 반소 화재 : 전체의 30% 이상, 70% 미만이 소손된 경우
ⓒ 전소 화재 : 전체의 70% 이상이 소손되거나 70% 미만이라 할지라도 재수리 사용이 불가능한 정도로 소손된 경우
ⓒ 즉소 화재 : 화재로 인한 인명피해가 없고 피해액이 경미한 화재

> **심화연구** **화상의 종류**
>
> 1. **1도 화상** : 최외각의 피부가 손상되어 그 부위가 분홍색이 되며 심한 통증을 느끼는 상태
> 2. **2도 화상** : 표층 2도 화상과 심부 2도 화상으로 나누며, 피하 깊숙이 손상을 입어 화상부위가 분홍색으로 되고 분비액이 많이 분비되는 화상의 정도
> 3. **3도 화상** : 표피, 진피, 피하의 지방질에까지 열이 깊숙이 침투된 것으로 말초신경이 손상을 입어 그 기능이 죽은 상태
> 4. **4도 화상** : 뜨거운 물, 불꽃(화염), 화학물질, 방사선, 전기화재 등에서 입은 화상으로서 피부가 탄화되어 검게 변하는 현상

(5) 소화약제
  ① 소화약제의 조건과 분류
    ㉠ 소화약제의 조건 : 연소의 3요소 중 한 가지 이상을 제거할 수 있어야 하고, 가격이 싸고 안정성이 있어야 하며, 인체에 대한 독성이 없고, 환경오염이 적어야 한다.
    ㉡ 소화약제의 분류 : 수계 소화약제와 가스계 소화약제로 분류된다.
      ⓐ 수계 소화약제 : 물(H_2O) 소화약제, 포(Foam) 소화약제
      ⓑ 가스계 소화약제 : 이산화탄소(CO_2) 소화약제, 할로겐(Halogen) 화합물 소화약제, 청정 소화약제, 분말 소화약제
  ② 소화약제의 특성비교

종류 특성	수계 소화약제		가스계 소화약제		
	물	포(포말)	이산화탄소	할로겐화합물	분말
적응화재	A급	A, B급	B, C급	B, C급	B, C급
소화효과	냉각효과	질식, 냉각효과	질식, 피복효과	질식, 냉각, 부촉매효과	질식, 냉각, 부촉매효과
소화속도	느리다	느리다	빠르다	빠르다	빠르다
재발 위험성	적다	적다	있다	있다	있다
오염도	크다	매우 크다	전혀 없다	극히 적다	있다
적응 화재규모	중형~대형	중형~대형	소형~중형	소형~중형	소형~중형

(6) 화재감지·경보시스템
  ① 초기단계(Incipient Stage)
    ㉠ 특징 : 어떠한 연소상태가 진행되고 있는지 **육안으로는 파악하기 어려운** 단계로 연기나 불꽃, 빛 등이 보이지 않아 약간의 **열기만 감지**된다.
    ㉡ 감지시스템 : 초기단계에서 사용되는 감지시스템은 **이온**(Ionization) **감지기**로서 초기단계에서 나오는 미세한 연소물질이 노출되었을 때 이를 감지하여 화재경보를 작동시킨다. 이온감지기는 화재발생 초기단계에서 효과적으로 감지하는 장점이 있는 반면, 지나치게 민감하기 때문에 오경보의 여지가 있어 화재에 가장 민감한 컴퓨터실 등에서 주로 활용된다.
  ② 그을린단계(Smoldering Stage)
    ㉠ 특징 : 연소의 부산물인 **연기는 보여 감지되지만, 불꽃은** 아직 보이지 않아 **감지되지 않는** 단계이다.

ⓛ 감지시스템 : 그을린단계에서 사용되는 감지시스템은 **광전자**(Photoelectric) **감지기**로서 이를 연기감지기 또는 조기경보감지기라고도 하는데 그을린단계에서 발생하는 연기를 감지하여 화재경보를 작동시킨다. 광전자 감지기는 주로 가정이나 사무실에서 설치되어 활용된다.

③ 불꽃발화단계(Flame Stage)
㉠ 특징 : 실제로 화재가 발생하는 단계로서 **불꽃과 연기가 육안으로 감지**되고, 높은 온도가 짧게 감지되는 상태이다.
㉡ 감지시스템 : 불꽃발화단계에서 사용되는 감지시스템은 **적외선**(Infrared) **감지기**로서 이는 유리나 거울에 반사되는 태양 빛에도 반응하는 단점이 있다.

④ 열단계(Heat Stage)
㉠ 특징 : 불꽃과 연기 그리고 강렬한 **고온의 열이 감지되는 단계**로서 공기는 가열되어 급격히 팽창되며 불은 외부로 계속적으로 확장되는 상태이다.
㉡ 감지시스템 : 열단계에서 사용되는 감지시스템은 **열**(Thermal) **감지기**로서 이는 화씨(°F) 135도가 초과되었을 경우에 작동한다. 열감지기는 다른 감지기에 비해서 늦게 작동하지만, 연기나 불꽃이 일상적으로 발생하는 보일러실이나 차고, 공장시설 등지에 설치하여 사용하기에 적당한 감지시스템이다.

(7) 소화설비
① 소화약제에 의한 소화기의 종류
㉠ 물소화기 : 물을 소화약제로 하여 방사시키는 소화기로 방사원의 형태에 따라 수동펌프를 설치하여 물을 방출하는 방식인 펌프식, 압축공기를 넣어서 압력으로 물을 방출하는 방식인 축압식, 별도로 이산화탄소 등의 가스를 가압용 봄베에 설치하여 그 가스 압력으로 물을 방출하는 방식인 가압식이 있다.
㉡ 산·알칼리소화기 : 소화기의 내부에 탄산수소나트륨($NaHCO_3$) 수용액과 진한 황산(H_2SO_4)이 분리 저장된 상태에서, 사용시 소화기를 거꾸로 하면 두 물질이 혼합하여 발생되는 **이산화탄소를 압력원**으로 하여 약제를 방사하는 소화기로서 전도식과 파병식이 있으나 주로 전도식을 사용한다.
㉢ 강화액소화기 : 탄산칼륨(K_2CO_3)을 물에 용해시켜 비중을 1.3~1.4로 하여 소화기 내부에 충전하여 축압식, 가스가압식, 반응압식 등으로 **용기 내의 소화약제를 외부로 방출시키는 소화기**를 말한다. 강화액은 탄산칼륨 등의 수용액을 주성분으로 하며 강한 알칼리성(pH 12 이상)으로 비중은 1.35/15℃ 이상의 것을 말한다. 또한 -30℃에서도 동결되지 않으므로 한냉지에서도 보온의 필요가 없을 뿐만 아니라 탈수·탄화작용으로 목재·종이 등을 불연화하고 제연방지의 효과도 있어서 A급 화재에 대한 소화능력이 증가된다.
㉣ 이산화탄소소화기 : 250kg/cm^2의 압력시험에 합격한 고압용기에 **이산화탄소를 고압으로 저장**하여 두었다가 화재발생시 레버를 눌러 용기 내의 이산화탄소 소화약제를 외부로 방출하여 화재를 진압하는 소화기를 말한다. 탄산가스가 용기에서 방출되면 좁은 공간에서도 잘 침투되고 전기절연성으로 오손이 전혀 없기 때문에 통신기기실·컴퓨터실 또는 전기실에 적당하다.

ⓜ 포말소화기 : 소화기 본체 내부에 합성수지로 된 내통을 설치하여 A약제인 **황산알루미늄**[$Al_2(SO_4)_3$]**을 물에 용해시켜 충전**하고, 외통에 B약제인 **중탄산나트륨**($NaHCO_3$)**을 충전**하여 화재가 발생할 경우 두 약제가 혼합되어 이때 발생하는 이산화탄소를 방사원으로 하여 포를 생성하면서 소화기 외부로 방사시켜 소화하는 소화기이다.

ⓗ 분말소화기 : 화학적으로 제조된 소화분말을 소화기 용기 본체에 충전하여 화재발생시 외부로 소화약제를 방사하여 화재를 소화하도록 제조된 **가장 소화능력이 우수하며 유지관리가 편리한 소화기**이다. 알칼리금속(Na, K)의 중탄산염($NaHCO_3$, $KHCO_3$)이 열분해하여 불연성가스를 발생시켜 질식효과, 흡열반응에 의한 냉각효과, 연소의 반응을 억제하는 부촉매효과를 나타낸다.

종별	소화약제	약제의 착색	적응화재
제1종 분말	중탄산나트륨($NaHCO_3$)	백색	B, C급
제2종 분말	중탄산칼륨($KHCO_3$)	담자색(엷은 자주색)	B, C급
제3종 분말	인산암모늄($NH_4H_2PO_4$)	담홍색(엷은 붉은색)	A, B, C급
제4종 분말	중탄산칼륨 + 요소 [$KHCO_3+(NH_2)_2CO$]	회색	B, C급

ⓢ 할로겐화합물소화기 : 메탄계 탄화수소인 **메탄**(CH_4)**과 에탄**(C_2H_6)에 소화성능이 우수한 **할로겐원소**(F, Cl, Br, I)**를 치환하여 제조한** 할로겐화합물(할론 1301, 할론 1011, 할론 1211, 할론 2402)을 소화기 본체 내부에 충전하여 만든 소화기를 말한다. 전자기기실, 컴퓨터실, 기계실 등에 화재가 발생한 경우 외부로 소화약제를 방출하여 소화시키는 소화기로서, 소화약제를 방출시키는 구조에 따라 축압식, 수동압축식, 수동펌프식 및 자기증기압식이 있다.

② 옥내 소화전 : 건축물 내의 화재를 진화하도록 고정되어 있으며, 소방대상물 자체요원에 의하여 초기 소화를 목적으로 설치되어 있는 수원, 가압송수장치, 배관, 동력장치, 비상전원, 제어반, 옥내소화전함 등의 설비를 말한다.

③ 옥외 소화전 : 건축물의 화재를 진압하는 외부에 설치된 고정설비로서 자체소화 또는 인접건물로의 연소방지를 목적으로 설치된 수원, 가압송수장치, 배관, 옥외소화전함, 동력장치 등의 설비를 말한다.

④ 스프링클러(Sprinkler) : 일정한 압력을 유지하며 지속적으로 물을 공급할 수 있는 파이프를 건물 내의 천장과 벽 등을 따라 설치하여 화재가 발생할 경우 스프링클러의 헤드에 있는 봉연이 이를 감지하여 일정한 온도 이상이 되면 물이 **자동으로 분사되어 초기에 소화되도록 설계**된 자동소화장치를 말한다. 스프링클러는 폐쇄형(습식·건식·준비작동식)과 개방형(일제살수식)이 있다.

장점	• 초기 화재에 절대적인 효과가 있다. • 소화약제가 물로서 가격이 싸며 소화 후 복구가 용이하다. • 감지부의 구조가 기계적이므로 오작동, 오보가 없다. • 완전자동이므로 사람이 없는 야간에도 자동적으로 화재를 감지하여 소화 및 경보를 해준다. • 조작이 쉽고 안전하다.
단점	• 시공비가 많이 들고, 시공이 타 소화설비보다 복잡하다. • 물로 인한 피해가 심하다.

⑤ 물안개 분사기 : 화재시 특수한 분무노즐을 이용하여 스프링클러처럼 물을 분사하여 화재를 진압하는 설비이다. 물안개 분사기는 적은 양의 물 소모로도 냉각효과가 뛰어나 내부온도를 빨리 식히기 때문에 유독성 물질을 외부로 나가게 하고, 외부의 신선한 공기를 유도할 수 있어 내부에 갇힌 사람이 보다 쉽게 탈출할 수 있다. 반면, 산소를 희석해 질식을 방지할 수 없어 잘못하면 질식할 수도 있다.

(8) 경보설비

① 자동화재탐지설비 : 화재가 발생한 건출물 내의 초기단계에서 발생하는 열 또는 연기를 자동적으로 탐지하여 건축물 내의 관계자에게 벨, 사이렌 등의 음향장치로서 화재발생을 알리는 감지기·수신기·발신기·중계기·음향장치·표시등·전원·배선 등의 설비 일체를 말한다.

㉠ 감지기 : 화재발생시 발생하는 열, 불꽃, 연기를 자동적으로 감지하여 그 자체에 부착된 음향장치로 경보를 발하거나 이를 수신기에 발신하는 **화재경보센서**를 말한다.

ⓐ 차동식(差動式) 스포트형 : 어떤 한 부분에서의 열효과에 의하여 주위온도가 일정상승률 이상이 되는 경우에 작동하는 감지기이다.

ⓑ 차동식(差動式) 분포형 : 넓은 범위 내에서의 열효과 누적에 의하여 주위온도가 일정상승률 이상이 되는 경우에 작동하는 감지기이다.

ⓒ 정온식(定溫式) 감지선형 : 외관이 전선으로 되어 있는 것으로 어떤 한 부분의 주위 온도가 일정한 온도 이상이 되는 경우에 작동하는 감지기이다.

ⓓ 정온식(定溫式) 스포트형 : 외관이 전선으로 되어 있지 않은 것으로 어떤 한 부분의 주위 온도가 일정한 온도 이상이 되는 경우에 작동하는 감지기이다.

ⓔ 보상식(補償式) 스포트형 : 차동식 스포트형 감지기와 정온식 스포트형 감지기의 성능을 겸한 것으로 이 중 어느 한 기능이 작동되면 작동신호를 보내는 감지기이다.

ⓕ 이온화식(Ion化式) 스포트형 : 어떤 한 부분의 연기에 의하여 이온전류가 변화하여 작동하는 감지기로서 주위의 공기가 일정한 농도의 연기를 포함하게 되는 경우에 작동한다.

ⓖ 광전식(光電式) 스포트형 : 어떤 한 부분의 연기에 의하여 광전소자에 접하는 광량의 변화로 작동하는 감지기로서 주위의 공기가 일정한 농도의 연기를 포함하게 되는 경우에 작동한다.

> **심화연구** 감지기의 설치기준과 설치제외 장소
>
> **1 감지기의 설치기준**
> - 공기의 배출구로부터 1.5m 이상 떨어진 장소
> - 열감지기는 설치장소의 아래로부터 30cm 이내
> - 연기감지기는 벽, 보에서부터 60cm 이상
> - 천장 또는 옥내에 면하는 부분
>
> **2 감지기의 설치제외 장소**
> - 천장 또는 반자의 높이가 20m 이상인 장소
> - 외부와 기류가 통하지 않는 곳으로 화재발생을 유효하게 감지할 수 없는 장소
> - 부식성 가스가 체류하고 있는 장소 및 목욕실·화장실 기타 이와 유사한 장소
> - 먼지·가루 또는 수증기가 다량으로 체류하는 장소(연기감지기에 한함)
> - 주방 등 평시에 연기가 발생하는 장소(연기감지기에 한함)
> - 실내의 용적이 20m³ 이하인 장소

　　ⓒ 수신기 : 감지기, 발신기 등과 같이 전선에 의해 직접 또는 중계기를 거쳐서 감지기, 중계기 또는 발신기가 작동할 때 화재의 발생장소를 표시하는 장치를 말한다.
　　ⓒ 발신기 : 감지기가 작동하기 전에 화재 발견자가 화재 주위에 설치된 버튼을 눌러 화재발생 사실을 수신기 또는 중계기에 수동으로 발신하는 것을 말한다.
　　② 중계기 : 감지기 또는 발신기 작동에 의한 신호를 받아 이를 수신기의 제어반에 발신하는 작용을 한다.
② 자동화재속보설비 : 화재가 발생하였을 때 사람이 조작하지 않고 자동적으로 화재발생 장소를 소방관서에 신속하게 통보해 주는 설비를 말한다.
③ 비상경보설비 : 자동화재 탐지설비 또는 다른 방법에 의해서 감지된 화재발생을 신속하게 소방대상물의 내부에 있는 사람에게 알려 피난 또는 초기진압을 쉽게 하려는 설비이다.
④ 누전경보기 : 소방대상물의 보강재로 사용되고 있는 금속류 등은 누전의 경로가 되어 화재를 발생시키기 쉬우므로 이것을 방지하기 위하여 경계선로의 누설전류를 검출하여 당해 소방대상물의 관계자에게 자동적으로 경보를 발하는 설비를 말한다.
⑤ 가스누설경보기 : 가연성 가스인 LPG(액화석유가스)·LNG(액화천연가스)·CO(일산화탄소) 등의 누설로 인한 폭발사고의 방지와 독성가스의 유출로 인한 중독사고를 미연에 방지하기 위하여 가연성 가스 저장소나 충전소에 설치하는 설비를 말한다. LPG와 같이 공기보다 무거운 가스는 아래쪽에, LNG·수소·일산화탄소와 같이 공기보다 가벼운 가스는 위쪽에 경보기를 설치한다.

(9) 피난구조설비
① 피난사다리 : 소방대상물에 고정시키거나 매달아서 만든 금속제 설비로서 재질과 사용방법에 따라서 고정식, 올림식, 내림식 등의 종류가 있다.
② 완강기 : 사용자의 몸무게에 따라 자동적으로 내려올 수 있는 기구로서 속도조절기, 로프, 벨트, 속도조절기의 연결부(후크) 등으로 구성되어 있다.
③ 구조대 : 자루 형태로 만든 것으로서 3층 이상의 층에 설치하고, 화재시 사용자가 그 내부에 들어가서 내려오도록 설계된 피난기구이다.

④ 미끄럼대 : 소방대상물의 3층에 설치하는 피난기구로서 반고정식과 수납식이 있다.
⑤ 미끄럼봉 : 피난자가 봉을 안아 몸의 마찰저항에 의하여 하강속도를 조절하며 수직하강하는 설비이다.
⑥ 피난용로프 : 피난자가 로프를 손에 쥐고 손 또는 발의 마찰저항을 이용하여 속도를 조절하며 하강하도록 만들어진 설비이다.
⑦ 피난용트랩 : 소방대상물의 외벽 또는 지하층의 내벽에 설치하는 피난기구이다.
⑧ 피난교 : 소방대상물의 옥상 또는 중간층으로부터 인접한 건축물 등에 가교를 설치하여 상호간 피난할 수 있도록 제작된 설비이다.

2 화재발생시 대응전략

(1) 내부 직원들의 화재대응 활동

① 자체소방대의 조직
  ㉠ 필요성 : 일정규모의 조직 및 시설 내에서 유류나 폭발성 물질을 취급하는 기업에서는 화재가 발생할 경우에 초기진압과 소방관 출동시 지원업무를 담당하기 위해서 자체소방대를 조직할 필요가 있다.
  ㉡ 조직화 : 시설 내 경비원 및 내부직원들은 평소 자신들이 관리하던 시설물의 특성을 잘 숙지하고 있기 때문에 화재진압에 효율적으로 대응할 수 있다. 따라서 이들을 위주로 자체소방대를 구성하고 지휘체계를 구축하여 화재예방에 대한 철저한 관리와 화재발생시 일사분란하게 대피하고 진압을 할 수 있도록 조직화되어야 한다.

② 대피훈련
  ㉠ 화재예방교육시의 우선순위 : 직원들에게 화재예방에 대한 교육을 시킬 경우 화재에 대한 진압기술보다는 **화재 대피훈련과 신고에 대한 교육을 우선적으로 고려**하여 실시하되 평소에 철저히 준비된 상태에서 주기적으로 이루어져야 한다.
  ㉡ 화재발생시 대피순서 : '아동 → 노약자와 여성 → 성인 남성' 등의 순서로 대피가 이루어져야 한다.
  ㉢ 화재발생시 행동순서 : 119 화재신고 → 건물 내 화재사실의 전파 → 초기소화 → 대피유도 및 긴급피난 등의 순으로 침착하게 이루어져야 한다.
  ㉣ 평상시의 안전점검사항 : 일반 군중이 위험을 감지할 경우 언제나 자신에게 익숙한 일상습관을 따라가고, 자주적이고 객관적인 **판단능력이 흐려져 선행자의 행동을 모방**하게 되며, 어두운 곳에서는 밝은 곳으로 가려고 하는 경향이 있다. 만일 비상사태가 발생하게 되면 군중심리는 이상과 같은 매우 불안정한 심리상태가 되어 혼란이 야기될 수가 있다. 따라서 이를 방지하고 누군가 **냉철한 판단으로 적절한 피난을 유도하거나 정확한 정보를 전달**하기 위하여 "ⓐ 비상문이 잘 보이고 통로가 제대로 되어 있는지의 여부 확인, ⓑ 화재발생시 엘리베이터가 자동으로 작동정지되는지의 여부(화재시 엘리베이터 이용은 위험), ⓒ 환자·장애인 등 신체 부자유자에 대한 대피시설의 확인, ⓓ 화재발생시 정전에 대비한 비상등의 작동 확인, ⓔ 대피책임자와 인솔자의 확인, ⓕ 화재발생시 안내 및 통신전달방법의 확인" 등과 같은 안전점검사항들이 평상시 점검되어야 한다.

(2) 화재예방교육시의 숙지사항
　① 화재발생시의 대비를 위한 안전교육
　　㉠ 비상문의 위치확인 및 비상문의 작동요령 등의 교육
　　㉡ 화재신고와 경보체제의 중요성에 대한 교육
　　㉢ 본인의 역할에 대한 사전분담 교육
　　㉣ 정서적 안정성(침착성, 냉정성 등) 유지에 관한 교육
　　㉤ 엘리베이터 작동에 관한 교육

> **심화연구** 엘리베이터 사고와 대처요령
>
> **1** 엘리베이터의 고장원인
> - **이용방법상의 원인** : 조작미숙, 불필요한 행동, 부주의
> - **관리측면상의 원인** : 청소불량, 취급불량, 건물의 기기불량(전원불량 등)
>
> **2** 고장이나 정전 등으로 승객이 갇혔을 때의 대처요령
> - 정전이 단시간 내에 복구 가능할 경우 아무 층의 버튼을 누르면 보통 엘리베이터는 작동하기 시작한다.
> - 엘리베이터의 바닥이 문턱으로부터 60cm 이내이면 마스터키를 이용하여 도어를 열고 강제로 문을 개방하여 승객을 탈출시킨다.
> - 엘리베이터의 바닥이 문턱으로부터 멀리 떨어져 있는 경우에는 기술자나 119 등에 신속하게 연락을 취한다.

　② 소방시설에 대한 안전교육
　　㉠ 화재경보시스템에 대한 교육
　　㉡ 화재진압장비의 사용법에 대한 교육
　③ 연기나 불로 통로가 막힌 경우 대피방안에 대한 교육
　　㉠ 최대한 화재가 발생한 곳으로부터 멀리 대피한다.
　　㉡ 견고한 문이 있는 지역으로 대피한다.
　　㉢ 가능한 주변의 가연성 물질을 제거한다.
　　㉣ 창문을 모두 열고, 계단 옆으로 피신한다.
　　㉤ 소방관에게 자신의 위치를 알리기 위해 창문 밖으로 표시를 한다.
　　㉥ 피난통로가 하나뿐인 경우 보행 속도가 빠른 사람들은 먼저 통과시키고 느린 사람들은 뒤따르게 하는 것이 혼란이 적다.
　④ 유독가스 및 연기로 인한 질식에 대한 주의교육
　　㉠ 화재시 대부분의 사망자는 1차적으로 연기나 유독가스에 질식되어 사망하거나 연기로 인해 대피하지 못해 사망한다.
　　㉡ 연기는 짧은 시간 건물의 상층부로 올라가는 성질이 있고, 일산화탄소와 이산화탄소로 이루어지는 가스는 대부분이 상층의 밀폐된 부분으로 모이는 특성이 있기 때문에 상층부로 대피하는 것은 위험하고, 아울러 지하실 대피는 피해야 한다.

3 기타 비상사태 및 대응전략

(1) 비상사태의 유형
① **자연적 재해** : 천재지변이라고도 하는 자연재해는 기상·지변(地變)·생물 등에 급격하게 나타나는 자연현상 때문에 입는 재난으로 태풍·홍수·가뭄·폭설·지진·해일·산사태·화산폭발 등을 말한다.
② **인위적 재해** : 사람의 실수나 부주의에 의해서 발생하는 재난으로 폭파 및 독가스 위험·건물붕괴·항공기 추락 및 선박침몰·화재·방사성 물질의 방출·자동차 사고 등을 말한다.
③ **반달리즘(Vandalism)** : 5세기 초 유럽의 민족대이동 때 북아프리카에 독립왕국을 건설한 게르만족 일파 반달족(Vandals)이 지중해 연안에서 로마에 이르는 지역까지 약탈과 파괴를 거듭한 일에서 유래된 용어로, 무차별적으로 문화재 및 타인의 물건이나 건물, 시설물 등을 파괴하는 **반사회적인 행동**을 말한다.

(2) 비상사태에 대한 민간경비의 역할
① 민간경비부서의 역할
  ㉠ 비상사태 발생 전후의 대비방법 : 발생 가능한 모든 비상사태를 예상하여 정기적으로 대비훈련을 실시하여야 하며, 실제로 비상사태가 발생하였을 경우 어떠한 절차로 복구할 것인가에 대한 방법을 충분히 숙지하고 있어야 한다.
  ㉡ 민간경비부서의 임무 : 규정된 권한의 범위 내에서 민간경비부서는 안전에 관한 모든 책임을 지는 역할을 수행하므로 비상사태 발생시 1차적 책임은 물론, 경찰이나 의료서비스, 소방대가 도착하였을 경우 현장의 질서유지, 응급환자의 대처, 화재진압, 사태의 악화방지 등과 같은 역할을 보조하여 가능한 모든 지원을 하여야 한다.
② 비상계획수립시의 고려사항
  ㉠ 비상계획서의 작성 : 비상계획서에는 '비상업무수행 기관명, 비상시 명령체계와 보고업무체계의 수립 및 명령지휘부 지정, 비상팀의 신속이동을 위한 훈련과 조직, 특별대상의 보호·응급구호 조치, 비상시 사용될 장비·시설의 위치 지정, 외부기관과의 통신수단 마련과 **언론 매체에 대한 정보제공**' 등과 같은 사항을 포함하여 작성한 다음 비상사태 발생시 책임을 지는 모든 사람들에게 제공되어야 한다.
  ㉡ 지휘명령체계의 구축 : 비상사태가 발생할 경우 손실규모는 발생초기에 어떠한 조치를 취하여 대응하느냐에 따라서 차이가 나기 때문에 미리 준비된 대응절차를 관계자들에게 신속하게 명령을 내려 효과적으로 대응할 수 있도록 지휘명령체계가 갖추어져 있어야 한다.
  ㉢ 책임관계의 규정 : 비상사태에 대하여 책임을 지고 있는 사람에게는 그에 상응하는 책임관계를 명확하게 규정해 주어야 한다.

> **심화연구** 비상사태 발생시 민간경비원의 대응
>
> 1. 지진·홍수 등 자연재해, 화재, 붕괴, 폭발, 화생방사고, 환경오염 등의 비상사태에 대한 초기대응 조치
> 2. 장애인, 노약자 등 특별한 대상의 보호 및 응급조치
> 3. 사람에 대한 보호 및 경제적으로 가치가 있는 자산에 대한 보호조치의 실행
> 4. 경찰서, 소방서, 병원 등과 같은 외부지원 기관과의 통신업무
> 5. 비상인력의 이동통제 및 경비대상 시설 내의 이동통제 업무
> 6. 출입구와 비상구의 출입통제 및 위험지역의 출입통제 업무

(3) 폭발물에 의한 비상사태
  ① 평상시의 경비요령
    ㉠ 대피요령의 숙지 : 경비원들은 폭발물에 의한 비상사태의 발생을 대비해 사전에 대피요령을 숙지하여 실제 비상사태가 발생한 경우에는 숙지한 대피요령에 따라 행동함으로써 피해를 최소화해야 한다.
    ㉡ 경비원의 역할 : 경비원 시설물 내에 출입하는 인원들에 대해 신분확인과 통제를 실시하여야 하지만, 지나치게 일일이 실시하는 것은 피해야 한다.
  ② 폭발물 위협시의 경비요령
    ㉠ 폭발물 위협시 대응 : 시설물 내 폭발물 위협이 감지되면 경비책임자는 즉시 관할 경찰서와 소방서 및 인접부대에 통보하고 후속조치를 기다려야 하며, 출입자나 출입제한자의 명단을 신속히 파악해야 한다.
    ㉡ 협박전화시 대응 : 폭발물 설치 위협을 수신할 경우 통화과정에서 느낄 수 있는 모든 상황과 상대방의 특징 등을 상세히 기록해 경비책임자에게 보고한다.
    ㉢ 폭발물 탐지활동 : 관할 지역에 익숙한 경비원이 전문가인 경찰관이나 소방관 등 관련기관과 함께 수색하는 효과적인 방법을 동원하되, 두 명이 서로 등을 맞댄 상태에서 천천히 움직이면서 되도록 발자국 소리를 내지 않고 **허리에서 눈, 눈에서 천장으로 공간을 이등분하여 조사**하며, 밀폐된 공간 또는 방안을 수색할 때에는 **주변지역을 먼저 관찰**하고 방의 **중심부로 옮겨 가면서 관찰**하여야 한다.
    ㉣ 폭발물 발견시 대응 : 폭발물이 발견될 경우 폭발물의 위치·크기·종류 이외에 기타 육안으로 보이는 여러 특징들을 있는 그대로 즉시 보고하여 폭발물 처리 전문가가 처리하도록 하여야 한다.
    ㉤ 대피활동의 방법 : 폭발물의 설치가 최종 확인된 경우 우선 건물 내에 있는 사람들을 대피시켜야 하는데, 이때는 보안을 유지하여 동요가 없도록 해야 하며, 화재발생시와 같은 동일한 방법으로 대피하되 **엘리베이터의 사용은 금지**되어야 한다. 또한 폭발물의 폭발력을 약화시키기 위해 **문과 창문은 모두 열어 놓아야** 한다.

(4) 노사분규시의 경비원의 역할
  ① 출입문 봉쇄 : 노사분규가 진행되는 동안에는 모든 출입구를 봉쇄하되 필요에 따라 제한적으로 개방한다.
  ② 가연성 물질의 제거 : 파업이 진행되는 동안 시설물 내 주변의 모든 가연성 물질을 제거해야 한다.

③ 위험한 물질의 제거 : 시위과정에서 무기로 사용될 가능성이 있는 주위의 위험한 물건은 모두 치운다.
④ 열쇠회수와 잠금장치 교체 : 직원들이 소유하고 있는 열쇠를 모두 회수하고 새로운 자물쇠나 잠금장치로 교체한다.
⑤ 특별신분증의 제공 : 파업이 진행되는 동안 기존의 신분증 대신 별도의 새로운 특별신분증을 제공한다.
⑥ 시설물의 점검과 보호 : 스프링클러, 배수탑과 호스, 소화전 등 모든 화재방지시설에 대해 시험을 해 보고, 손상가능성이 높은 시설 및 물건에 대하여 보호조치를 취한다.
⑦ 경영자 입장고려 : 경비원은 노사 양자의 입장을 모두 고려하고 최우선적으로 시설보호의 임무를 수행하되 원칙적으로 경영자의 입장을 취해야 한다.
⑧ 평화적 시위보존 : 시위노조원들과 연락망을 그대로 유지하고, 평화적인 시위에 대해서는 보호하고자 노력해야 한다.
⑨ 경찰의 지원요청 : 근로자들을 자극할만한 행동과 물건의 사용은 제한되어야 하며, 시위가 과격하여 경비원들이 대응하기 어려울 경우에는 경찰에 지원을 요청한다.

제3절 | 경비업무의 유형

1 위험관리(Risk Management)의 과정

(1) 위험요소의 확인
① 민간경비상의 위험요소 : 조직구성원의 육체적 상해, 유무형 자산의 경제적 손실, 조직구성원 이외의 제3자가 입게 될 가능성이 있는 요소를 말한다.
② 보호대상의 우선순위 설정 : 어떠한 대상을 우선순위에 두고 위험으로부터 특별한 보호를 할 것인가에 대한 보호계획과 범위를 설정해야 한다.

(2) 위험요소의 분석
① 위험분석 대상에 대한 현실 인식 : 위험분석 대상이 현재 어떠한 상황과 연관되어 있는가에 대한 명확한 파악과 합리적이고 신중한 분석이 이루어져야만, 개별적 유형에 따른 보호대상의 우선순위를 적절하게 설정할 수 있다.
② 위험발생 가능성의 분석과 확인 : 위험분석에 대한 합리적인 기준과 신중한 분석이 이루어지기 위해서는 민간경비 관리자들은 **높은 수준의 위험발생 가능성**이 어느 정도인지, 자산 가운데 **가장 침해 또는 피해 가능성이 높은 자산**은 무엇인지, 보호대상이 어떠한 지역적·공간적 범위를 가지고 **어느 곳에 위치**해 있는가를 파악하고 확인해야 한다.

(3) 위험순위의 설정
① 위험순위 설정의 차별화 : 민간경비와 관련한 경비는 주어진 예산의 범위 내에서 위험발생 가능성을 최소화시켜야 하기 때문에, 민간경비 관리자들은 모든 보호대상에 동일한 비중을 두고 운용계획을 세워서는 안 되며, **보호대상의 가치에 따라 차별화하여 우선순위를 설정**하여야 한다.

② 우선순위의 결정시 고려사항 : 민간경비 관리자들은 보호대상 가운데 어떠한 사건으로 인하여 손실이 발생할 경우, **기업에는 어느 정도의 악영향이 미칠 것인가에 대해 우선 분석하여야 하며, 다음으로 위험발생 빈도가 높은 것을 고려하여** 보호대상의 우선순위를 결정하여야 한다.

(4) 위험요소의 감소
① 손실위험의 감소 방안 : 계획된 민간경비 관련 프로그램을 통해 경비 및 보호대상에 내재하는 위험요소들을 줄여 손실비용을 최소화시키고, 사전에 시뮬레이션을 통해 마련된 위험대응 관련 방안과 절차를 적절하게 활용하는 기본적 조치가 이루어져야 한다.

② 민간경비부서와 다른 부서 간의 상호협력관계 구축 : 민간경비 관리자들은 사전에 조직 전체 구성원들에게 안내되고 학습된 정책과 절차를 통해, 다른 동료직원들과 좋은 상호협력관계를 유지하여 비상대응에 효과적으로 임할 수 있는 체계가 이루어져야 한다.

③ 명확하고 엄격한 민간경비 프로그램의 구축 : 민간경비와 관련된 정책과 절차를 명확히 하고 엄격한 세부 지침서로 개발하여, 여러 부서의 관리자들이 지침서에 규정된 정책과 절차를 준수하고 적용하도록 하여야 한다.

(5) 안정성·보안성의 감사·평가
① 의미 : 위험관리(위험요소를 확인하고 분석하여 이에 대한 위험순위를 설정하고 위험 요소를 감소시키는 활동)가 적절하게 이루어지고 있는가를 민간경비의 총괄책임자나 지역관리자가 감시하고 평가하는 작업을 말한다.

② 방법 : 시설에 대한 감사와 평가가 최대의 성과를 얻기 위해서는 감사·평가방법이 정형화되고, 정기적인 감사와 평가가 실시되고 기록되어야 한다. 또한 시설 내에서 실시되고 있는 모든 민간경비의 프로그램이 어느 정도 성과가 있는지 검토하여야 한다.

심화연구 Hess(헤스)와 Worblesk(로블레스키)의 확인된 위험의 대응방법

1 위험의 제거 : 확인된 위험요소를 제거하는 것으로 위험관리에 있어서 최선의 방법이다.
2 위험의 회피 : 범죄 및 손실이 발생할 수 있는 활동과 기회를 사전에 차단하는 방법으로 어떤 활동을 계속함으로써 얻을 수 있는 이익보다 어떤 잠재적 손실이 보다 클 것이라는 비용–편익분석을 통해 정당화되는 소극적인 접근방법이다.
3 위험의 감소 : 위험요소를 감소시키거나 최소화하는 물리적·절차적 방법으로 가장 현실적인 대응방법이다.
4 위험의 분산 : 한 곳에 위험성이 높은 보호대상을 집중시키지 않고, 여러 곳에 분산시킴으로써 손실을 감소시키는 방법이다.
5 위험의 대체 : 직접 위험을 제거하거나 최소화시키기보다는 보험과 같은 대체수단을 통해 손실을 전보하는 방법이다.
6 위험의 감수 : 보호가치가 낮고 손실발생 가능성도 낮은 대상은 최소한의 보호대책만 마련하고 보호대상에서 제외시키는 방법이다.
7 접근방법의 통합 : 이상에서 제시된 위험의 대응방법은 일정한 한계를 지니고 있기 때문에, 보호대상에 대한 체계적인 경비조사와 보고된 분석결과를 토대로 위험성이 큰 대상을 확인하고, 이에 대한 적절한 대응방법이 통합적으로 이루어져야 한다.

2 홈시큐리티(Home Security)와 타운시큐리티(Town Security)

(1) 홈시큐리티 시스템(Home Security System)
　① 등장배경 : 사회가 고도로 산업화됨과 동시에 흉악범죄도 날로 증가하고 있어 현대인들은 이에 대비하기 위하여 가정의 안전 및 경비를 담당하는 홈시큐리티와 같은 보안제도를 활용함으로써 불안감에서 벗어나 안전을 담보받고 있다. 이러한 시대적 흐름에 맞게 1980년대 경비시스템의 과학화를 시작으로, 1990년대 들어서 인력경비와 무인경비가 결합된 토탈경비시스템이 본격화되었다.
　② 향후전망 : 오늘날의 주택소유자들은 사용하기 편리한 멀티미디어 컬러 인터페이스, 높은 수준의 기능성 및 성능, 낮은 유지비에 익숙해져 있어서 집안의 시스템을 액세스, 제어, 모니터할 수 있는 주택보안시스템을 필요로 하기 때문에 최근에 이르러서는 위해요소를 사전에 감지하여 예방하고 대처하는 첨단기기가 획기적으로 발전하고 있다.
　③ CCTV를 이용한 홈시큐리티의 기능 : 외부침입·화재발생·가스누출 등이 발생할 경우 이를 감지하여 비상경보가 CCTV 회선을 통하여 경비회사에 전송되면, 경비회사는 이상유무를 확인하여 경찰서·소방서·가스회사 등 관계기관에 통보하고 FM 라디오나 TV로 비상사태를 알리고 출동하는 시스템을 말한다.
　④ 홈시큐리티의 가치 : 고령화 시대로 접어들면서 노인들에게 발생할 수 있는 위급상황에 신속하게 대응할 수 있도록 구축된 자택의료서비스(Home Doctor System)처럼 홈시큐리티는 부가가치서비스를 무한정으로 창출해 낼 수 있으며, 홈뱅킹(Home Banking)이나 실버산업(Silver Industry)과 같이 편리를 추구하는 현대인들의 욕구를 충족시켜 줄 수 있도록 종합서비스시스템(Total Service System)으로 발전하고 있다는 점에서 고무적이다.

(2) 타운시큐리티 시스템(Town Security System)
　① 개념 : 일정한 지역에 건설된 공동주택을 포함하여 모든 가구에 각종 경보센서와 화재 및 가스누출감지센서 등의 시스템단말센서를 설치하여 일반회선을 통해 중앙통제센터에 연결하고, 설비고장과 전기장애에의 대응, 장기부재 등 버튼통보에의 대응, 정기순찰 등의 서비스를 제공하는 체제를 말한다.
　② 한계 : 타운시큐리티 시스템은 현재 일본 등 선진국에서 일반화되고 있는 추세이나, 우리나라는 주택법 시행령에 따라 아파트 관리는 국토교통부의 허가를 받는 주택관리업자만이 할 수 있도록 되어 있기 때문에 공동주택에서의 타운시큐리티가 성장하는데는 제도적 한계가 있다.

3 국가중요시설의 경비

(1) 국가중요시설의 의의
① 국가중요시설의 개념 : 행정관서, 방송국, 발전소, 공항, 군시설, 과학연구소, 교통시설, 상수원 등과 같이 적의 공격으로부터 점령 또는 파괴되거나 기능이 마비될 경우, **국가적으로 중대한 영향을 끼치는 시설**을 말한다.
② 국가중요시설의 관리자 역할 : 국가중요시설의 관리자(소유자 포함)는 경비·보안 및 방호책임을 지며, 통합방위사태에 대비하여 자체방호계획을 수립하여야 한다. 이 경우 국가중요시설의 관리자는 자체방호계획을 수립하기 위하여 필요하면 시·도경찰청장 또는 지역군사령관에게 협조를 요청할 수 있다(통합방위법 제21조 제1항).
③ 국가중요시설의 방호지원계획 : 시·도경찰청장 또는 지역군사령관은 통합방위사태에 대비하여 국가중요시설에 대한 방호지원계획을 수립·시행하여야 한다(통합방위법 제21조 제2항).
④ 국가중요시설의 지도·감독 : 국가중요시설의 평시 경비·보안활동에 대한 지도·감독은 관계 행정기관의 장과 국가정보원장이 수행한다(통합방위법 제21조 제3항).
⑤ 국가중요시설의 지정 : 국가중요시설은 국방부장관이 관계행정기관의 장 및 국가정보원장과 협의하여 지정한다(통합방위법 제21조 제4항).
⑥ 국가중요시설의 개념적 근거
　㉠ 통합방위법(제2조 제13호)상 국가중요시설 : 공공기관, 공항·항만, 주요 산업시설 등 적에 의하여 점령 또는 파괴되거나 기능이 마비될 경우 국가안보와 국민생활에 심각한 영향을 주게 되는 시설을 말한다.
　㉡ 청원경찰법(제2조)상 국가중요시설 : ⓐ 국가기관 또는 공공단체와 그 관리하에 있는 중요 시설 또는 사업장, ⓑ 국내 주재 외국기관, ⓒ 그 밖에 행정안전부령으로 정하는 중요 시설, 사업장 또는 장소[청원경찰법 시행규칙 제2조](1. 선박, 항공기 등 수송시설, 2. 금융 또는 보험을 업으로 하는 시설 또는 사업장, 3. 언론, 통신, 방송 또는 인쇄를 업으로 하는 시설 또는 사업장, 4. 학교 등 육영시설, 5. 「의료법」에 따른 의료기관, 6. 그 밖에 공공의 안녕질서 유지와 국민경제를 위하여 고도의 경비가 필요한 중요 시설, 사업체 또는 장소)
　㉢ 경비업법 시행령(제2조)상 국가중요시설 : 공항·항만, 원자력발전소 등의 시설 중 국가정보원장이 지정하는 국가보안목표시설과 「통합방위법」 제21조 제4항의 규정에 의하여 국방부장관이 지정하는 국가중요시설을 말한다.
⑦ 중요도에 따른 국가중요시설의 분류
　㉠ 가급 : 적에 의하여 점령 또는 파괴되거나, 기능 마비시 **광범위한 지역**의 통합방위작전수행이 요구되고, 국민생활에 **결정적인 영향**을 미칠 수 있는 시설을 말한다.
　　예 청와대, 국회의사당, 대법원, 정부종합청사, 국방부, 국가정보원, 한국은행본점 등
　㉡ 나급 : 적에 의하여 점령 또는 파괴되거나, 기능 마비시 **일부 지역**의 통합방위작전수행이 요구되고, 국민생활에 **중대한 영향**을 미칠 수 있는 시설을 말한다.
　　예 경찰청, 대검찰청, 기상청, 국책은행(한국산업은행·한국수출입은행)본점, 중앙행정기관 각 부(部)·처(處) 및 이에 준하는 기관

ⓒ 다급 : 적에 의하여 점령 또는 파괴되거나, 기능 마비시 **제한된 지역**에서 **단기간** 통합방위작전수행이 요구되고, 국민생활에 **상당한 영향**을 미칠 수 있는 시설을 말한다.
- **예** 기타 중앙행정기관의 청사, 국가정보원 지부, 한국은행 각 지역본부, 다수의 정부기관이 입주한 남북출입관리시설, 기타 중요 국·공립기관

⑧ 국가중요시설의 경비활동 주체 : 경찰, 군, 대통령경호실, 청원경찰, 민간경비원 중 특수경비원 등에 의해서 국가중요시설에 대한 경비가 이루어지고 있다.

⑨ 국가중요시설의 경비관련 법적 근거
ⓐ 통합방위법(제2조 제1호, 제2호)상 국가중요시설의 경비 : "통합방위"란 적의 침투·도발이나 그 위협에 대응하기 위하여 각종 국가방위요소를 통합하고 지휘체계를 일원화하여 국가를 방위하는 것을 말하며, "국가방위요소"란 통합방위작전의 수행에 필요한 [ⓐ「국군조직법」제2조에 따른 국군, ⓑ 경찰청·해양경찰청 및 그 소속 기관과「제주특별자치도 설치 및 국제자유도시 조성을 위한 특별법」에 따른 자치경찰기구, ⓒ「소방기본법」제2조 제5호에 따른 소방대, ⓓ 국가기관 및 지방자치단체(ⓐ부터 ⓒ까지의 경우는 제외), ⓔ「예비군법」제3조에 따른 예비군, ⓕ「민방위기본법」제17조에 따른 민방위대, ⓖ 제6조에 따라 통합방위협의회를 두는 직장] 등의 방위전력 또는 그 지원 요소를 말한다.

> **심화연구** 청원경찰과 민간경비의 국가방위요소 포함 여부
>
> 통합방위법 제2조 제2호에서 규정하는 국가방위요소에는 청원경찰이나 민간경비가 포함되어 있지 않지만, 청원경찰법(제2조)과 경비업법(제2조)에 의해 청원경찰과 특수경비원이 국가중요시설에 공무위탁사인(公務委託私人)으로서 근무하면서 방호업무를 수행하고 있기 때문에 국가방위요소에 포함된다고 볼 수 있다.

ⓑ 경찰관 직무집행법(제2조 제3호)상 경찰관의 국가중요시설의 경비 : 경찰관의 직무범위 중 '경비, 주요 인사 경호 및 대간첩·대테러 작전 수행'을 규정하고 있으며, 대통령령인「경찰청과 그 소속기관 직제(제13조 제3항 제6호)」에서 '중요시설의 방호 및 지도'를 규정하고 있으므로 경찰활동 영역에 일반경비 업무 및 국가중요시설의 경비업무도 포함됨을 알 수 있다.

ⓒ 대통령 등의 경호에 관한 법률(제5조의2 제1항)상 대통령 경호처의 국가중요시설의 경비 : 대한민국에서 개최되는 다자간 정상회의에 참석하는 외국의 국가원수 또는 행정수반과 국제기구 대표의 신변보호 및 행사장의 안전관리 등을 효율적으로 수행하기 위하여 대통령 소속으로 경호·안전 대책기구를 둘 수 있도록 함으로써 대통령 경호처도 국가중요시설의 안전관리에 역할을 수행한다고 볼 수 있다.

ⓓ 청원경찰법(제2조)상 청원경찰의 국가중요시설의 경비 : 1. 국가기관 또는 공공단체와 그 관리하에 있는 중요 시설 또는 사업장, 2. 국내 주재 외국기관, 3. 그 밖에 행정안전부령으로 정하는 중요 시설, 사업장 또는 장소 어느 하나에 해당하는 기관의 장 또는 시설·사업장 등의 경영자(청원주)가 경비(청원경찰경비)를 부담할 것을 조건으로 경찰의 배치를 신청함으로써 청원경찰이 국가중요시설의 경비업무를 담당하고 있음을 알 수 있다.

ⓓ 경비업법(제2조 제1항)상 민간경비원의 국가중요시설의 경비 : 공항(항공기 포함) 등 대통령령이 정하는 국가중요시설의 경비 및 도난·화재 그 밖의 위험발생을 방지하는 특수경비업무를 수행하도록 규정함으로써 민간경비원도 국가중요시설의 경비업무를 수행하고 있음을 알 수 있다.

(2) 국가중요시설의 경비구역 운용

① **출입자 통제** : 국가중요시설의 정문 및 각 출입문으로 출입하려는 사람들을 통제하기 위하여 면회실과 외래주차장은 울타리 외곽에 설치하고, 방문자는 면회실로 유도하여 방문목적과 방문자에 대한 신분을 철저히 확인하는 제도적 장치를 마련해야 한다.

② **보호지역 설치와 구분**

㉠ 보호지역의 설치 : 각급기관의 장과 관리기관 등의 장은 국가안전보장에 관련되는 인원·문서·자재·시설의 보호를 위하여 필요한 장소에 일정한 범위의 보호지역을 설정할 수 있다(보안업무규정 제34조 제1항).

㉡ 보호지역의 구분(보안업무규정 시행규칙 제54조 제1항)

ⓐ 제한지역 : 비밀 또는 국·공유재산의 보호를 위하여 울타리 또는 방호·경비인력에 의하여 보안업무규정 제34조(보호지역) 제3항에 따른 승인을 받지 않은 사람의 접근이나 출입에 대한 감시가 필요한 지역

ⓑ 제한구역 : 비인가자가 비밀, 주요시설 및 Ⅲ급 비밀 소통용 암호자재에 접근하는 것을 방지하기 위하여 안내를 받아 출입하여야 하는 구역

ⓒ 통제구역 : 보안상 매우 중요한 구역으로서 비인가자의 출입이 금지되는 구역

> **심화연구** 보호지역의 보안대책과 보호지역의 설정방침
>
> **1** 보호지역의 보안대책(보안업무규정 시행규칙 제54조 제2항) : 보호지역에 대해서는 보안업무규정 제34조 제3항에 따른 승인을 받지 않은 사람의 접근이나 출입을 제한하거나 금지할 수 있는 보안대책을 수립·시행해야 하며, 제한구역 및 통제구역에는 그 구역의 기능 및 구조에 따라 다음 각 호의 대책이 마련되어야 한다.
> 1. 출입할 수 있는 사람의 지정과 비인가자에 대한 출입 통제대책
> 2. 주야간 경계대책
> 3. 외부로부터의 투시, 도청 및 파괴물질의 투척 방지 대책
> 4. 방화대책
> 5. 경보대책
> 6. 그 밖에 필요한 보안대책
>
> **2** 보호지역의 설정방침(보안업무규정 시행규칙 제55조) : 제한구역 및 통제구역의 설정은 필요한 최소한의 범위로 제한되어야 한다(인권침해의 여지를 방지하기 위하여 설정시 필요한 최소한의 범위로 제한).

③ **작업노동자의 통제** : 출입시에는 긴급신원조회 후 허가하고, 외부인이 볼 수 없도록 작업장에 차단막을 설치하며, 항상 경비원의 감시를 받도록 작업자는 별도의 신분증을 착용하도록 한다.

④ **사태별 조치** : 크게 평시와 전시로 사태를 구분하고, 시설장이나 시설주가 시설경비계획을 수립할 경우에는 계획에 반영되도록 조정과 통제를 실시하여야 한다.

(3) 방호지대(3지대 개념의 방호선)
① 방호지대의 개념 : 국가중요시설물에 대한 방호시설을 밖에서부터 안으로 1, 2, 3지대로 구분하여 적의 기습적인 상황에도 시설기능이 마비되지 않도록 적극적인 방호태세를 유지하는 방호활동을 말한다.
② 방호선의 구분
  ㉠ 제1지대-경계지대 : 중요시설 울타리 전방 취약지점에서 중요시설에 접근하기 전에 저지할 수 있는 예상 접근로상의 **목지점과 감제고지(瞰制高地) 등을 장악하는 선**으로, 매복 등 경력배치 및 장애물을 설치하여 중요시설물에 대한 방호를 실시하는 지대이다.
  ㉡ 제2지대-주방어지대 : 중요시설 내부 및 핵심시설로 침투하는 적을 결정적으로 방호하기 위한 선으로, **시설 및 울타리를 연결하는 선**의 안쪽 지역에 **소총의 유효사거리**를 고려해 탐조등과 망루(적극적 수단), 보안등(소극적 수단)과 같은 방호시설을 집중적으로 설치하여 중요시설물에 대한 방호를 실시하는 지대이다.
  ㉢ 제3지대-핵심방어지대 : 중요시설의 주기능에 결정적인 영향을 미치는 **최후 방어선**으로, 주요 핵심부는 **지하화**하거나 **위장**되어야 하며, 항상 경비원의 감시하에 통제가 이루어지도록 하고, **방호벽·방탄막·적외선감지기** 등의 방호시설을 설치하여 중요시설물에 대한 방호를 실시하는 지대이다.

(4) 국가중요시설의 경비지휘 및 지도감독
① 국가중요시설의 지휘통제체계(통합방위법 제2조)

평상시 경비·보안활동		관계행정기관의 장과 국가정보원장이 행함
통합방위사태	갑종사태	일정한 조직체계를 갖춘 적의 대규모 병력 침투 또는 대량살상무기 공격 등의 도발로 발생한 비상사태로서 **통합방위본부장** 또는 **지역군사령관**의 지휘·통제하에 통합방위작전을 수행하여야 할 사태
	을종사태	일부 또는 여러 지역에서 적이 침투·도발하여 단기간 내에 치안이 회복되기 어려워 **지역군사령관의 지휘·통제**하에 통합방위작전을 수행하여야 할 사태
	병종사태	적의 침투·도발위협이 예상되거나 소규모의 적이 침투하였을 때에 **시·도경찰청장·지역군사령관 또는 함대사령관의 지휘·통제**하에 통합방위작전을 수행하여 단기간 내에 치안이 회복될 수 있는 사태

② 통합방위작전 관할구역의 구분(통합방위법 제15조 제1항)
  ㉠ 지상관할구역 : 특정경비지역, 군관할지역 및 경찰관할지역
  ㉡ 해상관할구역 : 특정경비해역 및 일반경비해역
  ㉢ 공중관할구역 : 비행금지공역 및 일반공역
③ 통합방위작전의 수행주체(통합방위법 제15조 제2항)
  ㉠ 경찰관할지역 : 시·도경찰청장
  ㉡ 특정경비지역 및 군관할지역 : 지역군사령관
  ㉢ 특정경비해역 및 일반경비해역 : 함대사령관
  ㉣ 비행금지공역 및 일반공역 : 공군작전사령관

4 금융시설의 경비

(1) 금융시설의 위험요소

① 외부의 위험요소 : 영업시간에 점포에 침입하여 출납부서 또는 점포 주위에 대기하고 있다가 점포에 출입하는 고객의 현금을 강탈해 가는 경우와 야간이나 공휴일에 점포에 침입하여 금고를 부수거나 열어 현금을 절취해 손해를 입히는 범죄를 말한다.

② 내부의 위험요소 : 외부의 위험요소인 강·절도보다 문제가 더 심각한 위험요소로서 내부직원에 의한 횡령, 대출사기, 서류위조 및 신용카드 관련 문제 등에 의하여 발생하여 손해를 입히는 범죄를 말한다.

(2) 금융시설의 안전관리 방법

① 방범책임자의 지정 : 각 금융기관의 단위마다 방범책임자 1인을 지정하여 '방범체계 계획의 수립, 방범설비 이상유무의 점검, 현금수송업무의 계획수립·지도, 내부직원의 방범훈련 실시 및 방범기기의 사용방법 교육, 경찰과의 연락 및 정보교환, 폐점 이후 안전관리의 강화' 등의 임무를 수행하게 한다.

② 경비원의 근무요령

㉠ 경비원의 근무위치 : 의심스러운 자를 경비원측에서 먼저 발견할 수 있는 위치를 선정하되 고객 등의 출입이 완전하게 확인되는 위치이어야 한다.

㉡ 경비 및 경계활동 : 경비원의 경비 및 경계활동은 구체적으로 정해진 근무요령에 따라 실시하되, 가능한 2인 이상이 실시하는 것이 효과적이다.

㉢ 집중경계 : 범죄발생 가능성이 높은 개점 직후나 폐점 전후, 점심시간, 또는 다액의 현금이 입·출금되는 월말·연말·보너스 시기 등과 같은 취약시간대에는 평시보다 철저한 주변경계를 실시해야 한다.

㉣ 인수인계 : 경비원의 휴가나 휴식시 또는 교대시에는 근무공백이 생기지 않도록 취급사항 및 경계상의 참고사항에 대하여 철저하게 인수인계를 실시해야 한다.

㉤ 중요사항의 기재 : 경비 중 발행한 중요사항은 부책에 기록하여 보존하고, 경우에 따라서는 방범책임자나 경찰에 연락을 취하여야 한다.

㉥ 거동수상자의 감시 : 『의식적으로 바쁜 척을 하거나 할 일 없이 점포 내에 계속 머무르고 있는 자, 부당하게 금융거래를 요구하거나 단기간 내에 예금의 입·출금을 반복하는 자, 점포 주변 혹은 점포 내에서 배회하거나 도로상에 자동차 시동을 건 상태로 주차하고 있는 자, 다른 출입객 옆에 숨어서 출입하는 자』 등과 같이 거동이 수상한 자에 대해서는 당사자가 불쾌감을 갖지 않도록 유의하며 지속적인 감시가 이루어져야 한다.

㉦ 의심스런 행동을 한 자에 대한 대처 : 명확하게 의심스런 행동을 취한 사람에게는 큰소리를 쳐 기선을 제압하고, 상황에 따라 방범책임자가 경찰에 지원을 요청한다.

㉧ 영업시간 종료 후 : 거동이 수상한 자의 유무를 확인하고 외부와의 교통을 차단하되, 이를 허용할 경우에는 다수 직원의 입회하에 인터폰, 도어스코프(Door Scope), CCTV 등을 이용하여 상대방의 신분과 외부상황을 확인한 후에 허용여부를 결정한다.

㉣ 야간경비 : 기계경비시스템을 도입하거나 경비업무의 위탁으로 야간경비에 만전을 기하여야 하며, 숙직직원을 둘 경우에는 제반상황을 충분히 설명하고 이상직후 발생시 대비요령을 구체적으로 정해둔다.
㉤ 경계범위 : 점포 내의 경계에만 국한하지 않고 외부에 대한 경계를 소홀히 하지 않음은 물론 주차 중의 차량에도 주의해야 한다.
③ 시설의 구조적 설계 : 방문한 고객들을 적절히 통제하고, 내부에서 이들의 움직임을 용이하게 관찰할 수 있도록 설계되어야 하며, 고객이 사용하는 객장과 직원들이 사용하는 영업장은 구역이 구분되어야 한다.
④ 방범설비의 설치 : 주잠금장치 외에 보조잠금장치 및 경보장치를 설치하고, 상황에 따라 그 이외의 침입방지장치를 설치한다. 비상신고장치의 스위치는 보이지 않게 설치하고 비상사태 발생시 점포 직원 및 외부에 알려 도움을 받을 수 있도록 한다.
⑤ 현금호송요령의 숙지 : 가스총을 휴대한 경비원을 동승시켜 현금전용호송차를 이용하되, 호송차에는 긴급무선망의 통신장비를 구축하여, 방범책임자가 수시로 지휘·감독할 수 있도록 한다. 특히, 단일화된 현금호송노선은 범죄목표에 쉽게 노출되기 때문에 몇 개의 노선을 지정하여 운행한다.
⑥ 직원에 대한 방범교육 : 모든 직원들을 대상으로 방범설비에 대한 조작요령을 숙지하도록 방범교육을 정기적으로 실시한다.
⑦ 주변시설의 경계강화 : 들치기, 날치기, 소매치기 등과 같이 점포주변에서 발생하는 범죄는 금융시설 내에서 발생하는 범죄를 대비하기 위한 수준으로 경계를 강화해야 한다.

(3) 현금자동지급기(ATM)의 안전관리
① 현금자동지급기(ATM)의 의미 : 현금자동지급기(Automatic Teller Machines)란 은행이 은행창구 이외의 장소에서 현금을 인출할 수 있도록 고객에게 편의를 제공하는 기계장치를 의미하는 것으로, 특히 현금자동지급기만이 독립적으로 설치되어 있는 경우를 '무인점포'라고 부른다.
② 현금자동지급기의 문제점 : 기술적 장치나 물리력을 행사하여 현금보관함을 개봉·파괴하거나 타인의 신용카드를 절취 또는 위조한 신용카드를 사용하여 현금을 절취해가는 문제점이 있다.
③ 현금자동지급기의 안전관리대책 : 적절한 경비조명 설치, 자동통제 및 감시카메라 설치, 안면인식을 통한 보안 시스템 설치, CCTV 설치, 비상전화 설치, 비상버튼 및 감시거울 설치, 출입구에 카드출입장치 설치, 야간에는 폐쇄장치 설치, 안전수칙에 관한 고객홍보 등과 같은 안전관리 대책이 수립되어 문제점을 보완하여야 한다.
④ 현금수송 : 원칙적으로 현금수송 전문경비회사에 의뢰하되, 자체적으로 현금을 수송할 경우에는 가스총을 휴대한 청원경찰을 포함한 3명 이상이 확보되어야 하며, 현금수송시에는 통신수단 및 긴급무선연락망이 구축되어야 한다.

5 판매시설의 경비

(1) 판매시설의 손실 및 범죄유형

① **판매자가 겪는 손실의 3대 요인**: 판매업자가 손실을 보는 3가지 중요 원인으로는 부정직한 내부직원의 고용으로 인한 내부적 손실, 절도 등 외부인에 의한 손실, 부주의나 경영상의 잘못으로 오는 관리상의 손실 등을 들 수 있다.

② **판매시설의 범죄유형**: 범죄 중 대부분을 차지하는 절도행위를 비롯하여, 소매치기, 강도행위, 부녀자의 성범죄, 부정수표의 사용, 내부직원에 의한 범죄, 자동차 범죄, 신용카드 범죄, 들치기, 폭발물 협박, 바코드 위조, 음주소란, 살인, 유괴, 방화 등 수많은 범죄유형이 있다.

③ **내부직원들의 절도**
   ㉠ 내부절도의 특징: 모두가 인식하지 못하는 상황에서 진행되기 때문에 색출이나 방지·예방에 어려움이 따르며, 특히 인터넷 등 컴퓨터를 이용한 사이버 스파이(Cyberspy)의 경우는 일반절도보다 더 어렵고, 이로 인하여 발생하는 피해규모는 외부절도행위보다 방대하고 심각하다.
   ㉡ 내부절도의 외부적 징표: 지위에 맞지 않는 호화생활자 및 낭비벽이 심한 자, 상습적 과음 및 알코올 중독자, 도박병이 심한 자, 신용카드의 과다한 사용자, 지속적인 차용행위와 심각한 연체행위자 등은 절도범죄를 저지르기 쉽다.
   ㉢ 내부절도의 유형: 물품의 절도행위(현금 및 환전이 가능한 수표·어음의 절취, 귀중품·물품·비품 및 상품의 절취, 손님의 신용카드를 훔쳐서 부정사용하는 행위, 설비 또는 기계를 폐물처리하여 이를 팔아 착복하는 행위), 서류조작에 의한 공금횡령(가짜 직원을 이용한 급료착복행위, 허위보고서작성에 의한 부정한 수당 착복, 책임자의 인장이나 서명을 도용하여 부정하게 비용을 지출하는 행위, 구매와 지불명세서를 변조하거나 재고를 덤핑처분한 것처럼 꾸미는 행위, 부품단가 조작에 의한 그 차액을 착복하는 행위, 현금출납부상의 기록을 누락시키고 돈을 횡령하는 행위) 등이 있다.

(2) 판매시설의 손실예방 대책

① **위해요소의 분석**: 판매시설에서 사건이 발생하였을 때 경비문제와 관련된 5가지 기본적 구성요소인 '고객 및 직원에 대한 기본적 통제, 공공지역과 주차지역에 대한 통제, 재산범죄, 폭력범죄, 공공자원의 수준' 등을 중심으로 위해요소의 분석이 이루어져야 한다. 이외에도 경찰과 응급지원의 출동시간, 건물구조의 성질, 지역의 교통상황 등도 고려되어야 한다.

② **내부직원의 범죄에 대한 대책**
   ㉠ 적절한 채용시스템 구축: 정직한 직원을 채용하기 위해 인사담당자와 협조하여 신원조사를 시행하되 개인의 프라이버시(학력, 경력, 전과, 이념, 성별 등)를 침해하지 않는 채용시스템을 구축하여야 한다.
   ㉡ 안정된 근무환경 조성: 직원의 사기나 충성도는 내부절도를 좌우하는 중요한 요소이기 때문에 채용된 직원들이 정상적으로 근무할 수 있는 환경을 조성하여야 한다.

ⓒ 경비프로그램의 주기적 변경 : 매장 내외에서 운용되고 있는 경비프로그램은 직원들의 횡령이나 절도를 억제하는 효과가 있지만, 예측 가능성을 부여하여 부정행위를 유발할 수 있기 때문에 경비프로그램은 수시로 변경시켜야 한다.

　　② 경비요원의 전문화와 정밀회계검사 실시 : 내부직원의 범죄행위를 일반경비원으로 감시하기에는 일정한 한계가 있기 때문에 내부절도를 전문으로 담당하는 전담경비요원을 두어 감시체계를 강화하고, 감시부서와 협조하여 정밀한 회계검사를 정기적으로 실시한다.

　　⑩ 직원의 사기앙양책 제시 : 최고경영자에게 직원의 복지나 교육에 대한 건의를 수시로 하여 사기저하에 따른 내부절도의 유혹에 빠지지 않도록 사기앙양책을 제시하여야 한다.

　　ⓗ 권한과 책임의 명백한 규정 : 경비책임자에 대한 필요범위 내에서의 권한이 주어져야 하며, 범행의 재발방지를 위하여 부정행위가 적발되었을 경우 그 책임을 명백하게 물어야 한다.

③ 외부의 범죄자에 대한 대책

　　㉠ 감시 및 순찰의 감시체계 확립 : 경비원 또는 기계장치인 CCTV는 범죄에 대한 감시와 대응 및 범죄발생 가능성에 효과적으로 대응할 수 있기 때문에 이를 활용하는 경비인력의 혼합운영이 필요하다.

　　㉡ 현금보관소의 안전관리 대책 : 판매시설 내에 설치된 현금보관소는 경보시스템 이외에 순찰강화, 장소적 안전성 고려, 출입통제 등 안전대책이 수립되어야 한다.

　　㉢ 모의훈련의 실시 : 실제로 발생하는 범죄상황과 비상사태에 효과적으로 대응하기 위하여 평소 경찰 등 범죄예방 전문기관과 합동으로 모의훈련(Simulation)을 실시한다.

　　㉣ 직원교육의 실시 : 비상사태 발생시 침착하게 경보를 작동시키고 수상한 사람들의 이상행동에 대해서 적절한 조치를 취할 수 있도록 평상시 직원들에게 교육을 실시한다.

6 의료시설의 경비

(1) 의료시설경비의 취약성

① 출입통제의 곤란성 : 병원의 특성상 입원과 퇴원을 하는 환자, 방문객, 자원봉사자의 출입, 직원들의 출퇴근, 차량출입 등이 빈번하게 이루어지는 개방성 때문에 외부인에 대한 접근통제가 쉽지 않은 어려움이 있다.

② 화재대응의 어려움 : 병원 시설물 내의 전기기구, 산소통, 약품, 가연성 액체 등은 다른 시설물 내에 비치된 용품에 비해 화재에 취약한 면이 있어 실제로 화재가 발생할 경우 이에 대응하기에는 상당한 어려움이 따른다.

③ 응급실의 위험성 노출 : 24시간 개방되는 응급실(Emergency Room)은 통제 없이 일반인의 접근이 항시 가능하고, 응급환자에 대한 생명을 다루는 긴박성 때문에 각종 위험요소가 복합적으로 상존해 있어 응급실에 대한 안전관리가 철저하게 이루어지도록 특별한 경비대책이 요구된다.

(2) 의료시설 경비담당부서의 안전예방 대책
① 의료시설 안전관리책임자의 안전확인요소 : 소화설비(소화기, 소화전, 소화호스)의 상태점검, 비상구 및 경보시스템의 상태점검, 시설물 내의 중요지역과 잠재적 범죄에 대한 지속적인 감시 및 순찰, 산소차단 밸브의 상태점검 및 금연구역이나 위험지역을 알리는 표시의 상태점검, 비상계단의 이동 중 장애물의 상태점검 등이다.
② 특별히 유의해야 할 보호대상 : 병원 내에서 발생할 수 있는 위해요소 중 잠재적 위험요소가 높은 응급실, 신생아실, 영안실, 환자소지품 및 개인정보 등은 일반 보호대상물과는 달리 안전에 관한 특별보호조치가 필요하다.
③ 위험요소의 사전예방 : 시설의 특수성으로 인해 병원은 수많은 위험에 노출되어 있어, 사태발생시 인명피해가 크기 때문에 효과적인 안전관리를 통하여 발생 가능한 모든 위험을 사전에 제거하여야 한다.

7 숙박시설의 경비

(1) 숙박시설 경비원의 임무
① 경비순찰활동 : 숙박시설 내 경비부서의 경비원들은 숙박시설의 규모 및 중요도에 따라 정선순찰, 난선순찰, 요점순찰을 실시하되, 건물 및 호텔로비 점검·화재 및 폭발물 점검·불법침입자 감시 등에 대한 사항들을 점검해야 한다.
② 경비보고서의 작성 : 경비보고서는 현재의 경비상황을 파악할 수 있고, 향후 경비계획을 수립하는 데 있어 유용한 자료가 될 수 있기 때문에 경비활동의 전반에 관한 공식문서인 경비보고서를 작성하여야 한다.
③ 고객의 분실물 확인 : 숙박시설의 경비활동을 수행하는 경비원들은 숙박시설을 이용한 고객들의 분실물을 항목별로 체크하여 나중에 고객들에게 안전하게 전달되도록 조치를 취하여야 한다.

(2) 숙박시설 경비원의 교육
① 일반적 교육의 종류
  ㉠ 신규교육 : 회사소개, 시설물의 안전관리에 관한 전반적 사항, 경비원이 갖추어야 할 기본적 태도 등에 대한 교육을 실시한다.
  ㉡ 재교육 : 익숙한 경비시설물 내에서 체계가 잡힌 경비시스템에 의해 경비업무를 수행하는 경비원들은 직업적 매너리즘에 빠지기 쉽기 때문에 이를 방지하기 위한 정신교육을 강화시키는 방향으로 실시하여야 한다.
② 지위체계에 의한 교육
  ㉠ 경비원 교육 : 일반 경비원에 대한 교육에서는 경비관련법규의 소개, 불법행위 발견시의 대응, 화재발생시의 대응 및 대피절차, 열쇠통제, 응급치료(EMT), 고객의 사생활 보호와 고객관계 위험예방 등의 교육이 이루어져야 한다.
  ㉡ 경비관리자 교육 : 일반경비원이 갖추어야 할 기본교육 이외에 리더십, 상호작용과 관련한 관리 등 전문적인 교육이 병행되어야 한다.

> **심화연구** 대규모 상업시설과 대규모 주거시설의 민간경비

1 대규모 상업시설의 등장과 민간경비의 성장
- 호텔, 백화점, 쇼핑센터, 금융기관, 병원, 놀이공원, 레저 스포츠 센터 등과 같은 대규모 상업시설뿐만 아니라, 개인들이 운영하는 도·소매업이나 음식, 숙박시설, 24시간 편의점 등의 규모도 거대화되고 성장속도 또한 빠르게 전개되고 있다.
- 이와 같이 20세기 후반에 들어서 기존 자본주의 관계를 변화시키는 대규모 민간 소유 재산의 출현은 오히려 공공경찰의 경찰활동을 한계에 이르게 하였고, 이는 민간경비가 성장하게 되는 계기가 되었다.
- 개인영역은 사생활 보호 차원에서 공공경찰의 접근을 가능한 제한하고 있지만, 대규모 상업시설의 경우 민간소유 재산임에도 공공경찰의 접근을 특별히 제한하지는 않는데, 이는 많은 고객들을 유치하여 영리를 추구해야 하는 상업시설의 특수성 때문이다.
- 쇼핑센터와 같은 대규모 상업시설의 경우 매장의 질서유지, 범죄예방 등 치안서비스를 수행하기 위해 민간경비를 자체적으로 두거나 계약을 통하여 고용한다.
- 대규모 상업시설의 민간경비는 소비욕구를 최대한 자극하기 위해서 공중의 접근을 극대화하고, 동시에 상업적 활동을 저해하는 사람들의 불법적 행위를 통제하는 역할을 수행한다.
- 대규모 상업시설의 소유자들은 사인 간의 관계를 규정하는 사법의 적용을 받기 때문에 보안·안전에 대한 책임도 비례적으로 증가한다. 따라서 민간경비는 공중의 접근이 허용되는 사적인 시설물들의 비율이 증가할수록 확대된다고 볼 수 있다.

2 대규모 주거시설의 등장과 민간경비의 성장
- 주변과의 관계성을 구축하기 보다는 자체적이고 독립적인 규모와 기능의 극대화에 초점을 두는 고급 주거시설의 등장과 같은 주거환경의 변화는 민간경비의 성장에 지대한 영향을 주고 있다.
- 대규모 주거시설 내의 방범과 질서유지 및 위험관리 등의 중요한 기능은 종합경비 시스템에 의해 가동되기 때문에 공공경찰이 아닌 자체적 민간경비 또는 계약에 의한 민간경비에 의해 수행된다.
- 현재 주거시설까지 깊숙이 침투해 있는 민간경비는 향후에도 가속도가 붙을 것이 확실하며 민간경비 산업을 성장시키는 촉매제 역할을 할 것인 만큼, 대규모 주거시설에서의 범죄예방활동과 위험관리는 공동체 구성원의 참여가 더욱 중요하게 되었다.

8 경호(Protection)

(1) 경호의 개념과 목적
① 경호의 개념 : 사용 가능한 모든 수단과 방법을 동원하여 각종의 위해요소를 사전에 방지 및 제거하여 경호대상자에 대한 신변의 안전보장을 확보하기 위한 제반활동을 말하는 것으로 이에는 국가기관이 행하는 공경호(Public Protection)와 영리를 목적으로 행하는 민간경호(Private Protection)가 있다.
② 경호의 목적 : 1차적으로 납치, 암살 등 각종 신체적 위해로부터 경호대상을 보호함은 물론, 나아가 질서를 유지하고 보호대상에 대한 권위를 도모하는데 그 목적이 있다.

(2) 경호와 관련된 위험요소
① 일반적 군중
㉠ 호의적인 군중 : 영화배우, 가수, 정치인 등과 같이 인기있는 사람들이 나타날 때 호의적인 반응을 보이는 군중을 말한다. 그러나 이들도 경호대상자에게 접근하기 위해 경호목적상 설치한 방어선을 뚫는 비이성적인 행동을 돌발적으로 저지르는 위험성을 내포하고 있다.

ⓒ 비호의적인 군중 : 사회적으로 지명도가 있는 공인이나 저명인사에 대해 노골적인 불만과 적대감을 표시하는 군중을 말한다. 이러한 비호의적인 군중도 경호대상자가 가는 곳마다 출현하여 위해행위를 저지르는 경우가 있다.

② 파파라치(PaParazzi) : 이탈리아어로 파리처럼 웽웽거리며 달려드는 벌레를 말하는 것으로 유럽에서 개인의 프라이버시에 근접해서 특종 사진을 촬영하여 신문사에 파는 직업적 사진사를 말한다. 이들 파파라치는 경호대상자에게 매우 위험한 위해상황이 발생하도록 유도하는 경우가 있다.

③ 테러범 : 테러(Terror)란 폭력수단을 써서 적이나 상대방을 위협하거나 공포에 빠뜨리는 행위를 말한다. 개인적 테러는 개인적인 목적을 실현하기 위해서 연예인이나 정치인, 또는 경제인 등과 같은 경호대상자를 극단적인 방법을 써서 공격하는 범죄행위를 말하며, 조직적 테러는 사전에 치밀한 준비를 통해 암살·폭파·유인납치·하이재킹·방화·매복공격 등 다양한 방법을 통하여 자신들의 목적을 실현하는 조직범죄를 말한다.

> **심화연구** **국민보호와 공공안전을 위한 테러방지법**
>
> **1** **테러** : 국가·지방자치단체 또는 외국 정부(외국 지방자치단체와 조약 또는 그 밖의 국제적인 협약에 따라 설립된 국제기구를 포함)의 권한행사를 방해하거나 의무 없는 일을 하게 할 목적 또는 공중을 협박할 목적으로 하는 행위를 말한다.
> **2** **테러단체** : 국제연합(UN)이 지정한 테러단체를 말한다.
> **3** **테러위험인물** : 테러단체의 조직원이거나 테러단체 선전, 테러자금 모금·기부, 그 밖에 테러 예비·음모·선전·선동을 하였거나 하였다고 의심할 상당한 이유가 있는 사람을 말한다.
> **4** **외국인테러전투원** : 테러를 실행·계획·준비하거나 테러에 참가할 목적으로 국적국이 아닌 국가의 테러단체에 가입하거나 가입하기 위하여 이동 또는 이동을 시도하는 내국인·외국인을 말한다.
> **5** **테러자금** : 『공중 등 협박목적 및 대량살상무기확산을 위한 자금조달행위의 금지에 관한 법률』에 따른 공중 등 협박목적을 위한 자금을 말한다.
> **6** **대테러활동** : 테러 관련 정보의 수집, 테러위험인물의 관리, 테러에 이용될 수 있는 위험물질 등 테러수단의 안전관리, 인원·시설·장비의 보호, 국제행사의 안전확보, 테러위협에의 대응 및 무력진압 등 테러 예방과 대응에 관한 제반 활동을 말한다.
> **7** **관계기관** : 대테러 활동을 수행하는 국가기관, 지방자치단체, 그 밖에 대통령령으로 정하는 기관을 말한다.
> **8** **대테러조사** : 대테러 활동에 필요한 정보나 자료를 수집하기 위하여 현장조사·문서열람·시료채취 등을 하거나 조사대상자에게 자료제출 및 진술을 요구하는 활동을 말한다.

(3) 경호의 기본원리

① 3중 경호이론 : 영국에서 정립된 경호이론으로 중요한 인물에 대해 국가차원에서 경호하는 방법상의 이론을 말한다. 3중 경호는 정보분석팀에 의해서 정보·전략적 차원에서 이루어지는 **외곽경호**(Outer Ring), 현장정보를 중심으로 일정지점에서 정복경호경찰·교통경찰·경호경계팀·통신팀 등이 사전에 예방경호활동을 하는 **중간경호**(Center Ring), 요인(VIP) 경호팀에 의하여 실질적·현실적 경호활동을 하는 **근접경호**(Inner Ring)로 이루어진다.

㉠ 근접경호(Inner Ring, 내부, 안전구역) : 경호대상자로부터 약 50m 이내의 거리로 본래 권총의 유효사거리 및 수류탄 투척거리를 고려하여 설정된 개념이다.
㉡ 중간경호(Center Ring, 내곽, 경비구역) : 경호대상자로부터 약 1,000m 이내의 거리로 본래 소총 유효사거리를 고려하여 설정된 개념이다.
㉢ 외곽경호(Outer Ring, 외곽, 경계구역) : 경호대상자로부터 약 1,000m 이상의 외곽지역으로 본래 소구경 곡사화기의 유효사거리를 고려하여 설정된 개념이다.
② 경호의 4대 원칙 : 자기희생의 원칙, 자기담당구역 책임의 원칙, 하나의 통제된 지점을 통한 접근의 원칙, 목표물 보존의 원칙 등은 경호원이 직무를 수행하면서 철저하게 지켜야 할 기본원칙이다.

9 혼잡행사의 경비

(1) 혼잡경비의 의미
① 혼잡경비 : 혼잡한 상황에서 발생한 가능성이 있는 여러 가지 안전사고를 경계하고 예방하는 제반활동을 말하며, 특히 지방자치단체가 주관하는 축제·행사에서 안전사고에 대비하는 질서유지활동이 혼잡경비를 잘 말해 주고 있다.
② 경비업법상 규정 : 우리나라의 경우 일본 입법의 경우와 같이 교통유도 업무와 함께 경비업무의 한 유형으로 규정하고 있다. 즉, 도로에 접속한 공사현장 및 사람과 차량의 통행에 위험이 있는 장소 또는 도로를 점유하는 행사장 등에서 교통사고나 그 밖의 혼잡 등으로 인한 위험발생을 방지하는 업무로 규정하고 있다(혼잡·교통유도경비업무 - 경비업법 제2조 제1호 바목).

(2) 공연·행사장에서의 군중심리
① 군중심리의 의미 : 사회심리 현상의 하나로 많은 사람들이 모인 군중이 **자기 이상의 행동을 하게 되는 심리상태**를 말한다.
② 정상군중심리와 이상군중심리
㉠ 정상군중심리 : 호기심리·동정심리·안전심리·수치심리·집단동질심리 등과 같은 내재된 개개의 심리적 특징이, 구성원 상호간 신임과 충성 및 단결 등의 내적 심리기재가 작용한 상태에서 주어진 상황을 파악하려고 하는 군중심리를 말한다.
㉡ 이상군중심리 : 대규모로 운집한 군중이 정서의 충동성·추리의 단순성·욕망의 확장성·도덕적 모순성 등의 원인으로 비합리적이고 퇴행적인 행동을 하여 인명과 재산의 손실을 초래하는 심리를 말한다.
③ 군중관리의 기본원칙 : 대규모 군중이 운집한 상황에서는 때때로 비합리적이고 비도덕적이며, 극단적인 행동을 함으로써 인명 및 재산의 손실을 초래하게 되기 때문에 공연·행사를 진행하는 안전관리요원은 군중관리의 기본원칙인 **밀도의 희박화, 이동의 일정화, 경쟁적 상황의 해소, 지시의 철저** 등을 잘 숙지하여 군중을 통제하여야 한다.

(3) 공연·행사장에서 발생하는 안전사고의 원인
① 시설물의 안전성 검토 미흡 : 공연이나 행사장에 시설물을 설치할 때 안전성과 관련된 문제들을 명확하게 고려하지 않고 지속적인 점검도 이루어지지 못한 상태에서 행사가 진행되기 때문에 안전사고가 발생하게 된다.

② 현장의 관리능력 부족 : 현장에 투입된 안전관리요원들의 전문성 결여와 행사진행요령에 대한 이해부족, 또는 안전관리의 핵심적 요소인 동선관리가 소홀하게 다루어져 안전사고가 발생하게 된다.

(4) 안전관리의 주요대상과 기본원칙
① 안전관리의 주요대상 : 자동차 절도·강간·강도·폭행 등이 발생할 수 있는 주차장, 소매치기 등 돌발상황의 발생 가능성이 큰 티켓창구, 출입문, 밀폐성·협소성으로 안전관리상 심각성이 큰 시설내부 등은 체계화된 안전관리절차에 따라 안전관리가 철저하게 이루어져야 한다.
② 안전관리의 기본원칙 : 최대 수용인원의 확인, 비상탈출구 및 대피로의 확인, 공연·행사장의 진입로 및 출입구 확인, 소방시설 및 응급설비 등의 확인, 시설물의 안정성 확인 등의 사항을 고려하여 안전관리계획을 수립하고, 행사장 내의 안전관리업무를 수행하기 위하여 안전관리요원을 배치하고, 상황에 따라 극단적이고 비합리적인 행동을 취해 인명과 재산의 손실을 초래하는 군중심리를 효과적으로 관리하여 안전성을 유지하여야 한다.
③ 유관기관과의 상호협력체계 구축 : 행사장 내의 안전관리요원들은 공경비인 경찰뿐만 아니라 지방자치단체·소방기관 등 유관기관과 긴밀한 협의체계를 구축하여 효과적인 안전대책이 가능하도록 상호협력체계가 구축되어야 한다.

10 호송경비

(1) 호송경비의 의미
한 장소에서 다른 장소로 운반 중에 있는 현금·유가증권·귀금속·상품 그 밖의 물건에 대하여 출발지에서 목적지까지 도난·화재 등 위험발생을 방지하면서 신속하고 안전하게 이동할 수 있도록 하는 일체의 경비지원활동 업무를 말한다.

(2) 호송의 방식
① 단독호송방식
  ㉠ 통합호송 : 경비업자가 자체 소유한 일반차량이나 무장차량을 사용하여 운송업무와 호송경비업무를 겸해서 하는 호송방식을 말한다.
  ㉡ 분리호송 : 운송업자가 고가미술품을 자신의 트럭에 적재하여 운송하고, 적재차량의 경비는 경비업자가 무장경비차량 및 경비원을 통해 경비하는 것처럼, 운송업무와 호송경비업무를 분리하여 운송하는 방식을 말한다.
  ㉢ 동승호송 : 경비대상 물건을 적재하고 있는 운송업자 차량에 경비업체 경비원이 동승하여 대상물건을 호송하는 방식을 말한다.
  ㉣ 휴대호송 : 호송대상물을 경비원이 직접 휴대하여 운반하는 방식을 말한다.
② 협력호송방식 : 단독호송방식을 2개 이상 결합시켜 조를 편성해 운송하는 방식을 말한다.

CHAPTER 03 시설경비와 시설보호의 기본원칙

기출 및 적중예상문제

01 ★★　　　　　　　　　　　　　　　　　　　　　　　　　23, 21, 20, 19. 기출

> 외곽경비의 특징

외곽경비에 관한 설명으로 옳은 것은?

① 경비조명은 시설물에 대한 감시활동보다는 미적인 효과가 더 중요하다.
② 건물의 측면이나 후면 등 눈에 잘 띄지 않는 건물외벽에는 주기적인 순찰과 함께 CCTV 등 감시장치를 설치해야 한다.
③ 건물자체에 대한 경비활동으로 건물에 대한 출입통제, 출입문·창문에 대한 보호조치 등을 말한다.
④ 각종 잠금장치를 활용하여 범죄자의 침입시간을 지연시킨다.

① 경비조명은 미적 효과보다 경계구역의 모든 부분을 비추도록 하되, 경비구역 내의 지역과 건물에 경비를 집중시킬 수 있게 설치되어야 한다.
③ 건물에 대한 출입통제, 출입문·창문에 대한 보호조치 등은 시설물 내부경비에 해당하는 내용이다.
④ 각종 잠금장치를 활용하여 범죄자의 침입시간을 지연시키는 것은 시설물 내부경비에 해당하는 내용이다.

02　　　　　　　　　　　　　　　　　　　　　　　　　　　　19. 기출

> 외곽시설물 경비의 방어수단

외곽시설물 경비의 2차적 방어수단은?

① 경보장치　　　　　　② 외벽
③ 울타리　　　　　　　④ 외곽방호시설물

② 외벽, ③ 울타리, ④ 외곽방호시설물 등은 1차적 방어수단이다.

정답 01 ② 02 ①

03

다음은 외곽시설물의 경비에 관한 설명이다. 옳은 것은?

① 자연적 장벽인 강, 절벽, 협곡 등은 침입에 대한 적극적인 예방대책이 아니기 때문에 경비장치를 추가할 필요가 있다.
② 설치비용이 많이 소요되는 구조물에 의한 물리적 장벽을 가급적 줄이는 편이 좋다.
③ 폐쇄된 출입구는 출입구경비의 유의해야 할 대상에서 제외된다.
④ 경계구역의 감시를 위해서 확보되는 가시지대는 외벽이 이용된다.

> ② 구조물에 의한 물리적 장벽은 철조망, 담, 출입문 등과 같은 상설적이거나 일시적인 장치들을 의미한다.
> ③ 폐쇄된 출입구가 현행의 출입형태에 영향을 받지 않고 시설물의 일상적인 업무활동에서 벗어난 곳에 있다면 더욱 철저하게 점검한다.
> ④ 경계구역의 가시지대를 확보하기 위해서는 불필요한 장애물을 없애야 하며, 이러한 가시지대를 확보하는 장치로는 탐지센서, 조명 등이 있다.

출제 POINT
> 외곽시설물의 경비방법

04 ★

어떠한 특정 지점에 대해 강력한 빛을 발산해 주며, 비상사태 발생시 특정지역에 대해 추가적인 조명을 필요로 할 때 유용하게 사용되는 경비조명등은?

① 가로등
② 투광조명등
③ 프레이넬등
④ 탐조등

> ① 가로등 : 골고루 빛을 발산하는 조명등으로 높은 지점에 조명이 필요하지 않은 넓은 지역에 사용된다.
> ② 투광조명등 : 고도의 빛을 발산하는 조명등으로 특정지역에 빛을 집중시키는 데 사용된다.
> ③ 프레이넬등 : 광폭의 빛을 발산하는 조명등으로 경계구역에 접근을 방지하는 데 사용된다.

> 경비조명등의 형태와 특징
> 경비조명등의 종류와 그 사용용도에 대해서 정리하여 시험에 대비해야 한다.

05 ★★

다음은 화재의 유형 중 전기화재(C유형)와 금속화재(D유형)에 대한 설명을 나열한 것이다. 다음 중에서 부적절한 내용은?

① 소방관이 절연성의 방전복을 입어야 하는 경우는 전기화재의 발생시이다.
② 건성분말의 화학적 화재진압이 효과적인 것은 금속화재의 경우이다.
③ 전기화재와 금속화재가 발생하였을 경우에는 모두 포말소화기를 이용하여 화재를 진압하는 것이 좋다.
④ 마그네슘이나 칼슘, 나트륨과 같은 물질로부터 금속화재는 불이 난다.

> 포말소화기는 화재의 규모가 비교적 작은 일반화재(A유형)나 유류화재(B유형)에 효과적이다.

> 화재의 종류와 특성
> 화재가 발생할 경우 민간경비 관리자 및 방화관리자가 취하는 화재유형별 소화방법에 대해서 알아 두어야 한다.

정답 03 ① 04 ④ 05 ③

06

다음 중 경비시설물 내에 폭발물이 설치되어 있는 경우의 적절한 대응조치로서 옳지 않은 것은?

① 폭발물의 설치가 예상되는 지역을 철저히 봉쇄하고 일반인의 접근을 통제한다.
② 시설물 내에 폭발물이 실제로 설치되었다고 판단되는 경우에는 모든 사람들을 대피시켜야 한다.
③ 실제로 폭발물이 발견되었을 경우에는 그 지역을 자주 드나드는 모든 사람들에 대한 조사가 이루어져야 한다.
④ 폭발물이 발견되었을 경우 경비원은 시설물 내의 구조적 특성에 익숙하기 때문에 폭발물 탐색 및 대응활동을 주도적으로 이끌어야 한다.

> 시설물 내에서 실제로 폭발물이 발견된 경우 경비원은 폭발물의 위치·크기·종류 이외에 기타 육안으로 보이는 여러 특징들을 있는 그대로 보고하여야 하며, 폭발물의 처리는 전문가가 하도록 하여야 한다.

출제POINT ▶ 폭발물에 의한 비상사태시 대응조치

07 ★

홈시큐리티(주거시설경비)의 기능에 대한 올바른 설명은?

① 주로 인력경비를 중심으로 서비스가 실시되고 있다.
② 전화회선을 통한 전달이기 때문에 정보량의 한계가 없다.
③ 홈시큐리티의 발전은 풍부한 부가가치 서비스를 무한정으로 창출해 낼 수 있다는 잠재력을 가지고 있다.
④ 주거시설의 경비는 고령화 시대에 있어서 좋은 대안이라고 할 수 없다.

> **홈시큐리티(Home Security)의 기능**
> ㉠ 서비스는 주로 기계경비를 중심으로 실시되고 있다.
> ㉡ 전화회선을 통하여 정보가 전달되었을 때에는 정보량의 한계와 오경보가 많았으나, CATV 회선은 광케이블을 사용하므로 쌍방향으로 정보를 주고받을 수 있을 뿐만 아니라, 정보량도 한계가 없다.
> ㉢ 무한정으로 풍부한 부가가치 서비스를 창출해 낼 수 있다는 잠재력을 가지고 있다.
> ㉣ 노인들의 위급상황 발생시 효율적으로 대처할 수 있어 고령화 시대에 있어서의 좋은 대안이 된다.
> ㉤ 편리성을 추구하는 현대인들의 욕구에 맞춰 종합서비스 시스템으로 발전하고 있다.

▶ 홈시큐리티의 기능

정답 06 ④ 07 ③

08 ★
현금자동지급기(ATM)의 안전관리대책에 관한 설명으로 틀린 것은?

① 현금자동지급기에 경비순찰을 실시한다.
② 현금자동지급기에 경비조명을 설치한다.
③ ATM지역에 비상전화를 설치한다.
④ 현금자동지급기에 상주경비원을 배치한다.

> 현금자동지급기(ATM)에 대한 안전관리대책
> ㉠ ATM에 대한 경비순찰을 실시하고, 경비조명을 설치한다.
> ㉡ ATM에 CCTV를 설치하고, 야간에는 폐쇄장치를 설치한다.
> ㉢ ATM지역에 비상전화를 각각 설치한다.
> ㉣ ATM의 출입구에 카드출입장치를 설치한다.
> ㉤ ATM의 안전수칙에 관하여 고객에게 홍보한다.

출제 POINT
> 현금자동지급기의 안전관리 대책
> 현금자동지급기의 문제와 안전관리 대책에 대해서 파악하고 암기해야 된다.

09 ★
경비조명 설치시 유의사항으로 틀린 것은?

① 보호조명은 경계구역 내의 지역과 건물에 적합하도록 설계되어야 한다.
② 경비조명은 침입자의 탐지 외에 경비원의 시야를 확보하는 기능이 있으므로 경비원의 감시활동, 확인점검활동을 방해하는 강한 조명이나 각도, 색깔 등을 고려해야 한다.
③ 인근지역을 너무 밝게 하거나 영향을 미침으로써 타인의 사생활을 침해하지 않도록 해야 한다.
④ 도로, 고속도로, 항해수로 등에 인접한 시설물의 조명장치는 통행에 영향을 미치더라도 모든 부분을 구석구석 비출 수 있도록 설치되어야 한다.

> 경비조명은 경계구역의 모든 부분을 비출 수 있도록 설치하되, 도로·고속도로·항해수로 등에 인접한 시설물의 조명장치는 통행에 지장이 없도록 설계되어야 한다.

> 경비조명등을 설치할 경우 유의사항

10
경보시스템의 종류에 관한 설명으로 옳지 않은 것은?

① 중앙관제시스템은 전용전화회선을 통해 비상감지 시 직접 외부의 각 관계기관에 자동으로 연락이 취해지는 방식이다.
② 국부적 경보시스템은 가장 원시적인 경보체계로 일정지역에 국한해 한두 개의 경보장치를 설치하거나 단순히 사이렌이나 경보음이 울리는 것이다.
③ 제한적 경보시스템은 사이렌이나 종, 비상등과 같은 제한된 경보장치를 설치하여 화재예방시설에 주로 사용되며 사람이 없으면 대응할 수 없는 단점이 있다.
④ 다이얼 경보시스템은 비상사태가 발생하였을 경우 사전에 입력된 전화번호로 긴급연락을 하는 것으로 설치가 간단하고 유지비가 저렴하다.

> ①은 경보시스템 중 외래지원경보시스템에 대한 설명이다.

> 경보시스템의 종류

정답 08 ④ 09 ④ 10 ①

11 ★

10. 02. 기출

다음 중 보호대상인 물건에 직접적으로 센서를 부착하여 그 물건이 움직이게 되면 경보를 발하며, 고미술품이나 전시 중인 물건을 보호하기 위해서 주로 사용하는 방범기기는?

① 전자파울타리
② 무선주파수장치
③ 진동탐지기
④ 압력반응식센서

① **전자파울타리** : 레이저 광선의 여러 가닥으로 전자벽을 만들어 외부의 자극이 와 닿을 경우 경보가 울리도록 작동하는 경보장치를 말한다.
② **무선주파수장치** : 외부침입자에서 나오는 체온에 의해 전파의 이동이 방해받는 경우 그 즉시로 경보가 울리도록 고안된 경보장치를 말한다.
④ **압력반응식센서** : 침입자가 직·간접적으로 설치된 센서를 건드리거나 밟게 되면 압력에 의해 즉시 센서가 작동하여 신호를 보내는 경보장치를 말한다.

출제 POINT

▶ 경보장치의 종류와 특징
건물 내부의 통제장치인 경보센서의 종류와 그 각각의 용도에 대해서 파악해 두어야 한다.

12 ★★

07. 02. 기출

다음 중 강력한 고온의 열이 감지되고, 계속적으로 불이 외부로 확장되며 공기는 가열되어 위험할 정도로 팽창되는 상태는 화재의 4단계 중 어느 단계에 속하는가?

① 초기단계
② 그을린단계
③ 불꽃발화단계
④ 열단계

화재의 4단계
㉠ **초기단계** : 어떠한 연소상태가 진행되고 있는지 육안으로는 파악하기 어려운 단계로 약간의 열기만 감지되는 단계이다.
㉡ **그을린단계** : 연기는 보여 감지되지만, 불꽃은 아직 보이지 않아 감지되지 않는 단계이다.
㉢ **불꽃발화단계** : 실제로 화재가 발생하여 불꽃과 연기가 육안으로 감지되고, 높은 온도가 짧게 감지되는 단계이다.
㉣ **열단계** : 강렬한 고온의 열이 감지되고 공기가 가열되어 급격히 팽창되며, 불이 외부로 계속 확장되는 단계이다.

▶ 화재의 4단계
화재의 4단계 내용을 비교 정리하여 각 단계별 특성을 숙지하고 있어야 한다.

13

다음 중 일반경비시설물 내의 폭발물 등에 대한 올바른 탐지활동요령으로 볼 수 없는 것은?

① 방의 중심에서부터 주변으로 이동하면서 탐지한다.
② 출동한 관계기관요원인 경찰관 또는 소방관과 함께 근무 익숙지역에 비교적 지리가 밝은 경비원도 함께 참여하는 것이 바람직하다.
③ 폭발물 탐지활동 중이라도 항상 들려오는 배경음 또는 소리 등에도 신경을 써야 한다.
④ 밀폐된 공간이나 방 등을 조사할 경우 이등분하여 관찰한다.

밀폐된 공간 또는 방안을 수색할 경우에는 이등분하여 관찰하되, 주변지역을 먼저 관찰하고 방의 중심부로 옮겨 가면서 관찰하여야 한다.

▶ 폭발물의 탐지요령

정답 11 ③ 12 ④ 13 ①

14

보안조명 설치의 일반원칙에 해당되지 않는 것은?

① 보안조명은 경계구역의 안과 밖을 비출 수 있도록 적당한 밝기와 높이로 설치한다.
② 경계대상물이 경계선에서 가깝거나 건물 자체가 경계선의 일부분일 경우에는 외부조명은 건물에 간접적으로 비추도록 해야 한다.
③ 조명시설의 위치가 경비원의 시야를 방해해서는 안 되며, 가능한 한 그림자가 생기지 않도록 설치해야 한다.
④ 보안조명은 위험발생 가능성이 있는 지역에 직접적으로 비춰야 하며, 보호하고자 하는 지역으로부터 일정거리 이상이 유지되어야 한다.

경계대상물이 경계선에 가깝거나 건물 자체가 경계선의 일부분일 경우 외부조명은 건물에 직접적으로 비추도록 해야한다.

출제 POINT: 경계지역의 조명설치시 유의사항

15

다음 중 숙박시설 경비요령으로 틀린 것은?

① 순찰 중 시설점검, 범죄예방, 화재점검, 기타 비상사태 점검 등을 실시한다.
② 경비원들에게 열쇠통제와 고객 사생활 보호교육을 실시한다.
③ 내부 자체적인 경비보다는 외부 및 주변에서 발생할 수 있는 문제점을 중시한다.
④ 경비원의 규모는 객실수, 건물의 크기를 고려한다.

숙박시설을 경비할 경우에는 내부 자체적인 경비는 물론 외부 및 주변에서 발생할 수 있는 문제점 모두를 중시하여야 한다.

출제 POINT: 숙박시설의 경비요령

16 ★

외부의 침입이나 화재 및 가스누출과 같은 비상경보가 CCTV회선을 통해 경비회사에 전송되면 경비회사는 그 이상 여부를 확인하여 경찰서 및 소방서에 통보하는 시스템은?

① 타운시큐리티   ② 고층빌딩경비
③ 홈시큐리티   ④ 공동주택경비

홈시큐리티(Home Security)란 비상사태가 발생할 경우 이를 감지하여 CCTV회선을 통하여 경비회사에 전송되면 경비회사는 이상 여부를 확인하여 관계기관에 통보하는 시스템을 말한다.

출제 POINT: 홈시큐리티의 개념

정답 14 ② 15 ③ 16 ③

17

금융시설경비에 대한 설명으로 틀린 것은?

① 경비원에 의한 경비 및 경계활동은 가능한 2인 이상이 하는 것으로 하여야 하며 점포내 순찰, 출입자 감시 등 구체적인 근무요령에 의해 실시한다.
② ATM의 증가는 범죄자들의 범행욕구를 충분히 유발시킬 수 있으므로 지속적인 경비순찰을 실시하고 경비조명뿐 아니라 CCTV를 설치하는 등 안전대책이 수립되어야 한다.
③ 경비책임자는 경찰과의 연락 및 방범정보의 교환과 같은 사항이 지속적으로 이루어지도록 점검하여야 한다.
④ 현금수송은 원칙적으로 금융기관 자체에서 실시하되 특별한 경우에는 현금수송 전문경비회사에 의뢰할 수 있다.

현금수송은 원칙적으로 현금수송 전문경비회사에 의뢰하되, 금융기관 자체적으로 수송할 경우에는 가스총을 휴대한 청원경찰을 포함한 3인 이상이 확보되어야 한다.

18

건물의 화재성상 중 플래시 오버(Flash Over)에 대한 설명으로 옳은 것은?

① 건물에 화재가 발생하였을 경우 가연물이 착화하여 연소하기 시작하는 단계이다.
② 건물 화재에서 발생한 가연가스가 일시에 인화하여 화염이 충만하는 단계이다.
③ 건물 화재에서 화재가 쇠퇴기에 이른 단계이다.
④ 건물 화재에서 가연물의 연소가 끝난 단계이다.

플래시 오버(Flash Over)란 실내화재에서 화재의 전성기에 돌입하기 전에 다량의 가연성 가스가 동시에 연소되면서 급격한 온도상승을 유발하는 현상을 말한다. 즉, 가연성 가스를 동반하는 연기와 유독가스가 방출하여 실내의 급격한 온도상승으로 실내 전체가 순간적으로 연기가 충만하는 현상을 말한다.

19

분말소화기에 대한 설명으로 옳지 않은 것은?

① 총중량을 달아서 소화약제량의 상태를 파악한다.
② 축압식 분말소화기는 지시 압력계의 지침이 녹색부분을 가리키면 정상이다.
③ 분말소화약제는 질소가스의 압력에 의해 흡입되고, 가스의 도입관을 통하여 방사한다.
④ 분말소화약제는 변질의 우려가 없으므로 습기가 있는 장소에 저장하여도 소화력이 그대로 유지된다.

분말소화약제는 분말로서 습기가 적은 장소에 저장하여야 하며 습기가 있는 곳에 저장하면 분말이 응고되어 소화성능이 저하된다.

정답 17 ④ 18 ② 19 ④

20

이산화탄소의 질식 및 냉각효과에 대한 설명 중 부적합한 것은?

① 이산화탄소의 비중은 산소보다 크므로 가연물과 산소의 접촉을 방해한다.
② 액체 이산화탄소가 기화되어 기체 상태인 탄산가스로 변화하는 과정에서 많은 열을 흡수한다.
③ 이산화탄소는 불연성의 가스로서 가연물의 연소를 방해 또는 억제한다.
④ 이산화탄소는 산소와 반응하며 이때 가연물의 연소열을 흡수하므로 이산화탄소는 냉각효과를 나타낸다.

이산화탄소 소화약제는 산소와 더 이상 반응하지 않는 물질로서 불연성 가스이다.

출제POINT
이산화탄소(CO_2) 소화약제의 특성

21

21, 17, 15. 기출

환경설계를 통한 범죄예방(CPTED)에 관한 설명으로 옳은 것은?

① 환경의 효율적 이용을 통한 범죄예방을 위하여 자연적 전략에서 기계적 전략으로 그 중심을 바꾸는데 기여하였다.
② 1차적 기본전략은 자연적인 봉쇄, 자연적인 감시, 영역성의 강화라는 세 가지 차원에서 출발한다.
③ 시민의 삶의 질 향상과는 관계없이 범죄예방만을 추구한다.
④ 범죄원인을 환경적 요인보다 개인적 요인에서 찾는다.

① CPTED는 조직적·기계적 전략에서 자연적 전략으로 그 중심을 바꾸는데 기여하였다.
③ CPTED는 단순히 외부 공격으로부터 보호대상을 강화하는 방법(THA)을 강화하는 데만 그치지 않고 삶의 질을 향상시킬 수 있는 것까지 고려한다.
④ CPTED는 환경적인 요소가 인간의 행동과 심리적인 성향을 자극하여 범죄를 저지르지 못하게 하는 환경행태학적 이론을 기초로 하고 있다.

환경설계를 통한 범죄예방 전략

22

24, 21. 기출

환경설계를 통한 범죄예방(Crime Prevention Through Environmental Design)에 관한 설명으로 옳은 것은?

① 범죄의 원인을 환경적 요인보다는 개인적 요인에서 찾는다.
② CPTED의 기본전략은 자연적인 접근통제와 감시, 영역성의 완화에서 출발한다.
③ 물리적 환경을 개선하여 범죄를 억제하고 주민의 불안감을 해소하고자 하는 이론이다.
④ 뉴만(O. Newman)의 방어공간 개념과는 무관하다.

① 인간의 본성은 선과 악 사이에 존재하기 때문에 어떠한 환경에 놓이게 되느냐에 따라 범죄성을 결정지을 수 있다고 본다.
② CPTED의 기본전략은 자연적인 접근통제, 자연적인 감시, 영역성의 강화라는 세 가지 차원에서 출발한다.
④ 환경설계를 통한 범죄예방은 오스카 뉴만(Oscar Newman)이 제시한 방어공간 개념을 기반으로 한 개념이다.

환경설계를 통한 범죄예방 전략

정답 20 ④ 21 ② 22 ③

23

08. 기출

금융시설의 안전관리대책에 대한 설명 중 틀린 것은?

① 금융시설에서 사건이 발생할 경우를 대비하여 신속한 대응을 위한 사전 모의 훈련이 필요하다.
② 금융시설의 위험요소는 외부인에 의한 침입뿐만 아니라 내부인에 의한 범죄까지 포함된다.
③ 모든 CD ATM에는 경비원을 배치해야 한다.
④ 현금 호송시에는 가급적 전용차를 사용하고, 운전자 외에 가스총 등을 휴대한 경비원을 동승시킨다.

> 현금자동지급기(ATM)는 은행의 출납창구 이외의 장소에서 현금을 인출할 수 있도록 은행이 고객에게 편의를 제공하는 기계장치를 말하는 것으로, 특히 매장 없이 현금자동지급기만이 독립적으로 설치되어 있는 경우를 '무인점포'라고 한다.

24

16, 14, 11. 기출

백열등과 마찬가지로 매우 밝은 하얀 빛을 발하며, 빨리 빛을 발산하고 매우 강한 빛을 내기 때문에 경계구역과 사고발생지역에 사용하기에 매우 유용하지만, 가격이 비싸다는 단점을 갖고 있는 조명은?

① 가스방전등   ② 석영등
③ 투광조명등   ④ 프레이넬등

> ① **가스방전등** : 외곽의 경비조명으로 적합한 수은등과 나트륨등을 일컫는 것으로 전원 스위치를 작동한 경우라도 고온이나 저온인 상태에서는 빛을 발하기까지 3분 정도의 시간이 걸린다는 단점이 있다.
> ③ **투광조명등** : 경계지역, 담장, 건물주변지역 등에 대해 여러 각도에 일정한 방향으로 강한 빛을 비추어 대상을 뚜렷하게 드러나게 하는 조명등을 말한다.
> ④ **프레이넬등** : 폭이 넓은 빛을 내는 조명으로 길고 수평하게 빛을 확장하여 경계구역에 접근을 방지하는데 유용하게 사용된다.

25

21, 18, 07. 기출

국가중요시설 경비에 관한 설명으로 옳지 않은 것은?

① 국가중요시설 중요도에 따라 가급, 나급, 다급, 라급, 마급으로 분류된다.
② 국가중요시설 내 보호지역은 제한지역, 제한구역, 통제구역으로 구분된다.
③ 국가중요시설은 국방부장관이 관계 행정기관의 장 및 국가정보원장과 협의하여 지정한다.
④ 국가중요시설 경비의 효율화를 위해서는 교육훈련 강화를 통한 경비 전문화가 필요하다.

> 국가중요시설은 기능과 역할 및 중요성과 가치의 정도에 따라 '가급, 나급, 다급'으로 분류한다.

출제 POINT

> 금융시설의 위험요소에 대한 안전관리 대책
> 민간경비의 실제 중 금융시설의 안전관리 대책에 대해서 숙지하여야 한다.

> 경비조명등의 특성

> 중요도에 따른 국가중요시설의 분류

정답 23 ③ 24 ② 25 ①

26

자물쇠의 종류 중 안전도가 가장 낮은 것은?

① 돌기 자물쇠
② 핀날름쇠 자물쇠
③ 숫자맞춤식 자물쇠
④ 암호사용식 자물쇠

돌기형 자물쇠(Warded Locks)는 잠금장치 중에서도 가장 구조가 간단하고 쉽게 열리기 때문에 외부침입을 예방하는 기능은 상당히 취약하다.

> 출제 POINT
> 자물쇠의 종류와 일반적 특성

27

국가중요시설경비에 관한 설명으로 옳지 않은 것은?

① 국가중요시설이란 공공기관, 공항·항만, 주요 산업시설 등 적에 의하여 점령 또는 파괴되거나 기능이 마비될 경우 국가보안과 국민생활에 심각한 영향을 주게 되는 시설을 말한다.
② 3지대 방호개념은 제1지대-주방어지대, 제2지대-핵심방어지대, 제3지대-경계지대이다.
③ 국가중요시설은 중요도와 취약성을 고려하여 제한지역, 제한구역, 통제구역으로 보호구역을 설정하고 있다.
④ 국가중요시설의 통합방위사태는 갑종사태, 을종사태, 병종사태로 구분한다.

3지대 개념의 방호선 구분 : 제1지대-경계지대, 제2지대-주방어지대, 제3지대-핵심방어지대

> 국가중요시설의 경비

28

국가보안시설 및 기업의 산업스파이 문제에 관한 설명으로 옳지 않은 것은?

① 핵심정보에 접근하는 자는 비밀보장각서 등을 작성하고, 비밀인가자의 범위를 최소한으로 제한해야 한다.
② 최근 기업규모별 산업기술 유출 건수는 대기업보다 중소기업에서 더 많이 발생하고 있어 체계적인 보안대책이 요구된다.
③ 산업스파이는 외부인이 시설의 전산망에 침입하여 핵심정보를 절취해 가는 경우가 많아 방어시스템을 구축해야 한다.
④ 첨단 전자장비의 발전으로 산업스파이에 의한 산업기밀이 유출될 수 있는 위험요소들이 더욱 많아지고 있다.

산업스파이는 기업이 가진 영업기밀 및 산업관련 특허나 설계도 등을 불법으로 빼내 다른 나라나 경쟁회사에 넘기는 행위를 말하는 것으로 내부인인 경우가 많은 것이 특징이다.

> 국가중요시설 경비

정답 26 ① 27 ② 28 ③

29 　　　　　　　　　　　　　　　　　　　　　　　　　15. 10. 기출

다음 중 종이, 쓰레기, 나무 등과 같이 일반적인 가연물질에 의해서 발화하는 화재의 유형은?

① A유형(일반화재)   ② B유형(유류화재)
③ C유형(전기화재)   ④ D유형(금속화재)

> ① A형(일반화재) : 목재, 종이, 합성수지류, 특수가연물 등의 일반 가연물에 의해서 발생하는 화재를 말한다. 연기는 백색이다(냉각소화).
> ② B형(유류화재) : 휘발성 액체연료, 알코올, 제 1·2·3·4 석유류 등에 의해서 발생하는 화재를 말한다. 연기는 검은색이다(질식소화).
> ③ C형(전기화재) : 전기의 합선, 누전, 과전류, 기타 전기설비에 의해서 발생하는 화재를 말한다(질식소화).
> ④ D형(금속화재) : 마그네슘, 나트륨, 수소화물, 황린·금속분류와 알칼리금속의 과산화물 등이 포함된 물질에 발생하는 화재를 말한다.

출제 POINT
▶ 화재의 유형
화재의 유형별 표시방법과 소화방법 및 예방대책에 대해서 알아 둔다.

30 　　　　　　　　　　　　　　　　　　　　　　　　　19. 11. 09. 기출

환경설계를 통한 범죄예방(CPTED)에 관한 설명으로 옳지 않은 것은?

① 범죄의 원인을 환경적 요인에서 찾고자 한다.
② 동심원영역론(Concentric Zone Theory)은 CPTED의 접근방법 중 하나이다.
③ 2차적 기본전략은 자연적 접근방법을 통해 범죄예방 효과를 극대화하고자 한다.
④ 모든 인간은 잠재적 범죄욕망을 가지고 있기 때문에 사전에 범행기회를 차단하고자 한다.

> 최근에는 1차적으로 자연적 접근통제와 감시방법을 고려하여 2차적으로 조직적·기계적 접근통제와 감시방법을 적용한다.

▶ 환경설계를 통한 범죄예방 (CPTED)
환경의 중요성이 강조되는 시점에 맞춰 최근에 자주 출제되는 유형의 문제이므로 CPTED에 대한 개념을 정확히 알고 있어야 한다.

31

숙박시설의 경비에 관한 사실을 설명한 내용 중 옳지 않은 것은?

① 객실수, 건물 크기 등을 고려하여 경비원의 규모를 결정한다.
② 경비부서는 주변에서 발생할 수 있는 문제점들을 중심으로 경비업무를 실시한다.
③ 숙박시설의 경비에 있어 순찰업무는 시설상황점검, 범죄예방, 화재점검, 폭발물점검, 비상사태점검 등으로 구분될 수 있다.
④ 숙박시설의 경비원들에게 고객의 사생활에 대한 보호의 교육도 실시해야 한다.

> 시설 내부의 자체적인 경비조사 이외에도 외부로부터의 불법침입자 및 주변에서 발생할 수 있는 문제점들까지는 고려해야 한다.

▶ 숙박시설의 경비요령

정답 29 ① 30 ③ 31 ②

32

다음의 경비시스템 중 레이저광선을 발사하여 비교적 넓은 범위의 경비가 가능한 것은?

① 진동탐지기
② CCTV
③ 전자파울타리
④ 광전자식 센서

> 감지기의 기능

광전자식 센서는 레이저를 발사해서 방사기 주변을 통해 외부 침입자를 폭넓게 감지할 수 있도록 고안된 경비센서로서 외부침입에 의해 적외선이 차단되면 이를 감지하여 곧바로 비상신호로 바뀌도록 하는 장치를 말한다.

33

19. 10. 기출

하나의 출입문이 잠길 경우에 전체의 출입문이 동시에 잠기는 잠금장치는?

① 패드록
② 기억식 잠금장치
③ 전기식 잠금장치
④ 일체식 잠금장치

> 잠금장치의 종류와 기능

① **패드록** : 일반 자물쇠의 단점을 보완하고, 외부의 강한 충격에도 견뎌 경비의 안전성을 강화하기 위해 만들어진 장치로, 시설물과 탈부착이 가능한 형태로 작동하는 잠금장치이다.
② **기억식 잠금장치** : 일정한 시간에만 출입문이 개폐되도록 전자장치가 설치되어 있는 잠금장치이다.
③ **전기식 잠금장치** : 전기신호에 의해서 출입문의 개폐가 이루어지는 잠금장치이다.

34 ★

19. 15. 기출

폭발물에 의한 테러 위협에 관한 설명으로 옳지 않은 것은?

① 폭발물에 의한 테러 위협을 당하면 우선적으로 사람들을 건물 밖으로 대피시킨다.
② 테러협박전화가 걸려오면 경비책임자에게 보고하고, 위험이 감지되면 경찰서나 소방서 등 관련기관에 신속하게 연락한다.
③ 경비원은 폭발물이 발견되면 그 지역을 자주 출입하는 사람이나 출입이 제한된 사람들의 명단을 파악한 후 신속하게 폭발물을 제거한다.
④ 경비원은 폭발물의 폭발력을 약화시키기 위하여 모든 창문과 문은 열어둔다.

> 폭발물 테러 위협시 대응방법

폭발물은 폭발물 처리 전문가가 제거하여야 한다.

정답 32 ④ 33 ④ 34 ③

35
화재발생시 직원이 할 수 있는 최선의 행동이 아닌 것은?

① 화재발생시 초동진압을 한다.
② 화재발생시 소방요원과 구체적인 업무분담을 한다.
③ 화재발생시 소방관이 출동하였을 때 이들에 대한 지원업무를 담당해야 한다.
④ 회사는 자체의 소방단을 구성하여 별도의 부책임자나 보좌역을 두어 보다 효과적인 소방업무를 수행할 수 있도록 해야 한다.

> 실제로 화재가 발생한 경우에는 소방요원에 대한 지원업무를 담당하는 것이 직원이 할 수 있는 최선의 행동이다.

▶ 화재발생시 직원의 행동요령

36
시설물의 물리적 통제시스템 구축과 관련하여 보호가치가 높은 자산일수록 보다 많은 방어공간을 형성해야 한다는 동심원영역론(Concentric Zone Theory)을 제시한 사람은?

① 번즈(W. J. Burns) ② 윌슨(O.W. Wilson)
③ 커닝햄(W.C. Cunningham) ④ 딘글(J. Dingle)

> 동심원영역론(Concentric Zone Theory)은 물리적 통제시스템과 관련하여 딘글(J. Dingle)이 주장한 이론으로 가치 있는 자산(1급 보호대상)은 많은 보호층[1단계 금고, 2단계 잠금된 사무실, 3단계 경보장치, 4단계 안정화된 건물, 5단계 경비순찰, 6단계 장벽설치, 7단계 장벽(경계선) 경보장치]을 형성하여 보호해야 한다는 이론이다.

▶ 물리적 통제의 기본전략

37 ★
무차별적으로 문화재 및 타인의 물건, 시설물 등을 파괴하는 반사회적인 형태의 유형은?

① 해킹(Hacking) ② 사이코패스(Psychopath)
③ 훌리거니즘(Hooliganism) ④ 반달리즘(Vandalism)

> 반달리즘(Vandalism) : 문화·예술 및 공공시설을 파괴하는 반사회적 행위 또는 그러한 경향을 말한다. 5세기 초 유럽의 민족대이동 때 아프리카에 왕국을 세운 반달족이 지중해 연안에서 로마에 이르는 지역까지 약탈과 파괴를 거듭한 일에서 유래된 말이다.

▶ 반달리즘의 의미

38
원거리에 길고 수평하게 넓은 폭의 빛을 비추고, 특히 눈부심이 없기 때문에 경계지역의 조명에 주로 사용되는 조명장치는?

① 투광조명등 ② 탐조등
③ 가로등 ④ 프레이넬등

> 프레이넬등 : 수평으로 180° 정도, 수직으로 15~30° 정도 폭의 기다란 빛을 내는 조명으로 길고 수평하게 빛을 확장하여 경계구역에 접근을 방지하는데 유용하게 사용된다.

▶ 경비조명등의 기능

정답 35 ② 36 ④ 37 ④ 38 ④

39

05. 기출

빠른 설치의 필요성 때문에 주로 군부대에서 많이 사용하는 6각형 모양의 가시철선은?

① 가시철사
② 콘서티나철사
③ 철조망
④ 구리철사

콘서티나철사(Concertina Wire): 군부대에서 개발되어 많이 사용되고 있는 철사로 가시철선을 6각형 모형으로 만든 강철철사의 코일형이다.

출제POINT ▶ 콘서티나철사의 특성

40 ★

17. 11. 기출

내부경비에 관한 설명으로 옳지 않은 것은?

① 내부출입통제는 시설물 내의 불법침입이나 절도 등을 막기 위함이다.
② 경비원 상호 간에 순찰정보를 교환하여야 한다.
③ 안전유리는 가격이 저렴하며 불연성 물질이고 가볍기 때문에 설치하기 쉬운 장점이 있다.
④ 자물쇠는 보호장치의 기능과 침입시간을 지연시키는 기능도 한다.

안전유리는 일반유리에 비해 비싸다는 단점이 있다.

▶ 안전유리의 특징

41 ★★

24. 13. 12. 08. 기출

핀날름쇠 자물쇠에 관한 설명으로 옳은 것을 모두 고른 것은?

㉠ 열쇠의 양쪽에 홈이 규칙적으로 파여 있는 형태이다.
㉡ 열쇠의 양쪽에 홈이 불규칙적으로 파여 있는 형태이다.
㉢ 열쇠의 홈이 한쪽 면에만 있다.
㉣ 돌기형 자물쇠에 비해 안전성이 높다.
㉤ 판날름쇠 자물쇠에 비해 안전성이 높다.

① ㉠, ㉢, ㉣
② ㉠, ㉣, ㉤
③ ㉡, ㉢, ㉤
④ ㉡, ㉣, ㉤

핀날름쇠 자물쇠(Pin Tumbler Locks)
열쇠의 양쪽에 홈이 불규칙적으로 파여져 있는 복잡한 형태의 잠금장치로 돌기형 자물쇠에 비해 안전성이 높은 판날름쇠 자물쇠보다 한 단계 높은 안전성을 제공한다. 따라서 일반 산업 분야뿐만 아니라 일반주택에도 널리 사용된다.

▶ 자물쇠의 기능
건물내부의 통제장치인 자물쇠의 기능과 종류에 대해서 체계적으로 정리하고 각각의 용도에 대해서도 숙지해야 한다.

정답 39 ② 40 ③ 41 ④

42

11, 06. 기출

산소공급의 중단을 포함해 이산화탄소 같은 불연성의 무해한 기체를 살포하여 화재를 진압하는 것이 매우 효과적인 화재는?

① 유류화재
② 가스화재
③ 금속화재
④ 전기화재

② **가스화재의 소화방법**: 배관상의 밸브를 차단하여 화재를 진압하는 제거소화에 의한다.
③ **금속화재의 소화방법**: 마른 모래, 팽창질석, 팽창진주암을 살포하여 진압하는 질식소화에 의한다.
④ **전기화재의 소화방법**: 이산화탄소, 할로겐화합물, 청정소화약제를 살포하여 진압하는 질식소화에 의한다.

> 화재의 종류와 진압법

43

06. 기출

현금자동지급기(ATM)에 대한 안전관리대책으로 틀린 것은?

① ATM을 구조적으로 견고하게 설계한다.
② ATM에 경비순찰을 주기적으로 실시한다.
③ ATM에 적절한 경비조명시설을 갖춘다.
④ ATM을 가급적 보행자의 통행량이 적은 곳에 설치한다.

현금자동지급기(ATM)는 고객들의 이용편리성 측면이나 안전관리대책상 보행자의 통행량이 많은 곳에 설치하는 것이 강도와 절도로부터 효과적이다.

> 현금자동지급기(ATM)의 안전대책

44

비상사태가 발생한 경우의 대피요령으로 올바른 방법은?

① 비상사태 발생시에는 비상구를 이용하도록 유도한다.
② 비상구보다는 엘리베이터를 적극 이용한다.
③ 화재와 같은 비상사태가 발생한 경우에 고층빌딩에 사는 사람들을 위쪽으로 올라가도록 유도한다.
④ 비상사태시에는 비상구가 상당한 지장을 초래하므로 다른 대피방법을 모색한다.

화재와 같은 비상사태가 발생할 경우 비상구 등을 통하지 않고 무작정 대피하면 매우 위험하여 경미한 화재임에도 많은 사람들이 목숨을 잃는 경우가 있다.

> 비상사태 발생시의 올바른 대피요령

정답 42 ① 43 ④ 44 ①

45 ★

안전유리에 관한 설명으로 옳은 것은? [09. 기출]

① 안전유리는 외부충격에는 강하지만 화재에는 취약하다.
② 안전유리는 비교적 가격이 저렴하기 때문에 널리 이용되고 있다.
③ 안전유리는 일반유리에 비해 매우 두꺼워 설치가 어려운 점이 있다.
④ 안전유리는 미관을 유지하면서도 외부로부터의 침입시간을 지연시키는 효과가 있다.

안전유리는 화재에 타지 않는 불연성 물질로서 가볍기 때문에 설치가 용이하다는 장점이 있는 반면, 일반유리에 비해 비싸다는 단점이 있다.

출제 POINT
안전유리의 장단점
안전유리의 내용과 관련한 문제는 자주 출제되는 경향이므로 그 전반에 대해서 숙지해야 한다.

46 ★

화재발생 초기단계에서 연기와 불꽃이 보이지 않고, 감지할 수 있는 열도 나타나지 않는 상태에서 미세한 연소물질이 노출되었을 때 작동하는 감지기는? [11, 09. 기출]

① 광전자 감지기
② 적외선 감지기
③ 이온 감지기
④ 열 감지기

① 광전자(Photoelectric) 감지기는 그을린 단계에서, ② 적외선(Infrared) 감지기는 불꽃발화단계에서, ④ 열(Thermal) 감지기는 열단계에서 사용되는 감지시스템이다.

화재발생시 사용되는 감지시스템

47 ★

패드록의 잠금장치는 열쇠를 외부에서 이용하여 출입문을 열게 되어 있는 것이 일반적이나 안에서도 쉽게 출입문을 열 수 있는 방식을 사용하는 이유는?

① 출입을 쉽게 하기 위해
② 건물 내부의 보안을 유지하기 위해
③ 비상의 사태발생시 내부로부터의 탈출을 쉽게 하기 위해
④ 잠금장치의 내구성을 유지하기 위해

패드록의 잠금장치는 안에서도 쉽게 문을 열 수 있는 방식을 사용하기도 하는데 그 이유는 외부로부터 침입을 막고 비상사태 발생시 탈출을 쉽게 하려는 것이다.

패드록(Padlock) 잠금장치의 사용방식

정답 45 ④ 46 ③ 47 ③

48

경보시스템에 관한 설명으로 옳지 않은 것은? [20, 19, 기출]

① 일반적으로 진동감지기는 전시 중인 물건이나 고미술품 보호를 위하여 설치한다.
② 압력감지기는 침입이 예상되는 통로나 출입문 앞에 설치한다.
③ 제한적 경보시스템은 전화회선 등을 이용하여 외부의 경찰서 등으로 비상사태가 감지되면 자동으로 연락이 취해지는 경보체계이다.
④ 전자파울타리는 레이저광선을 그물망처럼 만들어 전자벽을 만드는 것이다.

③은 외래지원경보시스템과 관련된 내용이다.

> 출제 POINT
> 경보시스템의 종류

49

화재대책에 관한 설명으로 옳지 않은 것은? [11, 기출]

① 화재는 열, 가연물, 산소 3가지 요소의 결합에 의해 발행하므로 각각의 성질을 파악해야 한다.
② 화재발생시 화염에 의한 사망자보다 연기와 유독가스에 의해 사망하는 경우가 많다.
③ 목재류보다는 화학제품에서 많은 연기와 유독가스가 발생한다.
④ 정비소, 보일러실과 같은 시설은 컴퓨터실보다 민감한 화재감지시스템을 설치하는 것이 바람직하다.

컴퓨터실은 자료를 전달·취급·저장하는 중요한 장소이기 때문에 시설물을 건축하거나 전자정보시스템을 구축할 때부터 정비소나 보일러실보다도 민감한 화재발생감지기를 반드시 설치하여야 한다.

> 화재발생시의 대처방안

50

전화회선 등을 이용하여 외부의 경찰서나 소방서에 연락을 취하는 경보시스템은?

① 국부적 경보시스템
② 중앙모니터시스템
③ 제한적 경보시스템
④ 외래지원경보시스템

외래지원경보시스템은 비상사태가 발생할 경우 전화회선 등을 이용하여 외부의 경찰서나 소방서 및 경비센터에 자동으로 연락이 취해지도록 구축된 경비시스템을 말한다.

> 경보시스템의 종류와 특성

정답 48 ③ 49 ④ 50 ④

51

경비시스템의 종류 중 가장 전형적인 경비시스템으로서 경비원을 일일이 주요 경비대상에 배치시켜서, 비상시의 사고발생에 대응하는 것은?

① 순찰경비시스템
② 외부지원경비시스템
③ 자체경비시스템
④ 상주경비시스템

> 상주경비시스템이란 경비 대상물의 주요 지점에 경비원을 배치하여 비상사태가 발생할 경우 이에 대응하도록 하는 가장 고전적인 경비시스템을 말한다.

출제POINT ▶ 상주경비시스템의 개념

52

21. 기출

순찰경비에 관한 설명으로 옳지 않은 것은?

① 복수순찰은 단독순찰에 비해 인원의 경제적 배치가 가능하고 여러 지역을 분산하여 순찰할 수 있다.
② 난선순찰은 경비원의 판단에 따라 경로를 선택하는 순찰이다.
③ 자동차순찰은 넓은 지역을 신속하게 순찰할 수 있다.
④ 실내순찰은 순찰경로가 경비 대상시설의 내부로 한정되는 순찰이다.

> 복수순찰은 2인 이상의 근무자가 팀을 이루어 순찰하는 방식으로 야간이나 심야의 경우 경비원을 복수로 구성하여 순찰해야 되기 때문에 순찰인원이 많이 소요된다.

▶ 순찰의 종류

53

시설물 경비에 있어서 1차적인 방어수단이라고 볼 수 없는 것은?

① 외벽
② 울타리
③ 경보장치
④ 담장

> 시설물에 대한 방어개념
> ㉠ 1차적 방어수단 : 외부의 침입시간을 지연시키는 울타리, 절벽, 담장, 문, 암벽, 강 등과 같은 외곽 방호시설들을 말한다.
> ㉡ 2차적 방어수단 : 외부의 침입자를 감지하여 중앙통제센터나 지령실, 경찰서 등에 보고하는 경보장치를 말한다.

▶ 시설물에 대한 방어개념

정답 51 ④ 52 ① 53 ③

54 ★

16. 09. 기출

CCTV에 관한 설명으로 옳지 않은 것은?

① 다수의 장소를 관찰할 수 있다.
② 보이지 않는 영역을 관찰할 수 있다.
③ 다수인에 의한 동시관찰을 할 수 있다.
④ 환경이 열악하거나 근접이 가능한 장소만 관찰할 수 있다.

> CCTV는 환경이 열악하거나 근접이 가능한 장소만을 관찰하는 것이 아니라, 수많은 영역에서 이용이 가능하다.

출제 POINT ▶ CCTV의 특징

55 ★

21. 기출

물리적 통제시스템인 CCTV에 관한 설명으로 옳은 것은?

① 영상정보를 불특정 다수에게 전달함으로써 범죄발생시 신속한 대응이 가능하다.
② 영상정보처리기기의 무분별한 설치는 인권침해 가능성이 높아 개인정보보호법에서 엄격하게 규제하고 있다.
③ 국가중요시설에 영상정보처리기기를 설치·운영하려는 자는 관련 안내판을 설치하여 정보주체가 쉽게 알아볼 수 있도록 해야 한다.
④ 디지털(DVR) 방식에서 아날로그(VCR) 방식으로 전환되어 그 효율성이 증대되었다.

> ① CCTV는 영상정보를 특정대상에게 특정목적으로 전달한다.
> ③ 영상정보처리기기를 설치·운영하는 자(영상정보처리기기운영자)는 정보주체가 쉽게 인식할 수 있도록 안내판을 설치하는 등 필요한 조치를 하여야 한다. 다만, 「군사기지 및 군사시설 보호법」 제2조 제2호에 따른 군사시설, 「통합방위법」 제2조 제13호에 따른 국가중요시설, 그 밖에 대통령령으로 정하는 시설에 대하여는 그러하지 아니하다(개인정보보호법 제25조 제4항).
> ④ 아날로그(VCR) 방식에서 디지털(DVR) 방식으로 전환되고 있다.

▶ CCTV의 특징

56

다음 중 경비대상 시설물에 대하여 출입통제를 실시하는 근본 목적이 아닌 것은?

① 불필요한 인적·물적 요소의 출입통제
② 외부침입에 의한 내부 재산보호
③ 외부로 반출되는 물품의 확인 및 점검
④ 직원 및 임원들의 개인적인 동태파악 및 보고임무

> 외부출입통제의 주목적이 경계구역에 대한 부적절한 침입을 방지하기 위한 것이라면, 내부출입통제는 외부인의 시설물 내부로의 불법침입이나 절도, 도난, 기타 횡령 등을 막기 위한 것이 주목적이다.

▶ 출입통제의 실시목적

정답 54 ④ 55 ② 56 ④

57 ★

17. 기출

브란팅햄(P. J. Brantinham)과 파우스트(F. L. Faust)가 주장한 범죄예방 구조모델론 중 다음에 해당하는 것은?

> 일반적 사회환경 중 범죄의 원인이 되는 조건들을 발견, 개선하는 예방활동

① 상황적 범죄예방 ② 1차적 범죄예방
③ 2차적 범죄예방 ④ 3차적 범죄예방

제시된 자료는 범죄예방 구조모델론 중 1차적 범죄예방(Primary Crime Prevention)과 관련된 내용이다. 1차적 범죄예방이란 범죄의 기회 또는 범죄를 야기시킬 수 있는 사회적 또는 물리적 환경 조건을 파악하여 이를 사전에 관리하고 통제함으로써 잠재적 범죄자가 범죄를 저지르지 못하도록 하는 효과를 기대하는 것이다.

▶ 범죄예방 구조모델

58

02, 99. 기출

다음의 경보시스템 중 강도 등의 침입이 감지된 경우는 112, 화재발생시는 119로 연락이 가도록 고안된 경보장치는 어느 것인가?

① 외래지원경보시스템 ② 다이얼경보시스템
③ 제한적 경보시스템 ④ 국부적 경보시스템

다이얼경보시스템이란 비상사태가 발생하였을 경우 핫라인(Hotline)처럼 사전에 입력된 특정 전화번호(112·119)로 연락을 하는 시스템을 말한다.

▶ 다이얼 경보장치의 개념

59

14, 13, 02. 기출

다음 중 화재발생의 3요소가 아닌 것은?

① 열 ② 연료
③ 산소 ④ 바람

화재는 열(발화온도), 가연성(연료), 산소(공기)의 3요소에 의해서 발생하며, 이들 중 하나만 제거하게 되면 화재는 진압된다.

▶ 화재발생의 3대 요소

60 ★★

17, 16, 15. 기출

비상사태 발생시 민간경비원의 역할로 옳지 않은 것은?

① 비상사태에 대한 초동조치
② 특별한 대상(장애인, 노약자)의 보호 및 응급조치
③ 경제적으로 보호해야 할 자산의 보호
④ 외부지원기관(경찰서, 소방서, 병원 등)의 지휘·감독

비상사태 발생시 민간경비원은 경찰서, 소방서, 병원 등과 같은 외부지원기관과의 통신업무를 해야 하며, 외부지원기관을 지휘·감독할 수는 없다.

▶ 비상사태 발생시 민간경비원의 역할

정답 57 ② 58 ② 59 ④ 60 ④

61
다음에 해당하는 호송경비의 방식은? 19. 기출

> 운송업자 A가 고가미술품을 자신의 트럭에 적재하여 운송하고, 이 적재차량의 경비는 경비업자 B가 무장경비차량 및 경비원을 통해 경비하였다.

① 통합호송방식 ② 분리호송방식
③ 휴대호송방식 ④ 동승호송방식

제시된 내용은 단독호송 중 분리호송방식에 대한 설명이다.

▶ 호송경비의 방식

62 ★
비상사태의 유형에 따른 경비원의 대응에 관한 설명으로 옳지 않은 것은? 19, 13. 기출

① 지진 : 지진발생 후 치안공백으로 인한 약탈과 방화행위에 대비
② 가스폭발 : 가스폭발 우려가 있을 시 우선 물건이나 장비를 고지대로 이동
③ 홍수 : 폭우가 예보되면 우선적으로 침수 가능한 지역에 대해 배수시설 점검
④ 건물붕괴 : 자신이 관리하는 건물의 벽에 금이 가거나 균열이 있는지 확인

가스폭발 우려가 있을 시에는 우선 가까운 소방서나 행정관청에 신고하여야 하며, 2차 폭발사고에 대비하여 멀리 떨어진 장소, 차폐 벽이 있는 장소 등 안전한 곳으로 신속히 대피하여야 한다.

▶ 비상사태 발생시 경비원의 대응요령

63
다음 중 경비원에 대한 화재교육의 내용으로 부적절한 것은?

① 화재경보시스템의 설치 및 작동에 관한 교육
② 화재발생시 정서적 안정의 유지에 관한 교육
③ 화재발생시 경보체계대응에 관한 교육
④ 화재발생시 본인의 역할에 대한 사전분담 교육

화재발생시 경비원들에 대한 화재교육의 내용 : 화재경보시스템에 대한 교육, 엘리베이터 작동에 관한 교육, 화재진압장비의 사용법에 대한 교육, 화재발생시 정서적 안정성 유지교육, 신고와 경보체계의 중요성에 대한 교육, 본인의 역할에 대한 사전분담교육, 비상구 위치확인과 작동요령 등에 대한 교육훈련, 시설 내에 통로가 막힌 경우 대피방안에 대한 교육

▶ 경비원에 대한 화재교육

정답 61 ② 62 ② 63 ①

64 ★

노사분규 발생시 경비요령에 관한 설명으로 옳지 않은 것은? [14. 기출]

① 경비원들에 대한 사전교육을 실시하고 규율을 확인·점검한다.
② 직원들이 가지고 있는 열쇠를 모두 회수하고 새로운 잠금장치로 교체한다.
③ 평화적인 시위의 경우 이를 보호하려는 노력을 하여야 한다.
④ 일상적인 순찰활동을 통한 정기적인 확인·점검은 필요가 없다.

> **노사분규 발생시 경비원의 역할**
> ⑦ 파업이 진행되는 동안에는 모든 출입구를 봉쇄하고, 주변의 가연성 물질을 모두 제거하며, 무기로 사용될 수 있는 물건을 모두 치운다.
> ⓒ 직원들이 가지고 있는 열쇠를 모두 새로운 자물쇠나 잠금장치로 대체하고, 파업에 참여하는 직원들로부터 모든 열쇠를 회수한다.
> ⓒ 파업 중에는 기존의 신분증 대신 새로운 별도의 특별신분증을 제공한다.
> ② 화재방재시설을 모두 시험해 보고, 쉽게 손상될 수 있는 모든 시설 및 물건에 대해 보호조치를 취한다.
> ⑩ 모든 경비원이 각자 위치에 있는가를 확인한다.
> ⑭ 카메라나 캠코더와 같이 자극할 만한 물건의 사용을 제한하고, 평화적인 시위에 대해서는 보호하고자 노력한다.
> ㉾ 시위 노조원들과의 연락망을 그대로 유지한다.
> ⓞ 시위가 과격하여 대응하기 어려운 경우에는 경찰에 지원을 요청한다.

출제 POINT
▶ 노사분규발생시 경비원의 역할

65

시설물경비계획의 수립에 있어서 늘 염두해야 할 원칙으로 적절하지 못한 서술은?

① 가능한 한 경비원의 경비경계구역과 건물의 출입구 수는 줄이는 것이 좋다.
② 안전조명설치는 경비계획수립에 있어서 중요한 경비요소에 해당된다.
③ 직원의 출입구는 경비계획상 주차장으로부터 적정거리를 유지하고 있어야 한다.
④ 건물의 경비계획 수립시에는 항상 상업성과 도심성을 고려해야 한다.

> 경비시설물은 항상 상업성과 도심성이 고려되는 것은 아니다.

▶ 시설물경비계획 수립시 유의사항

66 ★★

비상계획서에 포함되어야 할 사항으로 옳지 않은 것은? [16. 기출]

① 명령지휘부의 지정
② 외부기관과의 통신수단 마련
③ 대중 및 언론에 대한 정보 차단
④ 비상시 사용될 장비·시설의 위치 지정

> ③ 비상계획서에는 대중 및 언론에 대한 정보 제공을 포함하여야 한다.

▶ 경비계획서 작성

정답 64 ④ 65 ④ 66 ③

67

비상사태 발생시 민간경비의 대응으로 옳은 것을 모두 고른 것은?

> ㉠ 응급환자에 대한 조치
> ㉡ 경제적 가치가 있는 자산의 보호
> ㉢ 비상계획서 작성 및 책임자 지정
> ㉣ 발생지역 내의 질서유지 및 출입통제

① ㉠, ㉡, ㉢
② ㉠, ㉡, ㉣
③ ㉠, ㉢, ㉣
④ ㉡, ㉢, ㉣

비상계획서 작성 및 책임자 지정은 민간경비부서의 임무이다.

출제POINT 비상사태 발생시 민간경비의 대응

68

확인된 위험의 대응방법에 관하여 옳게 연결된 것은?

> ㉠ 물리적·절차적 관점에서 위험요소를 감소시키거나 최소화시키는 방법을 강구한다.
> ㉡ 범죄 및 손실이 발생한 기회를 전혀 제공하지 않는 것과 관련된다.

① ㉠ : 위험의 감소, ㉡ 위험의 회피
② ㉠ : 위험의 감소, ㉡ 위험의 분산
③ ㉠ : 위험의 제거, ㉡ 위험의 감수
④ ㉠ : 위험의 제거, ㉡ 위험의 대체

위험의 감소는 위험요소를 감소시키거나 최소화하는 물리적·절차적 대응방법을 말하며, 위험의 회피는 범죄 및 손실이 발생할 수 있는 수많은 활동과 기회를 사전에 차단하는 대응방법을 말한다.

출제POINT 확인된 위험의 대응방법

69 ★

홈시큐리티(Home Security)의 기능에 대한 설명으로 틀린 것은?

① 앞으로의 고령화 시대에 있어서 좋은 대안이 되고 있다.
② 홈시큐리티는 주로 기계경비시스템을 중심으로 서비스가 실시되고 있다.
③ 홈시큐리티의 발전은 풍부한 부가가치를 창출할 수 있다.
④ 비상경보가 전화회선을 통하여 정보가 전달되기 때문에 정보량에 한계가 없다.

홈시큐리티는 비상경보가 전화회선을 통하여 정보가 전달되기 때문에 정보량에 한계가 있는 것이 단점이다.

출제POINT 홈시큐리티의 기능

정답 67 ② 68 ① 69 ④

70

화재의 분류와 표시색상의 연결이 옳은 것은?

① 유류화재 - 황색
② 가스화재 - 청색
③ 전기화재 - 백색
④ 금속화재 - 적색

② 가스화재 - 황색, ③ 전기화재 - 청색, ④ 금속화재 - 무색

출제POINT ▶ 화재의 분류와 표시색

★ 71

모든 종류의 금속장치를 보호하기 위해 개발된 경보장치로서 계속적인 전류의 흐름을 방해할 경우 경보가 울리는 것은?

① 광전자식 센서
② 콘덴서식 경보장치
③ 자력선식 센서
④ 전자기계식 센서

① **광전자식 센서** : 레이저를 발사해서 방사기 주변을 통해 외부 침입자를 폭넓게 감지할 수 있도록 고안된 경비센서를 말한다.
② **콘덴서식 경보장치** : 금고와 금고문, 각종 철제로 제작된 문과 담 등과 같은 금속장치에 외부의 충격을 쉽게 감지할 수 있도록 경보기를 설치한 장치를 말한다.
③ **자력선식 센서** : 건물의 지붕이나 천장, 담벼락 등에 자력선 발생장치를 설치하여 이상이 감지될 경우에 경보를 보내는 장치를 말한다.
④ **전자기계식 센서** : 문 사이에 설치된 접지극에 항상 전류를 흐르게 하여 문이 열릴 경우 전류가 차단되어 외부로부터의 침입이 확인되도록 하는 경보센서를 말한다.

▶ 경보장치의 종류와 특징
민간경비의 물리적 통제전략 중 경보장치에 대한 문제는 매년 출제되므로 대단히 중요하다. 따라서 경보장치의 종류와 특성에 대해서 정리해야 된다.

72

혼잡경비의 대상에 해당하는 것은?

① 각종 스포츠 경비
② 현금운송
③ 국가중요시설
④ 중요인사의 경호

국내외적 대규모 행사, 운동경기, 공연 등 다수의 사람들이 모이는 장소에서는 혼잡으로 인한 대형의 안전사고가 일어날 가능성이 높기 때문에 각별한 주의와 경계경비가 요구된다.

▶ 혼잡행사의 경비대상

73

화재경보시스템에 대한 설명으로 적당하지 않은 사항은?

① 화재경보시스템은 화재발생감지기와 화재발생표시기로 구성되어 있다.
② 간접적으로 화재발생을 알아내는 시스템은 화재발생감지기이다.
③ 화재의 발생장소, 시각, 규모를 표시해 주는 시스템은 화재발생표시기이다.
④ 화재발생감지기와 화재발생표시기는 중앙통제센터에서 확인하여 후속 조치한다.

직접적으로 화재발생을 알아내는 화재경보시스템은 화재발생감지기이며, 화재발생의 장소와 시각·화재의 규모 등을 표시해 주는 역할을 하는 화재경보시스템은 화재발생표시기이다.

▶ 화재경보시스템의 일반개념

정답 70 ① 71 ② 72 ① 73 ②

74

보안잠금장치 중 가정집의 내부에서 스위치를 눌러 외부의 문이 열리도록 고안된 방식은?

① 전자자판방식 장치
② 기억식 잠금장치
③ 전기식 잠금장치
④ 일체식 잠금장치

> 출입문의 개폐가 전기신호에 의해 이루어지도록 고안된 장치가 전기식 잠금장치인데, 이는 가정집 내부에서 스위치를 누름으로써 외부의 문이 열리도록 하는 방식이다.

출제 POINT 잠금장치의 종류와 방식

75

폭발물의 탐지활동에 관한 설명으로 적당하지 않은 내용은?

① 경비원은 경찰관이나 소방관에 비해서 관할 지역에 익숙하기 때문에 탐지활동에 참여할 필요가 있다.
② 폭발물의 탐지활동 중 특이한 소리에 유의해야 한다.
③ 밀폐된 공간을 조사할 경우에는 이등분하여 허리에서 눈, 눈에서 천장으로 조사해야 한다.
④ 폭발물의 탐지시 방의 중심부를 우선적으로 조사한 후에 점차 방의 주변부로 이동하면서 탐지활동을 해야 한다.

폭발물 탐지활동의 요령
㉠ 경비원은 출동한 경찰관이나 소방관에 비해 관할 지역에 익숙하기 때문에 탐지활동에 참여할 필요가 있다.
㉡ 전문가인 경찰관이나 소방관이 폭발물을 처리하는 것이 안전하다.
㉢ 천천히 움직이면서 발자국소리를 내지 않으며 시계소리나 태엽이 돌아가는 소리에 집중한다. 그리고 항상 들려오는 배경음과 다른 소리가 나는 경우 여기에 주의를 기울인다.
㉣ 방이나 밀폐된 공간을 조사할 경우에는 이등분하여 허리에서 눈, 눈에서 천장으로 조사한다.
㉤ 두 명이 서로 등을 맞댄 상태에서 조사를 시작한다. 방의 주변을 우선적으로 조사한 후에 중심으로 이동한다.

출제 POINT 폭발물 탐지활동의 요령

76

08. 기출

주거시설 경비에 대한 설명 중 틀린 것은?

① 최근에는 방범, 구급안전, 화재 등으로부터 보호하기 위한 주택용 방범기기의 수요가 급속히 증가하고 있다.
② 주거시설 경비는 점차 기계장비에서 인력경비로 변화하고 있다.
③ 주거침입의 예방대책은 건축 초기부터 설계되어야 한다.
④ 타운경비는 일반단독주택이나 개별빌딩 단위가 아닌 대규모 지역단위의 방범활동이다.

> 기계경비란 인력경비에 대응되는 경비형태로서 기존의 인력에 의존하던 경비방식에서 벗어나 각종 기계적 장치에 의해 경비목적을 달성하는 경비시스템을 말하는 것으로 오늘날 다양한 서비스와 결합되어 더욱 활성화되고 있다.

출제 POINT 주거시설 경비의 특징

정답 74 ③ 75 ④ 76 ②

77. 화재의 단계와 감지기의 연결로 옳은 것은?

① 초기단계 – 이온감지기
② 그을린단계 – 적외선감지기
③ 불꽃단계 – 열감지기
④ 열단계 – 연기감지기

① **초기단계**: 어떠한 연소상태가 진행되고 있는지 육안으로 파악하기 어려운 단계로서 이 단계에서 사용되는 감지시스템은 이온 감지기이다.
② **그을린단계**: 연기는 감지되지만 불꽃이 보이지 않는 단계로서 이 단계에서 사용되는 감지시스템은 광전자 감지기이다.
③ **불꽃발화단계**: 실제로 화재가 발생하는 단계로서 이 단계에서 사용되는 감지시스템은 적외선 감지기이다.
④ **열단계**: 불꽃과 연기 그리고 강렬한 고온의 열이 감지되는 단계로서 이 단계에서 사용되는 감지시스템은 열 감지기이다.

78. 다음은 의료시설경비에 관한 내용을 설명한 것이다. 이 중에서 부적당한 설명은?

① 일반건물에 비교하여 볼 때 병원은 화재발생의 확률이 매우 높은 편이다.
② 지속적으로 수용되는 환자, 방문객, 직원들의 출입에 따른 관리의 어려움 때문에 병원의 경비는 특별시되어야 한다.
③ 안전책임자 및 병원관계자의 협의에 따라 건물출입구의 배치나 출입제한구역의 설정이 이루어져야 한다.
④ 병원경비에 있어서 응급실의 경우 일반인의 접근통제지역으로 분류한다.

응급실은 ㉠ 24시간 개방, ㉡ 일반인의 통제 없는 접근가능, ㉢ 생명의 긴박성에 따른 위해요소의 상존 등의 복합적인 문제가 있기 때문에 안전관리가 철저하게 이루어져야 한다.

79. 숙박시설을 경비함에 있어 가장 기본이 되는 임무는?

① 건물의 기물파손 등과 같은 점검
② 건물의 불법침입자에 대한 철저한 감시
③ 건물의 시설 내·외부의 순찰활동 강화
④ 발화물, 담배불의 점검과 같은 화재의 점검

숙박시설은 불특정 다수인이 항상 이용한다는 점에 있어서, 숙박시설 경비원의 가장 기본적인 임무는 시설 내부와 외부에 대한 순찰활동이다.

정답 77 ① 78 ④ 79 ③

80 ★★ 15, 12, 07. 기출

단순한 접촉의 유무를 탐지하여 경보를 전달하는 장치로서 문틀과 문 사이에 접지극을 설치하는 경보센서는?

① 광전자식 센서
② 자력선식 센서
③ 전자기계식 센서
④ 압력반응식 센서

> 출제 POINT
> 경보센서의 종류

① **광전자식 센서** : 레이저를 발사해서 방사기 주변을 통해 외부 침입자를 폭넓게 감지할 수 있도록 고안된 경비센서를 말한다.
② **자력선식 센서** : 건물의 지붕이나 천장, 담벼락 등에 자력선 발생장치를 설치하여 이상이 감지될 경우에 경보를 보내는 장치를 말한다.
④ **압력반응식 센서** : 출입문 앞, 카페트 밑 등에 설치된 감지기를 통해 침입자가 센서를 건드리면 센서가 작동하여 신호를 보내도록 하는 장치를 말한다.

81

다음 중 판매시설지역의 경비에 관한 설명으로 옳지 않은 것은?

> 판매시설의 경비요령

① 기물파손, 절도 등 판매시설지역에서 발생하는 여러 가지 문제에 대한 경비계획이 전체적으로 수립되어야 한다.
② 여러 비정상적인 상황이 판매시설지역의 경비에 있어 항상 존재한다는 사실을 유념해 둘 필요가 있다.
③ 강도가 판매시설지역에서 발생하는 범죄의 유형 중 가장 큰 비중을 차지하고, 절도나 소매치기 등의 대물범죄가 그 다음을 차지한다.
④ 중소도시의 상점가나 일반주택지구역의 상점들보다 대형 쇼핑센터나 백화점이 일반적으로 대물범죄의 비중이 높은 경향이 있다.

판매시설지역에서 가장 빈번하게 발생하여 기업경영에 영향을 미치는 범죄는 일반적으로 들치기, 절도 등과 같은 것이다.

82 07. 기출

다음 중 잠재적으로 사고가 발생할만한 지역을 정확하게 관찰하기 위해 사용되며, 외딴 산간지역이나 작은 배로 쉽게 시설물에 접근할 수 있는 위치에 설치하는 조명은?

① 탐조등
② 가로등
③ 투광조명등
④ 프레이넬등

> 통제장치인 경비조명등의 특성과 기능

② **가로등** : 어떤 특정지역에 조명을 집중시키기 보다는 경비지역 전체를 고루 비추는데 이용되는 경비조명등이다.
③ **투광조명등** : 고도의 밝은 빛을 만들 수 있기 때문에 특정지역에 빛을 집중시키거나 직접 투사하는데 사용되는 경비조명등이다.
④ **프레이넬등** : 폭이 넓은 빛을 내는 조명으로 길고 수평하게 빛을 확장하여 경계구역에 접근을 방지하는데 사용되는 경비조명등이다.

정답 80 ③ 81 ③ 82 ①

83

안전유리(UL-Listed 유리)에 대한 설명 중 틀린 것은?

① 안전유리는 비교적 가격이 비싸지 않다.
② 안전유리는 작고 동그란 모양의 파편으로 쪼개지기 때문에 사람들에게 손상을 주지 않는 장점이 있다.
③ 안전유리는 불연성 물질이므로 화재시 잘 타지 않는다.
④ 안전유리는 경비원이나 경찰이 현장에 출동할 수 있는 시간적인 여유를 갖게 한다.

일반유리에 비해 가격이 비싸다는 단점이 있다.

> 출제 POINT: 안전유리의 특징

07. 기출

84

금융시설경비시 경비책임자의 역할 중 적절하지 않은 것은?

① 경비책임자는 의심스러운 자의 발견이 용이한 위치를 선정
② 방범설비의 이상 유무의 점검 및 정비
③ 폐점 이후의 안전관리 강화
④ 경찰과의 연락 및 방범정보의 교환

①은 금융시설의 경비시 민간경비원의 근무요령이다.

> 출제 POINT: 금융시설 경비시 경비책임자의 역할

85

경비시설물의 출입구통제에 관한 설명으로 적절하지 않은 것은?

① 일정기간 동안 또는 비상시에만 사용하는 폐쇄출입구는 평상시에 잠겨져 있어야 한다.
② 통행하는 직원을 적절하게 소통시키기 위해서 개방출입구의 폭은 최대한 넓어야 한다.
③ 하수구, 배기관, 쓰레기 낙하장치, 엘리베이터 등의 시설물도 개방출입구와 폐쇄출입구와 같이 통제의 대상이 된다.
④ 긴급의 목적을 위해 만들어진 출입문은 외부침입에도 열리지 않는 장치를 갖추어야 한다.

통행하는 직원을 적절하게 통제하기 위해서 개방출입구의 폭은 지나치게 넓지 않아야 한다.

> 출제 POINT: 출입구 통제의 방법

정답 83 ① 84 ① 85 ②

86

경비시설물의 출입문에 설치되는 안전장치는 어떤 기준에 따라 달라지는가?

① 건물높이
② 건물의 크기
③ 경비구역의 중요성
④ 화재위험도

경비시설물의 출입문에 설치되는 안전장치는 출입문에 대한 안전성과 중요성을 조사한 결과를 토대로 설치되어야 한다.

87 ★

위험관리(Risk Management)에 관한 설명으로 옳지 않은 것은?

① 기본적으로 위험요소의 확인 → 위험요소의 분석 → 우선순위의 설정 → 위험요소의 감소 → 보안성·안전성 평가 등의 순서로 이루어진다.
② 위험관리의 대상이 되는 인적·물적 보호대상의 우선순위를 설정하기보다는 포괄적으로 접근하는 것이 바람직하다.
③ 위험관리가 효율적으로 이루어지기 위해서는 관련절차에 관한 표준운영절차(SOP : Standard Operational Procedures)를 개발하는 것이 바람직하다.
④ 확인된 위험에 대한 대응은 위험의 제거, 회피, 감소, 분산, 대체, 감수 등의 방법이 적용된다.

어떠한 대상을 우선순위에 두고 위험으로부터 특별한 보호를 할 것인가에 대한 보호계획과 범위를 설정해야 한다. 즉, 민간경비 관리자들은 모든 보호대상에 동일한 비중을 두고 운용계획을 세워서는 안 되며 보호대상의 가치에 따라 차별화하여 우선순위를 설정하여야 한다.

88

의료시설 경비에 관한 설명으로 옳지 않은 것은?

① 위험요소의 사전예방보다는 사후대응에 중점을 두어야 한다.
② 출입구 배치나 출입제한구역 설정은 안전책임자와 병원관계자의 협력에 의해 이루어질 수 있다.
③ 지속적으로 수용되는 환자 및 방문객들의 출입에 따른 관리상의 어려움이 있다.
④ 의료시설에서 응급실은 안전관리가 철저하게 이루어져야 한다.

시설의 특수성으로 인해 병원은 수많은 위험에 노출되어 있어, 사태발생시 인명피해가 크기 때문에 효과적인 안전관리를 통하여 발생 가능한 모든 위험을 사전에 제거하여야 한다.

정답 86 ③ 87 ② 88 ①

89
주요경비의 대상에 일일이 경비원을 배치하여 비상시 대응하도록 한 전형적인 경비시스템의 형태는?

① 상주경비장치
② 자체경비장치
③ 외래경비지원장치
④ 순찰경비장치

> **상주경보시스템의 장단점** : 가장 고전적인 경보방법으로 각 주요지점에 경비원을 일일이 배치하여 비상시에 대응하도록 한 경보시스템으로 많은 인력이 필요하다는 단점을 가지고 있지만, 조사와 경비, 순찰을 일일이 사람이 하기 때문에 문제발생시 가장 빠른 대응이 가능하다.

> 출제POINT: 상주경보장치의 특징

90 ★
제1차적인 방어장치라고 보기 어려운 경비시설물은?

① 담장
② 경보장치
③ 외곽경계지역의 방어
④ 울타리

> 경보장치는 외부침입자를 감지하여 침입사실을 경찰서나 경비회사에 알리는 역할을 하는 제2차적인 방어장치이다.

> 출제POINT: 1차적 방어수단의 경비시설물

91
06. 기출

다음 설명 중 틀린 것은?

① 경비시설물에 있어서 외부침입이 가장 빈번한 곳은 창문이다.
② 잠금장치 중 전자장치가 설치되어 있어 일정시간에만 작동하는 것은 기억식 잠금장치이다.
③ 금고실의 외벽을 만드는 데 사용하는 방호재료는 강화콘크리트이다.
④ 경보장치는 침입시간의 지연을 그 목적으로 한다.

> 침입시간의 지연을 목적으로 하는 것은 잠금장치이다.

> 출제POINT: 경보장치의 설치 목적

92 ★
07. 기출

다음 중 경보시스템의 종류에 해당되지 않는 것은?

① 침입경보시스템
② 화재경보시스템
③ 상주경보시스템
④ 특수경보시스템

> **경보장치의 종류**
> ㉠ **침입경보시스템** : 불법적인 침입이 경보시스템이 설치된 지역에서 발생했을 때에 경보센서가 작동하여 침입사실을 알려주는 경보장치이다.
> ㉡ **화재경보시스템** : 화재의 위험성이 많은 지역에서 설치되어 화재가 발생하였을 때 그 사실을 알려주는 경보장치이다.
> ㉢ **특수경보시스템** : 기계의 고장이나 오작동을 감지할 목적으로 사용되는 경보장치이다.

> 출제POINT: 경보장치의 종류

정답 89 ① 90 ② 91 ④ 92 ③

93

다음 중 국가중요시설의 경비관련 법적 근거는 모두 몇 개인가?

| • 경비업법 | • 청원경찰법 | • 경찰관 직무집행법 |
| • 통합방위법 | • 대통령 등의 경호에 관한 법률 | |

① 2개 ② 3개
③ 4개 ④ 5개

㉠ 경비업법 제2조 제1호(특수경비업무), ㉡ 청원경찰법 제2조 제1호(국가기관 또는 공공단체와 그 관리하에 있는 중요시설 또는 사업장), ㉢ 경찰관 직무집행법 제2조(직무의 범위) 제3호, ㉣ 통합방위법 제2조 제13호(국가중요시설), ㉤ 대통령 등의 경호에 관한 법률 제5조의2(다자간 정상회의의 경호 및 안전관리) 제5항

▶ 국가중요시설경비의 법적 근거

94

경비시스템 중 나머지와 성격이 상이한 경비시설물은?

① 압력반응식 센서
② 음파경보시스템
③ CCTV
④ 무선주파수 장치

경보시스템의 종류: ㉠ 전자기계식 센서, ㉡ 압력반응식 센서, ㉢ 자력선식 센서, ㉣ 광전자식 센서, ㉤ 초음파 탐지장치, ㉥ 콘덴서 경보장치, ㉦ 음파경보시스템, ㉧ 진동탐지기, ㉨ 전자파울타리, ㉩ 무선주파수장치
＊CCTV(폐쇄회로텔레비전)는 감시시스템이다.

▶ 경보시스템의 종류

95 ★

국가중요시설 경비에 관한 설명으로 옳지 않은 것은?

① 국가중요시설은 국가안전에 미치는 중요도에 따라 분류된다.
② 3지대 방호개념은 제1지대는 경계지대, 제2지대는 주방어지대, 제3지대는 핵심방어지대이다.
③ 국가중요시설의 통합방위사태는 갑종사태, 을종사태, 병종사태, 정종사태로 구분된다.
④ 국가중요시설은 공공기관 등 적에 의하여 점령 또는 파괴되거나 기능이 마비될 경우 국가안보와 국민생활에 심각한 영향을 주는 시설을 의미한다.

국가중요시설의 통합방위사태는 갑종사태, 을종사태, 병종사태로 구분되고, 정종사태는 통합방위사태에 포함되지 않는다.

▶ 국가중요시설의 경비

정답 93 ④ 94 ③ 95 ③

96 ★

[09. 기출] 　　출제POINT ▸ 물리적 통제의 기본전략

보호시설물의 물리적 통제에 관한 설명으로 옳지 않은 것은?

① 물리적 통제시 시스템이 추구하는 보안성은 다른 기능(편리성, 외관성, 실용성 등)보다 우선적으로 고려되어야 한다.
② 시설물에 대한 물리적 통제는 기본적으로 경계지역, 건물외부지역, 건물내부지역이라는 3가지 방어선으로 구분된다.
③ 최근에는 첨단과학기술을 이용한 감지시스템이 개발되어 적용되고 있다.
④ 시설물 내에 존재하는 내부 자산들은 그 가치가 다르기 때문에 상이한 경비보호계획을 수립하여 대응해야 한다.

> 장벽(울타리)와 같은 물리적 통제시스템을 설계하는데 있어서는 보안성, 편리성, 실용성, 외관성 및 환경성, 접근성, 비용 등의 요소가 균형있게 고려되어야만 한다.

97 ★

[09. 기출] 　　출제POINT ▸ 화재의 유형별 표시방법

화재유형에 따른 종류표시의 연결로 옳은 것은?

① 유류화재 – A급
② 일반화재 – B급
③ 전기화재 – C급
④ 가스화재 – D급

> ① 유류화재는 B급으로 표시되며, ② 일반화재는 A급으로 표시된다. ④ 가스화재는 E급으로 표시하며, 금속화재는 D급으로 표시한다.

98

[20. 기출] 　　출제POINT ▸ 국가중요시설경비

국가중요시설경비에 관한 설명으로 옳은 것은?

① 국가중요시설의 분류에 따라 국가보안상 국가경제, 사회생활에 중대한 영향을 미치는 행정시설을 가급으로 분류한다.
② 경비구역 제3지대(핵심방어지대)는 시설의 가동에 결정적으로 영향을 미치는 특성을 갖는 구역이다.
③ 제한구역은 비인가자의 출입이 일체 금지되는 보안상 극히 중요한 구역이다.
④ 통합방위사태는 4단계(갑·을·병·정)로 구분된다.

> ① 나급, ③ 통제구역, ④ 3단계(갑종사태·을종사태·병종사태)

정답 96 ① 97 ③ 98 ②

99 ★★　　　　　　　　　　　　　　　　　　　　17, 10, 02. 기출

일반 산업분야뿐만 아니라 일반 주택에서도 사용되며, 열쇠의 양쪽에 홈이 불규칙적으로 파여져 있는 형태이고, 보다 복잡하며 안전성을 제공할 수 있기 때문에 널리 사용되고 있는 자물쇠의 종류는?

① 돌기자물쇠　　　　　　② 핀날름쇠자물쇠
③ 판날름쇠자물쇠　　　　④ 숫자맞춤식자물쇠

> 판날름쇠자물쇠(Disk Tumbler Locks)는 열쇠의 홈이 한쪽면에만 있어 맞지 않는 열쇠를 꽂을 경우 자물쇠가 열리지 않도록 만들어진 잠금장치로 책상, 서류함, 패드록 등에 주로 사용된다.

▶ 건물내부의 통제장치

100 ★

다음 중 화재의 발생에 관한 내용을 설명한 것으로 부적절한 것은?

① 화재는 복구가 불가능할 정도로 모든 것을 앗아간다.
② 범죄에 대한 대비는 화재발생시에도 하여야 한다.
③ 초동진압을 할 수 있는 기본적 여건이 구축되어 있어야 화재발생시 큰 피해를 막을 수 있다.
④ 화재는 일정한 패턴을 갖고 발생하지 않기 때문에 사후대응에 초점을 두어야 한다.

> 화재는 사전예방이 중요하며, 화재발생시 초동진압을 할 수 있는 기본적 여건이 구축되어 있어야 하고, 사전에 화재에 대한 대비훈련도 충분히 되어 있어야 한다.

▶ 화재발생시 대응방법

101　　　　　　　　　　　　　　　　　　　　　　　　　13. 기출

시설물의 물리적 통제시스템에 관한 설명으로 옳은 것은?

① 출입문의 경첩(hinge)은 출입문 바깥쪽에 설치하여 보안성을 강화해야 한다.
② 외부침입시 경비시스템 중 1차 보호시스템은 내부출입통제 시스템이고, 2차 보호시스템은 외부출입통제 시스템이다.
③ 체인링크(chain link)는 콘크리트나 석재 담장과 유사한 보호기능을 하면서도 저렴하다는 장점이 있다.
④ 안전유리(security glass)는 동일한 두께의 콘크리트 벽에 비해 충격에는 약하나 외관상 미적 효과가 있다.

> ① 경첩은 여닫이문을 다는 데 사용하는 장치로 가능한 한 외부에 노출되지 않도록 내부에 설치하여야 한다.
> ② 1차 보호시스템은 외부통제 시스템이고, 2차 보호시스템은 내부출입통제 시스템이다.
> ③ 외곽방호시설물 중 경계를 구분 짓는 담장에는 단단한 나무로 제작된 방책, 가시가 달린 철조망(Barbed Wire, 유자철선〈有刺鐵線〉), 철사를 사각형 또는 다이아몬드 형으로 만든 체인링크(Chain Link) 등이 있는데, 이들은 콘크리트나 석재를 이용한 담장과 동일한 보호기능을 가지면서도 비용이 저렴하다는 장점이 있다.
> ④ 안전유리는 동일한 두께의 콘크리트 벽에 비해 충격에 강하다.

▶ 물리적 통제시스템

정답 99 ② 100 ④ 101 ③

102

다음은 경비시설물 내에서의 노사분규시 경비원의 역할을 설명한 것이다. 적절하지 못한 행동은?

① 파업시에는 주위의 가연성 있는 물질을 모두 제거한다.
② 파업시위가 평화적으로 이루어지는 경우 이를 보호하고자 노력한다.
③ 노사분규시 경비원은 근로자이므로 노조측의 입장을 취해야 한다.
④ 파업기간 동안에는 사내의 모든 출입구를 봉쇄한다.

> 노사분규가 발생한 경우에 경비원은 경영자의 입장을 취해야 하는데 이는 경비원이 기업이나 시설을 보호하는 임무를 띄고 있기 때문이다.

▶ 노사분규가 발생한 경우 경비원의 역할

103

02. 기출

다음 중 자물쇠에 달린 숫자조합을 맞춤으로써 열리는 자물쇠로, 외부의 침입이나 위협으로부터 가장 효과적인 보호장치는?

① 전자자물쇠
② 암호사용식 자물쇠
③ 카드작동식 자물쇠
④ 숫자맞춤식 자물쇠

> ① **전자자물쇠** : 전자력을 이용하여 문을 열고 잠그는 잠금장치이다.
> ② **암호사용식 자물쇠** : 자물쇠의 전자판에 있는 암호화된 문자를 조합하여 문이 열리도록 하는 전자제어방식의 잠금장치이다.
> ③ **카드작동식 자물쇠** : 열쇠 대신 암호가 내장된 카드를 자물쇠에 꽂은 경우 전자식 방식에 의해 자물쇠가 열리도록 고안된 잠금장치이다.

▶ 자물쇠의 종류별 기능

104 ★

다음은 타운시큐리티(Town Security)에 대한 설명이다. 적당하지 못한 내용은?

① 타운시큐리티의 가장 큰 특징은 단독주택이나 개별 빌딩단위가 아닌 지역단위이다.
② 한국의 경우 타운시큐리티가 공동주택에서 성장할 수 있는 법적인 여건이 잘 조성되어 있다.
③ 타운시큐리티는 현재 선진국에서 일반화되고 지속적으로 발전하고 있는 추세이다.
④ 해당지역의 전 가구를 중앙통제감시센터에서 집중 감시하는 체제이다.

> 국토교통부장관의 허가를 받은 주택관리업자만이 공동주택을 관리할 수 있기 때문에 우리나라의 경우 타운시큐리티가 성장하는 데에는 한계가 있다.

▶ 타운시큐리티의 일반적 개념
홈시큐리티와 타운시큐리티의 전반적 내용에 대해서 비교정리해 두어야 한다.

정답 102 ③ 103 ④ 104 ②

105

소화방법에 관한 설명 중 ( )에 들어갈 용어로 옳은 것은?

- (㉠)소화 – 연소반응에 관계된 가연물이나 그 주위의 가연물을 (㉠)하여 소화하는 방법
- 질식소화 – 연소범위의 산소공급원을 차단시켜 연소가 되지 않도록 하는 방법
- (㉡)소화 – 연소물을 (㉡)하여 연소물을 착화온도 이하로 떨어뜨려 소화하는 방법으로 물을 많이 사용함
- (㉢)소화 – 연소의 연쇄반응을 부촉매 작용에 의해 (㉢)하는 소화방법

① ㉠ : 억제, ㉡ : 냉각, ㉢ : 제거
② ㉠ : 억제, ㉡ : 제거, ㉢ : 냉각
③ ㉠ : 냉각, ㉡ : 억제, ㉢ : 제거
④ ㉠ : 제거, ㉡ : 냉각, ㉢ : 억제

설문에서 제시된 ㉠은 제거소화, ㉡은 냉각소화, ㉢은 억제소화에 해당한다.

▶ 화재시 소화방법

106

다음은 시설물 내의 자체소방단에 대한 설명이다. 적절하지 못한 내용을 나열한 것은?

① 유류나 폭발성 물질을 취급하는 경우, 큰 피해를 가져올 수 있기 때문에 자체소방단을 구성하는 것보다 외부전문가에게 맡기는 것이 바람직하다.
② 화재의 초기진압과 소방관들이 출동하였을 경우, 이들에 대한 지원업무를 담당하기 때문에 자체소방단의 역할은 매우 중요시된다.
③ 시설물의 상황을 잘 알고 있는 시설물 경비 담당 경비원들은 자체소방단에서 중심적 역할을 수행하게 된다.
④ 시설물의 경비 담당 책임자는 통일적인 명령지휘체계를 유지하기 위해서 부책임자를 두어 효과적인 소방업무를 수행할 수 있도록 한다.

유류나 폭발성 물질을 취급하는 경우의 자체소방단은 화재에 대한 초기진압과 소방관의 출동 시 지원업무를 담당한다.

▶ 자체소방단의 임무와 역할

107

다음 중 기계고장 또는 기계 오작동의 발견을 주목적으로 사용하는 경보장치는?

① 일반경보장치
② 특수경보장치
③ 화재경보장치
④ 침입경보장치

특수경보장치는 외부침입이나 화재발생시 작동하는 경보장치 이외에 기계고장이나 오작동의 발견, 실내온도가 너무 낮아질 때 경보를 울리는 온도감지장치, 자동차의 이상을 알려주는 장치로 많이 사용되는 경보장치를 말한다.

▶ 경보장치의 종류

정답 105 ④ 106 ① 107 ②

108 ★

23. 기출

화재발생 시 경비원의 피난유도 원칙으로 옳지 않은 것은?

① 초고층 빌딩 등 특수한 경우를 제외하고 엘리베이터는 사용하지 않는다.
② 연기가 상승하는 속도는 사람이 계단을 오르는 속도보다 느리므로 반드시 옥상으로 유도한다.
③ 피난자가 다수인 경우에는 사람들을 분산하여 혼란을 방지하고 위험장소에 있는 자가 조기에 피난할 수 있도록 한다.
④ 화재층을 기준으로 화재층, 상층, 하층 순으로 피난시킨다.

> 연기는 짧은 시간 건물의 상층부로 올라가는 성질이 있고, 일산화탄소와 이산화탄소로 이루어지는 가스는 대부분이 상층의 밀폐된 부분으로 모이는 특성이 있기 때문에 상층부로 대피하는 것은 위험하고, 아울러 지하실 대피는 피해야 한다.

출제 POINT
▶ 화재발생 시 경비원의 피난유도 원칙

109

02. 기출

다음 중 판매시설의 경비시 적절한 사전적 예방 수단으로 볼 수 없는 것은?

① 경찰 등 관계기관으로의 신속한 신고 체제유지
② 직원에 대한 전반적인 안전교육의 실시
③ 지속적이고 정기적인 감시와 순찰
④ 현금보관시설에 대한 경보시스템 운영을 포함한 철저한 안전대책의 실시

> ①은 사후적 안전대책에 속하는 내용이다.

▶ 판매시설경비시의 사전적 예방수단

110 ★

01. 기출

다음 중 건물 내부에 화재가 발생하였을 경우 이에 대비하기 위한 화재안전교육으로 적당하지 않은 것은?

① 창문은 모두 닫는다.
② 계단 옆으로 피신한다.
③ 견고한 문이 있는 지역으로 피신한다.
④ 가능한 한 주변의 가연성 물질을 모두 치운다.

> ① 화재발생시에는 창문을 모두 열어야 한다.

▶ 화재발생시 대응방법

정답 108 ② 109 ① 110 ①

111
잠금장치에 관한 설명으로 옳지 않은 것은?

① 패드록은 시설물과 탈부착이 가능한 형태로 작동하며 강한 외부충격에도 견딜 수 있도록 되어 있다.
② 핀날름쇠 자물쇠는 열쇠의 홈이 한쪽에만 있어 홈과 맞지 않는 열쇠를 꽂으면 열리지 않도록 되어 있다.
③ 카드식 잠금장치는 전기나 전자기방식으로 암호가 입력된 카드를 인식시킴으로써 출입문이 열리도록 한 장치이다.
④ 돌기 자물쇠는 단순철판에 홈도 거의 없는 것이 대부분이며 예방기능이 취약하다.

②는 판날름쇠 자물쇠에 대한 설명이다.

> 출제 POINT
> 잠금장치의 특성

15. 11. 기출

112 ★
원유정제시 나오는 탄화수소가스를 냉각 액화시킨 액화석유가스(LPG)에 대한 성질을 설명한 것으로 틀린 것은?

① 무색·무취이다.
② 물에는 녹지 않으나 유기용매에 용해된다.
③ 공기 중에서 쉽게 연소·폭발하지 않는다.
④ 천연고무를 잘 녹인다.

LPG(액화석유가스)의 특성
㉠ 무색, 무취이다.
㉡ 주성분은 프로판(C_3H_8)과 부탄(C_4H_{10})이다.
㉢ 물에 불용이며, 유기용제에 용해된다.
㉣ 석유류, 동식물류, 천연고무를 잘 녹인다.
㉤ 공기 중에서 쉽게 연소 폭발한다.
㉥ 액체상태에서 기체로 될 때 체적은 약 250배로 된다.
㉦ 액체상태에서는 물보다 가볍고(약 0.5배), 기체상태는 공기보다 무겁다(약 1.5~2.0배).

> LPG(액화석유가스, Liquefied Petroleum Gas)의 특성

113 ★
화상의 부위가 분홍색으로 되고 분비액이 많이 분비되는 화상은?

① 1도 화상 ② 2도 화상
③ 3도 화상 ④ 4도 화상

화상의 종류
㉠ 1도 화상 : 최외각의 피부가 손상되어 그 부위가 빨간 색깔을 띠고 심한 통증을 느끼는 상태
㉡ 2도 화상 : 피하 깊숙이 손상을 입어 그 부위가 분홍색을 띠고 분비물이 피하에 모여 물집이 생기는 상태
㉢ 3도 화상 : 피하의 지방질에까지 열이 깊숙이 침투된 것으로 말초신경이 손상을 입어 그 기능이 죽은 상태
㉣ 4도 화상 : 전기화재에서 입은 화상으로서 피부가 탄화되는 현상

> 화상의 종류

정답 111 ② 112 ③ 113 ②

114
연소의 3가지 조건이 될 수 없는 것은?

① 가연성물질 ② 환원성물질
③ 열원 ④ 산소공급원

연소의 3요소 : 가연물, 산소공급원, 점화원

> 연소의 3요소

115
화재시 발생하는 연소가스에 포함되어 인체에서 혈액의 산소운반을 저해하고 두통, 근육조절의 장애를 일으키는 것은?

① CO_2(이산화탄소) ② CO(일산화탄소)
③ HCN(시안화수소) ④ H_2S(황화수소)

CO(일산화탄소)는 불완전 연소시에 생성되는 가스로서 혈액 중의 산소가스 운반을 저해한다.

> 연소가스의 성질

116
[04. 기출]

첨단식 패드록 잠금장치의 종류가 아닌 것은?

① 기억식 잠금장치 ② 일체식 잠금장치
③ 이중식 잠금장치 ④ 전기식 잠금장치

패드록(Padlock)이란 일반 자물쇠의 단점을 보완하고, 외부의 강한 충격에도 견뎌 경비의 안전성을 강화하기 위해 만들어진 장치로 여기에는 기억식 잠금장치, 전기식 잠금장치, 일체식 잠금장치 등이 있다.

> 패드록 잠금장치의 종류

117
[16, 12, 기출]

외곽경비에 관한 설명으로 옳지 않은 것은?

① 자연적인 장벽에는 강, 절벽 등이 해당된다.
② 담장 위에 철조망을 설치하면 방범효율이 증대된다.
③ 외곽경비는 장벽, 출입구, 건물 자체 순으로 수행된다.
④ 경계구역 내에서는 가시지대를 넓히기 위해 모든 장애물을 제거할 필요는 없다.

④ 범죄세력이 경계구역 내에서 활동할 경우 이를 감지할 수 있도록 경계구역 안의 불필요한 모든 장애물을 제거하여야 한다.

> 외곽경비의 일반사항

정답 114 ② 115 ② 116 ③ 117 ④

118

화재유형에 따른 화재대책에 관한 설명으로 옳지 않은 것은?   19. 기출

① 유류화재는 옥내소화전을 사용하여 온도를 발화점 밑으로 떨어뜨리는 것이 가장 효과적인 진압방법이다.
② 금속화재는 물과 반응하여 강한 수소를 발생하는 것이 대부분이므로 화재시 수계 소화약제를 사용해서는 안 된다.
③ 가스화재는 점화원을 차단하고 살수 및 냉각으로 진압하는 것이 효과적이다.
④ 전기화재는 소화시 물 등의 전기전도성을 가진 약제를 사용하면 감전의 위험이 있으므로 주의해야 한다.

> 유류화재는 액체가 연소하는 것이 아니고 액체 표면에서 발생한 증기가 연소하는 것이기 때문에 물을 뿌려서는 안 된다.

출제POINT ▶ 화재유형과 화재대책

119

빛을 길고 수평하게 확장하는데 사용하며, 수평으로 대략 180도 정도, 수직으로 15도에서 30도 정도 폭의 기다란 광선의 크기로 비춰지는 조명등은?

① 프레이넬등
② 투광조명
③ 가로등
④ 탐조등

> 프레이넬등은 폭이 넓은 빛을 내는 조명으로 길고 수평하게 빛을 확장하며 경계구역에 접근을 막는데 유용하게 사용된다.

▶ 경비조명등의 형태와 성질

120 ★

대규모 공연장·행사장 안전관리 업무의 민간위탁에 관한 설명으로 옳지 않은 것은?   14. 기출

① 민간위탁은 경찰의 공적 경비업무 부담을 증가시킨다.
② 민간경비업체는 행사주최 측과 긴밀한 사전 협의 및 협조를 통하여 질서유지 및 상황발생시 대처할 수 있어야 한다.
③ 민간경비업체는 상황에 따라 소방대 및 경찰지원을 요청하는 등 탄력성 있는 안전관리활동이 가능하여야 한다.
④ 민간경비업체는 이동 간 거리행사의 경우에 행사계획 단계부터 이동경로의 선택 및 참가예상인원의 파악 등의 업무도 가능하여야 한다.

> 현재 민간경비는 대규모 공연장·행사장 안전관리 업무 등 부분에서 이미 상당부분 경찰의 역할과 기능을 대신하고 있는 실정이어서 경찰의 공적 경비업무 부담은 그만큼 감소하는 추세에 있다.

▶ 혼잡경비의 민간위탁

정답 118 ① 119 ① 120 ①

121
09. 기출

최근 지방자치단체에서 지역행사를 많이 실시하고 있어 안전관리 대책이 중요한 문제로 떠오르고 있다. 이처럼 대규모 군중이 모였을 때 효율적인 군중관리의 기본원칙으로 옳지 않은 것은?

① 밀도의 희박화
② 이동의 일정화
③ 경쟁적 상황의 해소
④ 통제의 철저

> 군중관리에 있어서 공연·행사를 진행하는 안전관리요원과 공연·행사에 참가하는 군중은 서로 다른 생각을 가지고 있기 때문에 안전관리요원들은 군중관리의 기본원칙(밀도의 희박화, 이동의 일정화, 경쟁적 상황의 해소, 지시의 철저)을 잘 숙지하여 군중을 통제하여야 한다.

출제 POINT

▶ 군중관리의 기본 원칙
민간경비의 실제 중 국가중요시설의 경비와 혼잡경비에 대해서 숙지하고 있어야 한다. 향후 출제 가능성과 비중이 높은 중용한 내용들이다.

122

차량이동시 요인의 경호경비에 관한 유의사항으로 틀린 내용은?

① 차의 승차시에는 문을 잠근다.
② 연료탱크의 연료는 최소 절반 이상이 채워져 있어야 한다.
③ 항상 차량은 안전하게 이용하던 차량을 이용하여야 한다.
④ 운전기사는 고용 전에 철저한 조사를 거쳐야 한다.

> 차량이동시에도 경호기만 기법이 필요하다. 경호기만이란 위해기도자로 하여금 오판을 하게 하여 위해기도가 실패하도록 유도하고 위해기도를 포기하게 만드는 변칙적인 경호기법을 말한다. 차량경호에서 경호기만 기법에는 ㉠ 경호대상자의 차량과 경호차량은 성능과 모양이 비슷한 차량을 선정, ㉡ 위장 경호대상자 차량 사용, ㉢ 변칙적인 이동로 이용, ㉣ 차량위치 수시 변경 등이 있다. 따라서 위해기도자의 오판을 유도하기 위하여 항상 이용하는 차량은 피하고 변칙적인 운용이 필요하다.

▶ 차량이동 중의 유의사항

123
09. 기출

국가중요시설의 통합방위사태로서 '적의 침투·도발이 예상되거나 소규모의 적이 침투한 때에 시·도경찰청장의 지휘·통제하에 통합방위작전을 수행하여 단기간 내에 치안이 회복될 수 있는 사태'는 무엇에 해당하는가?

① 갑종사태
② 을종사태
③ 병종사태
④ 정종사태

> **국가중요시설의 지휘통제체계(통합방위법 제2조)**
> ㉠ **갑종사태** : 일정한 조직체계를 갖춘 적의 대규모 병력 침투 또는 대량살상무기 공격 등의 도발로 발생한 비상사태로서 통합방위본부장 또는 지역군사령관의 지휘·통제하에 통합방위작전을 수행하여야 할 사태
> ㉡ **을종사태** : 일부 또는 여러 지역에서 적이 침투·도발하여 단기간 내에 치안이 회복되기 어려워 지역군사령관의 지휘·통제하에 통합방위작전을 수행하여야 할 사태
> ㉢ **병종사태** : 적의 침투·도발 위협이 예상되거나 소규모의 적이 침투하였을 때에 시·도경찰청장, 지역군사령관 또는 함대사령관의 지휘·통제하에 통합방위작전을 수행하여 단기간 내에 치안이 회복될 수 있는 사태

▶ 국가중요시설 경비

정답 121 ④ 122 ③ 123 ③

124

경보장치 및 시스템에 관한 설명으로 옳지 않은 것은?

① 일반적으로 기계고장이나 오작동 발견을 목적으로 사용하는 경보장치는 특수경보장치이다.
② 가장 고전적인 방법으로 주요지점에 경비원을 배치하여 비상시에 대응하는 경비체제는 기계경비시스템이다.
③ 전화선 등을 이용하여 외부의 경찰서나 소방서에 연락을 취하는 방식의 경비체계는 외래경보시스템이다.
④ 경계가 필요한 지점에 감지기나 CCTV를 설치하고, 경비원이 이를 원격 감시하는 형태는 중앙관제시스템이다.

②는 인력경비와 관련된 내용이다. 기계경비는 각종 첨단장비를 이용하여 인적·물적인 가치를 사람 없이도 보호하는 경비형태이다.

> 경보장치 및 시스템의 개념

125 ★

경비조명에 관한 설명으로 옳지 않은 것은?

① 프레이넬등은 특정한 지역에 빛을 집중시키거나 직접적으로 비출 필요가 있을 때 사용하는 등이다.
② 상시조명은 장벽이나 벽의 외부를 비추는데 사용되며, 감옥이나 교정기관에서 주로 이용되어 왔다.
③ 조명시설의 위치가 경비원의 시야를 방해해서는 안 되며, 가능한 한 그림자가 생기지 않도록 설치해야 한다.
④ 조명은 침입자의 침입의도를 사전에 포기하도록 하는 심리적 압박작용을 한다.

①은 투광조명등에 대한 설명이다.

> 경비조명등의 특징

126 ★

출입통제방법에 관한 설명으로 옳지 않은 것은?

① 차량은 출입목적에 따라 출입증을 발급하고 주차지역을 지정하여야 하며 반출입물품에 대해서도 면밀히 조사하여야 한다.
② 직원출입구는 외부 방문객과 구분하여 하나의 문만 사용하도록 하고 통행하는 직원의 적절한 통제를 위해 출입구의 폭이 최대한 넓어야 한다.
③ 출입증이 없는 차량의 경우에는 그 용도와 목적을 확인하고 내부에서도 이 차량이 주차할 수 있는 지역을 한정하여야 한다.
④ 방문객이 통고 없이 방문하는 경우에는 대기실에서 대기하도록 하거나 대기실 외의 이동시 반드시 방문객임을 표시하는 징표를 부착하여 CCTV 등을 통한 감시와 통제가 이루어져야 한다.

직원출입구는 하나만 사용하되 출입구의 폭은 4~7피트 이내로 넓지 않아야 출입구를 통행하는 직원들을 적절하게 통제할 수 있다.

> 출입문의 통제 방법

정답 124 ② 125 ① 126 ②

127

13. 기출

재난 및 안전관리 기본법상 공연 및 행사장 안전관리에 관한 설명으로 옳지 않은 것은?

① 긴급구조기관은 소방청·소방본부 및 소방서를 말한다.
② 재난관리란 재난의 예방·대비·대응 및 복구를 위하여 하는 모든 활동을 말한다.
③ 군중이 운집한 상황에서 돌발사태 등에 의해 정서의 충동성, 도덕적 모순성 등 정상군중심리가 발생된다.
④ 화재, 붕괴, 폭발과 같은 사회재난은 국민의 생명·신체·재산과 국가에 피해를 주거나 줄 수 있는 것을 말한다.

> ① 재난 및 안전관리 기본법 제3조 제7호
> ② 재난 및 안전관리 기본법 제3조 제3호
> ③ 대규모로 운집한 군중이 정서의 충동성·추리의 단순성·욕망의 확장성·도덕적 모순성 등의 원인으로 비합리적이고 퇴행적인 행동을 하여 인명과 재산의 손실을 초래하는 이상군중심리가 발생한다.
> ④ 재난 및 안전관리 기본법 제3조 제1호

출제 POINT
▶ 정상군중심리와 이상군중심리

128

17, 14. 기출

대규모 상업·주거시설의 민간경비에 관한 설명으로 옳은 것은?

① 대규모 상업시설의 소유자들은 보안과 안전에 대한 책임이 감소한다.
② 대규모 상업시설의 안전 확보를 위하여 일반인의 접근을 차단한다.
③ 대규모 주거시설 내의 방범과 위험관리는 경찰에 의해 수행된다.
④ 대규모 주거시설의 경우 다양한 위험을 종합적으로 관리할 수 있는 시스템을 구축한다.

> ① 대규모 상업시설의 소유자들은 고객의 소비욕구를 최대한 자극하기 위해서 공공접근을 극대화하기 때문에 이에 대한 보안·안전에 대한 책임도 비례적으로 증가한다.
> ② 대규모 주거시설은 사생활 보호 차원에서 공공의 접근을 가능한 제한하고 있지만, 대규모 상업시설은 수많은 고객을 유치하여 영리를 추구해야 하기 때문에 공공의 접근을 근본적으로 제한할 수 없다.
> ③ 대규모 주거시설 내의 방범과 위험관리 등의 중요한 기능은 공공경찰이 아닌 자체적 또는 계약에 의한 민간경비에 의해 수행된다.

출제 POINT
▶ 대규모 상업시설에서의 민간경비

정답 127 ③ 128 ④

129

확인된 위험의 대응방법에 대한 설명으로 옳지 않은 것은?

① 위험의 제거 : 위험관리에서 최선의 방법은 확인된 모든 위험요소를 제거하는 것이다.
② 위험의 회피 : 범죄 및 손실이 발생할 기회를 아예 제공하지 않는 것이다.
③ 위험의 감소 : 위험성이 높은 보호대상을 한 곳에 집중시키지 않고 여러 곳에 분산시키는 것이다.
④ 위험의 대체 : 직접적으로 위험을 제거하거나 감소 및 최소화시키기보다는 보험과 같은 대체수단을 통해서 손실을 전보하는 방법이다.

확인된 위험을 감소시키기 위해서는 계획된 민간경비 관련 프로그램을 통해 경비 및 보호대상에 내재하는 위험요소들을 줄여 손실비용을 최소화시키고, 사전에 위험대응 관련 시뮬레이션 등을 통해 마련된 방안과 절차를 적절하게 활용하는 기본적 조치가 이루어져야 한다.

130

다음 감지기에 관련된 내용으로 잘못 연결된 것은?

① 자석감지기 - 영구자석과 리드(reed)
② 적외선 감지기 - 투광기와 수광기
③ 초음파감지기 - 가청주파수
④ 열감지기 - 원적외선 변화량

③ 초음파감지기는 인간이 들을 수 없는 음파(불가청주파수)의 특성을 이용한 것이다.

정답 129 ③ 130 ③

CHAPTER 04

컴퓨터 범죄 및 안전관리

제1절 | 컴퓨터 범죄의 특징 및 유형

1 컴퓨터 범죄의 특징

(1) 범죄행위자 측면에서의 특징
  ① 전문가 또는 내부자 : 컴퓨터 범죄의 대부분은 컴퓨터시스템 전문지식의 소유자로서 관련 범죄를 행하거나 정보와 관련된 정확한 루트를 제시하고 빼낼 수 있는 **조직 내부자가 관련된 범죄**가 많으며, 회사에 대한 개인적인 보복으로 범해지기도 한다.
  ② 범죄의식의 희박 : 타인을 살해하거나 상해를 입히는 것과 같은 전통적인 범죄행위보다 컴퓨터 사용자들의 **범죄의식이 희박**하여 그 자체의 범죄성과 반사회적 성향의 행동에 대하여 옳고 그름을 가리지 못하는 **초범**인 경우가 많다.
  ③ 범죄연령층의 연소화 : 컴퓨터에 익숙한 젊은 층이 컴퓨터시스템 관련 업종에 종사하는 경향에 따라서 범죄 행위자들 중 지적 모험을 즐기는 **젊은 층이 다수**를 차지한다.

(2) 범행 측면에서의 특징
  ① 범행의 연속성 : 컴퓨터 범죄자가 불법적인 침입방법을 터득하게 되면 새로운 보안 시스템이 개발되기 전까지 임의로 접근이 용이하기 때문에 조작행위 범죄가 자주 일어날 가능성이 높다.
  ② 범행의 국제성과 광역성 : 범죄의 행위지역과 문제의 발생지역이 상이한 경우가 많고, 수사관할 문제와 국가 간 근거법의 다양성과 비통일성으로 수사상 어려움이 많다.
  ③ 범행의 자동성 : 컴퓨터 시스템을 부정조작하여 단시간 내에 대량의 데이터를 처리하여 광범위한 손실을 입히고, 바이러스를 침투시켜 자동적으로 컴퓨터시스템에 문제를 일으키게 한다.
  ④ 범행의 색출과 고의입증의 곤란성 : 컴퓨터 범죄로 처리되는 방대한 양의 데이터는 가시성과 외형적 형태의 위해가 없기 때문에 문제가 되는 사건의 내역과 출처를 찾기가 어렵다.

즉, 컴퓨터는 개인·기업·단체·국가기관 등 사용자가 다수이고, 처리명령이 많고, 처리의 양과 결과가 다양하며 피해자도 거래의 신용과 명예의 실추를 우려해 수사기관 등에 알리지 않기 때문에 단서의 포착과 고의의 입증이 어렵다.

⑤ 범행의 증거인멸 용이 : 컴퓨터 범죄가 단순히 데이터의 변경, 멸실 등의 형태에 불과하기 때문에 데이터나 프로그램 등을 지우면 증거가 남지 않아서 증거확보가 힘들다.

⑥ 범행의 지속성 : 고의·과실로 행한 경우나 오류·실수에 의한 경우라도 범죄에 이르게 되면 발견이 어렵다는 점에서 동일한 범행을 계속하도록 프로그램의 명령이 입력된 컴퓨터는 동일한 범행결과를 지속적으로 출력하게 된다.

⑦ 범죄의 동향 : 컴퓨터 범죄는 주로 원한이나 불만, 정치적 목적, 상업경쟁 또는 지적 모험에 따라 자료조작, 컴퓨터 파괴, 부정사용 등으로 발생하는데 현재는 스파이, 테러, 사기에 이르기까지 다양화되고 있는 실정이다.

2 컴퓨터 범죄의 유형

(1) 컴퓨터의 부정조작

① 입력조작 : 불법적인 목적을 달성하기 위해 컴퓨터에 입력될 자료를 부정으로 조작하여 출력시 엉뚱한 결과를 만들어내게 하는 행위이다.

② 프로그램조작 : 기존에 유지되었던 프로그램의 명령을 변경 또는 삭제하거나 생략하여 문제가 발생하도록 하는 행위이다.

③ 콘솔조작 : 컴퓨터의 시동·정지, 운전상태의 감시, 정보의 처리내용과 방법 변경·수정의 경우에 사용되는 **콘솔을 조작하여 자료를 처리하는 과정**에서 프로그램의 지시나 처리될 기억정보를 변경시키는 행위이다.

④ 출력조작 : 올바르게 출력된 자료를 사후에 변조하는 행위이다.

(2) **자료의 부정조작**

① 데이터 디들링(Data Diddling) : 데이터를 입력하거나 변환하는 시점의 최종 순간에 **데이터를 절취·삭제·변경·취소**하는 수법이다.

② 살라미 기법(Salami Techniques) : 금융기관의 컴퓨터시스템에서 이자를 계산하거나 배당금을 분배할 때에 **단수 이하로 떨어지는 숫자를 특정계좌에 계속적으로 적립**되도록 프로그램루틴을 부정삽입하여 작은 이익을 긁어모으는 **부분잠식수법**이다.

③ 트로이 목마(Trojan Horse) 수법 : 컴퓨터시스템에서 정상적인 기능을 하는 프로그램으로 가장해 다른 프로그램 안에 은밀히 숨어 있다가 그 프로그램이 실행될 때 함께 실행되면서 시스템에 직접적인 피해를 주는 악성 프로그램을 말한다. 즉, 좋은 의미로 **프로그램의 본래 목적을 실행**하면서도 실제로는 **부정한 결과가 나오도록 은밀히 프로그램을 조작**해 두는 방법이다.

④ 운영자 가장수법 : 컴퓨터가 고장났을 때 이를 수리하면서 비상구동프로그램을 조작하여 자료를 입수 및 변경하는 수법이다.

⑤ 함정문(Trap Door) 수법 : 컴퓨터 운영체계(OS)나 대형응용프로그램 개발 중 프로그램의 **개발 마지막 단계**에서, 프로그램의 오류를 발견하고 그 원인을 밝히기 위한 디버깅(Debugging)을 핑계로 **자료를 고의로 유출**하는 수법이다.

(3) 물리적 범죄
① 하드웨어(Hardware) 파괴 : 컴퓨터의 중앙처리장치(CPU)·기억장치·입출력장치와 같은 전자·기계장치의 몸체 그 자체를 물리적으로 파손시키는 범죄이다.
② 소프트웨어(Software) 파괴 : 컴퓨터의 운영체계(OS)나 컴퓨터 프로그램을 불이나 물 및 자석 등을 이용하여 물리적으로 파괴시키는 범죄이다.
③ 컴퓨터파괴 : 컴퓨터 자체에 내장되어 있는 프로그램이나 컴퓨터 내부에 기록되어 있는 자료를 파괴하는 범죄이다.

> **심화연구** 업무방해죄(형법 제314조)
> **1** 허위의 사실을 유포하거나 기타 위계의 방법으로 사람의 신용을 훼손하거나 또는 위력으로써 사람의 업무를 방해한 자는 5년 이하의 징역 또는 1천 500만원 이하의 벌금에 처한다.
> **2** 컴퓨터 등 정보처리장치 또는 전자기록 등 특수매체기록을 손괴하거나 정보처리장치에 허위의 정보 또는 부정한 명령을 입력하거나 기타 방법으로 정보처리에 장애를 발생하게 하여 사람의 업무를 방해한 자도 5년 이하의 징역 또는 1천 500만원 이하의 벌금에 처한다.

(4) 사이버테러
① 분산서비스거부(DDoS : Distribute Denial of Service) : 서비스 공격을 위한 도구들을 여러 대의 컴퓨터에 심어놓고 공격목표인 사이트의 컴퓨터시스템이 처리할 수 없을 정도로 **엄청난 분량의 패킷을 동시에 범람**시킴으로써 **네트워크의 성능을 저하**시키거나 **시스템을 마비**시키는 공격을 말한다. 이 수법은 일반적인 바이러스나 해킹처럼 특정 컴퓨터에 침투해 자료를 삭제하거나 훔쳐가는 것이 아니라, 목표 서버가 다른 정당한 신호를 받지 못하게 방해하는 작용만 한다.
② 마이둠(My Doom) : 분산서비스거부(DDoS) 공격의 하나로 불특정 다수에게 '독립기념일을 기리며(Memory of the Independence Day)'라는 제목의 **이메일 폭탄을 대량 유포**해 이용자가 첨부된 파일을 열게 되면 악성코드가 이용자의 PC에 생겨 자기 복제를 통해 증식하면서 **특정 사이트를 공격**하게 하여 컴퓨터 시스템을 파괴하거나 다른 프로그램을 지연시키는 악성 웜바이러스(Worm Virus)를 말한다.
③ 슬래머(Slammer) : 마이크로소프트(MS)의 데이터관리시스템인 **SQL 서버를 공격하는 웜바이러스**로 SQL 서버간의 통신 프로토콜인 'UDP 1434 포트'에 정상 패킷 데이터인 것처럼 잠입해 SQL 서버 메모리에 상주하여 무작위로 IP 주소를 선정해 SQL 서버를 비롯하여 DNS 서버, 윈도 서버 등에 초당 1MB의 데이터를 보내 전체 네트워크의 부하를 유발시키는 바이러스를 말한다.
④ 논리폭탄(Logic Bomb) : 해커(Hacker)나 크래커(Cracker)에 의해서 조작된 프로그램 코드가 어떤 부위에 숨어 있다가 **특정 조건이 충족되는 순간 폭탄처럼 자료나 소프트웨어를 파괴**하여, 자동으로 부정행위가 이루어질 수 있도록 하는 범죄를 말한다.
⑤ 허프건(Heffgun) : 전자회로로 구성되어 있는 컴퓨터는 고출력 전자기장을 받으면 오작동하거나 정지하는 특성이 있다. 이러한 특성을 이용하여 **컴퓨터에 고출력 에너지로 순간적인 마이크로웨이브 파를 발생**시켜 기업의 핵심정보가 수록되어 있는 하드디스크 자기기록 정보를 파괴시키는 행위를 말한다.

⑥ 스팸(Spam) : 본래 돼지고기 통조림의 이름이었으나 통조림 판매회사가 광고전단을 신문에 끼워 무차별 배포하는 판촉형태가 전자우편폭탄과 유사한데서 유래한 용어로 **악의적인 내용을 담은 전자우편**을 인터넷상의 **불특정다수에게 무차별로 살포**하여 컴퓨터시스템을 마비시키거나 온라인 공해를 일으키는 행위를 말한다.

⑦ 플레임(Flame) : 네티즌들이 공통의 관심사를 논의하기 위해 개설된 토론방에 고의로 가입하여 개인 등에 대한 악성 루머를 유포하는 행위를 말한다.

⑧ 스토킹(Stalking) : 유명 연예인 등을 끈질기게 쫓아다녀 못 살게 구는 행위가 인터넷상으로 옮겨진 형태로 인터넷을 이용하여 타인의 신상정보를 공개하고 거짓 메시지를 남겨 괴롭히는 행위를 말한다.

⑨ 멀웨어(Malware) : 사용자의 의사와 이익에 반해 시스템을 파괴하거나 정보를 유출하는 등 악의적인 활동을 수행하도록 **의도적으로 제작된 악성 소프트웨어**를 말한다.

　㉠ 컴퓨터 바이러스(Computer Virus) : 정상적인 프로그램이나 데이터를 파괴하거나 작동을 방해하도록 개발된 악성 프로그램으로 실행 가능한 컴퓨터 프로그램에 기생하며, 감염 프로그램을 실행할 때마다 자신을 복제하여 다른 컴퓨터로 전염시킨다.

　　ⓐ CHI 바이러스 : 대만 출신 대학생 첸잉하우(Chen Ing Hau)가 1998년에 제작하여 전 세계의 컴퓨터 데이터를 파괴하도록 배포한 것으로, 원전 사상 최악의 피해를 낸 체르노빌(Chernobyl) 원전사고 날짜와 같다고 하여 '체르노빌 바이러스'라고도 한다.

　　ⓑ 멜리사(Melissa) 바이러스 : MS사 빌 게이츠(Bill Gates) 전(前) 회장의 부인 이름 '멜리사(Melissa)'를 그대로 따서 1999년 미국인 프로그래머 데이비드 스미스(David Smith)가 유포시킨 컴퓨터 바이러스로 '긴급메시지'라는 제목의 전자우편 첨부파일을 클릭하는 순간 감염된다.

　　ⓒ 아이러브유(I Love You) 바이러스 : 2000년 홍콩에서 처음 발견된 바이러스로 'ILoveYou'라는 제목의 메일에 첨부된 Love-Letter-For-You.TXT.vbs라는 첨부파일이 감염된 시스템 사용자의 ID와 비밀번호를 빼내간다.

　　ⓓ 코드레드(Code Red) 바이러스 : 2001년 처음 발견된 바이러스로 네트워크 서버나 인터넷을 통해 컴퓨터를 감염시킨다. 미국 백악관의 웹 서버를 포함해 특정 IP 주소에 대한 서비스 거부 공격을 감행하였다.

　　ⓔ 블래스터(Blaster) 바이러스 : 2003년에 처음으로 탐지된 바이러스로 네트워크와 인터넷 트래픽을 통해 감염되어 개인컴퓨터(PC) 사용자가 인터넷에 접속하는 순간 시스템을 재부팅한다는 메시지가 뜨며 시스템을 종료하여 컴퓨터를 사용할 수 없게 만든다.

　　ⓕ 소빅(Sobig) 바이러스 : 2003년에 출현하여 가장 많은 주목과 피해를 준 바이러스로 네트워크상에 있는 모든 공유 드라이브에 자신을 복제하고 주소록에 있는 모든 사람들에게 바이러스 메일을 보내 메일을 열어본 당사자의 컴퓨터 시스템뿐만 아니라 그가 접근했던 네트워크상의 모든 공유 드라이브까지 감염시켜 피해를 준다.

ⓖ 베이글(Bagle) 바이러스 : 2004년에 등장한 바이러스로 감염된 컴퓨터의 파일을 뒤져 바이러스를 전송할 메일 주소를 추출해 메일에 첨부한 사진속의 여성에 대한 상세정보인 것처럼 'information', 'Detail'과 같은 제목의 파일을 첨부하고 있는 데 이런 파일을 열어보게 되면 바로 감염된다.

ⓗ 매크로(Macro) 바이러스 : 1997년 전세계로 유포된 바이러스로 엑셀이나 워드 등 매크로를 사용하는 데이터를 전자우편으로 보낼 때 상대방의 컴퓨터에 감염되어 작업한 문장을 바꾸어 놓거나 하드디스크를 지워버리는 일을 한다.

ⓘ 매지스트르(Magistre) 바이러스 : 2001년에 출현한 바이러스로 이메일·랜(LAN)·디스켓 등 여러 경로를 통해 감염되며, 서버와 운영시스템, 부팅 파일을 손상시키고 저장된 데이터를 모두 지워버리는 등의 강력한 파괴력을 지닌다.

ⓙ 님다(Nimda) 바이러스 : 2001년에 발생한 바이러스로 감염 컴퓨터의 이메일 주소록을 뒤져 무차별적으로 이메일을 전송해 컴퓨터를 감염시켜 시스템 속도를 느리게 하고 이메일 서버를 다운시킬 수도 있다.

ⓒ 트로이 목마(Trojan Horse) : 자료삭제·정보탈취 등 사이버테러(Cyberterror)를 목적으로 사용되는 악성 프로그램으로 **해킹 기능**을 지니고 있어 인터넷을 통해 감염된 컴퓨터의 정보를 외부로 유출하는 것이 특징이지만, 바이러스처럼 다른 파일을 전염시키지 않으므로 해당 파일만 삭제하면 치료가 가능하다.

ⓒ 버퍼 오버플로(Buffer Overflow) 공격 : 공격자가 큰 정보를 부족한 크기의 버퍼(Buffer)라 불리는 메모리 저장소에 저장하려 시도하는 것으로 사용자가 프로그램에서 저장을 위해 할당한 것보다 더 많은 데이터를 버퍼에 집어넣고자 하는 경우에 발생한다.

ⓒ 스파이웨어(Spyware) : 스파이(Spy)와 소프트웨어(Software)의 합성어로, 인터넷이나 퍼스널 컴퓨터(PC) 통신에서 프리웨어(Freeware)라는 무료 공개 소프트웨어를 내려받아 설치할 때 자동적으로 함께 설치되는 것으로 사용자의 이름, 주소, 즐겨찾는 URL(Uniform Resource Locator) 등의 여러 가지 **개인정보를 사용자 자신도 모르게 빼가는 소프트웨어**이다.

> **심화연구 애드웨어(Adware)**
>
> **1 의미** : 특정 소프트웨어를 실행할 때 또는 소프트웨어 설치 후 자동적으로 광고가 표시되는 프로그램으로 소프트웨어 자체에 광고를 포함하거나 아니면 같이 묶어서 배포하는 것을 가리킨다.
>
> **2 문제점** : 프로그래머가 소프트웨어를 개발하면서 개발비용을 애드웨어를 통해서 충당할 목적으로 주로 사용되기 때문에 원치 않는 광고가 시스템에 넘쳐나서 몹시 성가시게 만들며, 이러한 광고는 방문한 웹 사이트에서 생성된 것이 아니라 시스템에서 나쁜 소프트웨어가 만들어져 생성된 것으로 팝업(POP-UP) 차단기로는 멈춰지지 않는다.

⑩ 전자우편폭탄(E-mail Bomb) : 악의적인 내용을 담은 전자우편을 컴퓨터 통신망을 통해 상대방 우편함(ID)에 배달하여 컴퓨터시스템을 마비시키는 범죄로 스팸(Spam)이라고도 한다.

⑪ 서비스거부 공격(Denial of Service Attack) : 데이터 패킷을 서버가 처리할 수 있는 능력 이상으로 보내 시스템에 과부하가 걸리게 함으로써 다른 서비스를 정지시키거나 시스템을 다운시켜 정보시스템의 데이터나 자원을 정당한 사용자가 적절한 대기시간 내에 정상적으로 사용하는 것을 방해하는 공격수법을 말한다.

(5) 컴퓨터의 부정조작·부정사용
① 컴퓨터 부정조작 : 행위자가 컴퓨터의 처리결과 혹은 출력인쇄를 변경시키거나, 자신이나 제3자가 재산적 이익을 얻도록 컴퓨터 시스템 자료처리 영역 내에서의 정상적인 운영을 방해하는 행위이다.
② 컴퓨터 부정사용 : 타인의 컴퓨터를 사용할 권한이 없는 자가 자기 **임의대로 일정한 시간 동안 자신을 위하여 컴퓨터를 사용**하는 행위이다. 자격이 있음을 가장하여 컴퓨터를 부정사용하는 것 뿐만 아니라, 자료의 부정입수, 시스템의 파괴 등의 범죄도 이 수법으로 가능하다.

> **심화연구** 편승과 위장수법(Piggy Backing and Impersonation)
> 1 **편승수법** : 정규의 시스템 포맷 절차를 거쳐 사용되고 있는 단말기의 회선을 무단으로 전환시켜 자격이 없는 비정규 단말기에 연결하여 부정하게 사용하는 방법이다.
> 2 **위장수법** : 컴퓨터에 대한 사용허가를 받지 못한 자가 자격이 있는 사람처럼 가장하여 컴퓨터 시스템을 부정하게 조작하거나 사용하는 방법이다.

(6) 컴퓨터 스파이
① 개념 : 경제적 이익을 목적으로 컴퓨터 시스템의 자료를 권한없이 획득하거나 불법이용 또는 누설하여 타인에게 재산적 손해를 야기시키는 행위로써 자료와 프로그램의 불법획득과 이용이라는 2개의 행위로 이루어진다.
② 컴퓨터 스파이의 방법
   ㉠ 스캐빈징(Scavenging) : 컴퓨터 작업수행 후 정보를 획득하는 **쓰레기줍기수법**으로 이전의 컴퓨터 사용자가 컴퓨터실에서 작업을 하면서 쓰레기통에 버린 프로그램 및 데이터 리스트, 명세서 또는 복사물 등이 남아 있을 때 그 자료를 읽어 내거나 일정한 기간마다 그 메모지의 자료를 획득하는 방법이다.
   ㉡ 자료누출수법(Data Leakage) : 이미 구축되어 작동되고 있는 컴퓨터 시스템으로부터 자료를 이전(전송)하거나 자료의 사본(Copy)을 얻는 일체의 방법을 말한다.
   ㉢ 선로도청방법(Wire Tapping) : 인터넷이나 사설 통신망을 이용해 통신하는 프로그램을 도청하여 정보를 부정하게 얻는 방법이다.
   ㉣ 비동기성공격(Asynchronous Attacks) : 컴퓨터 시스템 내에 저장되어 있는 암호, 비밀번호, 패스워드 등의 보안체계를 뚫는 수법이다.

(7) 해킹(Hacking)
① 유래 : 1950년대 말 미국 MIT 대학 동아리 모임에서 처음 사용되었던 '해크(Hack)'에서 유래된 용어로 당시에는 작업과정의 즐거움을 탐닉하는 컴퓨터 전문가로 순수하게 사용되었으나, 이후로 나쁜 의미로 변질되어 다른 사람의 컴퓨터에 불법침입하여 정보를 탈취해 이익을 취하거나 파일을 없애버리거나 전산망을 마비시키는 악의적 행위로 의미가 변질되었다.

> **심화연구** 해커(Hacker)와 크래커(Cracker)
>
> **1 근원적 의미**
> - **해커(Hacker)** : 작업과정 자체에서 느껴지는 순수한 즐거움을 탐닉하는 것 외에는 그 어떤 목적에도 관심을 갖지 않는 컴퓨터 또는 컴퓨터 프로그래밍에 뛰어난 컴퓨터 전문가를 지칭한다.
> - **크래커(Cracker)** : 순수한 동기를 가진 컴퓨터 전문가라는 의미의 해커(Hacker)와는 상반된 개념으로 쓰이는 용어로 무차별적으로 정부와 기업의 유명한 사이트를 집중 공격하여 가능한 많은 피해를 발생시키는 악의적인 사람을 지칭한다.
> **2 일반적 의미** : 오늘날에는 본래 가지고 있던 해커의 의미가 퇴색되어 어떤 기관이나 전산망에 침입한 후 중요자료를 훼손하거나 탈취하는 행위자의 의미로 변질되어 일반적으로 해커와 크래커를 구별하지 않고 컴퓨터 관련 범죄행위를 하는 자의 의미로 통용되어 쓰인다.

② 해킹의 방법

  ㉠ 스누핑(Snooping) : 컴퓨터나 이에 연결된 **통신케이블에서 흘러나오는 전자파를 잡아내어 정보를 가로채는 기술**로 패스워드나 중요정보 등을 모니터상에서 절취하는 수법으로 밴액크라고도 한다.

  ㉡ 스니핑(Sniffing) : 컴퓨터 네트워크상에 흘러다니는 트래픽을 엿듣는 도청장치인 스니퍼(Sniffer) 프로그램을 이용하여 **네트워크상의 데이터를 몰래 캡쳐**하는 행위이다.

  ㉢ 스머핑(Smurfing) : 고성능 컴퓨터를 이용해 초당 1기가비트에 이르는 **엄청난 양의 접속신호를 한 사이트에 집중적으로 보냄**으로써 상대 컴퓨터의 서버를 접속불능 상태로 만들어 버리는 공격법으로 핑 홍수(Ping Flood)라고도 하는데, 도스 공격의 일종으로 ICMP(Internet Control Message Protocol : 호스트 서버와 인터넷 게이트웨이 사이에서 메시지를 제어하고 알려주는 프로토콜) 패킷을 홍수처럼 상대 컴퓨터 시스템에 퍼붓는 방식이다.

  ㉣ 슈퍼재핑(Super Zapping) : 컴퓨터 고장시 비상용으로 쓰는 슈퍼잽 프로그램을 수행할 때 패스워드나 각종 보안장치기능을 상실시켜 컴퓨터의 기억장치에 수록된 모든 파일에 접근한 다음 자료를 복사해 가는 방식이다.

  ㉤ 트랩도어(Trapdoor) : 프로그래머가 운영체계나 대형 프로그램을 개발하면서 프로그램 내부에 자신만이 드나들 수 있게 부정루틴을 삽입하여 컴퓨터 정비나 유지보수를 핑계삼아 컴퓨터의 내부자료를 뽑아가는 방식이다.

  ㉥ 패킷 스니퍼링(Packet Sniffering) : 스니프(Sniff), 스누프(Snoop) 등의 네트워크 모니터링 툴을 이용해서 내부 혹은 외부에서 내부로 접속하는 컴퓨터 간에 전송되는 패킷을 가로채는 방식이다.

  ㉦ 스푸핑(Spoofing) : 해커가 악용하고자 하는 호스트의 IP주소나 E-메일 주소를 바꾸어서 이를 통해 해킹하는 것으로, 검증된 사람이 네트워크를 통해 데이터를 보낸 것처럼 데이터를 변조하여 접속을 시도한 후 다른 시스템에 가야 할 정보를 읽어 들이는 행위를 말한다.

ⓞ 스미싱(Smishing) : 문자메시지(SMS)와 피싱(Phishing)의 합성어로, 해커가 무료쿠폰 제공, 돌잔치 초대장, 모바일 청첩장, 이벤트 당첨, 신용등급 변경 등의 메시지를 스마트폰으로 보내 가짜 사이트로 접속하도록 유도하거나 악성코드가 내장된 애플리케이션으로 스마트폰을 감염시킨 후 개인의 인증번호나 신용카드번호, 계좌번호, 주민등록번호와 같은 개인정보를 빼내 불법적으로 이용하는 방식이다.

ⓩ 키로거(Key Logger) : 컴퓨터 사용자들의 키보드 움직임을 탐지해 ID, 패스워드, 계좌번호, 카드번호와 같은 **개인의 중요정보를 빼가는 해킹기법**이다. 즉, 공격대상이 되는 컴퓨터에 설치되어 키보드로 입력하는 모든 데이터를 기록하는 프로그램으로 공격대상이 되는 일반 사용자가 인터넷에 로그인할 때 사용되는 ID, 패스워드를 훔쳐 내는데 주로 이용된다.

ⓒ 메모리 해킹(Memory Hacking) : 외부에서 계좌의 비밀번호를 빼내 고객의 돈을 인출하던 기존 범죄수법과는 달리, 해커가 고객의 컴퓨터에 미리 백도어같은 악성프로그램을 설치하여 비밀번호 등 금융정보를 빼내는 것뿐 아니라 데이터를 조작하여 받는 계좌와 금액까지 변경하는 방식이다.

ⓚ 파밍(Pharming) : 피싱(Phishing)보다 한 단계 진화된 인터넷 사기 수법으로 합법적으로 소유하고 있던 사용자의 도메인 자체를 해커가 중간에서 탈취하거나 도메인 네임 시스템(DNS) 또는 프락시 서버의 주소를 변조함으로써 사용자들로 하여금 진짜 사이트로 오인하여 접속하도록 유도한 뒤에 개인 아이디와 암호, 각종 중요한 정보를 훔치는 방식이다. 즉, **악성코드에 감염된 사용자 PC를 조작하여 금융정보를 탈취하는 사기수법이다.**

ⓔ 보이스피싱(Voice Phishing) : 주로 기관을 사칭해 범행 대상자에게 직접 전화를 걸어 주민등록번호, 신용카드번호, 은행계좌번호 등 개인정보를 불법적으로 **빼내** 범죄에 사용하는 방식이다.

ⓟ 피싱(Phishing) : 개인정보(Private Date)와 낚시(Fishing)를 합성한 용어로 전기통신수단을 이용한 비대면 거래를 통해 개인정보를 낚아 올린다는 금융사기 범죄를 말한다. 즉, 금융기관 및 검찰, 경찰, 금융감독원 등 공공기관을 사칭하는 자가 개인정보 유출, 범죄사건 연루 등의 명목으로 속여 피해자의 개인정보 또는 금융거래정보를 탈취하는 방식이다.

ⓗ 워터링홀(Watering Hole) : 표적집단이 자주 방문하는 웹사이트에 악성코드를 심어놓고, 표적으로 삼은 특정집단이 해당 웹사이트를 방문할 때까지 기다리는 해킹수법을 말한다.

③ 현행 법령상 해킹관련 처벌 규정
　㉠ 정보통신망 이용촉진 및 정보보호 등에 관한 법률(정보통신망법) : 누구든지 정당한 접근권한이 없이 또는 허용된 접근권한을 넘어 정보보호통신망에 침입하여서는 아니 된다(제48조 제1항). 이를 위반한 자는 5년 이하의 징역 또는 5천만원 이하의 벌금에 처한다(제71조 제11호).
　㉡ 정보통신기반 보호법 : 접근권한을 가지지 아니하는 자가 주요정보통신기반시설에 접근하거나 접근권한을 가진 자가 그 권한을 초과하여 저장된 데이터를 조작·파괴·은닉 또는 유출하는 행위(제12조 제1호), 주요정보통신기반시설에 대하여 데이터를 파괴하거나 주요정보통신기반시설의 운영을 방해할 목적으로 컴퓨터바이러스·논리폭탄 등의 프로그램을 투입하는 행위(동조 제2호), 주요정보통신기반시설의 운영을 방해할 목적으로 일시에 대량의 신호를 보내거나 부정한 명령을 처리하도록 하는 등의 방법으로 정보처리에 오류를 발생하게 하는 행위(동조 제3호)를 한 자는 10년 이하의 징역 또는 1억원 이하의 벌금에 처한다(제28조 제1항).
　㉢ 형법 제314조 제2항(업무방해죄) : 컴퓨터 등 정보처리장치 또는 전자기록 등 특수매체기록을 손괴하거나 정보처리장치에 허위의 정보 또는 부정한 명령을 입력하거나 기타 방법으로 정보처리에 장애를 발생하게 하여 사람의 업무를 방해한 자는 5년 이하의 징역 또는 1천 500만원 이하의 벌금에 처한다.

제 2 절 | 컴퓨터 범죄의 예방대책

1 컴퓨터 안전대책

(1) 안전대책의 기본방향
  ① 사전예방 : 잠재되고 치명적인 위험요소를 사전에 충분히 숙지하고 그에 상응하는 안전대책을 최우선적으로 강구하여 사전예방책을 수립하여야 한다.
  ② 사후규제 : 프로그램 작성상의 부정조작, 컴퓨터 파괴, 컴퓨터 부정사용, 컴퓨터 바이러스, 사이버 사기 등과 같은 컴퓨터 범죄가 발생한 경우 이에 대한 법적 및 형사정책상의 사후대응 방안이 갖추어져 있어야 한다.

(2) 안전대책의 수립절차
  ① 방향 : 컴퓨터에 대한 안전대책은 사회 전체적인 상황을 고려하여 종합적이고 지속적인 방향에서 수립되어야 하며, 범죄대책에 대한 관심의 확산과 범죄예방교육을 중요시하여 안전대책의 균형있는 체계가 잡히도록 힘을 기울여야 한다.
  ② 수립절차 : 안전대책은 '보호가치가 있는 자원의 선정 → 보호가치가 있는 자원에 대한 위험요소 분석 → 정보의 보호수준 결정 → 안전대책의 수립'의 절차를 거쳐 시행되어야 한다.

2 컴퓨터시스템의 안전대책

(1) 물리적 안전대책
  ① 시설물 보호에 대한 안전대책
    ㉠ 중요시설물의 위치 : 화재시 불의 전이에 의한 피해를 막기 위하여 다른 건물과는 **충분한 거리**를 두어야 하며, 중요한 업무처리 시설들은 **별개의 건물** 내 안전한 지역에 위치시켜야 한다.
    ㉡ 각종 안전장치 설치 : 중요한 시설물이 비치된 건물에 대해서는 접근하여 경계해야 될 **구역을 명확**히 하고, 건물 외벽에 강화콘크리트로 보호하는 등과 같은 **물리적 장벽**은 물론, 건물의 출입구와 컴퓨터 센터로 통하는 출입구 및 컴퓨터 전·수신용 테이프 보관실에는 반드시 **경보장치**를 설치하여야 하며, 정전에 대비해서 다양한 전력공급원을 확보한 **조명장치**, CCTV와 같은 **감시장비** 등도 설치되어야 한다.
    ㉢ 외부침입에 대한 안전조치
      ⓐ 외부에서 침입자가 컴퓨터 센터로 침입할 때 은폐로 이용할 수 있는 식수(植樹)나 장식물은 피해서 조성해야 한다.
      ⓑ 환기용 창문, 쓰레기 낙하구멍, 공기조절용 배관이나 배수구 등은 침입통로로 이용될 수 있기 때문에 이에 대한 차단조치를 강구해야 한다.
      ⓒ 폭발물에 의한 침입에 대비한 구조적 보호장치를 마련해야 한다.
      ⓓ 시설물 외부에는 컴퓨터 센터를 보호하는 담이나 장벽 같은 것을 설치해야 한다.
      ⓔ 각 출입문마다 화재관련 법규와 안전검사 절차를 거친 방화문을 설치해야 한다.

② 경보시스템의 도입 : 모든 컴퓨터 설비에 경보시스템을 설치하는 것이 가장 좋은 방법이지만, 컴퓨터 설비가 24시간 가동되는 경우 전체 경보시스템이 불필요한 때가 있다. 이처럼 컴퓨터 설비가 24시간 가동되는 경우가 아닌 때에는 **중앙경보시스템은 필수적으로 고려되어야** 한다.

② 컴퓨터실에 대한 출입통제
  ㉠ 출입구 통제 : 통제구역으로 설정된 컴퓨터실 및 파일 보관 장소는 허가된 사람만이 출입이 가능하도록 통제하며, 방문자의 경우에는 특별히 허가된 목적에 대해서만 출입을 허가하고, 허가받은 공간에 한정하여 출입을 할 수 있도록 제한되어야 한다.
  ㉡ 출입통제의 기록과 접근권한의 갱신 : 관계자가 보안구역을 출입한 시간의 세부사항은 기록으로 남기는 출입자기록제도를 시행하여야 하고, 보안구역에 대한 접근권한의 규정은 정기적으로 검토되고 갱신되어야 한다.
  ㉢ 잠금장치에 의한 통제 : 프로젝터(Projector), CD버너, 랩톱(Laptop) 등은 잠금장치를 이용해 보호되어야 하며, 관계자만이 열쇠를 소유하고 있어야 한다.

③ 컴퓨터실의 방화대책
  ㉠ 방화방지설비의 설치
    ⓐ 화재발생감지기 설치 : 컴퓨터 자료를 전달·취급·저장하는 전자정보처리시스템(EDPS)이 갖춰진 EDP센터는 중요한 정보를 취급하는 장소이기 때문에 시설물을 건축하거나 전자정보시스템을 구축할 때부터 민감한 화재발생감지기를 반드시 설치하여 긴박한 상황에 대비하는 비상체계를 갖추어야 한다.
    ⓑ 화재방지장치 설치 : 컴퓨터실의 화재시 연소상태가 어떠한 정도인지 육안으로 파악하기 어렵기 때문에 보통 이온감지기를 경보설비로 사용하고, 화재에 대비하여 불연재를 사용하여야 한다.
  ㉡ 소화약제 : 물은 컴퓨터 시스템 및 주변장치에 치명적인 손상을 가하기 때문에 컴퓨터실의 화재발생시 **스프링클러(Sprinkler)는 절대로 사용해서는 안 된다.** 따라서 컴퓨터 시스템에 손상을 가하지 않는 **이산화탄소(CO_2) 소화기를 사용**하여야 한다. 이산화탄소는 유독성 가스가 발생하여 인체에 해로울 수 있기 때문에 그 대체방법으로 할론(Halon) 소화기를 사용하는 방법도 있다. 그러나 양자를 동시에 사용하면 화학적 반응을 하여 치명적 결과를 가져올 수 있어서 동시에 사용해서는 안 된다.

④ 컴퓨터실 설치장소의 선정시 고려사항
  ㉠ 주변여건 : 컴퓨터는 범죄가 자주 발생하는 우범지대를 피하고 대중교통과 연계되어 있어 직원들이 편리하게 접근할 수 있는 장소에 설치하여야 한다. 또한, 컴퓨터 제작업체의 직원이 컴퓨터 시스템을 시간적으로 쉽게 점검할 수 있는 유리한 장소이어야 한다.
  ㉡ 재난의 대응책 : 화재와 같은 비상사태 발생시 신속하게 대처할 수 있고, 홍수·지진·태풍 등과 같은 자연재해가 일어날 가능성에 대해서도 대처가 가능한 장소를 선정해야 한다. 또한 폭발의 위험과 외부의 불법침입자에 의한 위험으로부터 안전성을 고려하여야 한다.

ⓒ 공간확보와 환경문제 : 컴퓨터의 기능을 충분히 발휘할 수 있는 공간이 확보되어야 하며, 컴퓨터의 기능수행에 좋지 않은 영향을 미칠 수 있는 오염원이 없는 장소를 선택해야 한다.

ⓔ 전력원 공급 : 정전 사태가 일어나거나 전압량의 파동이 생기면, 부정확한 데이터 이동이 발생할 수 있기 때문에 정전과 관계된 비상사태에 대비하여 무정전 장치를 설치하여야 하며, 예비전력장치도 구비하여야 한다.

⑤ 백업시스템(Back-up System : 보안시스템)의 마련 : 작동 중인 컴퓨터 시스템에 기계의 오작동, 정전, 자연재해, 화재, 바이러스 침투, 불법적 전산망 침투, 절도 및 컴퓨터 파괴 등과 같은 사고가 발생하였을 경우를 대비하여 컴퓨터 전산자료를 복구시킬 수 있는 **대체용 보안시스템**인 백업시스템을 마련하여야 한다.

ⓐ 컴퓨터 시스템 백업 : 전산장비의 고장이나 불의의 사고로 컴퓨터 시스템의 사용이 불가능할 경우를 대비하여 컴퓨터 시스템이 설치, 운용되고 있는 모든 컴퓨터실에 백업용 컴퓨터 기기를 준비해 둔다.

ⓑ 프로그램 백업 : 컴퓨터 사용자와 응용프로그램, 하드웨어 사이에서 중재의 역할을 담당하며, 컴퓨터 시스템을 효과적으로 사용할 수 있도록 시스템의 동작을 제어하고 관리해 주는 프로그램인 오퍼레이팅 시스템(OS)과 업무처리 시스템은 반드시 복제 프로그램을 작성해 둔다.

ⓒ 기록문서화(Documentation) 백업 : 반드시 구비해야만 되는 중요파일을 제외하고는 외부장소에 보관할 백업용 기록문서화의 종류는 최소한으로 하는 것이 좋으며, 재해발생시 업무를 계속 유지할 수 있게 하는 주요 파일 구성내용 및 거래코드 설명서 등의 기본적인 파일들은 **내부와 외부에 이중보관하는 것이 바람직**하다.

(2) 기술적 안전대책
① 패치(Patch)의 확인 : 패치(Patch)란 이미 발표된 소프트웨어(Software) 제품에서 발견된 사소한 기능개선 또는 버그(Bug)나 오류 등을 수정하기 위해 개발자(개발회사)가 내놓은 **업데이트(Update) 프로그램**을 지칭한다. 패치는 사용자에게 즉각적인 해결책이 되기 때문에 컴퓨터 프로그램 사용자는 소프트웨어 개발자의 웹사이트(Web Site)에서 내려 받아야 한다.

② 포트(Port)의 확인 : 포트(Port)란 **모뎀(MODEM)과 컴퓨터 사이에 데이터를 주고받을 수 있는 통로**를 의미한다. 크게 두 가지 의미를 지니는 데 컴퓨터에 부여하는 명령을 만드는 작업인 프로그래밍(Programming)에서는 논리적인 접속장소를 뜻하는데, 이 경우에 있어 포트번호는 잘 알려진 포트(0~1023.2), 등록된 포트(1024~49151.3), 다이너민포트(49152~65535)로 지정된다. 이처럼 포트는 **네트워크상에서 특정 통신경로에 할당된 번호**이기 때문에 실제로 필요하지 않은 포트는 닫아야 한다. 따라서 서버나 개인시스템에서 사용되지 않는 서비스는 차단되어야 한다.

③ 방화벽(Firewall)의 확인 : 방화벽이란 기업이나 조직의 모든 정보가 컴퓨터에 저장되면서, 컴퓨터의 정보보안을 위해 네트워크를 신뢰하는 비공개 내부망과 인터넷에 공개되는 외부망으로 분리시키고 그 사이에 방화벽을 배치시켜 **정보의 악의적인 흐름, 정보통신망의 불법침입 등을 방지하는 소프트웨어와 하드웨어를 총체적으로 구현한 시스템**을 말한다. 방화벽은 비인가자, 불법침입자, 해커의 침입으로 인한 정보의 손실, 변조, 파괴 등으로부터 피해를 줄일 수 있다.

> **심화연구** 방화벽(Firewall)의 동작방식
>
> 1. 패킷 필터링(Packet Filtering) : 특정 송신원 주소나 발신원 주소 등을 가진 패킷의 통과를 제한하는 기술로 송신자(Sender)/수신자(Recipient)의 IP 주소나 전송제어프로토콜(TCP)/사용자 데이터그램 프로토콜(UDP) 포트번호를 근거로 패킷 필터링을 한다.
> 2. 애플리케이션 게이트웨이(Application Gateway) : 애플리케이션의 운용을 의식해서 접근을 제어하는 침입차단(Firewall) 방식의 하나로 다른 방식에 비해 안전수준이 높은 편이며 클라이언트(Client) 소프트를 변경시키지 않는 것이 큰 특징이다.
> 3. 서킷 레벨 게이트웨이(Circuit-level Gateway) : TCP(Transmission Cotrol Protocol) 혹은 UDP(User Datagram Protocol) 연결이 구축되어 있을 때 보안 메커니즘을 적용하는 방식으로 보안능력이 뛰어나다.

④ 외부저장에 의한 보호 : 컴퓨터 관리의 취약점은 늘 존재하기 때문에 효과적인 안전조치를 수립해 놓았더라도 저장된 정보가 손실되거나 파괴될 가능성이 높다. 따라서 현 상태와 동일한 데이터 베이스를 다른 외부장소에 저장할 수 있는 보호장치를 따로 설치하여 보호할 필요가 있다.

⑤ 무단사용의 방지장치 : 컴퓨터의 접근권한이 전혀 없는 외부인이 컴퓨터를 조작하는 것을 방지하기 위하여 패스워드(Password)를 부여하거나 암호화(Encryption)하는 안전조치를 취하여야 한다.

> **심화연구** 컴퓨터 암호화 시스템
>
> 1. 컴퓨터 암호는 특정시스템에 대한 접근권을 가진 이용자의 식별장치를 의미한다.
> 2. 암호화는 허가받지 않은 외부인의 불법접근을 차단해 정보의 보안성을 확보하기 위한 컴퓨터안전 시스템으로 최소암호수명을 설정하여 주기적으로 관리한다.
> 3. 컴퓨터 보안을 위해서는 가능한 한 암호수명 주기를 짧게 하고, 패스워드를 자주 변경하여 자료와 프로그램을 불법획득하려는 컴퓨터 범죄를 사전에 차단하는 것이 좋다.
> 4. 완전한 보안을 위해 암호설정은 보안성이 취약한 단순 숫자조합보다는 보안성이 뛰어난 특수문자를 조합해서 사용하는 것이 바람직하다.

⑥ 컴퓨터 에러(Error) 방지 대책 : 에러의 중요성을 파악하기 위해서는 **적절한 컴퓨터 언어를 사용했는지 여부를 검토**하는 시스템의 작동을 재검토하고, 자격을 갖춘 컴퓨터 전문요원을 활용하여야 한다. 또한 데이터의 갱신을 통하여 지속적으로 시스템을 재검토하여야 하며, **정해진 절차대로 프로그램이 실행되는지 절차상의 재평가를 실시**하여 비효율성이 발견되면 시정조치를 취해야 한다.

(3) 관리적 안전대책

① 직무권한의 명확화 : 프로그램 개발자와 시스템 운영자를 분리하여 프로그래머는 기기조작을 하지 않고, 오퍼레이터는 프로그래밍을 하지 않는다는 원칙을 철저히 준수하도록 한다.

② 프로그램의 개발통제 : 프로그램을 개발하기 전에 이를 견제하기 위한 특수 프로그램을 삽입할 수 있도록 설계하고, 설계된 프로그램은 모두 감사팀의 심의를 거치도록 한다.

③ 문서기록화의 철저 : 업무처리 절차와 컴퓨터 프로그램이 다르게 방치되면 부정의 여지가 발생하기 때문에 컴퓨터의 기록들을 문서화하는데 있어, 특히 업무흐름과 프로그램의 내용이 상치되지 않도록 한다.
④ 엑세스(Access) 제어 : 데이터나 파일에 대해서는 엑세스를 제한하여야 하는데, 특히 데이터를 특정 직급 이상만이 해독할 수 있도록 키나 패스워드를 부여해야 한다.
⑤ 스케줄러(Scheduler) 점검 : 작업을 할당하는 스케줄러는 프로그래머에게 건네진 프로그램 테이프와 디스크 내용을 면밀히 분석하여 부정의 소지가 있는지 점검해야 한다.
⑥ 레이블링(Labeling) 관리 : 레이블링이란 동일 객체에 속한 모든 픽셀에 고유한 번호를 매기는 작업을 말하는 것으로 극비경영 자료가 수록된 파일이나 중요 상품의 프로그램이 수록된 디스크 파일에 별명을 부여하는 레이블링 작업을 통해 관리자 이외의 사람이 보아도 알아볼 수가 없게 하여야 한다.
⑦ 감사증거기록 삭제방지 : 콘솔 시트(Console Sheet)에는 컴퓨터 시스템의 사용일자, 취급자의 성명, 프로그램의 명칭 등이 기록되기 때문에 컴퓨터 조작자가 콘솔 시트를 임의로 파괴해 버릴 수 없는 체제를 도입함으로써 현재 시스템의 동작상태를 확인하고 작업을 조작하거나 시스템을 재시도시키는 등의 부정사용 흔적을 없애는 사태를 방지해야 한다.

(4) 정보보호의 목표와 기본원칙
① 정보보호의 목표 : 정보보호를 통해 달성하고자 하는 목표는 **비밀성, 무결성, 가용성** 등인데 이들 정보보호의 3요소는 조직목표와 정보 또는 정보시스템의 특성에 따라 중요도가 달라지고 상호간의 특성을 강화하기도 하지만, 셋 중에서 하나의 특징이 지나치게 강조되면 나머지는 약화되기도 한다.
　㉠ 비밀성(Confidentiality) : 비인가된 접근이나 지능적 차단으로부터 중요한 정보를 보호하는 것을 말한다. 즉, 허락되지 않은 사용자 또는 객체가 정보의 내용을 알 수 없도록 하는 것으로 비밀보장이라고도 할 수 있다. 원치 않는 정보의 공개를 막는다는 의미에서 프라이버시 보호와 밀접한 관계가 있다.
　㉡ 무결성(Integrity) : 정보와 정보처리 방법의 완전성과 정확성을 유지하도록 하는 것을 말한다. 즉, 허락되지 않은 사용자 또는 객체가 정보를 함부로 수정할 수 없도록 하는 것으로 한번 생성된 정보는 원칙적으로 수정하지 않음으로써 최초의 내용을 그대로 유지한다는 의미이다.
　㉢ 가용성(Availability) : 정보와 정보시스템의 사용을 허가받은 사람이 언제든지 사용할 수 있도록 보장하는 것을 말한다. 즉, 허락된 사용자 또는 객체가 정보에 접근하려고 할 때 방해받지 않도록 하는 것으로, 최근에 네트워크의 고도화로 대중에 많이 알려진 서비스거부공격(DoS공격, Denial of Service Attack)이 이러한 가용성을 해치는 공격 중 하나이다.
② 정보보호의 기본원칙 : 국제경제개발협력기구(OECD)가 제시한 2002년 정보시스템 및 네트워크 보호와 관련된 기본원칙은 책임성(Accountability), 인식성(Awareness), 윤리성(Ethics), 다중협력성(Multidisciplinary), 균형성·비례성(Proportionality), 통합성(Integration), 적시성(Timeliness), 재평가(Reassessment), 민주주의(Democracy) 등이다.

㉠ 책임성의 원칙 : 정보시스템의 소유자, 공급자, 사용자 및 기타 모든 참여자들은 정보시스템 및 네트워크의 보안에 대한 책임과 책임추적성이 명확해야 한다는 원칙이다.
㉡ 인식성의 원칙 : 모든 참여자들은 정보시스템 및 네트워크의 일관된 보완이 유지될 수 있도록 시스템에 대한 관련지식을 쌓고 보안 필요성과 보안을 강화하기 위해 자신이 할 수 있는 일이 무엇인지 위험요소의 존재를 인식하고 있어야 한다는 원칙이다.
㉢ 윤리성의 원칙 : 참여자들은 정보시스템과 정보시스템의 보안이 정당하게 타인의 권리와 이익이 합법적으로 존중되고 보호될 수 있도록 사용되어야 한다는 원칙이다.
㉣ 다중협력성의 원칙 : 정보시스템의 보안을 위한 방법 및 실행과 절차는 가능한 행정적·운영적·기술적·상업적·교육적·제도적인 관점 등을 포함한 모든 사항이 고려되어야 한다는 원칙이다.
㉤ 균형성·비례성의 원칙 : 정보시스템의 보안수준, 비용, 방법, 실행, 절차 등은 시스템에 의해 보호받는 대상의 가치와 잠재적인 손실의 심각성 및 발생 가능성 등을 고려하여 적합하고 균형 있게 이루어져야 한다는 원칙이다.
㉥ 통합성의 원칙 : 최적의 정보시스템의 보안을 이루기 위해서는 보안시스템의 방법, 실행, 절차 등이 상호 동등한 입장에서 조정되고 통합되어야 하며, 또한 조직의 다른 부서의 업무관련, 실행, 절차와도 상호 조정되고 통합될 수 있도록 해야 한다.
㉦ 적시성의 원칙 : 국제적·국가적 수준에서 공공분야와 민간분야는 시의 적절하게 상호 동등한 입장에서 조정되어 정보시스템의 보안에 대한 예방활동과 사후대응 활동이 이루어지도록 해야 한다는 원칙이다.
㉧ 재평가의 원칙 : 시간이 지남에 따라 정보시스템 및 네트워크의 보안체계는 변화하기 때문에 참여자들은 이를 검토하고 주기적으로 재평가하여 보안에 관한 정책, 관행, 수단, 절차에 대해 적정하게 수정을 하여야 한다는 원칙이다.
㉨ 민주주의의 원칙 : 민주사회에서 정보시스템과 네트워크의 보안은 민주사회의 기본가치에 걸맞게 합법적인 사용 및 전달이 상호조화가 이루어지도록 해야 한다는 원칙이다.

심화연구 정보의 보안장치

1 시스템 보안(System Security) : 접근 권한이 없는 사람이 시스템을 불법적으로 이용하여 파일, 라이브러리 폴더 및 장치 등을 사용하지 못하도록 제한하는 보안장치이다.
2 네트워크 보안(Network Security) : 외부로부터 네트워크 자원의 불법 접근이나 우발적 또는 고의적 파괴행위를 보호하기 위한 보안장치이다.
3 데이터 보안(Data Security) : 컴퓨터에 축적된 데이터가 고의적 수정 또는 과실에 의해 우발적이거나 의도적인 파괴, 변경, 누설 또는 권리 없는 비인가자의 불법적인 이용으로부터 보호하기 위한 보안장치이다.
4 물리적 보안(Physical Security) : 정보시스템 자산을 절도, 파괴, 화재 등과 같은 각종의 물리적인 위험으로부터 인원 및 차량 출입통제, 물품 반·출입 감시 및 통제, 주요인력, 자산의 보호, 도청방지 및 탐지 접근감시 등을 통하여 보안의 효과성을 높이는 보안장치이다.

5 **컴퓨터 보안(Computer Security)** : 컴퓨터 시스템을 구성하는 장치가 파괴되거나 컴퓨터 시스템에서 관리하고 있는 정보가 외부로 유출되는 것을 방지하기 위하여, 사용 권한이 부여되어 있는 사람들만이 컴퓨터 시스템에 접근하여 사용할 수 있도록 하는 보안장치이다.

6 **융합보안(Convergence Security)** : **물리적 보안요소와 정보보안요소가 통합**된 개념으로, 각종 내외부적 정보침해에 따른 대응은 물론 물리적 보안장비 및 각종 재난·재해 상황에 대한 관제를 하는 보안장치이다. 즉, 보안이 조선, 자동차 등 기타 산업과 결합되어 새로운 서비스나 제품의 안정성과 부가가치가 창출되도록 **물리적·기술적·관리적 보안요소를 상호 연계시켜 보안의 효과성을 높이는 활동**을 말한다.

3 입법 및 형사정책적 대책

(1) 입법적 대책

① 형법상 컴퓨터관련 범죄를 처벌하기 위한 규정

㉠ 형법 제227조의2(공전자기록 위작·변작죄) : 사무처리를 그르치게 할 목적으로 공무원 또는 공무소의 전자기록 등 특수매체기록을 위작 또는 변작한 자는 10년 이하의 징역에 처한다.

㉡ 형법 제228조(공정증서원본 부실기재죄)

ⓐ 5년 이하의 징역 또는 1천만원 이하의 벌금 : 공무원에 대하여 허위신고를 하여 공정증서원본 또는 이와 동일한 전자기록 등 특수매체기록에 부실의 사실을 기재 또는 기록하게 한 자는 5년 이하의 징역 또는 1천만원 이하의 벌금에 처한다(제1항).

ⓑ 3년 이하의 징역 또는 700만원 이하의 벌금 : 공무원에 대하여 허위신고를 하여 면허증, 허가증, 등록증 또는 여권에 부실의 사실을 기재하게 한 자는 3년 이하의 징역 또는 700만원 이하의 벌금에 처한다(제2항).

㉢ 형법 제231조(사문서등의 위조·변조) : 행사할 목적으로 권리·의무 또는 사실증명에 관한 타인의 문서 또는 도화를 위조 또는 변조한 자는 5년 이하의 징역 또는 1천만원 이하의 벌금에 처한다.

㉣ 형법 제232조(자격모용에 의한 사문서의 작성) : 행사할 목적으로 타인의 자격을 모용하여 권리·의무 또는 사실증명에 관한 문서 또는 도화를 작성한 자는 5년 이하의 징역 또는 1천만원 이하의 벌금에 처한다.

㉤ 형법 제232조의2(사전자기록위작·변작) : 사무처리를 그르치게 할 목적으로 권리·의무 또는 사실증명에 관한 타인의 전자기록등 특수매체기록을 위작 또는 변작한 자는 5년 이하의 징역 또는 1천만원 이하의 벌금에 처한다.

㉥ 형법 제233조(허위진단서등의 작성) : 의사, 한의사, 치과의사 또는 조산사가 진단서, 검안서 또는 생사에 관한 증명서를 허위로 작성한 때에는 3년 이하의 징역이나 금고, 7년 이하의 자격정지 또는 3천만원 이하의 벌금에 처한다.

㉦ 형법 제234조(위조사문서등의 행사) : **제231조 내지 제233조의 죄**에 의하여 만들어진 문서, 도화 또는 전자기록 등 특수매체기록을 행사한 자는 그 각 죄에 정한 형에 처한다.

- ◎ 형법 제314조(업무방해) 제2항 : 컴퓨터 등 정보처리장치 또는 전자기록 등 특수매체기록을 손괴하거나 정보처리장치에 허위의 정보 또는 부정한 명령을 입력하거나 기타 방법으로 정보처리에 장애를 발생하게 하여 사람의 업무를 방해한 자는 5년 이하의 징역 또는 1천500만원 이하의 벌금에 처한다.
- ㊂ 형법 제316조(비밀침해) 제2항 : 봉함 기타 비밀장치한 사람의 편지, 문서, 도화 또는 전자기록 등 특수매체기록을 기술적 수단을 이용하여 그 내용을 알아낸 자는 3년 이하의 징역이나 금고 또는 500만원 이하의 벌금에 처한다.
- ㊄ 형법 제347조의2(컴퓨터 등 사용사기) : 컴퓨터 등 정보처리장치에 허위의 정보 또는 부정한 명령을 입력하거나 권한 없이 정보를 입력·변경하여 정보처리를 하게 함으로써 재산상의 이익을 취득하거나 제3자로 하여금 취득하게 한 자는 10년 이하의 징역 또는 2천만원 이하의 벌금에 처한다.

② 저작권법의 개정 : 저작권 보호정책의 일관성 유지와 효율적인 집행을 도모하기 위하여 일반 저작물 보호 등에 관한 『저작권법』과 컴퓨터프로그램저작물 보호 등에 관한 『컴퓨터프로그램 보호법』을 통합하는 한편, 온라인상의 불법복제를 효과적으로 근절하기 위하여 온라인서비스 제공자 및 불법복제·전송자에 대한 규제를 강화하였다.

> **심화연구** 보호받지 못하는 저작물(저작권법 제7조)
> 1. 헌법·법률·조약·명령·조례 및 규칙
> 2. 국가 또는 지방자치단체의 고시·공고·훈령 그 밖에 이와 유사한 것
> 3. 법원의 판결·결정·명령 및 심판이나 행정심판절차 그 밖에 이와 유사한 절차에 의한 의결·결정 등
> 4. 국가 또는 지방자치단체가 작성한 것으로서 저작권법 제7조 제1호부터 제3호까지에 규정된 것의 편집물 또는 번역물
> 5. 사실의 전달에 불과한 시사보도

③ 통신비밀보호법의 개정 : 통신 및 대화의 비밀과 자유에 대한 제한은 그 대상을 한정하고 엄격한 법적 절차를 거치도록 함으로써 통신비밀을 보호하고 통신의 자유를 신장함을 목적으로 제정되었고 누구든지 공개되지 아니한 타인 간의 대화를 녹음하거나 전자장치 또는 기계적 수단을 이용하여 청취할 수 없도록 하고, 이를 녹음 또는 청취할 경우에는 통신제한조치의 허가규정을 적용하도록 하고 있다.

(2) 형사정책적 대책과 입법적 대책의 문제점
 ① 형사정책적 대책 : 수사장비의 현대화를 통한 수사력의 강화와 컴퓨터 범죄 전담 수사관의 수사능력 배양, 검사 또는 법관의 컴퓨터 활용능력 함양, 컴퓨터 안전기구의 신설과 컴퓨터 범죄기관의 설치, 컴퓨터 요원의 윤리교육 등을 실시하여야 한다.
 ② 입법적 대책의 문제점 : 단일법 체계에 의하여 컴퓨터 범죄에 대응하는 것이 아니라 각 개별법에 따라 다루고 있기 때문에 컴퓨터 범죄가 다양하고 첨단수법에 의해 행해지는 현실에 체계적으로 대응하기에는 미흡한 실정이다.

CHAPTER 04 컴퓨터 범죄 및 안전관리

기출 및 적중예상문제

01 ★★

18, 16, 08. 기출

컴퓨터 범죄의 특성이 아닌 것은?
① 범행의 단절성
② 광범위성과 자동성
③ 발견·증명의 곤란성
④ 고의입증의 곤란성

> 범죄자가 불법적인 침입방법을 터득하게 되면 새로운 보안 시스템이 개발되기 전까지 임의로 접근이 용이하기 때문에 범죄행위가 자주 일어날 가능성이 높다.

▶ 컴퓨터 범죄의 특징

02 ★★

14. 기출

사이버공격의 유형에서 멀웨어(Malware) 공격이 아닌 것은?
① 바이러스
② 트로이 목마
③ 버퍼 오버플로
④ 슬래머

> 멀웨어(Malware)는 정보 내지 정보시스템에 해악을 끼칠 목적으로 개발된 프로그램이나 파일을 총칭하는데, 여기에는 컴퓨터 바이러스, 트로이 목마, 버퍼 오버플로, 스파이웨어, 악성 웹 기반 코드 등이 포함된다. 슬래머는 사이버공격의 유형 중 서비스거부 공격에 해당한다.

▶ 컴퓨터 범죄의 유형

03 ★★

다음은 컴퓨터 시스템의 안전대책에 있어 관리적 대책에 관한 내용을 나열한 것이다. 알맞지 않은 것은?
① 기록문서화의 철저
② 패스워드의 관리철저
③ 데이터의 암호화
④ 감사증거기록의 삭제방지

> 관리적 대책의 내용
> ㉠ 직무권한의 명확화 및 프로그램의 개발통제
> ㉡ 기록문서화의 철저 및 스케줄러의 점검
> ㉢ 엑세스 제도의 도입 및 패스워드의 관리철저
> ㉣ 레이블링의 관리 및 감사증거기록의 삭제방지
> ㉤ 고객의 협력·감시체제 및 현금카드의 운영·관리
> ㉥ 컴퓨터시스템의 감사

▶ 관리적 대책의 종류
컴퓨터 시스템의 안전관리 대책은 대단히 중요한 부분이므로 종류별로 암기하여야 한다.

정답 01 ① 02 ④ 03 ③

04
컴퓨터 범죄자의 성향으로 타당하지 않은 항목은?

① 연소화
② 희박한 죄의식
③ 컴퓨터 전문가
④ 누범자

컴퓨터 범죄자의 특징은 컴퓨터에 대하여 전문적인 지식을 갖추고 있고, 일반범죄에 대하여 죄의식이 없으며, 범죄행위자의 연령이 비교적 낮고 초범이 많은 것이다.

> 컴퓨터 범죄자의 성향

05
07. 기출

컴퓨터 부정조작의 종류에 대한 설명 중 틀린 것은?

① 불법적인 목적을 달성하기 위해 입력될 자료를 조작하여 컴퓨터로 하여금 거짓처리 결과를 만들어 내게 하는 행위를 입력조작이라 한다.
② 컴퓨터의 시동·정지, 운전상태 감시, 정보처리 내용과 방법의 변경·수정의 경우에 사용되는 콘솔을 거짓으로 조작하여 컴퓨터의 자료처리 과정에서 프로그램의 지시나 처리될 기억정보를 변경시키는 행위를 프로그램 조작이라고 한다.
③ 입력조작은 천공카드, 천공테이프, 마그네틱 테이프, 디스크 등의 입력매체를 이용한 입력장치나 입력 타자기에 의하여 행하여 진다.
④ 출력조작은 특별한 컴퓨터 지식 없이도 할 수 있는 방법이다.

②는 컴퓨터의 부정조작 중 콘솔조작을 설명한 것이다.

> 컴퓨터 부정조작의 종류

06 ★★
17, 06, 05. 기출

다음 중 컴퓨터 범죄유형의 설명으로 틀린 것은?

① 컴퓨터의 부정조작 – 컴퓨터시스템 자료처리 영역 내에서의 정상적인 운영을 방해하는 행위
② 컴퓨터 파괴 – 컴퓨터 자체, 프로그램, 컴퓨터 내부와 외부에 기억되어 있는 자료를 객체로 하는 파괴행위
③ 컴퓨터 스파이 – 자료를 권한없이 획득하거나 불법이용 또는 누설하여 타인에게 재산적 손해를 야기시키는 행위
④ 컴퓨터 부정사용 – 자신의 컴퓨터로 불법적인 스팸메일 등을 보내는 행위

컴퓨터의 부정사용이란 타인의 컴퓨터를 사용할 권한이 없는 자가 자기 임의대로 컴퓨터를 사용하는 행위를 말한다.

> 컴퓨터 범죄의 유형
> 컴퓨터 범죄의 유형은 대단히 중요한 내용이므로 각각의 유형에 대한 특성을 파악하여 암기하여야 한다.

정답 04 ④ 05 ② 06 ④

07 ★

[09. 기출]

컴퓨터의 고장을 수리하는 것처럼 하면서 그 안에 수록되어 있는 자료를 부정조작하거나 입수하는 컴퓨터 범죄의 수법은?

① 운영자 가장수법(Superzapping)
② 함정문수법(Trap Doors)
③ 논리폭탄수법(Logic Bombs)
④ 부분잠식수법(Salami Techniques)

② **함정문수법**: 프로그램의 개발 마지막 단계에서 자료를 고의로 유출하는 수법이다.
③ **논리폭탄수법**: 조작된 프로그램 코드가 어떤 부위에 숨어 있다가 특정 조건에 달하는 순간 폭탄처럼 자료나 소프트웨어를 파괴하는 수법이다.
④ **부분잠식수법**: 단수 이하로 떨어지는 숫자를 특정계좌에 계속적으로 적립되도록 프로그램루틴을 부정삽입하여 작은 이익을 긁어 모으는 수법이다.

> 컴퓨터 범죄의 수법

08

[05. 기출]

컴퓨터 범죄의 유형 중 컴퓨터 시스템의 자료를 권한 없이 획득하거나 이용, 누설하여 타인에게 재산적 손해를 야기시키는 행위는?

① 컴퓨터 스파이
② 컴퓨터 부정조작
③ 프로그램조작
④ 컴퓨터 부정사용

② **컴퓨터 부정조작**: 컴퓨터 시스템 자료처리 영역 내에서의 정상적인 운영을 방해하는 행위이다.
③ **프로그램조작**: 기존에 유지되었던 프로그램의 명령을 변경 또는 삭제·생략하여 문제가 발생하도록 하는 행위이다.

> 컴퓨터 스파이의 개념

09

[23. 20. 15. 11. 기출]

컴퓨터 범죄의 특성 중 범행의 연속성에 관한 설명으로 옳은 것은?

① 행위자가 조작방법을 터득한 이상 임의로 쉽게 사용할 수 있어 조작행위가 빈번할 수 있다.
② 프로그램을 부정 조작해 놓으면 자동·반복적으로 컴퓨터 시스템에 문제를 일으킬 수 있다.
③ 대량의 데이터를 처리하므로 범죄의 영향이 광범위하게 미칠 경우가 많다.
④ 발각이나 사후증명을 피하기 위한 수법이 지속적으로 발전되고 있어 범행 발견과 검증이 곤란하다.

②는 범행의 자동성에 관한 설명이다.
③은 범행의 광역성에 관한 설명이다.
④는 범행의 색출과 고의입증의 곤란성에 관한 설명이다.

> 컴퓨터 범죄의 특성

정답 07 ① 08 ① 09 ①

10

다음 중 컴퓨터에 관련 자료를 입력 또는 변환시점의 최종 순간 자료의 절취, 변경, 추진 등의 컴퓨터 범죄행위를 시도하는 것을 무엇이라고 하는가?

① 슈퍼재핑
② 패킷 스니퍼링
③ 데이터 디들링
④ 트로이 목마

① 슈퍼재핑(Super Zapping) : 패스워드나 각종 보안장치기능을 상실시켜 컴퓨터의 기억장치에 수록된 모든 파일에 접근해 자료를 복사해 가는 수법이다.
② 패킷 스니퍼링(Packet Sniffering) : 네트워크 모니터링 툴을 이용해서 내부 혹은 외부에서 내부로 접속하는 컴퓨터 간에 전송되는 패킷을 가로채는 수법이다.
③ 데이터 디들링(Data Diddling) : 원시 서류 자체를 변조, 위조해 끼워 넣거나 바꿔치기하는 수법으로 자기 테이프나 디스크 속에 엑스트라 바이트를 만들어 두었다가 데이터를 추가하는 수법이다.
④ 트로이 목마(Trojan Horse) : 프로그램의 본래 목적을 실행하면서도 부정한 결과가 나오도록 은밀히 프로그램을 조작해 두는 수법이다.

> 출제 POINT
> 컴퓨터 범죄 행위
> 컴퓨터 범죄의 특징과 유형에 대해서 알아 둔다. 특히 컴퓨터 범죄의 유형은 대단히 중요하다.

11

컴퓨터 범죄 중 은행시스템에서 이자계산시 떼어버리는 단수를 1개의 계좌에 자동적으로 입금되도록 프로그램을 조작하는 수법은?

① 부분잠식수법
② 운영자 가장수법
③ 자료의 부정변개
④ 시험가동 모델로 위장수법

살라미기법(Salami Techniques)은 금융기관이 이자를 계산하거나 배당금을 분배할 때 단수 이하로 떨어지는 숫자를 특정계좌에 계속적으로 적립되도록 프로그램 루틴을 부정삽입하여 작은 이익을 긁어모으는 부분잠식수법을 말한다.

> 자료의 부정조작 수법

12

컴퓨터의 부정사용 개념에 해당하는 내용은?

① 컴퓨터 시스템의 자료처리영역에 자신 또는 제3자의 재산적 이익을 위해 간섭하는 행위
② 컴퓨터의 기존 프로그램을 변경 또는 삭제하는 행위
③ 다른 사람의 컴퓨터를 자신을 위해 일정기간 동안 작동시킴으로써 컴퓨터의 소유자에게 손해를 가하는 행위
④ 권한 없이 컴퓨터 시스템의 자료를 이용, 누설하는 행위

① 컴퓨터 부정조작, ② 프로그램 조작, ④ 컴퓨터 스파이

> 컴퓨터의 부정사용

정답 10 ③ 11 ① 12 ③

13 ★

17. 12. 기출

컴퓨터 안전대책 중 외부침입에 대한 안전조치에 관한 설명으로 옳지 않은 것은?

① 환기용 창문, 공기 조절용 배관이나 배수구 등을 통한 침입을 차단한다.
② 폭발물에 의한 침입에 대비한 구조적 보호장치를 마련할 필요는 없다.
③ 시설물 외부에는 컴퓨터 센터를 보호하는 담이나 장벽 같은 것을 설치하여야 한다.
④ 각 출입문마다 화재관련 법규와 안전검사 절차를 거친 방화문이 설치되어야 한다.

> 폭발물로 인한 침입에 대비하여 구조적 보호장치도 마련해야 한다.

▶ 컴퓨터 안전대책

14 ★

07. 기출

데이터의 기밀을 유지하기 위하여 파일이나 컴퓨터 기기에 대한 접근권을 가진 이용자를 식별하는 일종의 암호장치는?

① 패스워드(Password)   ② 백업(Back-up)
③ 엑세스(Access)   ④ 하드웨어(Hardeware)

> ② 백업(Back-up) : 시스템 파괴나 자연적인 재앙, 데이터의 안전, 우발적인 사고 등에 대비하여 사용자의 파일을 보호하거나 시스템의 재설치시 자료의 손쉬운 이동을 확실히 하기 위하여 중요한 데이터를 다른 장소에 보관하는 작업을 말한다.
> ③ 엑세스(Access) : 컴퓨터상에서 특정한 데이터를 얻기 위해 단순히 접근하는 것을 말한다.
> ④ 하드웨어(Hardware) : 컴퓨터의 중앙처리장치(CPU), 기억장치, 입·출력 장치와 같은 전자·기계장치의 몸체 그 자체를 지칭한다.

▶ 컴퓨터 보안대책

15

05, 04. 기출

컴퓨터의 안전관리에 대한 설명으로 틀린 것은?

① 컴퓨터 경비시스템의 경보시스템은 컴퓨터가 24시간 가동되는 경우에만 설치해야 한다.
② 컴퓨터의 안전관리는 크게 하드웨어(H/W)와 소프트웨어(S/W) 안전관리로 나누어진다.
③ 컴퓨터 무단사용방지 대책으로는 Password 부여, 암호화 권한 등급별 접근 허용 등이 있다.
④ 컴퓨터 에러방지 대책으로는 시스템작동 재검토, 전문요원의 활용, 시스템 재검토 등이 있다.

> 컴퓨터 경비시스템의 가장 좋은 방법은 모든 설비에 경보시스템을 설치하는 것이지만, 컴퓨터가 24시간 가동되는 경우에는 감시시스템을 이용하는 것이 효과적이다.

▶ 컴퓨터의 안전관리 방법

정답 13 ② 14 ① 15 ①

16

출제 POINT
▶ 방화벽의 동작방식

정보의 악의적인 흐름이나 침투 등을 방지하고, 비인가자나 불법침입자로 인한 정보의 손실·변조·파괴 등의 피해를 보호하거나 최소화시키는 총체적인 안전장치는?

① 물리적 통제
② 방화벽
③ 포트(Port)
④ 멀웨어(Malware)

> ② **방화벽(Firewall)**: 내부의 네트워크와 인터넷과 같은 외부의 네트워크 사이에 진입장벽을 구축하는 네트워크 정책과 이를 지원하는 하드웨어 및 소프트웨어를 포괄하는 컴퓨터 보안시스템을 말한다.
> ③ **포트(Port)**: 컴퓨터 통신 이용자들을 대형컴퓨터에 연결해 주는 일종의 접속구이자 정보의 출입구 역할을 하는 곳을 말한다.
> ④ **멀웨어(Malware)**: 바이러스나 트로이 목마와 같이 시스템에 해를 입히거나 시스템을 방해하기 위해 특별히 설계된 소프트웨어. 또는 데이터·컴퓨터·네트워크를 위험에 노출시킬 수 있는 코드, 악성소프트웨어 또는 악성코드에서 나온 말로, 남에게 피해를 입히기 위해 개발된 소프트웨어를 말한다.

17 ★★

▶ 컴퓨터 프로그램에 대한 조작방법

컴퓨터의 범죄유형 중 자료의 부정조작, 사이버테러, 컴퓨터 스파이 등은 매년 시험에 출제되는 부분이므로 철저한 학습이 요구된다.

어떤 조건을 넣어주고 그 조건이 충족될 때마다 자동으로 불법행위가 이루어지도록 하는 것으로 컴퓨터의 일정한 사항이 작동시마다 부정행위가 일어날 수 있도록 프로그램을 조작하는 컴퓨터범죄 수법은?

① 트로이 목마(trojan horse)
② 데이터 디들링(data diddling)
③ 논리폭탄(logic bomb)
④ 살라미 기법(salami techniques)

> ① **트로이 목마(trojan horse)**: 자료삭제·정보탈취 등 사이버테러를 목적으로 사용되는 악성프로그램이다.
> ② **데이터 디들링(data diddling)**: 데이터를 입력하거나 변환하는 시점의 최종 순간에 데이터를 절취·삭제·변경·취소하는 자료의 부정조작 수법이다.
> ④ **살라미 기법(salami techniques)**: 단수 이하를 떨어지는 숫자를 특정계좌에 계속적으로 적립되도록 프로그램루틴을 부정삽입하여 작은 이익을 긁어모으는 자료의 부정조작 수법이다.

18

▶ 컴퓨터 범죄의 유형

다음 중 컴퓨터를 일정시간 동안 자신을 위하여 작동시키는 형태의 컴퓨터 범죄유형은?

① 컴퓨터 부정사용
② 컴퓨터 부정조작
③ 컴퓨터 파괴
④ 컴퓨터 스파이

> ① **컴퓨터 부정사용**: 타인의 컴퓨터를 사용할 권한이 없는 자가 자기 임의대로 일정한 시간 동안 자신을 위하여 컴퓨터를 사용하는 행위를 말한다.
> ② **컴퓨터 부정조작**: 컴퓨터 시스템의 자료를 부정으로 조작하여 정상적인 운영을 방해하는 행위를 말한다.

정답 16 ② 17 ③ 18 ①

19 컴퓨터 시스템의 안전대책에 관한 설명 중 틀린 것은?

① 컴퓨터실은 허가받은 자만이 출입하도록 엄격히 통제하여야 한다.
② 컴퓨터실의 위치선정시 화재, 홍수, 폭발의 위험과 외부침입자에 의한 위험으로부터 안전성을 고려해야 한다.
③ 오퍼레이팅 시스템과 업무처리 프로그램은 반드시 복제프로그램을 작성해 두어야 한다.
④ 외부 장소에 보관한 백업용 기록문서화 종류는 최대한 많은 것이 좋다.

외부 장소에 보관한 백업용 기록문서화의 종류는 최소한으로 하는 것이 좋다.

> 출제POINT
> 컴퓨터 시스템에 대한 안전대책

20 경제적 이익을 목적으로 컴퓨터에 의하여 처리·보관·전송되는 자료나 처리결과 또는 프로그램을 권한 없이 취득·이용하는 유형의 컴퓨터 범죄수법으로 옳지 않은 것을 모두 고른 것은?

㉠ 쓰레기줍기수법	㉡ 부분잠식수법
㉢ 자료누출수법	㉣ 비동기성공격
㉤ 자료의 부정변개	㉥ 온라인 폭탄

① ㉠, ㉢, ㉣
② ㉠, ㉢, ㉤
③ ㉡, ㉣, ㉤
④ ㉡, ㉤, ㉥

㉠, ㉢, ㉣은 컴퓨터 스파이에 해당하는 범죄유형이고, ㉡ 부분잠식수법과 ㉤ 자료의 부정변개는 자료를 부정조작하는 범죄유형이며, ㉥ 온라인 폭탄은 사이버 테러 범죄유형에 해당한다.

> 컴퓨터 범죄의 유형

21 다음 중 컴퓨터 범죄의 특징이 아닌 것은?

① 컴퓨터 범죄 행위자는 대부분 상습범이거나 누범자이다.
② 일반 형사범에 비해 죄의식이 희박하다.
③ 범죄의 영향이 광범위하게 미칠 경우가 많다.
④ 컴퓨터 범죄는 사기·횡령 등 금융에 관한 부분이 많다.

컴퓨터 범죄는 컴퓨터 전문가 또는 경영 내부인이 많고, 행위자의 연령이 낮으며, 초범이 많고 죄의식이 희박하다는 특징을 가지고 있다.

> 컴퓨터 범죄의 특성

정답 19 ④ 20 ④ 21 ①

22

13. 기출

정보보호 및 컴퓨터시스템 안전관리에 관한 설명으로 옳지 않은 것은?

① 정보보호를 통해 달성하고자 하는 목표는 비밀성·무결성·가용성이다.
② 암호는 특정시스템에 대한 접근권을 가진 이용자의 식별장치라 할 수 있다.
③ 컴퓨터실의 화재감지는 초기단계에서 감지할 수 있는 감지기를 사용하도록 한다.
④ 컴퓨터시스템의 보안성 유지를 위하여 프로그램 개발자와 컴퓨터 운영자를 통합하여 운용하도록 한다.

프로그램 개발자와 시스템 운영자를 분리하여 서로의 영향력에는 관여하지 않는다는 원칙을 철저히 준수하도록 한다.

> 컴퓨터시스템 안전관리

23

컴퓨터 시스템의 안전대책 중 『관리적 대책』이 아닌 것은?

① 패스워드의 철저한 관리
② 직무권한의 명확화
③ 프로그램 개발통제
④ 데이터의 암호화

데이터의 암호화는 컴퓨터 시스템의 안전대책 중 기술적 안전대책에 해당된다.

> 컴퓨터의 관리적 대책

24

컴퓨터 범죄의 유형과 그 설명으로 옳은 것은?

① 입력조작 - 올바르게 출력된 출력인쇄를 사후에 변조하여 엉뚱한 결과를 만들어 내는 것이다.
② 프로그램조작 - 프로그램을 구성하는 개개의 명령을 변경 혹은 삭제하거나 새로운 명령을 삽입하여 기존의 프로그램을 변경하는 것이다.
③ 출력조작 - 컴퓨터 시스템의 자료를 권한없이 획득, 이용, 누설하여 타인에게 재산적 손해를 야기시키는 것이다.
④ 콘솔조작 - 입력될 자료를 조작하여 컴퓨터로 하여금 거짓처리 결과를 만들어 내게 하는 것이다.

① 출력조작
③ 컴퓨터 스파이
④ 입력조작

> 컴퓨터 범죄의 유형

정답 22 ④ 23 ④ 24 ②

25

다음 중 컴퓨터 시스템에 대한 관리적 안전대책의 내용으로 올바르지 않은 것은 어느 것인가?

① 프로그램 개발통제
② 패스워드의 철저한 관리
③ 직무권한의 명확화와 직무분리
④ 데이터 자체의 암호화

④ 데이터 자체의 암호화는 기술적 안전관리대책에 해당된다.

> 관리적 안전대책의 종류

26 ★★ 　15, 11, 09. 기출

컴퓨터 시스템 안전대책에 관한 설명으로 옳지 않은 것은?

① 컴퓨터실과 파일보관 장소는 허가받은 사람만이 출입할 수 있도록 엄격히 통제하여야 한다.
② 컴퓨터 기기의 경우 물에 접촉하면 치명적인 손상을 가져오기 때문에 이산화탄소나 할론가스를 이용한 소화장비를 설치·사용하여야 한다.
③ 컴퓨터 시스템의 보안성 유지를 위하여 프로그램 개발자와 컴퓨터 운영자를 통합하여 운용한다.
④ 컴퓨터 시스템 사용이 불가능하게 될 경우를 대비하여 백업용 컴퓨터 기기를 준비해 둔다.

③ 컴퓨터 시스템의 보안성 유지를 위하여 프로그램 개발자와 컴퓨터 운영자를 분리하여 운용한다.

> 컴퓨터실의 안전대책

27 ★ 　23, 14, 10. 기출

컴퓨터의 부정조작 중 입력조작에 관한 설명으로 옳은 것은?

① 개개의 명령을 변경 혹은 삭제하거나 새로운 명령을 삽입하여 기존의 프로그램을 변경하는 것
② 입력될 자료를 조작하여 컴퓨터로 하여금 거짓처리 결과를 만들어 내는 것
③ 프로그램이 처리할 기억정보를 변경시키는 것
④ 특별한 컴퓨터지식이 없어도 되며 올바르게 출력된 출력인쇄를 사후에 변조하는 것

① 개개의 명령을 변경 혹은 삭제하거나 새로운 명령을 삽입하여 기존의 프로그램을 변경하는 것은 프로그램조작에 해당한다.
③ 프로그램이 처리할 기억정보를 변경시키는 것은 콘솔조작이다.
④ 특별한 컴퓨터지식이 없어도 되며 올바르게 출력된 출력인쇄를 사후에 변조하는 것은 출력조작이다.

> 컴퓨터 부정조작의 유형

정답 25 ④ 26 ③ 27 ②

28 ★★

컴퓨터를 이용한 사이버테러에 관한 설명으로 옳지 않은 것은?

① 허프건(Huffgun) : 고출력 전자기장을 발생시켜 컴퓨터의 자기기록정보를 파괴시키는 수법
② 서비스거부(Denial of Service) : 시스템에 과도한 부하를 일으켜 데이터나 자원을 정당한 사용자가 적절한 대기시간 내에 사용하는 것을 방해하는 수법
③ 논리폭탄(Logic Bomb) : 컴퓨터의 일정한 작동시마다 부정행위가 이루어질 수 있도록 프로그램을 조작하는 수법
④ 스푸핑(Spoofing) : 악성코드에 감염된 사용자 PC를 조작하여 금융정보를 빼내는 수법

④는 파밍(Pharming)과 관련된 내용이다.

> 출제 POINT
> 컴퓨터 범죄의 유형

29 ★

컴퓨터를 운영하기 위해 필요한 운영프로그램이 저장되어 있는 자료들에 불이나 물 그리고 물리적 공격, 자석 등을 이용하여 지워버리거나 작동하지 못하게 하는 행위는?

① 하드웨어 파괴   ② 소프트웨어 파괴
③ 전자기 폭탄   ④ 사이버 갱

① 하드웨어(Hardware) 파괴 : 컴퓨터의 중앙처리장치(CPU)·기억장치·입출력장치와 같은 전자·기계장치의 몸체 그 자체를 물리적으로 파손시키는 범죄이다.
③ 전자기폭탄(E-Bomb) : 강력한 전자기로 공격하여 국가통신시스템, 전력, 물류 등 사회 인프라를 무력화시키는 범죄이다.
④ 사이버 갱(Cyber Gang) : 금융기관이나 증권거래소의 보안망을 뚫고 거액을 탈취하는 범죄이다.

> 컴퓨터 범죄의 유형

30

다음의 컴퓨터 범죄의 특징 중 범죄행위자의 측면에서 본 특징이 아닌 것을 고르면?

① 범행의 연속성   ② 희박한 죄의식
③ 대부분이 초범자 ④ 전문적 지식습득자

범행의 연속성은 범행 측면에서의 특징에 해당한다.

> 범죄행위자 측면에서의 컴퓨터 범죄의 특징

정답 28 ④ 29 ② 30 ①

31. 컴퓨터범죄 예방을 위한 법적 안전대책은?　16. 기출

① 시스템 백업
② 침입차단시스템
③ 스케줄러 점검
④ 컴퓨터 스파이에 대한 처벌

① 시스템 백업, ② 침입차단시스템은 컴퓨터범죄 예방을 위한 물리적 안전대책이고, ③ 스케줄러 점검은 관리적 안전대책에 해당한다.

32. 사이버테러 중 고출력 전자기장을 발생시켜 컴퓨터 정보를 파괴시키는 사이버테러의 유형은?　05. 기출

① 허프건(Hurf gum)
② 스팸(Spam)
③ 프레임(Flame)
④ 크래커(Cracker)

② 스팸(Spam) : 전자우편, 게시판, 문자메시지, 전화, 인터넷포털사이트의 쪽지기능 등을 통해 불특정 다수의 사람들에게 보내는 광고성 편지 또는 메시지를 말한다.
③ 프레임(Flame) : 네티즌들이 공통의 관심사를 논의하기 위해 개설한 토론방에 고의로 가입하여 개인 등에 대한 악성 루머를 유포하는 것이다.
④ 크래커(Cracker) : 정부와 기업의 유명한 사이트를 집중공격하여 많은 피해를 발생시키는 사람을 말한다.

33. 컴퓨터 범죄의 유형 중 컴퓨터 부정조작의 종류가 아닌 것은?

① 프로그램 조작
② 콘솔조작
③ 입출력조작
④ 데이터 파괴조작

데이터 파괴조작은 컴퓨터 범죄의 유형 중 자료의 부정조작에 해당한다.

34. 컴퓨터를 이용한 범죄의 특징으로 옳지 않은 것은?　13. 12. 10. 기출

① 증거인멸이 용이하다.
② 범죄의 고의성을 입증하기 용이하다.
③ 범행의 자동성과 반복성, 연속성을 가진다.
④ 범죄의식이 희박하다.

컴퓨터 범죄자가 불법적인 침투방법을 한번 터득하게 되면, 새로운 보안시스템이 개발되기 전까지는 임의로 쉽게 접근이 가능하기 때문에 컴퓨터의 범죄행위가 빈번하게 발생할 가능성이 많으며, 또한 컴퓨터 범죄자들은 단시간 내에 대량의 데이터를 처리함으로써 막대한 손실을 입히며, 바이러스를 침투시키거나 프로그램을 부정조작해 놓으면, 자동적으로 컴퓨터 시스템에 문제를 일으키거나 잘못된 자료를 출력하게 만든다. 그리고 컴퓨터 범죄는 고의입증과 증거수집이 곤란하다는 특징을 가지고 있다.

출제 POINT
- 컴퓨터범죄의 예방법
- 사이버테러의 종류
- 컴퓨터 부정조작의 종류
- 컴퓨터 범죄의 특징

정답 31 ④ 32 ① 33 ④ 34 ②

35
컴퓨터 범죄의 예방대책 중 관리적 대책으로 옳지 않은 것은?

① 직무권한의 명확화
② 스케줄러 점검
③ 엑세스 제도
④ 데이터의 암호화

데이터의 암호화는 기술적 안전대책에 해당된다.

> 출제POINT
> 컴퓨터 시스템의 안전대책의 종류

36
컴퓨터 시스템에 대한 접근권한의 유무를 식별하기 위한 일종의 안전장치는?

① 패스워드
② 키워드
③ 액세스
④ 스팸

패스워드(Password)란 허가 없이 데이터 베이스나 파일에 접속하는 것을 방지하기 위한 안전대책의 한 가지로서 사용자가 컴퓨터 시스템 또는 통신망에 접속할 때 사용자 ID와 함께 입력하여 정당한 사용자라는 것을 식별할 수 있도록 주 컴퓨터에 전달하는 고유의 문자열을 말한다.

> 컴퓨터의 안전장치

37 ★
컴퓨터 암호화 시스템에 관한 설명으로 옳지 않은 것은?

① 컴퓨터 암호는 특정시스템에 대한 접근권을 가진 이용자의 식별장치라 할 수 있다.
② 암호화는 허가받지 않은 접근을 차단해 정보의 보안성을 확보하기 위한 것이다.
③ 컴퓨터 보안을 위해서는 가능한 한 암호수명을 짧게 하고 패스워드를 자주 변경하는 것이 좋다.
④ 암호설정은 완전한 보안을 위해 특수문자보다는 단순 숫자조합을 사용하는 것이 바람직하다.

암호는 단순 숫자조합보다는 특수문자를 조합하여 설정하는 것이 좋다.

> 물리적 안전대책

38
금융기관의 금리계산 프로그램의 개발을 담당한 자가 프로그램에 손질을 해서 원래는 버려져야 할 이자의 끝수를 자기 계정으로 보내도록 하는 컴퓨터 사기수법은?

① 트로이 목마
② 데이터 디들링
③ 살라미 기법
④ 함정문 수법

① 트로이 목마(Trojan Horse) : 프로그램의 본래 목적을 실행하면서도 부정한 결과가 나오도록 은밀히 프로그램을 조작하여 컴퓨터 사용자의 정보를 빼가는 악성 프로그램을 말한다.
② 데이터 디들링(Data Diddling) : 컴퓨터 데이터를 입력 또는 변환하는 시점에서 최종적인 입력순간에 자료를 절취 또는 변경, 추가하는 컴퓨터 범죄를 말한다.
④ 함정문(Trap Door) 수법 : 컴퓨터 운영체계나 대형 응용프로그램 개발 중 프로그램의 개발 마지막 단계에서 자료를 고의로 유출하는 범죄수법이다.

> 컴퓨터 범죄수법

정답 35 ④ 36 ① 37 ④ 38 ③

39 컴퓨터 보안을 위한 기술을 의미하는 것과 거리가 먼 것은?

① 인증(Authetication)
② 암호화(Encryption)
③ 방화벽(Firewall)
④ 해킹(Hacking)

> 해킹(Hacking)은 처음에 순수하게 작업과정 자체의 즐거움에 탐닉하는 컴퓨터 전문가들의 행위를 의미하는 용어로 쓰였는데, 점차 나쁜 의미로 변질되어 다른 사람의 컴퓨터에 침입하여 정보를 빼내서 이익을 취하거나 파일을 없애버리고 전산망을 마비시키는 의미로 사용되고 있다.

40 인터넷상에서 시스템 보안문제는 중요한 부분이기 때문에 보안이 필요한 네트워크의 통로를 단일화하여 이 출구를 보안관리함으로써 외부로부터의 불법적인 접근을 막도록 설치되는 시스템은?

① 방화벽(Firewall)
② 크래커(Cracker)
③ 펌웨어(Firmware)
④ 인터페이스(Interface)

> ③ 펌웨어(Firmware) : 컴퓨터의 하드웨어와 소프트웨어의 중간에 위치하여 롬(ROM)에 기록된 하드웨어를 제어하는 마이크로 프로그램의 집합을 말한다. 즉, 데이터나 정보를 변경할 필요가 없는 핵심적인 소프트웨어를 롬에 기입하여 하드웨어처럼 사용하는 것을 말한다.
> ④ 인터페이스(Interface) : 컴퓨터 시스템에서 두 가지 이상의 구성요소들 사이의 경계나 그 경계에서 공통적으로 사용되는 장치를 말한다.

41 컴퓨터 범죄의 관리상 안전대책으로 옳은 것은? [13. 기출]

① 사후 구제방법이 우선적으로 수립되어야 한다.
② 전체적인 시각에서 단기적으로 추진되어야 한다.
③ 예기치 못한 사고에 대비하기 위해 시스템 백업과 프로그램 백업이 필요하다.
④ 네트워크 취약성으로 발생하는 문제는 물리적 통제절차의 개선으로 해결해야 한다.

> ① 사전 예방책이 우선적으로 수립되어야 한다.
> ② 컴퓨터 안전대책은 종합적이고 지속적인 방향에서 수립되어야 한다.
> ④ 네트워크의 취약성으로 발생하는 문제는 기술적 안전대책으로 해결하여야 한다.

출제 POINT
▶ 컴퓨터 시스템의 보안관리대책

▶ 컴퓨터 시스템의 보안관리대책

▶ 컴퓨터 범죄의 관리상 안전대책

정답 39 ④ 40 ① 41 ③

42 ★

다음 중 사용자의 정보나 패스워드를 찾아내기 위한 해킹의 수법이 아닌 것은?

① 스푸핑(Spoofing) ② 스니핑(Sniffing)
③ 피싱(Phishing) ④ 키로거(Key Logger)

① **스푸핑(Spoofing)** : 네트워크상에서 서로 신뢰관계에 있는 시스템간에는 자신의 어카운트(Account : 계정)를 가지고 다른 시스템에 접근할 수 있는데 해커가 이를 악용하여 호스트의 IP 주소나 e-메일 주소를 바꾸어서 이를 통해 해킹하는 것을 말한다.
② **스니핑(Sniffing)** : 'Sniff'라는 단어의 의미 '냄새를 맡다'에서도 알 수 있듯이 스니퍼(Sniffer)는 '컴퓨터 네트워크상에 흘러다니는 트래픽을 엿듣는 도청장치'를 의미하기 때문에 '스니핑'이란 이러한 스니퍼를 이용해 시스템에 전송되는 개인정보를 중간에서 가로채는 해킹 수법을 말한다.
③ **피싱(Phishing)** : 금융기관 등의 웹사이트나 거기서 보내온 메일로 위장하여 개인의 인증번호나 신용카드번호, 계좌정보 등을 빼내 이를 불법적으로 이용하는 사기수법을 말한다.
④ **키로거(Key Logger)** : 컴퓨터 사용자들의 키보드 움직임을 탐지해 ID, 패스워드, 계좌번호, 카드번호와 같은 개인의 중요정보들을 빼가는 해킹 방법을 말한다.

> 출제POINT ▶ 해킹의 수법

43

다음 중 방화벽에 대한 설명으로 적절하지 않은 것은?

① 방화벽 시스템에는 확실히 허가받지 않은 것을 금지하는 애플리케이션 게이트웨이 방식과 확실히 금지되지 않은 것을 허가하는 패킷 필터링 게이트웨이 방식이 있다.
② 방화벽 시스템은 내부와 외부로부터 불법적인 해킹을 완전히 차단할 수 있다.
③ 방화벽이 제공하는 기능에는 접근 제어, 인증, 감사 추적, 암호화 등이 있다.
④ 프록시 서버는 네트워크 캐시 기능과 방화벽 기능을 동시에 제공해 주는 서버이다.

방화벽(Firewall)은 전용통신망에 불법 사용자들이 접근하여 컴퓨터 자원을 사용 또는 교란하거나 중요한 정보를 불법으로 외부에 유출하는 행위를 방지하는 목적으로 설치하지만, 그렇다고 하여 불법적인 해킹을 완전히 차단할 수 있는 것은 아니다.

> ▶ 방화벽의 기능

44

15, 09. 기출

정보보호의 3요소가 아닌 것은?

① 비밀성(Confidentiality) ② 형평성(Equity)
③ 무결성(Integrity) ④ 가용성(Abailability)

정보보호를 통해서 달성하고자 하는 목표는 ㉠ 정보의 비밀성(Confidentiality), ㉡ 무결성(Integrity), ㉢ 가용성(Abailability)을 확보하기 위한 것이다.

> ▶ 정보보호의 3요소

정답 42 ③ 43 ② 44 ②

45 ★★

컴퓨터 범죄의 예방대책 중 관리적 대책이 아닌 것은?

① 프로그램 개발 통제
② 스케줄러 점검
③ 컴퓨터프로그램보호법 제정
④ 검사증거기록 삭제 방지

③ '컴퓨터프로그램보호법 제정'은 입법적 대책에 해당한다.

46

컴퓨터 범죄의 용어에 관한 설명으로 옳지 않은 것은?

① 프레임은 타인의 컴퓨터에 무단으로 침입하여 정보를 빼가는 수법이다.
② 살라미 테크닉스는 관심을 두지 않는 작은 이익들을 긁어모으는 수법이다.
③ 데이터 디들링은 데이터의 최종적인 입력 순간에 자료를 삭제하거나 변경하는 수법이다.
④ 트로이 목마는 프로그램 속에 범죄자만 아는 명령문을 삽입하는 수법이다.

①은 해킹(Hacking)에 대한 설명이다.

47 ★

컴퓨터에 대한 물리적 접근통제 방법으로 옳지 않은 것은?

① 최소한의 출입구만 설치하며, 그 출입구에는 안전장치가 설치되어야 한다.
② 퇴직하거나 해고된 직원이 있으므로 정기적으로 자물쇠와 열쇠를 바꾼다.
③ 허가된 사람에 한해서는 출입이 가능하도록 하고, 접근권한의 갱신은 정기적으로 할 필요가 없다.
④ 출입구는 2중문 시설을 갖추어 전자장치로 출입을 통제할 수 있어야 한다.

보안구역에 대한 접근권한의 규정은 정기적으로 검토되고 갱신되어야 한다.

48

정보보호에 관한 기본원칙으로 옳지 않은 것은?

① 정보시스템 소유자, 공급자, 사용자 및 기타 관련자 간의 책임을 명확하게 해야 한다.
② 정보시스템의 보안은 시간이 경과하더라도 주기적인 재평가가 요구되지 않는다.
③ 정보시스템의 보안은 정보의 합법적 사용과 전달이 상호조화를 이루어야 한다.
④ 정보시스템의 보안은 타인의 권리와 합법적 이익이 존중·보호되도록 운영되어야 한다.

정보시스템 자체 및 이에 대한 보안체계가 시간이 지남에 따라 변화하기 때문에 정보시스템의 보안은 주기적으로 재평가되어야 한다.

정답 45 ③ 46 ① 47 ③ 48 ②

49 다음 사례에 해당하는 신종금융범죄는?

18, 17. 기출

> 자신의 휴대폰으로 모바일 청첩장을 받은 A씨는 지인의 모바일 청첩장인 것으로 생각하여 문자메시지 내의 인터넷주소를 클릭하였는데 이후 본인도 모르게 악성코드가 설치되어 소액결제가 되는 금융사기를 당하였다.

① 스미싱(Smishing)
② 메모리 해킹(Memory Hacking)
③ 파밍(Pharming)
④ 피싱(Phishing)

② **메모리 해킹(Memory Hacking)** : 고객 컴퓨터의 메모리에 침투해서 계좌와 금액을 조작하는 방식으로 돈을 빼돌리는 새로운 해킹방식을 말한다.
③ **파밍(Pharming)** : 해커가 특정 사이트의 도메인 자체를 중간에서 탈취해 개인정보를 훔치는 인터넷 사기를 말한다.
④ **피싱(Phishing)** : 개인정보를 불법으로 얻으려는 목적으로 불특정 다수에게 이메일을 보내 네티즌의 금융정보를 빼내는 신종금융사기 기법을 말한다.

출제 POINT
신종금융범죄수법

50 다음 설명에 해당하는 컴퓨터 범죄의 유형은?

20, 18, 15. 기출

> 컴퓨터 작업 수행 후 주변에서 정보를 획득하는 방법으로, 쓰레기통이나 주위에 버려진 명세서 또는 복사물을 찾아 습득하거나 컴퓨터 기억장치에 남아있는 것을 찾아내서 획득하는 방법이다.

① 살라미 기법(Salami Techniques)
② 스캐빈징(Scavenging)
③ 트랩도어(Trap Door)
④ 슈퍼재핑(Super Zapping)

① **살라미 기법(Salami Techniques)** : 피해자가 눈치 채지 못할 정도의 소액(단수 이하로 떨어지는 숫자)을 많은 사람으로부터 사취하는 금융사기 수법의 하나이다.
③ **트랩도어(Trap Door)** : 프로그래머가 운영체계를 개발하면서 프로그램 내부에 자신만이 드나들 수 있는 부정루틴을 삽입하여 정보를 빼가는 수법이다.
④ **슈퍼재핑(Super Zapping)** : 컴퓨터 고장시 비상용으로 쓰는 슈퍼잽 프로그램을 수행할 때 각종 보안장치의 기능을 일시적으로 마비시켜 기억장치에 수록된 모든 자료를 몰래 복사해 가는 수법이다.

출제 POINT
컴퓨터 범죄의 유형

정답 49 ① 50 ②

51 ★

18, 16. 기출

국제경제협력개발기구(OECD)에서 제시한 2002년 정보시스템 및 네트워크보호와 관련된 기본원칙이 아닌 것은?

> 정보보호의 기본원칙

① 책임성의 원칙
② 윤리성의 원칙
③ 다중협력성의 원칙
④ 개방성의 원칙

국제경제협력개발기구(OECD)에서 제시한 2002년 정보시스템 및 네트워크보호와 관련된 기본원칙에는 책임성, 인식성, 윤리성, 다중협력성, 균형성·비례성, 통합성, 적시성, 재평가, 민주주의 원칙 등이다.

52 ★★

23, 16. 기출

신종금융범죄 유형에 관한 설명으로 옳지 않은 것은?

> 신종금융범죄수법

① 파밍(Pharming) – 악성코드에 감염된 사용자 PC를 조작하여 금융정보를 빼내는 행위
② 피싱(Phishing) – 가짜사이트로 접속을 유도하여 은행 계좌정보 등을 불법적으로 알아내 이를 이용하는 행위
③ 메모리해킹(Memory Hacking) – 악의적인 내용을 담은 전자우편을 인터넷상의 불특정 다수에게 무차별로 살포하여 온라인 공해를 일으키는 행위
④ 스미싱(Smishing) – 문자메시지 내의 인터넷 주소를 클릭하면 악성코드를 스마트폰에 설치하여 금융정보를 탈취하는 행위

메모리해킹(Memory Hacking)은 해커가 고객의 컴퓨터에 미리 백도어같은 악성프로그램을 설치하여 비밀번호 등 금융정보를 빼내는 것뿐 아니라 데이터를 조작하여 계좌와 금액까지 변경하는 방식이다. 악의적인 내용을 담은 전자우편을 인터넷상의 불특정 다수에게 무차별로 살포하여 온라인 공해를 일으키는 행위는 스팸(Spam)이다.

53

19. 기출

입법적 대책과 관련하여 형법에 규정된 컴퓨터 범죄에 관한 설명으로 옳지 않은 것은?

> 컴퓨터 범죄의 입법적 대책

① 재물손괴죄 : 컴퓨터 등 정보처리장치에 장애를 발생하게 하여 사람의 업무를 방해하는 행위
② 컴퓨터 등 사용사기죄 : 컴퓨터 등 정보처리장치에 권한 없이 정보를 입력·변경하여 재산상의 이익을 취득하는 행위
③ 비밀침해죄 : 봉함 기타 비밀장치한 전자기록 등을 기술적 수단을 이용하여 그 내용을 알아낸 행위
④ 사전자기록의 위작·변작죄 : 사무처리를 그르치게 할 목적으로 타인의 권리·의무 또는 사실증명에 관한 전자기록을 위작 또는 변작하는 행위

① 틀림. 재물손괴죄는 타인의 재물, 문서 또는 전자기록등 특수매체기록을 손괴 또는 은닉 기타 방법으로 그 효용을 해하는 행위를 말한다. 재물손괴죄는 3년 이하의 징역 또는 700만원 이하의 벌금에 처한다(형법 제366조). ①번 보기의 "컴퓨터 등 정보처리장치에 장애를 발생하게 하여 사람의 업무를 방해하는 행위"는 업무방해죄에 해당하고 5년 이하의 징역 또는 1천500만원 이하의 벌금에 처한다(형법 제314조 제2항).
② 옳음. 형법 제347조의2, ③ 옳음. 형법 제316조 제2항, ④ 옳음. 형법 제232조의2

정답 51 ④ 52 ③ 53 ①

54

컴퓨터 에러(Error) 방지 대책으로 옳지 않은 것은?

① 적절한 컴퓨터 언어를 사용했는지 여부를 검토하는 시스템 작동 재검토
② 정보접근 권한을 가진 취급자만 컴퓨터 운용에 투입
③ 데이터 갱신을 통한 시스템의 재검토
④ 정해진 절차에 따라 프로그램이 실행되는지에 대한 절차상의 재평가

> 컴퓨터 에러(Error)의 중요성을 파악하기 위해서는 컴퓨터 시스템의 작동을 재검토하고, 자격을 갖춘 컴퓨터 전문요원을 활용하여야 한다.

55 ★

사이버공격의 유형에서 멀웨어(Malware) 공격을 모두 고른 것은?

| ㉠ 바이러스 | ㉡ 마이둠 |
| ㉢ 버퍼 오버플로 | ㉣ 트로이 목마 |

① ㉠, ㉡, ㉢
② ㉠, ㉡, ㉣
③ ㉠, ㉢, ㉣
④ ㉡, ㉢, ㉣

> 마이둠(Mydoom)은 '독립기념일을 기리며(Memory of the Independence Day)'라는 제목의 이메일을 대량 유포해 이용자가 첨부된 파일을 열게 되면 악성코드가 이용자 PC에 심어지며 청와대 등 특정사이트를 공격하여 컴퓨터 시스템을 파괴시키는 악성 웜바이러스(Worm Virus)이다.

56 ★

컴퓨터 범죄 예방대책에 관한 설명으로 옳지 않은 것은?

① 거래기록 파일 등 데이터 파일에 대한 백업을 할 때는 내부와 외부에 이중으로 파일을 보관해서는 안 된다.
② 도큐멘테이션(Documentation)에 대한 백업을 할 때는 '사용중인 업무처리 프로그램의 설명서', '주요 파일 구성내용 및 거래코드 설명서' 등을 포함시켜야 한다.
③ 컴퓨터실 위치선정시 화재, 홍수, 폭발 및 외부의 불법침입자에 의한 위험을 고려하여야 한다.
④ 프로그래머는 기기조작을 하지 않고 오퍼레이터는 프로그래밍을 하지 않는다는 원칙을 철저히 준수한다.

> 거래기록 파일 등 데이터 파일에 대한 백업을 할 때는 내부와 외부에 이중으로 파일을 보관하는 것이 바람직하다.

출제POINT
- 컴퓨터 에러의 방지 대책
- 사이버공격의 유형
- 컴퓨터 범죄의 예방대책

정답 54 ② 55 ③ 56 ①

57 ★★

다음의 사례에 해당하는 신종금융범죄는?

> '9월의 카드 거래내역'이라는 제목의 이메일에서 안내하는 인터넷 주소를 클릭하자 가짜 은행사이트에 접속되었고, 보안카드번호 전부를 입력한 결과 범행계좌로 자신의 돈이 무단 이체되는 사건이 발생하였다.

① 피싱(Phishing)
② 파밍(Pharming)
③ 스미싱(Smishing)
④ 메모리 해킹(Memory Hacking)

② 파밍(Pharming) : 해커가 특정 사이트의 도메인 자체를 중간에서 탈취하거나 도메인 네임 시스템(DNS) 또는 프락시 서버의 주소를 변조함으로써 개인 아이디와 암호, 각종 중요한 정보를 훔치는 방식이다.
③ 스미싱(Smishing) : 문자(SMS)와 피싱(Phishing)의 합성어로, 인터넷주소가 포함된 문자를 피해자에게 보내 악성코드 설치 후 개인정보를 탈취하는 방식이다.
④ 메모리 해킹(Memory Hacking) : 고객의 컴퓨터에 백도어같은 프로그램을 설치하여 비밀 번호를 빼내는 것뿐 아니라 데이터를 조작하여 받는 계좌와 금액까지 변경하는 방식이다.

출제POINT ▶ 신종금융범죄

58

정보보호의 목표 중 다음 설명에 해당하는 것은?

> 한번 생성된 정보는 원칙적으로 수정되어서는 안 되며, 원래의 그 상태로 유지되어야 한다. 만약 수정이 필요할 경우, 허가받은 사람에 의해서 허용된 절차에 따라 수정되어야 한다.

① 비밀성
② 가용성
③ 영리성
④ 무결성

제시된 내용은 정보보호의 목표 중 무결성을 설명한 것이다.

▶ 정보보호의 기본원칙

59 ★

컴퓨터보안 관련 위해요소와 그 내용의 연결로 옳지 않은 것은?

① 트로이 목마(Trojan horse) : 실제로는 파일삭제 등 악의적인 목적을 가지고 있지만, 좋은 것처럼 가장하는 프로그램
② 서비스거부 공격(Denial of service attack) : 악의적으로 특정시스템의 서버에 수많은 접속을 시도하여 다른 이용자가 정상적으로 이를 사용하지 못하도록 하는 수법
③ 자료의 부정변개(Data diddling) : 금융기관의 컴퓨터시스템에서 이자계산이나 배당금 분배시 단수 이하의 적은 금액을 특정계좌로 모으는 수법
④ 바이러스(Virus) : 컴퓨터프로그램이나 실행 가능한 부분을 복제·변형시킴으로써 시스템에 장애를 주는 프로그램

③은 살라미 기법(Salami techniques)에 해당한다.

▶ 컴퓨터 범죄수법

정답 57 ① 58 ④ 59 ③

60 ★

[21. 기출]

컴퓨터 시스템의 보안 및 컴퓨터범죄에 관한 설명으로 옳지 않은 것은?

① 컴퓨터범죄는 다른 범죄에 비해 증거인멸이 용이하며, 고의 입증이 어렵다.
② 컴퓨터보안을 위한 체계적 암호관리는 숫자·특수문자 등을 사용하고, 최소 암호수명을 설정하여 주기적으로 관리해야 한다.
③ 타인의 컴퓨터에 있는 전자기록 등을 불법으로 조작하면, 형법상의 전자기록 위작·변작죄 등이 적용될 수 있다.
④ 시설 내 중앙컴퓨터실은 화재발생시 그 피해가 심각하기 때문에 스프링클러(sprinkler) 등 화재대응시스템을 구축해야 한다.

> 물은 컴퓨터 시스템 및 주변장치에 치명적인 손상을 주기 때문에 컴퓨터실의 화재발생시 스프링클러(sprinkler)는 절대로 사용해서는 안 된다.

출제 POINT
> 컴퓨터 시스템의 보안

정답 60 ④

CHAPTER 05

민간경비 산업의 과제와 전망

제1절 | 한국 민간경비업의 문제점

1 민간경비의 역사적 발전과정

(1) 청원경찰제도의 도입
    ① 청원경찰제도의 의미와 도입배경
        ㉠ 의미 : 중요 산업시설이나 사업장 또는 국내 주재 외국기관의 경비를 위해 해당시설의 경영자나 기관장이 **소요경비를 부담할 조건**으로 경찰관의 배치를 신청하는 제도로서 외국에서 보기 어려운 특별한 제도이다.
        ㉡ 도입배경 : 1960년대 초반 이후 국가주도형 경제개발이 본격화됨에 따라 계속적으로 증가하는 국가중요산업시설에 대한 경비를 경찰인력만으로는 감당할 수가 없어 국가 경찰공무원이 아닌 **민간인 신분**으로 **경찰관 직무집행법에 의거**하여 배치된 시설 또는 기관의 구역을 관할하는 경찰서장의 감독을 받아 해당 경비구역 내에서 **경찰관의 직무를 수행**할 수 있도록 도입되었다.
    ② 청원경찰법의 제정 : 청원경찰제도의 근거법령인 청원경찰법은 1962년 4월 3일 법률 제1049호로 제정되었으며, 이어서 1962년 4월 23일에 시행령이, 5년 후인 1967년 11월 9일에 시행규칙이 제정되었다.

(2) 청원경찰제도의 성장
    ① 성장의 계기 : 청원경찰제도는 1973년 12월 31일 청원경찰의 직무·임용·배치·보수·사회보장 기타 필요한 사항을 규정한 청원경찰법의 전문개정을 통해 성장의 기틀을 마련하였으며, 이후 청원경찰제도는 자격요건, 임용과 배치, 봉급 및 제수당의 범위, 교육, 직무, 제복착용과 무기휴대 등에 있어 **철저한 국가 통제하에 운영**하는 것을 조건으로 시행되고 있다.

② **직무범위의 확대** : 새롭게 개정된 청원경찰법에 따라 청원경찰을 배치할 수 있는 시설의 범위가 국가기관 또는 공공단체와 그 관리하에 있는 중요시설과 사업장, 국내주재 외국기관, 선박·항공기 등 수송시설, 금융 또는 보험회사, 학교, 언론·통신·방송 등 언론기관, 기타 공안유지와 국민경제상 고도의 보호를 필요로 하는 중요시설과 사업장으로 확대 적용되고 있다.

③ **민간경비 성장의 전기 마련** : 청원경찰제도가 국가기관의 통제 속에서 제한적으로 운영되는 제도이지만, 특정시설의 소유주나 경영자가 경비업무에 소요되는 비용을 직접 부담하여 경비업무를 수행하는 **자체경비의 한 형태**이기 때문에 우리나라에서 민간경비가 성장하는 데 중요한 역할을 담당하였다고 볼 수 있다.

④ **향후 전망** : 제한된 범위 내이기는 하지만 법적인 근거를 가지고 경찰권한의 일부가 민간인에게 이양되었다는 것은 치안활동이 더 이상 국가경찰의 전유물이 될 수 없음을 반증하는 것이다. 따라서 치안활동의 영역에 있어 **청원경찰제도의 수익자부담원칙**은 사적 부분은 물론 공적 부분으로도 점차 확대되어 갈 것이다. 또한 경찰은 사회 전반의 범죄대응역량을 강화하기 위해 민간경비업을 적극적으로 지도·육성할 것이다.

2 청원경찰과 민간경비의 갈등

(1) 청원경찰법과 경비업법의 운용실태

① 법령의 제정 목적
  ㉠ 청원경찰법 : 청원경찰의 직무·임용·배치·보수·사회보장 및 그 밖의 필요한 사항을 규정함으로써 청원경찰의 원활한 운영을 목적으로 한다.
  ㉡ 경비업법 : 경비업의 육성 및 발전과 그 체계적 관리에 관하여 필요한 사항을 정함으로써 경비업의 건전한 운영에 이바지함을 목적으로 한다.

② 청원경찰과 민간경비의 직무범위
  ㉠ 공통점 : 청원경찰과 민간경비 모두 **범죄예방활동**을 주요 임무로 하고 있다.
  ㉡ 차이점 : 청원경찰은 경비관련 소요경비(청원경찰경비)를 부담하는 기관의 장 또는 시설·사업장 등 **경영자의 요구**에 의하여 **공공 또는 준공공적인 분야**에서 방범활동을 하는 반면, 민간경비는 경비업자가 경비원을 고용하여 **특정의뢰자**(고객)로부터 받은 보수만큼 **사적인 분야**에서 범죄예방활동을 수행한다.

> **심화연구** 청원경찰과 민간경비의 업무수행 제한
>
> **1** 청원경찰은 준경찰관 신분으로서 청원경찰의 배치결정을 받은 청원주와 배치된 기관·시설 또는 사업장 등의 구역을 관할하는 경찰서장의 감독을 받아 그 경계구역 안에 한하여 경비목적을 위하여 필요한 범위 안에서 경찰관 직무집행법에 의한 경찰관의 직무를 수행한다.
> **2** 민간경비는 사인의 자격으로서 시설주가 요구하는 경비시설물 내에서 경비업무를 수행한다.

③ 경비원의 배치·임용·감독
  ㉠ 청원경찰의 배치·임용·감독
    ⓐ 배치 : 청원경찰을 배치받으려는 자는 **관할 시·도경찰청장**에게 신청하여야 하며, 시·도경찰청장은 지체 없이 그 배치여부를 신청인에게 알려야 한다(청원경찰법 제4조).
    ⓑ 임용 : 청원경찰은 청원경찰의 배치결정을 받은 자(청원주)가 임용하되, 임용을 할 때에는 미리 **시·도경찰청장의 승인**을 받아야 한다(동법 제5조 제1항).
    ⓒ 감독 : **시·도경찰청장**은 청원경찰의 효율적인 운영을 위하여 청원주를 지도하며 감독상 필요한 명령을 할 수 있다(동법 제9조의3 제2항).
  ㉡ 민간경비의 허가·임용·감독
    ⓐ 민간경비업의 허가 : 경비업을 영위하고자 하는 법인은 도급받아 행하고자 하는 경비업무를 특정하여 그 법인의 주사무소의 소재지를 관할하는 **시·도경찰청장의 허가**를 받아야 한다(경비업법 제4조 제1항).
    ⓑ 경비원의 임용 : 경비원의 허가를 받은 **법인**(경비업자)이 경비원의 결격사유(동법 제10조 제1항)에 해당하지 않으면 채용하여 고용한다.
    ⓒ 감독 : **경찰청장 또는 시·도경찰청장**은 경비업무의 적정한 수행을 위하여 경비업자 및 경비지도사를 지도·감독하며 필요한 명령을 할 수 있다(법 제24조 제1항).
④ 권한의 위임 : 경비업법에 따른 경비업자가 중요시설의 경비를 도급받았을 때에는 **청원주**는 그 사업장에 배치된 청원경찰의 근무배치 및 감독에 관한 권한을 **해당 경비업자에게 위임**할 수 있다(청원경찰법 시행령 제19조 제1항).

(2) 청원경찰법과 경비업법의 운용상 문제점
  ① 지휘체계상의 문제점
    ㉠ 경비원의 실질적 지휘 및 감독 : 법제상 청원경찰이나 민간경비 모두 관할 경찰서장의 지도 아래 경비원들의 근무수행상황이 감독되고 필요에 따라 교육훈련도 실시하는 것이 원칙이지만, 실질적인 근무의 지휘·감독은 청원경찰의 경우 **청원주가 임명**한 유능한 자가, 민간경비의 경우 **경비업자가 임명**한 경비지도사가 실시한다.
    ㉡ 지휘체계의 이원화 : 청원경찰의 근무배치 및 감독의 권한은 동일 경비지역 내에서는 민간경비업자에게 위임하고 있지만(청원경찰법 시행령 제19조 제1항), 청원경찰에 대한 임용 및 해임 등의 권한을 가지고 있지 않기 때문에 실질적인 지휘 및 감독이 행해지지 않는다. 따라서 사건이 발생할 경우 **일괄된 지휘체계로 대응할 수 없기 때문에 경비업무의 효율성이 떨어지는 문제점**이 있다.
  ② 보수와 신분상의 문제점
    ㉠ 보수수준의 차이 : 청원주는 청원경찰에게 지급할 봉급 및 제수당, 피복비, 교육비, 퇴직금 등 청원경찰경비를 경찰청장이 순경의 것을 참작하여 정한 매년 12월에 고시하는 최저부담기준액 및 부담기준액에 따라 지급하도록 되어 있으나, 민간경비원의 보수는 **경비업체와 고객**(시설주)의 **자유로운 경비도급계약에 의해 결정**되기 때문에 각 소속 경비회사의 사정에 따라 보수수준이 결정되므로 상대적으로 청원경찰보다 적은 금액을 받는다.

ⓒ 신분보장의 불안정성 : 청원경찰은 경비대상시설물이나 경비구역 내에서 근무할 때에는 경찰관 직무집행법에 의해 경찰공무원의 신분을 적용받고, 경비지역을 벗어나거나 근무시간 이외의 경우에는 민간인 신분이기 때문에 사건발생시에는 **이중벌칙의 불이익**이 주어지는 문제점이 있으며, 민간경비 법률인 경비업법에는 경비원에 대한 **신분보장관련 규정이 아예 존재하지 않는다**. 이러한 문제점은 심리적·직업적으로 혼란과 불안상태를 유발시켜 근로의욕을 저하시키는 요인이 되기도 한다.

③ 손해배상과 무기휴대관련 문제점

　㉠ 책임소재의 불분명 : 청원경찰의 직무상 불법행위에 대한 배상책임에 관하여는 민법의 규정을 따른다고 하지만(청원경찰법 제10조의2), 청원주가 손해배상책임의 당사자인 동시에 피해자이기 때문에 손해를 발생시킨 청원경찰 개인에게 손해에 대한 물질적 배상책임보다는 신분상의 책임을 묻고 있는 실정이다. 경비업자는 경비원이 업무수행 중 고의 또는 과실로 경비대상에 손해가 발생하는 것을 방지하지 못한 경우나, 제3자에게 손해를 입힌 경우에는 그 손해를 배상하여야 한다고 경비업법이 규정하고 있다(경비업법 제26조). 이 경우 경비계약 당시 경비업자가 고객과 손해배상책임의 관계를 미리 약정하였기 때문에 경비업자와 고객 사이에는 별다른 문제가 없지만, 고객과 경비원 사이에서는 사건이 누구의 잘못으로 발생하였는지에 대한 책임소재와 한계에 대하여 분쟁이 자주 발생하는 문제점이 있다.

　㉡ 무기의 휴대 및 사용제한 : 청원경찰법상 청원경찰(청원경찰법 제8조 제2항)이나 경비업법상 특수경비원(경비업법 제14조 제8항)은 **총기 등 무기를 휴대하거나 사용하도록 허용**하고 있으나, 총기취급에 따른 전반적인 교육훈련의 부족으로 총기 사용을 극히 제한하고 있다.

심화연구 청원경찰과 민간경비의 권한행사 비교

구분	청원경찰	민간경비
적용법률	청원경찰법	경비업법
직무범위	• 국민의 생명·신체 및 재산의 보호 • 범죄의 예방·진압 및 수사 • 범죄피해자 보호 • 경비, 주요인사 경호 및 대간첩·대테러 작전 수행 • 공공안녕에 대한 위험의 예방과 대응을 위한 정보의 수집·작성 및 배포 • 교통 단속과 교통 위해의 방지 • 외국 정부기관 및 국제기구와의 국제협력 • 그 밖에 공공의 안녕과 질서 유지	• 시설경비업무 ┐ • 호송경비업무 │ 일반경비원의 • 신변보호업무 │ 업무 • 기계경비업무 │ • 혼잡·교통유도 ┘ 　경비업무 • 특수경비업무 → 특수경비원의 업무
배치·폐지	청원주는 청원경찰의 배치를 폐지하거나 배치인원을 감축할 필요가 있다고 인정될 때에는 청원경찰의 배치를 폐지하거나 배치인원을 감축	경비업무의 전부 또는 일부를 도급받아 경비대상시설의 소유자 또는 관리자(시설주)의 관리권의 범위 안에서 업무를 수행하는 경비업자가 경비원을 배치하거나 폐지
경비주체	청원경찰의 배치결정을 받은 자(청원주)	시·도경찰청장의 허가를 받아 설립된 민간경비법인

경비원	임용	미리 시·도경찰청장의 승인을 얻어 청원주가 임용	경찰관서의 승인 없이 경비업자가 임용
	결격사유	• 피성년후견인 • 파산선고를 받고 복권되지 아니한 자 • 금고 이상의 실형을 선고받고 그 집행이 종료되거나 집행을 받지 아니하기로 확정된 후 5년이 지나지 아니한 자 • 금고 이상의 형을 선고받고 그 집행유예기간이 끝난 날부터 2년이 지나지 아니한 자 • 금고 이상의 형의 선고유예를 받은 경우에 그 선고유예 기간 중에 있는 자 • 법원의 판결 또는 다른 법률에 따라 자격이 상실되거나 정지된 자 • 공무원으로 재직기간 중 직무와 관련하여 형법 제355조(횡령죄·배임죄) 및 제356조(업무상 횡령죄·배임죄)에 규정된 죄를 범한 자로서 300만원 이상의 벌금형을 선고받고 그 형이 확정된 후 2년이 지나지 아니한 자 • 다음 각 목의 어느 하나에 해당하는 죄를 범한 사람으로서 100만원 이상의 벌금형을 선고받고 그 형이 확정된 후 3년이 지나지 아니한 사람 　가. 「성폭력범죄의 처벌 등에 관한 특례법」 제2조에 따른 성폭력범죄 　나. 「정보통신망 이용촉진 및 정보보호 등에 관한 법률」 제74조 제1항 제2호 및 제3호에 규정된 죄 　다. 「스토킹범죄의 처벌 등에 관한 법률」 제2조 제2호에 따른 스토킹범죄 • 미성년자에 대하여 「성폭력범죄의 처벌 등에 관한 특례법」 제2조에 따른 성폭력범죄 또는 「아동·청소년의 성보호에 관한 법률」 제2조 제2호에 따른 아동·청소년대상 성범죄를 범한 사람으로서 다음 각 목의 어느 하나에 해당하는 날부터 20년이 지나지 아니한 사람 　가. 금고 이상의 실형을 선고받고 그 집행이 끝나거나(집행이 끝난 것으로 보는 경우를 포함) 집행이 면제된 날 　나. 금고 이상의 형의 집행유예를 선고받고 그 집행유예가 확정된 날 　다. 벌금 이하의 형을 선고받고 그 형이 확정된 날 　라. 치료감호를 선고받고 그 집행이 끝나거나 집행이 면제된 날 　마. 징계로 파면처분 또는 해임처분을 받은 날 • 징계로 파면처분을 받은 때부터 5년이 지나지 아니한 자 • 징계로 해임처분을 받은 때부터 3년이 지나지 아니한 자	• 18세 미만인 사람 또는 피성년후견인 • 파산선고를 받고 복권되지 아니한 자 (삭제, 시행일 : 2025.10.2.) • 금고 이상의 실형의 선고를 받고 그 집행이 종료(집행이 종료된 것으로 보는 경우를 포함)되거나 집행이 면제된 날부터 5년이 지나지 아니한 자 • 금고 이상의 형의 집행유예선고를 받고 그 유예기간중에 있는 자 • 다음 각 목의 어느 하나에 해당하는 죄를 범하여 벌금형을 선고받은 날부터 10년이 지나지 아니하거나 금고 이상의 형을 선고받고 그 집행이 종료된(종료된 것으로 보는 경우를 포함) 날 또는 집행이 유예·면제된 날부터 10년이 지나지 아니한 자 　가. 「형법」 제114조의 죄 　나. 「폭력행위 등 처벌에 관한 법률」 제4조의 죄 　다. 「형법」 제297조, 제297조의2, 제298조부터 제301조까지, 제301조의2, 제302조, 제303조, 제305조, 제305조의2의 죄 　라. 「성폭력범죄의 처벌 등에 관한 특례법」 제3조부터 제11조까지 및 제15조(제3조부터 제9조까지의 미수범만 해당)의 죄 　마. 「아동·청소년의 성보호에 관한 법률」 제7조 및 제8조의 죄 　바. 다목부터 마목까지의 죄로서 다른 법률에 따라 가중처벌되는 죄 • 경비업법 제10조 제1항 제6호~제8호 참조 • 경비업법 제10조 제2항(특수경비원의 결격사유) 참조 1. 18세 미만이거나 60세 이상인 사람 또는 피성년후견인 2. 심신상실자, 알코올 중독자 등 대통령령으로 정하는 정신적 제약이 있는 자 3. 제1항제2호부터 제8호까지의 어느 하나에 해당하는 자 4. 금고 이상의 형의 선고유예를 받고 그 유예기간 중에 있는 자 5. 행정안전부령으로 정하는 신체조건에 미달되는 자

직무	경비구역만의 경비를 목적으로 필요한 범위에서 경찰관 직무집행법에 따른 경찰관의 직무를 수행	특별권한은 없으며, 시설주의 관리권의 범위 안에서 경비업무를 수행
무기	• 직무수행 필요시 총기휴대 • 청원주의 신청	• 총기휴대 불가(특수경비원 제외) • 분사기휴대 가능
감독	• 청원주 : 항시 소속청원경찰의 근무수행 상황을 감독하고 필요한 교양실시 • 시 · 도경찰청장 : 청원주를 지도하며 감독상 필요한 명령 발령	경찰청장 또는 시 · 도경찰청장은 경비업무의 적정한 수행을 위하여 경비업자 및 경비지도사를 지도 · 감독하며 필요한 명령 발령
교육	• 기본교육 : 청원주가 경찰교육기관에서 2주간 받게 하여야 함. • 직무교육 : 청원주는 매월 4시간 이상 직무교육 실시	• 경비지도사 : 40시간(소요비용 본인 부담) • 일반경비원 : 신임교육 24시간, 직무교육 매월 2시간 이상

3 이원적 운용체제의 통합 및 단일화

(1) 통합 및 단일화의 정당성

① 분리운영의 실익부재 : 청원경찰제도는 민간경비제도가 정착되기 이전에 경찰력을 보완하기 위하여 도입되었고, 남북대치로 인한 안보적 차원에서 국가중요시설의 경비라는 임무를 수행하기 위해서 인정되었지만, 국제정세의 변화와 기계경비부문을 비롯한 민간경비산업의 비약적 발전에 따라 청원경찰제도의 본래 입법취지가 상당히 희석되었기 때문에 양 제도를 동시에 운영할 필요성이 없어졌다.

② 분리운영의 비합리성 : 청원경찰법과 민간경비업법의 분리운영은 교육훈련에 있어 청원경찰과 민간경비의 통일을 기하기 어렵게 하고, 경비업무 수행상 가장 중요한 **지휘체계상의 통일을 이룰 수 없게 하며**, 경비원의 사기문제와 직결되는 **보수의 적정화도 이루기 곤란하게 만들고 있다**. 또한 청원경찰의 **이중적 신분구조**는 전체 민간경비원들의 신분상 통일을 기하기 어렵게 하고 있으며, 이 외에 여러 가지 문제점들이 비합리적인 이원적 운영구조 때문에 파생되고 있는 실정이다.

③ 민간경비의 전문성 확보 필요성 : 대부분의 선진국들은 업무상의 동질성, 민간인 신분 등을 단일체제로 하면 전문적 경비체제의 구축이 용이하다는 장점이 있기 때문에 민간경비제도를 일원적 체제로 발전시켜 나가고 있는 추세에 있다. 따라서 우리나라도 청원경찰과 민간경비가 혼합배치되어 경비업무의 효율성이 저해되는 점을 개선하기 위해 통합 · 단일화는 반드시 필요한 시점이다.

(2) 양 법의 통합 및 단일화 방안

① 폐지통합방안 : 청원경찰법과 경비업법 모두를 폐지한 후 우리 실정에 맞는 새로운 단일법안을 제정하는 방안이다. 이 방안은 청원경찰제도와 민간경비제도의 문제점을 보완하고 장점을 살려 공경비인 경찰과 협조체계를 구축할 수 있다는 장점은 있으나, 새로 제정될 경비업법의 범위와 한계 등을 선정하기가 난해하다는 단점이 있다.

② 흡수통합방안 : 청원경찰법을 유지하고 경비업법을 폐지하거나, 경비업법을 유지하고 청원경찰법을 폐지하여 단일화시키는 방안이다.
  ㉠ 청원경찰법을 유지하고 경비업법을 폐지하는 방안 : 국가안보적 차원에서 국가중요시설의 경비에 대한 우려를 불식시키고, 경비원의 자질을 향상시키며, 경비원의 임금이 상향조정 될 수 있다는 장점이 있는 반면, 남북대치 상황이 지속되는 한반도 정세에 탄력적으로 대처해야 된다는 시대적 요구에 역행하며, 경비업체의 참여가 봉쇄됨으로써 민간경비업, 특히 기계경비의 발전을 저해한다는 단점이 있다.
  ㉡ 경비업법을 유지하고 청원경찰법을 폐지하는 방안 : 민간경비 분야가 완전 민영화됨으로써 경비의 전문화가 실현되고, 기계경비업의 발전이 촉진되어 시장개방에 따른 대외경쟁력의 강화에 기여하는 장점이 있는 반면, 국가중요시설의 보호에 대한 우려를 낳을 수 있고, 청원경찰의 준경찰적 기능과 총기소지제도가 폐지됨으로써 일반예방효과에 대한 불안을 야기할 수 있으며, 인력경비의 경우 경비원의 임금수준이 하향조정될 수 있다는 단점이 있다.
③ 양 법의 통합에 따른 파급효과 : 민간경비업의 육성이 가능하며, 경비시장의 활성화와 확대에 따른 국민들의 인식변화와 방범기기시장의 발달을 기대할 수 있다. 또한 보수체계의 적정화에 따라 경비원들의 사기진작과 우수경비 인력의 확보로 양질의 경비서비스가 제공되며, 경찰과 민간경비의 긴밀한 협조체제로 효율적인 방범예방활동이 제고될 수 있고 국가예산을 절감할 수 있는 효과가 있다.

제2절 | 우리나라 민간경비업의 개선방안

1 단기적 개선방안

(1) 경비의 전문화를 위한 교육훈련 강화
  ① 우수한 경비인력의 확보를 위한 교육훈련 : 국가중요시설에 대한 경비의 전문화를 실현시키기 위해서는 우수한 경비인력을 확보하여 체계적인 교육훈련을 실시해 경비조직 구성원의 일반적 소양과 능력을 개발하고 경비활동에 필요한 지식과 기술을 향상시키며 가치관과 태도를 바람직한 방향으로 변화시켜야 한다.
  ② 경비인력의 전문성 확보를 위한 실질적 방안 : 첨단 과학화되어 가는 경비환경에 능동적으로 대응하기 위해 경비관련 교과과정이 개선되어야 하며, 이에 부응하기 위하여 우수교관을 확보하여 경비원의 자질과 능력을 향상시키는 교육을 실시하여야 한다. 아울러 경비관련자들의 자질향상을 위하여 경비교육을 전담하는 경비전문교육학교를 설치하는 것도 고려하여야 한다.

(2) 청원주 자격부여와 최저임금보장

① **민간경비업자에게 청원주 자격부여** : 현행 청원경찰법과 경비업법상 청원경찰은 물론 민간경비원도 국가중요시설의 경비를 담당할 수 있도록 규정되어 있고, 합동근무시설 내에서 청원주는 경비의 효율화를 위하여 사업장에 배치된 청원경찰의 근무배치 및 감독에 관한 권한을 당해 민간경비업자에게 위임할 수 있도록 규정하고 있다. 그러나 법규정상 청원경찰은 청원주만이 임용할 수 있으며, 민간경비업자는 불가능하게 되어 있다. 이와 같은 임용권한의 차이를 없애 효율적인 경비체계가 이루어지기 위해서는 일정요건을 갖춘 민간경비업체에 한하여 국가중요시설 경비시에 청원주 자격을 부여하도록 해야 한다.

② **경비인력의 최저임금보장** : 적정한 보수가 경비활동에 미치는 영향이 절대적이기 때문에 경비인력의 최저임금보장은 대단히 중요한 사항이다. 특히, 국가중요시설 경비를 담당하는 민간경비원들에 대한 보수체계는 시급히 개선되어 민간경비원의 사기저하와 경비인력들 간의 마찰과 갈등으로 야기되는 경비의 비효율성과 저해요인을 제거해야 한다. 즉, 심각한 수준에 이르고 있는 경비원의 보수체계를 타업종과 비교하여 형평성 있게 현실화시키고, 경비시설의 중요도와 경비업무의 난이도에 따라 최저임금을 보장하고, 준공무원 수준으로 민간경비원들을 예우하는 방안 등이 강구되어야 한다.

(3) 경비지도사의 활용과 경비인력의 사기양양

① **경비지도사의 활용방안** : 경비지도사 제도를 도입하기 이전의 경비원에 대한 지도·감독 및 교육훈련은 경비업자의 자주성에 의존해 왔기 때문에 각종 위기상황에 효율적으로 대처하기 위한 경비전문인력을 양성하는데는 한계가 있었다. 이에 따라 경비지도사 제도를 도입하여 경비인력에 대한 지도·감독 및 교육훈련을 체계적으로 실시함으로써 경비능력을 고도화·전문화시키는 계기가 되었다. 따라서 급변하는 경비환경에 능동적으로 대처하고 국가중요시설을 담당하고 있는 경비원들의 전문성을 향상시키기 위하여 경비지도사 제도를 적극 활용하는 방안이 검토되어야 한다.

② **경비인력의 사기양양 방안** : 국가중요시설 내에서 경비업무를 수행하는 경비원들의 근무의욕을 고취시키고, 근무기강을 확립하기 위하여 계급구조를 재조정하여 운영하고, 경비원들의 사기 진작을 위하여 복지 및 보수 등 근무조건이 개선되어야 한다.

③ **직무 및 권한의 인정방안** : 청원경찰과 민간경비원 모두 법적으로 국가중요시설 경비를 담당할 수 있도록 규정되어 있지만, 민간경비원의 경우 법적 권한이 매우 제한되어 있어 효율적인 경비활동을 수행하는데 지장이 있다. 따라서 민간경비원이 국가중요시설을 도급받아 업무를 수행할 때에는 청원경찰과 마찬가지로 경찰관 직무집행법에 명시된 직무 및 권한을 동등하게 부여하도록 법개정이 이루어져야 한다.

④ **경비원의 신분보장 방안** : 현행법상 국가중요시설 경비를 담당하는 청원경찰은 형법이나 그 밖의 법령에 따른 벌칙 적용과 청원경찰법 및 대통령령으로 특히 규정한 경우를 제외하고는 공무원으로 보지 않으며, 민간경비원의 경우는 민간인 신분에 불과하기 때문에 엄밀히 보면 이들은 모두 공무원으로서의 신분보장이 이루어지고 있지 않는 실정이다. 따라서 이러한 문제들을 검토하여 국가중요시설의 경비를 담당하는 경비원들에게 실질적으로 신분보장이 될 수 있는 방안이 강구되어야 한다.

2 장기적 개선방안

(1) 국가중요시설 경비를 담당하는 경비조직의 인식전환
① 내적인 경비조직의 인식전환 : 국가중요시설의 경비를 담당하는 경비원, 중요시설·사업장 또는 장소를 관리하는 시설주, 민간경비회사의 경영진 등의 태도가 경비 효율화를 위하여 개선될 필요성이 있음을 의미한다.
② 외적인 경비조직의 인식전환 : 국가중요시설을 담당하는 경찰 등 국가기관과 일반 시민들의 인식전환을 의미하는 것으로, 특히 경비원의 경비업무에 대하여 일반시민들의 그릇된 인식을 전환시키기 위하여 경비원들에 대한 임금수준의 향상 등 근무조건의 개선 및 교육훈련 등이 강화될 필요성이 있으며, 아울러 전문경비제도를 도입하여 경비인력도 전문화시켜야 한다.

(2) 전문경비자격증 제도의 확립과 기계경비시스템 및 장비의 첨단화
① 전문경비자격증 제도의 확립 필요성 : 경비산업의 선진국에서 활용되고 있는 민간경비원의 전문경비자격증 제도를 확립하면 국가가 공인한 전문경비자격증을 취득한 사람이 국가중요시설에 배치되게 됨으로써 경비주체의 공신력 문제와 경비인력의 자질문제가 자연스럽게 해소되고 경비의 효율성이 한층 높아지는 효과가 파생되기 때문에 전문경비원 자격증 제도를 도입할 필요가 있다.
② 기계경비시스템 및 장비의 첨단화 : 경비인력만으로 국가중요시설을 완벽하게 경비하는 데에는 한계가 있기 때문에 적외선 감지기, CCTV 등과 같이 첨단화된 기계경비시스템을 확충하여 인력경비의 단점을 극복하도록 할 필요가 있으며, 경비원들이 경비업무를 수행하는 데 필요한 순찰 및 운송차량, 휴대용 무기, 감식장비, 송수신기 및 무선통신장치, 컴퓨터 등 정보장치 등은 현대화된 장비로 제공되어야 할 필요성이 있다.

(3) 경찰과 민간경비의 상호협력체계 구축방안
① 상호협력체계의 구축 필요성 : 국가중요시설이 갖는 중요성 때문에 이들 시설은 국가공권력인 경찰이 전담해야 된다는 종전의 관념이 국가공권력의 한계 및 자본주의 시장경제원리인 수익자부담원리에 따라 극복되어 청원경찰과 민간경비라는 경비제도가 도입되었고, 이들이 국가중요시설에 배치됨에 따라 국가공권력은 중요시설의 경비를 민간차원에 이양하고 지도·감독하는 방향으로 전환되고 있는 실정이다. 따라서 국가중요시설의 경비를 담당하는 경비원과 경찰상호 간의 특성에서 오는 관계를 이해하고 이들이 지닌 인적·물적 자원과 풍부한 경험을 효과적으로 이용할 수 있도록 상호협력체계가 구축되어야 한다.
② 구체적인 상호협력체계의 구축방안 : 국가중요시설 경비에 대한 경찰 등 국가기관의 감독여부에 대해서는 감독자(경찰 등) 및 감독대상자(청원주·경비회사 경영진·청원경찰·민간경비 등) 모두 잘 이행하고 있으나, 실질적으로 매우 형식적인 수준에 머무르고 있는 실정이다. 따라서 이러한 경찰과 경비원의 상호문제점을 개선하고 치안수요의 다양성과 전문성에 효과적으로 대응하기 위해서는 책임자간담회의 실시, 국가적 차원의 전담기구의 설치와 행정지도, 합동순찰 제도의 실시 등과 같은 상호협력증진방안이 검토되어야 한다.

(4) 교육프로그램의 개발 및 연구소의 역할증대 방안
　① 교육프로그램의 개발 : 우수한 경비인력을 배출시키고 경비기술의 개발과 경비시장의 수요를 창출하기 위해서는 대학에 경비관련 학과를 개설하여 경비분야에 대한 끊임없는 연구를 통해 경비전문인력을 양성하는 시스템을 갖추어야 한다.
　② 경비전문 연구소의 역할 증대 : 정부나 경비협회 등이 경비관련 전문연구소를 설립하여 경비산업에 대한 여러 문제 등을 진단하도록 한다. 이를 통해 얻어지는 결과를 통해 합리적이고 효율적인 처방이 이루어지도록 하여 경비산업의 발전을 도모하여야 한다.

3 민간경비의 공공관계(PR) 개선전략

(1) 공공관계(Public Relations) 개선
　① 의미 : 기업이 사회 모든 구성원들에게 공공의 신뢰와 이미지를 증대시키기 위해서 적용하는 **관련 정책** 및 **프로그램**을 의미한다.
　② 중요성 : 민간경비원들이 현장에서 어떻게 대응하느냐에 따라서 기업 및 고용주에 대한 공공의 이미지가 향상되거나 추락하기 때문에 민간경비원이 공공관계를 유지하거나 개선하는 것은 중요한 일이다.
　③ 공공관계를 증진시키기 위한 요소 : 민간경비원들이 공공관계를 증진시키기 위해서는 주어진 업무수행과 관련하여 **고도의 전문성**을 가져야 함은 물론, 단순히 회사규정이나 방침을 집행하는데 그치지 않아야 한다.

(2) 민간경비와 시민의 관계개선
　① 일반시민과의 관계 : 민간경비의 특성상 민간경비원은 1차적으로 지역사회 내 관계자들의 사회적 지위 및 성별, 연령, 교육수준 등 인구사회학적 특성에 따라 공공관계 개선 프로그램을 운영하여 민간경비와 민간경비 이용자(특정고객) 간의 상호협력관계 개선을 도모해야 하지만, 동시에 민간경비와 일반시민(잠재적 고객)과의 상호협력관계 개선도 이루어져야 한다.
　② 특정대상과의 관계 : 고령자, 장애인 및 환자, 외국인, 노숙자, 알코올 중독자 등 특별한 상황에 처한 사람들에 대해서도 민간경비와 적절한 상호관계를 형성하여야 한다.

(3) 민간경비와 언론의 관계개선
　① 중요성 : 민간경비원이 근무수행과정에서 부적절한 형태나 대응을 하여 언론에 보도되면 기업에 매우 부정적인 이미지를 가져오기 때문에 민간경비의 언론관계는 대단히 중요하다. 따라서 민간경비의 언론관계는 정직성과 전문성을 기초로 신뢰성을 유지해야 한다.
　② 대응방법
　　㉠ 사전적 대응 : 문제된 상황을 빠르게 정리하고 적절한 결론에 도달할 수 있도록 사전에 언론에 대해 적극적으로 관련된 정보를 제공하고 관련 기관과 협력하여 대응하는 상호작용을 말한다.

⓵ 반응적 대응 : 일단 침묵으로 사태를 주시하고 특별한 사건이 공론화되거나 비난이 제기되었을 경우 관련정보의 외부유출을 최소화하기 위해 외부에 대한 반응을 줄이며 객관적으로 드러난 특정사실에 대해서만 대응하는 방법을 말한다.
ⓒ 무반응적 대응 : 노코멘트(No Comment) 방식으로 문제가 해결될 때까지 모든 정보를 외부로 노출시키지 않는 대응방식을 말한다.

> **심화연구** 민간경비와 경찰의 상호협력 및 관계개선을 위한 대안
>
> 1. 민간경비와 경찰의 상호협력을 위한 규약과 지침서 작성 및 책임자 회의의 정기적인 개최
> 2. 경찰조직 내 민간경비 전담부서 설치 및 민간경비와 경찰상호 간의 역할에 대한 이해증진
> 3. 민간경비와 경찰의 공공안전과 관련된 전문지식·교육훈련·기술 등의 지속적인 교환
> 4. 민간경비와 경찰의 지역방범 및 상호정보교환 네트워크 구축과 업무기준의 명확화를 통한 마찰 해소
> 5. 지역방범개선을 위한 경비자문서비스센터의 공동운영 및 지역방범활동에 대한 합동 범죄예방 및 홍보활동의 공동 실시
> 6. 우수 민간경비에 대한 표창제도의 현실화와 퇴직경찰의 민간경비 재취업 방안 마련
> 7. 민간경비의 오경보(false alarm) 감소를 위한 상호노력

제 3 절 | 민간경비산업의 전망

1 한국의 민간경비산업

(1) 민간경비산업의 발달 현황
경비업법이 1976년 12월 31일 법률 제2946호로 제정된 이후 현재에 이르기까지 우리나라의 민간경비업체 및 경비원 수는 비약적으로 증가하여 수많은 민간경비원이 전국의 경비업체에 고용되어 활동하고 있다.

(2) 민간경비산업의 발달분야
① 기계경비시스템의 발달 : 이미 선진 각국에서 일반화되어 실시되고 있는 기계경비업체 및 대상시설의 증가현상이, 인력경비에만 의존하던 기존의 환경이 주를 이루고 있던 우리나라에서도 기계경비업체의 비중과 기계경비대상 시설물의 수가 급격하게 증가하고 활용되고 있는 추세이다.
② 특수경비원 제도의 신설 : 청원경찰과 민간경비의 갈등 속에 2001년 경비업법의 전문개정으로 공항과 같은 국가중요시설의 경비 및 질서유지를 위해 특수경비원 제도가 도입됨으로써 특수경비원들은 민간인 신분으로 민간인 이상의 권한을 행사할 수 있게 되었다. 이로써 특수경비원들은 국가중요시설에서 경비업무를 수행하면서 경비목적상 총기를 휴대할 필요성이 제기되면 해당지역의 관할 경찰서장과 시설주의 감독하에 총기의 휴대가 가능하게 되었다. 이는 국가가 독점하고 있던 총기휴대의 고유권한이 민간에 점차 이양되고 있음을 나타내고 있어 향후 국가중요시설에서의 치안활동의 민영화는 급물살을 타게 될 것이다.

2 향후 민간경비산업의 발달전망

① 공권력인 국가경찰력의 한계, 즉 경찰인원, 경비장비, 업무의 과다 등으로 인한 공백을 채우기 위해 민간경비산업은 급속하게 발달할 것이다.
② 지역적 특성에 맞게 민간경비에 관련된 상품의 개발이 촉진될 것이며, 이에 상응하는 민간경비업의 홍보활동이 적극적으로 전개될 것이다.
③ 전통적 경비방식인 인력에 의한 경비업보다 첨단과학화된 기계경비업의 성장속도가 훨씬 빠르게 전개될 것이다.
④ 노령화 사회에 진입한 시대적 상황에 따라 긴급통보 시큐리티시스템이 구축됨으로써 노인인구와 관련된 경비서비스는 점점 증가될 것이다.
⑤ 컴퓨터 시스템이 광범위하게 보급됨으로써 레저산업의 안전경비 등 안전관리서비스를 제공하는 각종 민간경비서비스 분야가 발전할 것이다.
⑥ 민간경비는 건축물이 인텔리전트화되면서 예방적인 시큐리티시스템의 운용을 추구할 것이다.
⑦ 정보통신기술의 발달로 인력경비시스템보다는 토털시큐리티 중심으로 발달할 것이다.
⑧ 경찰 및 교정업무의 민영화 추세는 민간경비업 증가의 한 요인이 된다.
⑨ 민간경비업체들의 영세성을 탈피하기 위한 경비업체 업무의 다변화가 필요하다.

3 우리나라 민간경비 산업의 문제점

① 우리나라의 민간경비 산업은 양적 팽창을 이뤄냈지만, 인력경비 중심의 영세한 경호·경비업체의 난립으로 민간경비의 발전에 걸림돌로 작용하고 있다.
② 민간경비업의 경비인력 및 업체 수와 수요 및 시장규모가 **지역적으로 편중**되어 있고, 경비업체들이 활동할 수 있는 경비업종이 다른 국가들에 비해 다양하지 않다.
③ 기계경비가 성장하고 발달하고 있지만, 경비시스템이 경비회사의 수나 인원 면에서 인력경비에 치중되어 있다.
④ 경비원의 채용 및 교육훈련이 형식적이고, 자격을 검증할 수 있는 객관적인 시스템과 경비관련 분야의 연구 인력이 부족하여 전문성이 낮은 수준이다.
⑤ 경비의 입찰단가가 비현실적이어서 대다수의 경비업체들은 도급을 받지 못해 폐업하거나, 다른 경비업체로부터 하도급을 받고 있는 상황이다.
⑥ 경비업법(민간경비원)과 청원경찰법(청원경찰)이 **이원화되어 운용**되고 있어서 경비의 효율성 등에 장애요인으로 작용하고 있다.
⑦ 청원경찰에 비해 민간경비원은 **열악한 대우와 근무환경**으로 직업적 안정성을 확보하기가 어렵기 때문에 좀 더 나은 조건의 경비업체로 쉽게 이직하려는 경향이 강해 **이직률이 높다**.

4 제4차 산업 및 융합보안

(1) 제4차 산업

① **전통적 의미의 산업분류** : 지금까지 제1차 농업, 제2차 제조업, 제3차 서비스업으로 통용되던 산업의 분류방식이 사회와 문화의 수준이 높아짐에 따라 제3차 산업의 범위를 상업, 금융, 보험, 수송 등에 국한시키고 제4차 산업의 개념을 확대 도입하기에 이르렀다.

② **제4차 산업의 개념** : 아직 제4차 산업에 대한 정확한 정의가 내려진 것은 아니지만, 경제의 지식기반의 일부를 기술하는 한 방법으로 정립되어 가고 있는데, 정보배포 및 공유, 정보기술 및 상담, 교육, 의료, 연구 및 개발, 금융계획, 서비스 산업 등 네 번째로 **미래 사회를 급격하게 변화시킬 지식집약적 산업**을 통칭하는 의미로 사용되고 있다.

③ **차세대 제4차 산업혁명 시대의 도래**
  ㉠ 제4차 산업혁명의 의미 : 18세기 초 산업혁명 이후 네 번째로 도래하는 산업시대로 **초연결성・초지능화・융합화를 기반**으로 정치・경제・사회 등 모든 분야가 상호 연결되고 보다 지능화된 사회로 변화되어 새로운 패러다임을 제시하는 혁명시대를 말한다.
  ㉡ 제3차 산업혁명과 제4차 산업혁명의 차이 : 제4차 산업혁명의 핵심기술은 인공지능이나 빅 데이터 등 정보를 자동으로 데이터화하고 분석하여, 현실과 가상의 세계를 하나로 연결하는 O2O체계를 구축하는 것이다. 이처럼 제4차 산업혁명은 자동으로 처리된 오프라인과 온라인상의 정보를 바탕으로 개인별 맞춤형으로 생산을 촉진하지만, 제3차 산업혁명은 정보를 수동적으로 온라인에 입력하는 방식으로 생산을 한다는 점에서 구별된다.
  ㉢ 향후전망 : 제4차 산업혁명 시대에는 제조업과 첨단정보통신기술(ICT)의 접목으로 모든 사물들을 지능화시키고 연결시키기 때문에 향후 사회와 경제는 제4차 산업으로 재편될 것이다.

④ **제4차 산업의 도래에 따른 문제점**
  ㉠ 고용절벽과 일자리 양극화 심화 : 제4차 산업으로 인해 현재의 일자리가 20년 내 절반 정도가 사라지면서 청년층의 '고용절벽'은 더 깊어지고, 새롭게 등장하는 일자리는 청년고용의 양극화를 더욱 심화시킬 것으로 보인다.
  ㉡ 부의 편중심화 : 역사적으로 볼 때 기술의 발달은 많은 사람에게 자유로운 삶과 시간을 부여했지만, 소수계층에게 부를 집중시키는 역할도 해왔다. 마찬가지로 제4차 산업이 발달할수록 일부 계층에게 부가 편중될 것이고, 다수의 사람들은 빈곤에 시달릴 가능성이 높다고 볼 수 있다.
  ㉢ 인간의 삶 피폐화 : 자본과 기술의 발달은 제1차, 제2차, 제3차 산업혁명으로 이어졌고 그때마다 새로운 일자리가 창출되어 고용에 큰 문제가 없었지만, 인공지능에 의한 기술이 요소요소에 파고들어 급격한 변화를 몰고 올 제4차 산업혁명 시대에는 인류 다수가 일자리를 잃을 수밖에 없는 현실에 놓이게 됨으로써, 인간의 삶은 피폐해지거나 파괴될 수 있다.

⑤ 프라이버시 침해의 문제점과 해결책
  ㉠ 문제점 : 세상을 바꾸는 제4차 산업혁명은 참여, 공개, 공유에 기반을 둔 인터넷 정신의 구현이란 측면이 강하기 때문에 프라이버시 침해 문제가 따르게 된다.
  ㉡ 해결책 : 제4차 산업혁명의 핵심가치라 할 수 있는 참여, 공개, 공유를 온전히 누리려면 전통적인 프라이버시 개념에도 변화가 있어야 한다. 즉, 개인의 존립을 위해 프라이버시는 반드시 보호되어야 하지만, 제4차 산업혁명의 가치를 훼손하면서까지 프라이버시를 과도하게 주장하지 않는 개인의 노력이 필요하다.

심화연구 제4차 산업혁명의 발전과 확대에 따른 변화 양상

1. **생활방식과 패턴의 혁명적 변화** : 제1차 산업혁명이 증기기관의 발명에서 비롯되었고, 제2차 산업혁명이 전기로 촉발되었고, 제3차 산업혁명이 컴퓨터와 인터넷의 새로운 기술의 탄생으로 전개되듯이, 앞으로 도래하게 될 제4차 산업혁명은 로봇이나 인공지능(AI)을 통해 현실과 가상이 통합되고, 사물을 제어할 수 있는 가상물리시스템(CPS) 구축이 예상되는 만큼 기존 삶의 패러다임을 혁신적으로 바꾸어 놓을 것이다.
2. **산업의 경계붕괴와 새로운 산업트렌드 출현** : 인공지능(AI)·로봇·빅데이터·3D 프린터·사물인터넷(IoT)·자율주행자동차·가상현실(VR)·증강현실(AR)·공유경제·드론(Drone)·스마트시티(Smart City)·클라우드 컴퓨팅(Cloud Computing)·O2O(Online To Offline) 등 나열하기도 힘든 무수한 혁명적 첨단기술에 의해 **초지능, 초연결 사회**로 대표되는 제4차 산업혁명의 도래로, 산업 전반의 모든 경계가 무너지고 정보통신기술(ICT)과 전통제조업이 뒤섞인 제품이 이용자들의 삶에 깊숙이 관여하게 됨에 따라, 이종기업 간 합종연횡이 전개되는 산업트렌드가 유행할 것이다.
3. **제4차 산업혁명 시대의 유망직종** : 사람들의 행동과 시장을 예측하는 빅데이터 분석가, 컴퓨터나 로봇 등이 인간과 같이 사고하고 의사결정을 내릴 수 있게끔 인공지능 알고리즘을 개발하거나 프로그램을 개발하는 인공지능 전문가, 의약 연구·프로그램 개발 등 의료동향을 파악하고 의료정보 처리와 분석절차개선을 지원하는 의료정보 분석가, 이 밖에 드론조종사, 가상현실 전문가, 통신공학 기술자, 홀로그램 전문가, 응용소프트웨어 개발자 등이 있다.

⑥ 제4차 산업혁명의 주요기술
  ㉠ 인공지능(AI : Artificial Intelligence) : 인간이 가진 지적 능력인 사고나 학습 등을 컴퓨터를 통해 구현하여 인간의 생산성을 높여주고 이익을 극대화 시켜 주는 기술로 현재 오락적인 요소로 사용되지만, 앞으로 인간 생활 전반에 걸쳐 이용될 제4차 산업의 핵심기술을 말한다. 여기에는 인간의 생활패턴을 이해하고, 스스로 알아서 동작을 하는 약한 인공지능(Weak AI)과 생태계 전체의 생활 및 환경으로부터 최적의 해법을 제시하는 강한 인공지능(Strong AI)이 있다.
  ㉡ 자율주행자동차(Self-driving Car) : 각종 센서와 중앙제어장치가 인공지능화 되어 운전자가 직접 운전을 하지 않고도 자동으로 주행하는 자동차를 말한다. 현재 상용화 단계까지 이르렀으며, 고급 승용차에는 자동으로 탐지해 제동을 하거나 등속운행을 자동으로 하는 장치 등이 탑재되어 있어 사고위험을 줄여 안전한 운행이 되도록 하고 있다.
  ㉢ 로봇공학(Robotics) : 로봇의 설계, 제조 및 응용에 관계되는 공학으로 공업 분야를 비롯한 기타 여러 분야에서 로봇을 사용하여 작업을 수행하는 것을 연구한다.

로봇은 인간과 유사한 모습과 기능을 가진 자동기계를 말하는 것으로 사람을 도와주는 로봇에서부터 산업현장에서 사람을 대신하는 로봇까지 다양하게 발전하고 있으며, 사회 전체의 생산성을 높이는 역할을 하고 있다.

ⓔ 빅데이터(Big Data) : 데이터 양이 방대하여 기존 데이터베이스 관리도구의 능력을 넘어서는 대량의 정형 또는 데이터베이스 형태가 아닌 비정형의 데이터를 말한다. 다양한 종류의 대규모 데이터에 대한 생성, 수집, 분석, 표현을 그 특징으로 하는 빅데이터 기술의 발전은 다변화된 현대사회를 더욱 정확하게 예측하여 효율적으로 작동케 하고, 개인화된 현대사회 구성원마다 맞춤형 정보를 제공·관리·분석 가능케 하며, 과거에는 불가능했던 기술을 실현시키기도 함으로써 그 중요성이 부각되고 있다.

ⓜ 사물인터넷(IoT : Internet of Things) : 기존 컴퓨터와 스마트폰에서만 사용하던 인터넷을 뛰어넘어 자동차, 냉장고, 세탁기, 시계 등 모든 생활에 사용되는 사물들이 유·무선통신망으로 연결되어 사람의 개입 없이 실시간으로 데이터를 인터넷으로 주고받는 환경을 의미한다. 현재 기업체에서 가장 많이 개발하고 있는 중요 제4차 산업 기술이다. 사물인터넷 기술을 이용하면 각종 기기에 통신, 센서 기능을 장착해 스스로 데이터를 주고받고 이를 처리해 자동으로 구동하는 것이 가능해진다. 교통상황, 주변 상황을 실시간으로 확인해 무인주행이 가능한 자동차나 집밖에서 스마트폰으로 조정할 수 있는 가전제품이 대표적이다.

ⓑ 가상현실(VR : Virtual Reality) : 컴퓨터 시스템을 이용하여 현실과 똑같은 가상의 공간을 만들어 인간의 감각기관이 실시간으로 가상의 세계에 몰입되게 함으로써 마치 자신이 그곳에 있는 것처럼 현실감을 체험할 수 있도록 하는 기술을 말한다. 현재 가상 모델하우스, 도시 거리의 시뮬레이션, 사이버 쇼핑몰, 원격제어 및 원격수술, 비행 시뮬레이션, 각종 가상게임 등이 가상현실 기술로 개발되고 있다.

ⓢ 증강현실(AR : Augmented Reality) : 실제세계와 컴퓨터 프로그래밍으로 생성한 가상의 세계가 동시에 존재하도록 하여 사용자가 실제세계 위에 가상세계의 이미지를 겹쳐서 바라보도록 하는 기술을 말한다. 제공되는 정보를 사용자가 일방적으로 관찰하는 것이 아니라 상호작용이 가능하도록 실시간으로 처리됨으로써 컴퓨터 그래픽스, 인간-컴퓨터 상호작용, 영상 및 상황인식, 위치기반서비스(LBS), 제조나 의료, 교육 및 훈련 등의 기술과 깊은 관련성을 가진다.

ⓞ 블록체인(Block Chain) : 거래 내역을 중앙서버에 저장하는 일반적인 금융기관과 달리, 시스템 참가자들이 공동으로 거래정보를 기록·검증·보관함으로써 거래정보의 신뢰성을 확보하도록 설계된 분산장부기술을 말한다. 참여자 간 공유(P2P, peer to peer) 네트워크가 집단적으로 새 블록을 검증하기 위한 프로토콜에 따라 관리됨으로 만약 누군가 거래기록을 조작하려면 참여자 간 연결된 모든 블록을 새 블록 생성 이전에 조작해야 하는데, 이는 사실상 불가능하기 때문에 보안성이 높아 신용이 필요한 온라인 거래에서 해킹을 막기 위한 기술로 사용된다.

ⓩ 3D프린팅(3Dimensional printing) : 평면에 잉크를 뿌려 문자나 그림을 인쇄하는 기존의 방식이 아니라 3차원으로 설계된 데이터를 기반으로 다양한 사물의 소

재가 되는 원재료(잉크 대신 플라스틱, 나일론, 금속 등 입체도형을 만들 수 있는 재료)를 층층이 쌓아 실제사물을 입체적으로 찍어내는 혁신첨단기술을 말한다. 3D프린팅은 기존의 생산방식에서 벗어나 어떤 제품이든 만들 수 있기 때문에 의료, 생활용품, 자동차 부품은 물론 자신에 맞는 자신만의 물건을 만들어 사용하는 개인 맞춤형 시대에도 유용한 기술로 평가되고 있다.

ㅊ 바이오헬스(Biohealth) : 생명공학, 의・약학 지식에 기초하여 인체에 사용되는 제품을 생산하거나 서비스를 제공하는 산업을 말한다. 인구고령화와 건강수요 증가로 바이오헬스 세계시장 규모는 빠르게 확대되고 있어서 주요 선진국은 글로벌 바이오헬스 시장선점을 위해 투자를 확대하고 관련 제도를 정비 중에 있고, 우리나라도 바이오헬스 산업의 경쟁력을 바탕으로 비메모리 반도체, 미래형 자동차와 함께 차세대 3대 주력 산업분야로 중점 육성하여, 세계시장 선도기업 창출 및 산업생태계를 조성하고 있다.

ㅋ 공유경제(Sharing Economy) : 대량생산과 대량소비가 특징인 20세기 자본주의 경제에 반하여 생겨난 경제활동방식으로 재화나 공간, 경험과 재능을 다수의 개인이 협업을 통해 다른 사람에게 빌려주고 나눠 쓰는 온라인 기반 개방형 비즈니스 모델을 일컫는다. 즉, 독점과 경쟁이 아니라 자신이 소유한 기술 또는 재산을 다른 사람과 공유함으로써 새로운 가치를 창출하는 '협력적 소비'를 기반으로 자원 활용을 극대화하는 공유와 협동의 알고리즘을 말한다.

(2) 융합보안

① 보안의 종류

㉠ 물리적 보안 : 사람이나 기기 등 물리적 방법으로 인명과 시설뿐만 아니라 정보를 물리적 위협(사람, 물품, 차량 등)으로부터 보호하는 것을 말한다. 즉, 물리적 위협에 대해 출입관리와 시설보호, 비인가자의 출입통제, 방범관리 등을 하며 보안을 지키는 것을 의미한다.

ⓐ 물리적 보안업무의 대표적 방법 : 물리적 보안업무는 현재 민간경비에서 실시되고 있는 민간경비업무가 대표적인 방법이라고 볼 수 있다. 즉, 보안관리 업무가 효율적으로 진행될 수 있도록 이미 구축되어 있는 물리적 보안시스템이 사람을 보조하는 체계하고 할 수 있다.

ⓑ 물리적 보안의 관리영역 : 방문객과 차량의 출입통제, 물품의 반출 및 출입의 감시와 통제, 주요요인과 자산의 보호, 우발상황의 대응과 재난의 예방, 도・감청의 방지 및 탐지 등이 있다.

ⓒ 대표적인 물리적 보안시스템 : 카메라・렌즈・PTZ 카메라・DVR・Motion Detector 등과 같은 영상인식 소프트웨어 기술을 이용하여 실시간감시 및 영상녹화・인식・경보・전송 기능을 하는 CCTV시스템, 인식장치(스마트카드・바이오인식・RFID인식)・X-ray검색기・금속탐지기 등의 장치를 이용하여 사람이나 차량의 출입통제 및 반입물품을 검색하고 통제기능을 하는 출입통제시스템, 센서・경보장치 등과 같은 관제 소프트웨어 기술을 이용하여 무단침입시 경보・통보・대응 등 무인경비서비스 기능을 담당하는 침입경보시스템 등이 있다.

ⓒ 정보보안 : 정보통신과 관련된 보안으로 인가되지 않은 접근, 사용, 노출, 폭로, 붕괴, 수정, 파괴 등 정보위협의 주체로부터 정보와 정보시스템을 보호하기 위해 기밀성, 무결성, 가용성을 제공하는 일련의 작업을 말한다. 즉, 정보시스템과 정보통신 네트워크를 통한 정보의 수집, 가공, 저장, 검색, 송신, 수신 등의 과정에서 내외부의 정보위협 주체로부터 정보의 해킹, 훼손, 위조, 변조, 유출 등을 보호하기 위해 관리적·기술적 방법을 이용하는 것을 말한다.
    ⓐ 정보보안의 주요요소 : 정보보안은 암호, 패스워드를 설정해 인가된 사용자에게만 정보에 접근하도록 하는 **기밀성**, 권한을 가진 사용자가 인가된 방법으로 정보를 변경할 수 있는 **무결성**, 필요한 시점에만 정보에 대한 접근을 허락하는 **가용성** 등 세 가지 요소를 갖추고 있어야 한다.
    ⓑ 정보보안의 방법 : 자물쇠의 사용이나 보초의 활용 등 물리적인 방법과 암호학 기술을 사용하여 권한을 가진 인물에게만 정보접근을 허용하거나 유출경로를 모두 모니터링하고 통제하여 유출위험을 사전에 차단하는 비물리적인(소프트웨어적인) 방법이 있다.
② 융합보안
  ㉠ 개념 : 물리적 보안과 정보보안의 경계가 허물어져 하나로 통합된 보안개념으로 무형자산에 대한 위협과 취약점에 대해 정책적·관리적·기술적인 관점에서 제어하고, 피해를 최소화하기 위해 다양한 기술을 융합하여 창출하는 보안제품 및 서비스를 말한다.
  ㉡ 등장배경 : 지금까지 각기 다른 네트워크에서 운영되던 정보기술(IT), 물리(Physical), 제조운영(OT)시스템 등이 제4차 산업의 발달로 복합적인 사이버 위협에 직면하게 되는 상황이 전개됨에 따라 이를 방지하기 위해 융합보안(Convergence Security)이란 새로운 개념이 등장하였다.
  ㉢ 영역 : 융합보안은 타 산업기술과 융합되어 만들어지는 보안제품 및 서비스로, 사이버 보안의 책임범위를 IT영역뿐만 아니라, 물리보안·제조기술·산업제어시스템 등으로 확대되어 각종 내·외부의 정보침해에 대한 대응은 물론, CCTV시스템·X-ray검색기·금속탐지기 등 물리적 보안장비 및 각종 재난·재해 상황에 대한 관제까지를 포함한다.
  ㉣ 전망 : 디지털트랜스포메이션(Digital Transformation, 디지털전환) 흐름으로 급격히 전환되는 제4차 산업혁명 시대가 도래함에 따라 융합보안은 물리적 보안과 정보보안, 더 나아가 방재 및 환경안전, 유무선 통신이력정보 등의 모니터링 데이터를 통합해 다각적인 위험에 대해 보다 정확한 예측이 가능한 보안시스템으로 발전해 앞으로 사고 징후를 미리 탐지하고 총체적 대응을 할 수 있을 것으로 전망된다.

CHAPTER 05 민간경비 산업의 과제와 전망

기출 및 적중예상문제

01 ★

다음의 내용은 청원경찰과 민간경비의 지위체계를 비교·설명한 것이다. 적당하지 않은 것은?

① 청원경찰은 조직적이고 전체적인 상호업무협력체제를 갖추지 못하고 있지만, 단위사업장별 업무수행능력은 갖고 있다.
② 민간경비가 지휘계통상 신속한 협조체제와 지휘체제를 갖추고 있는 것은 각 시·도별로 사업장이 분포하고 있기 때문이다.
③ 청원주가 청원경찰에 대한 근무배치 및 감독에 대한 권한을 민간경비업자에게 위임할 수 있는 경우는 청원경찰과 민간경비가 동시에 실시되는 경우이다.
④ 급변하는 사회변화로 민간 주도의 경비업무체제에서 관 주도의 전문화된 경비체제로 지휘계통이 바뀌고 있음을 알 수 있다.

> 관 주도에서 민간 주도의 경비체제로 바뀌고 있다.

▶ 청원경찰과 민간경비의 업무상 특징 비교

02

08. 기출

민간경비제도의 단일화 방안이 제기되는 이유로 틀린 것은?

① 외국 경비업체의 국내 진출로 인한 갈등
② 지휘체계 이원화에서 파생되는 갈등
③ 신분 차이에서 오는 갈등
④ 보수의 차이에서 오는 갈등

> 청원경찰과 민간경비는 유사한 체제를 유지하고 있으면서도 지휘체계, 법집행의 권한, 보수, 임용과 해임, 신분 등의 사항에 있어서는 이원적 체계로 운영됨으로써 경비업무 수행상 모순과 비효율성이 나타나는 문제점이 있다.

▶ 청원경찰과 민간경비의 갈등 양상

정답 01 ④ 02 ①

03 청원경찰과 민간경비원에 대한 설명으로 틀린 것은?

① 민간경비원은 특수경비원을 포함하여 총기휴대가 불가능하다.
② 민간경비업자는 고객과 도급계약을 맺고 사적인 범죄예방활동을 한다.
③ 청원경찰은 기관장이나 청원주의 요청에 의해 근무활동이 이루어진다.
④ 청원경찰과 민간경비원의 주요 임무는 범죄예방활동이다.

> 시·도경찰청장은 국가중요시설에 대한 경비업무의 수행을 위하여 필요하다고 인정하는 때에는 관할경찰관서장으로 하여금 시설주의 신청에 의하여 시설주로부터 국가에 기부채납된 무기를 대여하게 하고, 시설주는 이를 특수경비원으로 하여금 휴대하게 할 수 있다(경비업법 제14조 제4항).

04. 기출

▶ 청원경찰과 민간경비원의 업무상 비교

04 청원경찰제도에 관한 설명으로 옳지 않은 것은?

① 청원경찰은 무기휴대가 불가능하다.
② 청원경찰의 경비는 청원주가 부담한다.
③ 청원경찰은 우리나라에만 있는 제도이다.
④ 배치된 시설 또는 기관의 장이나 지역을 관할하는 경찰서장의 감독을 받아 해당 경비구역 내에서 직무를 수행한다.

> 청원경찰법 제8조(제복착용과 무기휴대)는 청원경찰이 무기를 휴대할 수 있음을 규정하고 있다.

23. 기출

▶ 청원경찰제도

05 청원경찰의 신분이 공무원으로 인정되는 경우는?

① 청원경찰이 형법 기타 법령에 의한 벌칙이 적용되는 경우
② 청원경찰이 경비구역 내에서 경비근무를 실시하고 있는 경우
③ 청원경찰이 청원주에 의하여 배치된 기관에서 근무할 때
④ 청원경찰이 사업장 등의 경비구역을 관리할 때

> 청원경찰 업무에 종사하는 사람은 형법이나 그 밖의 법령에 따른 벌칙을 적용할 때에는 공무원으로 본다(청원경찰법 제10조 제2항 참조).

▶ 청원경찰의 신분

정답 03 ① 04 ① 05 ①

06

우리나라의 민간경비와 경찰의 관계 개선방안으로 옳지 않은 것은?

① 민간경비와 경찰의 관계는 상하·수직적으로 구성되어야 한다.
② 민간경비와 경찰 간에 관련 정보를 적극적으로 교환하여야 한다.
③ 민간경비업체와 경찰책임자의 정기적인 회의를 개최하도록 한다.
④ 사건 발생시 민간경비와 경찰 간의 갈등을 최소화하기 위해서 상호역할기준을 명확히 해야 한다.

> 법적으로 볼 때 우리나라의 민간경비는 모든 운영 및 활동이 경찰의 허가 및 지휘·감독을 받게 되어 있기 때문에 경찰과 민간경비의 상호관계가 수평적 관계이기 보다는 수직적 관계 속에 형성되어 왔다. 따라서 민간경비와 경찰이 상호협력체계를 구축하여 관계개선을 꾀하기 위해서 상하·수직적 관계를 개선하는 방안을 모색해야 한다.

출제 POINT
> 한국의 민간경비와 경찰의 관계개선 방안

07

경찰과 민간경비의 관계개선을 위해서는 향후 경찰조직 내의 전담부서의 확대가 요구된다. 현재 경찰청에서 경비업법상 경비업을 관리하고 있는 부서는?

① 범죄예방대응국 범죄예방정책과
② 생활안전교통국 자치경찰과
③ 경비국 경비과
④ 경비국 대테러위기관리과

> 경비업에 관한 연구 및 지도는 경찰청 범죄예방대응국 범죄예방정책과에서 담당한다(경찰청과 그 소속기관 직제 시행규칙 제7조).

> 경찰과 민간경비의 관계개선

08 ★★

한국의 민간경비와 청원경찰제도의 단일화 문제에 관한 설명으로 틀린 것은?

① 전체적으로 통일된 민간경비산업의 육성이 가능하게 되어 경비업무의 능률을 전반적으로 제고시킬 수 있다.
② 민간경비의 전문성을 확보하게 되어 치안수요에 대한 경찰력의 한계를 극복해 나갈 수 있다.
③ 현행 청원경찰법과 경비업법을 모두 폐지하고 새로운 단일 법안을 제정하는 것이 유일한 단일화 방안이다.
④ 경비시장이 확대되어 경비원의 보수수준이 향상된다.

> 청원경찰법과 경비업법의 이원적인 운용에 따른 문제점을 해결하기 위하여 양법의 통합 및 단일화 방안이 세 가지 관점에서 제시되고 있지만 두 법을 모두 폐지한 후 새로운 단일법안을 제정하는 방안이 최적이라고 할 수는 없다.

> 이원적 운용체제의 통합 및 단일화 방안
> 민간경비와 경찰의 개선방안, 민간경비와 청원경찰제도의 단일화 문제, 청원경찰과 민간경비의 이원적 운용체계에 따른 문제점에 대해서는 철저하게 숙지하여 시험에 대비하여야 한다.

정답 06 ① 07 ① 08 ③

09

다음 중 국내 민간경비 시장의 전망으로 틀린 것은?

① 경찰력의 인원·장비, 업무의 과다로 민간경비업은 급속히 발전할 것이다.
② 지역 특성에 맞는 민간경비 상품의 개발이 요구될 것이다.
③ 민간경비업의 홍보활동이 적극적으로 전개될 것이다.
④ 21세기에는 기계경비보다 인력경비업의 성장속도가 훨씬 빠를 것이다.

> 전통적인 인력경비업보다 현대화된 기계경비업의 성장속도가 훨씬 빠르고 지속적으로 발전할 것이다.

▶ 향후 민간경비업의 전망

10

다음 중 청원경찰과 민간경비의 이원적 운용체제에 따른 문제점이라고 보기 어려운 것은?

① 현재 대부분의 중요경비시설에 있어서 특수한 경비대상 시설이나 기타 분야를 제외하고는 청원경찰과 경비가 동시에 이루어지거나, 청원경찰을 점차 경비로 전환하는 추세이다.
② 청원경찰과 일반경비원 모두 총기 사용에 따른 훈련 부족으로 사고가 빈번하다.
③ 청원경찰법과 경비업법에 규정되어 있는 지휘체계상의 문제와 보수지급체제의 문제로 경비원들의 이직률이 높아 이로 인한 경비인력의 부족현상과 교육훈련비의 낭비를 초래하고 있다.
④ 경비나 청원경찰 모두 관할 경찰서장의 지도하에 근무요원들의 근무수행상황을 감독하고 필요에 따라 교육훈련을 실시하도록 하고 있지만 실질적인 근무의 지휘 및 감독은 경비의 경우에는 새롭게 신설된 경비지도사가 담당하며, 청원경찰의 경우에는 청원주가 지정한 유능한 자에 의해 실시된다.

> 청원경찰은 총기를 소지 및 사용할 수 있으나, 경비원 중 일반경비원은 소지 및 사용할 수 없기 때문에 청원경찰과 민간경비의 이원적 운용체제에 따른 문제점이라고 보기 어렵다.

▶ 민간경비제도의 이원적 운용에 따른 문제점

11 ★

청원경찰법과 경비업법을 이원적으로 운용함으로써 발생되는 현상이 아닌 것은?

① 청원경찰은 경찰공무원도 경비원도 아닌 이중적인 법적 지위 때문에 업무수행에 있어서 혼란 등을 겪을 수 있다.
② 청원경찰과 민간경비원은 보수 면에서 상당한 차이가 발생하여 청원주가 청원경찰의 배치를 기피하는 경향이 있다.
③ 청원경찰의 감독, 임용 및 해임 등의 권한이 민간경비업자에게 위임되고 있다.
④ 민간경비원들은 청원경찰보다 직업안전성이 낮고 이직률이 높은 편이다.

> 청원경찰은 청원주가 임용하되, 임용을 할 때에는 미리 시·도경찰청장의 승인을 받아야 하며(청원경찰법 제5조 제1항), 관할경찰서장은 매달 1회 이상 청원경찰을 배치한 경비구역에 대하여 복무규율과 근무상황·무기의 관리 및 취급사항을 감독하여야 한다(동법 시행령 제17조). 경비업법에 따른 경비업자가 중요시설의 경비를 도급받았을 때에는 청원주는 그 사업장에 배치된 청원경찰의 근무배치 및 감독에 관한 권한을 해당 경비업자에게 위임할 수 있다(동법 시행령 제19조 제1항).

▶ 이원적 운용체계에 따른 문제점
경비업법에 따른 경비업자가 중요시설의 경비를 도급받은 때에는 청원주는 그 사업장에 배치된 청원경찰의 근무배치 및 감독에 관한 권한을 당해 경비업자에게 위임할 수 있다. 이 규정은 동일 사업장에서의 경비업무가 효율적으로 수행되도록 하기 위하여 도입된 것이다. 그러나 임용과 해임에 관한 권한은 위임할 수 없음에 유의해야 한다.

정답 09 ④ 10 ② 11 ③

12 ☐☐☐
민간경비의 발전을 위한 올바른 내용으로 볼 수 없는 것은?

① 민간경비규제위원회를 통하여 민간경비의 중요정책사항을 규정하여야 한다.
② 인력경비와 기계경비는 상호보완적인 관계로 조화를 이루어야 한다.
③ 민간경비 교육전담기구의 조속한 설립으로 민간경비의 질적인 발전을 유도하여야 한다.
④ 공경비와 민간경비는 상호간 상하·수직적 관계로 구성되어야 한다.

공경비와 민간경비는 상호발전을 위해서 상호보완적·수평적 관계로 구성되어야 바람직하다.

> 출제 POINT
> 민간경비산업의 발전 방향과 모색

13 ☐☐☐
한국의 민간경비업에 관한 설명으로 틀린 것은?

① 경비업법상의 경비업무는 시설경비업무, 호송경비업무, 신변보호업무, 기계경비업무, 특수경비업무 등 5종이다.
② 인력경비보다 기계경비의 비중이 크다.
③ 민간경비원의 법적 지위는 일반 시민과 같다.
④ 86 아시안게임, 88 올림픽을 치른 이후로 민간경비업이 날로 발전하고 있다.

아직은 인력경비의 형태가 많은 비중을 차지한다.

> 우리나라 민간 경비업의 특징

14 ☐☐☐
민간경비산업의 발전방안으로 옳지 않은 것은?

① 방범장비산업을 적극 육성한다.
② 경비인력을 전문화한다.
③ 방범장비의 오경보로 인한 인력의 소모와 방범상의 허점을 개선하여야 한다.
④ 청원경찰제도과 민간경비제도를 현재와 같이 계속 이원화하여야 한다.

청원경찰법과 경비업법의 이원적인 운용은 많은 문제점을 야기하고 있기 때문에 청원경찰제도와 경비제도는 통합·단일화되어야 한다.

> 민간경비산업의 발전 및 개선방안

정답 12 ④ 13 ② 14 ④

15. 한국 민간경비산업에 대한 설명 중 옳은 것은?

① 2000년 이후 기계경비가 인력경비의 시장규모를 넘어서고 있다.
② 민간경비업의 설립에 대한 허가제가 신고제로 바뀌어 경비업체의 질적 저하를 초래하고 있다.
③ 경찰업무의 민영화가 빠르게 진전되어 경찰의 위기의식이 고조되고 있다.
④ 민간경비의 수요 및 시장규모는 전국에 걸쳐 보편화되었다기 보다는 아직까지 특정지역에 편중되어 있다.

> ① 첨단 과학화된 경비장비의 발달로 기계경비가 증가하는 추세에 있지만, 아직까지 인력경비에 의존하는 비율이 높은 편이다.
> ② 경비업을 영위하고자 하는 법인은 도급받아 행하고자 하는 경비업무를 특정하여 그 법인의 주사무소의 소재지를 관할하는 시·도경찰청장의 허가를 받아야 한다(경비업법 제4조 제1항).
> ③ 비록 특수경비원에게 한정된 경우이지만 국가가 독점하고 있던 총기휴대의 권한을 특수경비원에게 위임했다는 것은 전통적 경찰기능이 서서히 민간으로 이양되고 있음을 의미한다. 그러나 이는 어디까지나 국가공권력인 경찰의 지휘와 통제하에 가능한 일이다.

16. 민간경비산업의 발전방안으로 옳지 않은 것은?

① 민간경비원의 전문자격증제도 확립
② 경찰과의 협력체계 구축 및 첨단장비의 개발
③ 국가 전담기구의 설치와 행정지도
④ 인력경비 중심의 민간경비산업 구축

> 경비인력만으로 국가중요시설을 완벽하게 경비하는 데는 한계가 있기 때문에 과학화된 첨단 기계경비시스템을 확충하여 인력경비의 단점을 극복하여야 한다.

17. 다음 중 민간경비에 있어서 허가주의를 채택하는 이유는 어느 것인가?

① 민간경비업이 상업성과 더불어 국민의 생명·신체를 담보로 하는 업무상의 특징을 가지고 있기 때문에
② 법인의 설립과 운영에 대한 법적 제재를 강화하기 위해서
③ 특별한 자격을 갖춘 자에게만 허가를 주어서 특혜를 주려고
④ 허가주의를 채택하여 법적 규제를 가하여 국가의 권위를 인식시키려고

> 민간경비에 있어서 허가주의를 채택하는 이유는 민간경비업이 상업성과 더불어 국민의 생명·신체를 담보로 하는 업무상의 특징을 가지고 있기 때문에 업체의 난립으로 인한 무자격자의 고용으로 인하여 피해가 발생하는 것을 방지하기 위해서이다.

정답 15 ④ 16 ④ 17 ①

18 〔20. 08. 기출〕

국내 민간경비산업의 발전방안 및 전망에 관한 설명으로 옳지 않은 것은?

① 경찰과 민간경비업계는 차별적 관계에 있다는 인식을 확립해 나가야 한다.
② 과거에 비해 기계경비의 비중이 높아지고 있으며, 이 경향은 앞으로도 지속될 것이다.
③ 민간경비업체들의 영세성을 탈피하기 위한 경비업체 업무의 다변화가 필요하다.
④ 인구 고령화 추세에 따른 긴급통보시스템, 레저산업 안전경비 등 각종 민간경비 분야가 발전할 것으로 전망된다.

> 경찰과 민간경비업계는 국가중요시설의 경비를 담당하는 경비원과 경찰상호 간의 특성에서 오는 관계를 이해하고 이들이 지닌 인적·물적 자원과 풍부한 경험을 효과적으로 이용할 수 있도록 상호협력체계를 확립해 나가야 한다.

▶ 민간경비산업의 발전방안

---

19 〔02. 기출〕

아래 표에서 경비원의 『질문검색』과 경찰관의 『불심검문』의 특징이 잘못 배열되어 있는 것은?

구분		경비원의 질문검색	경찰관의 불심검문
①	법적 근거	미비	경찰관 직무집행법 등
②	목적	경비대상시설의 위험발생방지	범죄예방 및 진압
③	대상	출입자, 거동수상자 등	거동수상자 등
④	한계	타인의 권리 침해 가능	타인의 권리 침해 불가

> 경비업자는 경비대상시설의 소유자 또는 관리자(시설주)의 관리권의 범위 안에서 경비업무를 수행하여야 하며, 다른 사람의 자유와 권리를 침해하거나 그의 정당한 활동에 간섭하여서는 아니 된다(경비업법 제7조의 제1항).

▶ 경찰과 경비원의 업무수행상 차이점

---

20 〔18. 09. 07. 기출〕

민간경비 산업의 전망에 관한 설명으로 옳지 않은 것은?

① 향후 기계경비업보다 인력경비업의 성장속도가 빠를 것이다.
② 경찰 및 교정 업무의 민영화 추세는 민간경비의 성장의 한 요인이 될 것이다.
③ 경비 수요에 맞는 민간경비 상품의 개발이 요구될 것이다.
④ 민간경비업의 홍보활동이 적극적으로 전개될 것이다.

> 기계경비시스템의 비약적인 성장으로 종전의 인력경비시스템을 추월할 것이다.

▶ 우리나라 민간경비 산업의 향후 전망

정답 18 ① 19 ④ 20 ①

21 한국 민간경비산업의 현황 및 발전방안에 관한 설명으로 옳은 것은?

① 민간경비의 수요 및 시장규모가 일부지역에 편중되어 있다.
② 최근에 기계경비를 배제하고, 인력경비를 중심으로 변화하면서 민간경비의 질적 향상이 도모되고 있다.
③ 청원경찰과 민간경비의 일원적 운용으로 인해 여러 문제점들이 발행되고 있다.
④ 경찰 및 교정업무의 민영화 추세는 민간경비업 감소의 한 요인이 된다.

> ① 민간경비의 수요 및 시장규모가 전국적 규모로 보편화되어 있다기보다는 서울, 부산, 대구, 인천 등 대도시의 일부지역에 편중되어 있다.
> ② 기계경비가 상당히 성장·발전하고 있지만, 아직까지는 모든 경비시스템이 인력경비에 기초를 두고 있다.
> ③ 청원경찰과 민간경비의 이원적 운용으로 인해 여러 문제점들이 발행되고 있다.
> ④ 경찰 및 교정업무의 민영화 추세는 민간경비업 증가의 한 요인이 된다.

출제 POINT ▶ 한국의 경비산업

11. 기출

22 다음 중 민간경비와 경찰간의 상호 갈등 요인이라고 보기 어려운 것은?

① 상호정보교환의 부재 ② 상호불신의식
③ 상호경쟁의식 ④ 상호역할기준의 명확성

> 민간경비와 경찰의 역할이 유사하면 상호간에 갈등관계가 표출되지만, 범죄예방활동은 민간경비가, 범인체포나 범죄수사는 경찰이 담당하게 하여 상호간의 역할을 명확하게 구분하게 되면 갈등관계는 형성되지 않을 것이다.

출제 POINT ▶ 민간경비와 경찰 상호간의 중요 갈등요인

23 다음 중 우리나라 민간경비 산업의 발전을 위해 가장 시급한 점은 무엇인가?

① 우수한 경비원의 선발과 교육
② 경찰조직과 협력체제 문제
③ 방범기기의 개발에 대한 인식변화
④ 국가차원의 민간경비 전담기구의 설치

> 민간경비 관련분야의 발전과 전문성을 확보하기 위해서는 무엇보다도 전문적 지식과 자격을 갖춘 우수한 인적 자원을 채용하고 이들을 교육하여 적재적소에 배치하는 일이다.

출제 POINT ▶ 민간경비의 발전방안 중 선결과제

정답 21 ① 22 ④ 23 ①

24 ☐☐☐

다음 중 민간경비와 경찰이 상호 협조체제를 구축하는 데 있어서의 문제점이라고 보기 어려운 것은?

① 상호지원체제의 미흡
② 범죄예방과 홍보활동의 부족
③ 범죄에 대한 예방활동을 위한 정책빈곤
④ 업무에 대한 상호간의 충분한 이해

> 업무에 대한 상호간의 충분한 이해는 민간경비와 경찰의 협력적 관계를 구축하는 데 있어 필요한 요소이다.

▶ 민간경비와 경찰의 협력적 관계구조

25 ☐☐☐

민간경비산업의 발전과 관련이 없는 것은 다음 중 어느 것인가?

① 고수준의 교육훈련
② 방범·경비서비스 기능의 강화
③ 경비업무의 전문화
④ 법집행·통제기능의 강화

> 법집행을 통해 간섭과 통제를 강화하면 민간경비산업이 위축되는 결과를 낳는다.

▶ 민간경비 산업이 발전할 수 있는 요소

★26 ☐☐☐   04. 기출

다음 중 민간경비업의 개선방안으로 옳지 않은 것은?

① 청원경찰제도와의 단일화
② 근로자파견업 및 공동주택관리업에 있어 경비업무규정 명확화
③ 특수경비업 및 기계경비업의 요건 완화
④ 경비원의 자격요건 및 교육의 강화

> 경비업무의 수행상 특수경비업 및 기계경비업의 요건을 완화하면 사고 위험이 커질 수 있으므로 이는 민간경비업의 개선방안이 될 수가 없다.

▶ 우리나라 민간경비업의 개선방안

정답 24 ④ 25 ④ 26 ③

27

한국 민간경비산업의 문제점으로 옳지 않은 것은?

① 경비업자의 손해배상책임 규정이 없다.
② 민간경비원의 자질 및 전문성이 문제되고 있는 실정이다.
③ 경비업법과 청원경찰법이 이원화되어 경비의 효율성 등에 장애요인으로 작용한다.
④ 일부 업체를 제외하고는 영세한 업체가 대다수이다.

> 대부분의 경비업체가 영세하고, 경비원의 처우가 열악하여 이직률이 높고, 경비인력의 전문성이 부족하며, 경비업체가 도급계약을 체결할 때 경비입찰단가가 비현실적으로 낮게 책정되어 민간경비업체의 제반문제로 이어지고 있는 실정이다. 또한 청원경찰법과 경비업법의 단일화가 안 되어있고, 민간경비와 경찰은 업무에 대한 상호이해가 잘 되어 있지 않다.

▶ 우리나라 민간경비업의 문제점

28 ★

우리나라의 경찰과 민간경비 간의 관계 개선방안이 아닌 것은?

① 경찰조직 내 일정규모 이상의 민간경비 전담부서 설치
② 경찰과 민간경비원의 개별순찰제도 활성화
③ 민간경비업체와 경찰 책임자의 정기적인 회의 개최
④ 민간경비와 경찰 간 관련 정보의 적극적 교환

> 경찰과 민간경비원의 개별순찰을 활성화할 것이 아니라, 상호협력체계를 구축하여야 한다.

▶ 민간경비산업의 개선방안

29 ★

경찰과 민간경비의 상호협력방안에 관한 설명으로 옳지 않은 것은?

① 지역방범 및 정보교환 네트워크 구축
② 관련 전문지식, 교육훈련 등의 지속적 교환
③ 지휘·감독 강화를 통한 수직적 관계의 유지
④ 민간경비의 오경보(false alarm) 감소를 위한 상호노력

> ③ 경비원과 경찰 상호 간의 특성에서 오는 관계를 이해하고 이들이 지닌 인적·물적 자원과 풍부한 경험을 효과적으로 이용할 수 있도록 상호협력체계가 구축되어야 한다.

▶ 경찰과 민간경비의 상호협력방안

정답 27 ① 28 ② 29 ③

30 ★
15, 08. 기출

민간경비원 관리와 감독관련 자격증제도에 관한 설명으로 옳지 않은 것은?

① CPP는 미국산업안전협회에서 시행하는 공인경비사자격제도이다.
② 우리나라는 2013년 경비업법상 경비지도사의 직무로 집단민원현장에 배치된 경비원에 대한 지도·감독이 추가되었다.
③ 일본의 경비원지도교육책임자는 국가공안위원회에서 관리한다.
④ 우리나라의 경비지도사 자격증은 3년마다 갱신해야 한다.

> 미국의 민간경비원 관리·감독관련 자격증 제도인 CPP(Certified Protection Professional)는 미국산업안전협회에서 시행하는데, 3년마다 갱신을 요구하고 있다. 반면, 국가공안위원회에서 실시하는 일본의 경비원지도교육책임자 제도와 경찰청에서 실시하는 우리나라의 경비지도사 제도는 갱신제도가 없다.

출제 POINT: 각국 민간경비산업의 특징

31
23, 19. 기출

우리나라 민간경비업의 문제점으로 옳지 않은 것은?

① 최근 기계경비 시장의 성장으로 인해 인력경비는 많은 비중을 차지하지 않는다.
② 민간경비업체는 충분한 자본을 바탕으로 꾸준한 매출을 올리는 소수를 제외하고는 대체로 영세성을 면하지 못하고 있다.
③ 경비업체의 대다수가 수도권에 편중되어 지역불균형이 심각한 상태이다.
④ 경비분야에 있어서 유능한 연구인력과 경비원이 부족한 실정이다.

> 첨단 과학화된 경비장비의 발달로 기계경비가 증가하는 추세에 있지만, 아직까지 인력경비에 의존하는 비율이 높은 편이다.

출제 POINT: 민간경비산업의 문제점

32
17, 15, 12. 기출

우리나라 민간경비산업의 전망에 관한 설명으로 옳은 것을 모두 고른 것은?

> ㉠ 기계경비보다 인력경비의 빠른 성장
> ㉡ 지역 특성에 맞는 민간경비 상품의 개발 필요
> ㉢ 민간경비산업의 홍보활동을 소극적으로 전개
> ㉣ 물리보안과 사이버보안을 통합한 토탈시큐리티 산업으로 전개

① ㉠, ㉡
② ㉠, ㉢
③ ㉡, ㉣
④ ㉢, ㉣

> ㉠ 기계경비업체의 비중과 기계경비대상 시설물의 수가 급격하게 증가하고 있다.
> ㉢ 민간경비업의 홍보활동이 적극적으로 전개되고 있다.

출제 POINT: 우리나라 민간경비 발전 방향

정답 30 ④ 31 ① 32 ③

33 ★

출제 POINT: 융합보안의 개념

[23, 19, 17. 기출]

융합보안에 관한 설명으로 옳지 않은 것은?

① 물리보안요소와 정보보안요소를 상호 연계하여 보안의 효과성을 높이는 활동이다.
② 정보보안요소에는 출입통제, 접근감시, 잠금장치 등이 있다.
③ 인적자원 보안, 사업 연속성, 위험관리, 재난복구 등을 논리적, 물리적으로 통합하는 것을 의미한다.
④ 물리적 보안장비 및 각종 재난·재해 상황에 대한 관리까지 포함한다.

출입통제, 접근감시, 잠금장치 등은 물리보안요소에 해당된다.

34

출제 POINT: 경찰과 민간경비의 관계

[19. 기출]

경찰과 민간경비의 협력관계 개선방안으로 옳지 않은 것은?

① 민간경비원에 대한 감독 강화
② 합동 범죄예방 및 홍보활동
③ 비상연락망 구축과 경비자문서비스센터의 공동운영
④ 업무기준의 명확화를 통한 마찰 해소

경찰과 민간경비는 상호문제점을 개선하고 치안수요의 다양성과 전문성에 효과적으로 대응하기 위해서는 상호협력 증진방안이 검토되어야 한다.

35 ★

출제 POINT: 우리나라 민간경비산업의 미래

[23. 기출]

우리나라 민간경비산업의 미래에 관한 예측으로 옳은 것은?

① 고객의 수가 증가하면서 모든 경비업체의 매출이 증가할 것이다.
② 정보화사회의 발전에 따른 첨단범죄의 증가로 이에 대응하는 민간경비의 전문성이 요구될 것이다.
③ 대규모 주상복합시설이 등장하면서 범죄라는 위험에 집중할 수 있는 단일대응체계가 확립될 것이다.
④ 대기업의 참여가 감소하면서 참여주체가 중소기업으로 전환될 것이다.

① 인구감소 추세에 있는 우리나라 현실에서 고객의 수는 오히려 감소한다고 봐야 한다.
③ 민간경비는 건축물이 인텔리전트화되면서 예방적인 시큐리티시스템의 운용을 추구할 것이다.
④ 민간경비업체들의 영세성을 탈피하기 위한 경비업체 업무의 다변화가 필요하다.

정답 33 ② 34 ① 35 ②

36 ★

우리나라 민간경비산업의 문제점과 개선방안으로 옳지 않은 것은?

① 청원경찰에게 총기 휴대가 금지되어 있어 실제 사태 발생시 큰 효용을 거두지 못하고 있다.
② 보험회사들의 민간경비업에 대한 이해부족은 보험상품 개발을 꺼리는 요인이 되고 있다.
③ 민간경비원의 교육과정은 교육과목이 많고 내용도 비현실적이라는 지적이 있다.
④ 경찰과 민간경비와의 긴밀한 협력을 위해 지속적인 인적·물적 지원이 이루어져야 한다.

청원경찰법 제8조(제복착용과 무기휴대)를 통해 청원경찰이 무기를 휴대할 수 있음을 알 수 있다.

37 ★

외국에서는 찾아보기 어려운 우리나라의 제도로 경찰과 민간경비의 과도기적 시기에 만들어진 제도는?

① 특수경비원제도
② 전문경비제도
③ 청원경찰제도
④ 기계경비업무

청원경찰제도는 제3공화국 출범 이후 경제발전의 급속한 발전과 계속적으로 늘어나는 국가 중요 산업시설에 대한 경비를 경찰인력만으로는 감당할 수 없어, 민간인 신분으로 근무지역 내에서 경찰관 직무집행법에 따라 경찰관의 직무를 수행할 수 있도록 조직된 우리나라만의 독특한 제도이다. 이후 청원경찰제도는 민간경비와 청원경찰의 이원화 문제가 대두된 1980년대 후반부터, 청원경찰 존재 의의와 독자적인 고유영역이 점차 축소되어 상호 혼선의 폭이 심화되고 있다는 지적과 함께 국가 공경비인 경찰제도와 민간경비제도의 과도기적 시기에 조직된 제도로 보기도 한다.

38 ★★

다음 사례에 해당되는 개념은?

> A회사는 출입통제, 접근감시, 잠금장치 등 물리적 보안요소와 불법 침입자 정보인식 시스템 등 정보보안요소를 상호 연계하여 보안의 효과성을 높이고자 한다.

① 융합보안
② 절차적 통제
③ 방화벽
④ 정보보호

융합보안이란 물리보안과 정보보안의 경계가 허물어져 하나로 통합된 보안개념으로 무형자산에 대한 위협과 취약점에 대해 정책적·관리적·기술적인 관점에서 제어하고, 피해를 최소화하기 위해 다양한 기술을 융합하여 창출하는 보안제품 및 서비스를 말한다.

정답 36 ① 37 ③ 38 ①

39 ★★

다음 설명에 해당하는 경비개념은?

21. 기출

> 물리적 보안요소(CCTV, 출입통제장치 등), 기술적 보안요소(불법출입자정보인식시스템 등), 관리적 보안요소(조직·인사관리 등)를 상호 연계하여 시큐리티의 효율성을 높이고자 하는 접근방법이다.

① 혼성(Hybrid) 시큐리티
② 종합(Total) 시큐리티
③ 융합(Convergence) 시큐리티
④ 도시(Town) 시큐리티

융합보안이란 물리적 보안요소(CCTV, 출입통제장치, 접근감시, 잠금장치 등), 기술적 보안요소(불법출입자정보인식시스템, 방화벽, 바이러스·취약성 관리, 사용자 인가절차, 백업·복구 등), 관리적 보안요소(범죄조사, 정책개발, 조직·인사관리, 윤리조사, 보안조사 등)의 영역을 상호 연계하여 시큐리티의 효율성을 높이고자 하는 통합적 접근방법을 말한다.

출제 POINT
▶ 융합보안

40

민간경비의 공공관계(PR) 개선에 관한 설명으로 옳지 않은 것은?

21. 기출

① 공공관계 개선은 관련정책 및 프로그램을 통한 민간경비의 이미지 향상을 의미한다.
② 민간경비는 특정고객에게 경비 서비스를 제공하지만 일반시민과의 관계 개선도 중요하다.
③ 민간경비의 언론관계는 기밀유지 등을 위해 무반응적(inactive) 대응이 원칙이다.
④ 민간경비는 장애인·알코올중독자 등 특별한 상황에 처한 사람들의 특성을 잘 이해하고 있어야 한다.

언론에 대한 민간경비의 가장 좋은 접근은 사전적 접근방식을 취함으로써 언론에 대하여 신뢰관계를 형성하는 것이 중요하다.

▶ 민간경비의 공공관계

정답 39 ③ 40 ③

부록

최근 기출문제

청 원 경 찰
민간경비론

제26회 경비지도사 민간경비론 기출문제

2024년 11월 9일 시행

01

민간경비와 공경비의 개념에 관한 내용으로 옳지 않은 것은?

① 공경비는 일반 국민들을 위하여 관할 구역 내에서 법 집행의 권한을 가진다.
② 비렉(A. J. Bilek)은 민간경비원의 법적 지위를 크게 3가지 유형으로 구분하였다.
③ 우리나라의 청원경찰은 경찰관 신분을 가진 민간경비원으로 강제력 행사가 가능하다.
④ 제한된 근무지역 내에서 경찰권을 일부 행사할 수 있는 민간경비원도 있다.

02

민간경비와 공경비를 구분하는 기준으로서 경비서비스 항목이 아닌 것은?

① 기능
② 역할
③ 전달조직
④ 적법성

03

민간경비의 이론적 배경 중 공동화이론에 관한 설명으로 옳은 것은?

① 민간경비 시장의 성장을 범죄의 증가에 따른 직접적 대응으로 보았다.
② 경찰과 민간경비는 상호보완적 관계에 있다.
③ 개인이나 집단과 조직 등의 안전과 보호는 해당 개인이나 조직이 담당하여야 한다.
④ 치안서비스의 생산과 공급에 민간의 역할을 증대시킨다.

04

민간경비 활동에 있어서 '서비스주체의 다원화'에 초점을 맞추고 등장한 이론은?

① 이익집단이론
② 공동생산이론
③ 경제환원이론
④ 수익자부담이론

05

민간경비와 공경비의 관계에 관한 다음 대화 중 옳은 설명을 한 사람은?

- 김하나 : 공경비의 주체는 영리 기업이야.
- 배성진 : 민간경비는 모든 시민을 상대로 경비업무를 수행하지.
- 박서연 : 아니야, 민간경비는 특정고객을 대상으로 경비업무를 수행해.
- 정수혁 : 민간경비는 법 집행 및 범죄 수사를 하지.

① 김하나
② 배성진
③ 박서연
④ 정수혁

06

민간경비의 개념에 관한 설명으로 옳지 않은 것은?

① 실질적 개념 : 민간경비는 경찰이 수행하는 경비활동과 본질적으로 차이가 있다.
② 형식적 개념 : 경비의 주체를 공적 주체와 사적 주체로 명확하게 구분한다.
③ 대륙법계 개념 : 민간경비는 국가의 지도·감독하에 제한적인 기능만을 담당한다.
④ 영미법계 개념 : 민간경비의 업무범위가 경찰과 유사하나 집행 권한에 차이가 있다.

07

고대 민간경비에 관한 설명으로 옳지 않은 것은?

① 고대 그리스 도시국가에서는 최초의 국가경찰로 추정되는 자경단원(Vigilance man)제도가 있었다.
② 함무라비 시대에는 정부가 법 집행을 할 수 있고 개인에게 책임을 부여할 수 있었다.
③ 고대 로마 시대에는 지배자가 통치하는 군대가 운영되었으며, 이들은 최초의 비무장수도경찰로 간주된다.
④ 원시시대의 대표적인 경비 형태는 절벽 동굴이나 수상가옥 등 주거지를 이용한 방법이다.

08

다음의 내용에 해당하는 민간경비와 관련된 인물은?

야간경비회사인 방호회사를 설립하여 최초의 중앙감시방식 방호서비스를 시작하였다.

① 딘글(J. Dingle)
② 핑커튼(A. Pinkerton)
③ 헨리 필딩(Henry Fielding)
④ 에드윈 홈즈(Edwin Holmes)

09

일본의 민간경비에 관한 내용 중 옳지 않은 것은?

① 일본은 제2차 세계대전 이후에 현대적 민간경비업의 출현을 맞이하게 되었다.
② 일본의 민간경비는 1964년 오사카 만국박람회(EXPO) 기간 최초로 투입되었으며, 그 역할이 대단한 것으로 평가되고 있다.
③ 1980년대 초 한국에 진출하였고 그 후반에는 중국에까지 진출하였다.
④ 일본의 민간경비는 시설경비·공항보안 뿐 아니라 핵연료물질 운반 등 폭 넓은 분야로 발전하였다.

10

우리나라의 민간경비에 관한 내용 중 옳지 않은 것은?

① 용역경비업법에 근거하여 미8군부대 용역경비를 실시한 것이 민간경비의 효시라 할 수 있다.
② 용역경비업법이 경비업법으로 변경됨으로써 포괄적인 개념의 전문경비제도를 도입하는 계기가 되었다.
③ 1980년대 이후 기계경비시스템이 점차적으로 도입되었다.
④ 경비협회의 업무는 경비업법에 규정되어 있다.

11

경비원 등의 교육에 관한 설명 중 옳지 않은 것은? (단, 신임교육 면제 대상자는 제외)

① 경비지도사는 경비지도사시험에 합격하고 38시간의 기본교육을 받아야 한다.
② 일반경비원은 24시간의 신임교육을 받아야 한다.
③ 특수경비원은 80시간의 신임교육을 받아야 한다.
④ 청원경찰로 임용된 사람은 2주간 76시간의 교육을 받아야 한다.

12

일반경비원 신임교육 제외 대상이 아닌 사람은?

① 교정직 공무원으로 근무한 경력이 있는 사람
② 경찰공무원으로 근무한 경력이 있는 사람
③ 경비지도사 자격이 있는 사람
④ 대통령 등의 경호에 관한 법률에 따른 경호공무원으로 근무한 경력이 있는 사람

13

자체경비와 계약경비에 관한 설명으로 옳지 않은 것은?

① 자체경비는 계약경비보다 자신을 고용한 회사나 고용주에 대한 충성도가 상대적으로 높다.
② 자체경비는 계약경비보다 결원의 보충 및 추가인력의 배치가 상대적으로 어렵다.
③ 계약경비는 자체경비보다 상대적으로 전문성이 높다.
④ 계약경비는 자체경비보다 정해진 절차에 따라 소신 있는 경비업무수행이 상대적으로 곤란하다.

14

최근 민간경비의 치안환경변화에 관한 설명으로 옳지 않은 것은?

① 국제화·개방화에 따라 내국인의 해외범죄, 외국인의 국내범죄가 증가하고 있다.
② 인터넷 등 컴퓨터통신망의 발달에 따라 해킹 등 첨단사이버범죄가 대폭 증가하고 있다.
③ 치안환경이 변화되면서 보이스피싱 등 신종사기범죄는 많이 줄어들었다.
④ 청소년에 의한 마약범죄 증가가 사회문제로 대두되었다.

15
방범경찰활동의 한계요인으로 옳지 않은 것은?

① 치안수요 증가로 인한 경찰인력의 부족
② 지역사회 문제해결을 위한 경찰과 지역주민의 협력
③ 경찰의 민생치안부서 근무 기피현상
④ 경찰활동에 대한 주민들의 이해부족

16
국가경찰과 자치경찰의 조직 및 운영에 관한 법률에 규정된 자치경찰사무에 해당하지 않는 것은?

① 주민참여 방범활동의 지원 및 지도
② 외국 정부기관 및 국제기구와의 국제협력
③ 지역 내 다중운집 행사 관련 혼잡 교통 및 안전 관리
④ 안전사고 및 재해·재난 시 긴급구조지원

17
민간에 의한 방범활동으로 옳지 않은 것은?

① 자율방범대에 의한 방범활동
② 교통단속과 교통위해의 방지활동
③ 시민단체에 의한 방범활동
④ 언론매체에 의한 방범활동

18
민간경비원의 법적 지위와 권한에 관한 설명 중 옳지 않은 것은?

① 민간경비원이 수집한 증거가 법정에서 원용될 경우 증거능력이 인정된다.
② 민간경비원의 정당방위나 긴급피난은 위법성이 조각된다.
③ 민간경비원은 현행범을 체포할 수 있다.
④ 민간경비원은 범인을 검거하기 위하여 압수·수색을 할 수 있다.

19
다음에 해당하는 민간경비 조직편성의 원리는?

> 조직의 공동목표를 달성하기 위해 하위조직들이 수행하고 있는 업무가 통일성 내지 조화를 이루도록 해야 한다.

① 조정·통합의 원리 ② 전문화의 원리
③ 계층제의 원리   ④ 명령통일의 원리

20
각국의 민간경비제도에 관한 설명으로 옳지 않은 것은?

① 미국에서는 경찰관 신분을 가지고 민간경비분야에서 부업을 하고 있는 경우가 있다.
② 일본에는 교통유도경비에 관한 검정제도가 있다.
③ 한국의 청원경찰은 경비구역에서 발생한 범죄에 대하여 범죄수사를 할 수 있다.
④ 영국의 로버트 필(Robert Peel)경은 수도경찰법을 의회에 제출하여 수도경찰을 창설하였다.

21

경비업법령상 경비지도사에 관한 설명으로 옳은 것은?

① 일반경비지도사와 특수경비지도사로 구분한다.
② 특수경비원은 특수경비지도사만이 지도·감독·교육을 할 수 있다.
③ 소방기관과의 연락방법에 대한 지도는 경비지도사의 직무이다.
④ 경비지도사는 경비원의 지도교육과 순회감독을 분기별 1회 실시하여야 한다.

22

경비업법령상 일반경비지도사 시험에 합격하고 받아야 하는 기본교육 과목으로 옳은 것은?

① 일반경비현장실습   ② 일반조사론
③ 기계경비현장실습   ④ 민간조사론

23

경비위해요소에 관한 설명으로 옳지 않은 것은?

① 자연적 위해는 자연현상에 의해 야기되는 자연재해이다.
② 특정한 위해는 특정 시설물 및 국가 등에 따라 성질이나 유형이 다양하게 나타나는 위해이다.
③ 경비위해요소 분석의 첫 번째 단계는 경비위해요소의 위험도를 서열화하는 것이다.
④ 경비위해요소의 유형에는 자연적 위해, 인위적 위해, 특정한 위해가 있다.

24

경비의 중요도에 따른 경비수준에 관한 설명 중 ( )에 들어갈 용어로 옳은 것은?

- (ㄱ) – 전혀 패턴이 없는 외부와 내부의 이상행동 및 침입을 감지하고 저지, 방어, 대응공격을 위한 경비수준
- (ㄴ) – 대부분의 패턴이 없는 외부 및 내부의 행동을 발견·저지·방어·예방하도록 계획되어진 것으로, 교도소나 제약회사 또는 전자회사 등에서 이루어지는 경비수준

① ㄱ : 최고수준경비(Level Ⅴ),
　ㄴ : 상위수준경비(Level Ⅳ)
② ㄱ : 최고수준경비(Level Ⅴ),
　ㄴ : 하위수준경비(Level Ⅱ)
③ ㄱ : 중간수준경비(Level Ⅲ),
　ㄴ : 상위수준경비(Level Ⅳ)
④ ㄱ : 상위수준경비(Level Ⅳ),
　ㄴ : 중간수준경비(Level Ⅲ)

25

경비계획 수립의 순서로 옳은 것은?

① 경비문제의 인지 → 경비목표 설정 → 경비위해요소의 조사·분석 → 최종안 선택 → 경비실시·평가
② 경비위해요소의 조사·분석 → 경비문제의 인지 → 경비목표 설정 → 경비실시·평가 → 최종안 선택
③ 경비목표 설정 → 경비위해요소의 조사·분석 → 경비문제의 인지 → 경비실시·평가 → 최종안 선택
④ 경비문제의 인지 → 경비위해요소의 조사·분석 → 경비목표 설정 → 경비실시·평가 → 최종안 선택

26

외곽감지시스템에 관한 설명으로 옳지 않은 것은?

① 광케이블감지시스템은 광케이블의 충격과 절단을 감지한다.
② 적외선변화감지시스템은 침입에 따른 적외선의 증가량을 감지한다.
③ 장력변화감지시스템은 철선이나 광케이블의 장력변화를 감지한다.
④ 펜스충격감지시스템은 울타리를 침입할 때 발생되는 충격을 감지한다.

27

외곽경비에 관한 설명으로 옳지 않은 것은?

① 하수구, 배수관, 맨홀 뚜껑 등의 점검은 경비계획에 포함시켜야 한다.
② 외곽경비는 자연적 장애물과 인공적 구조물 등을 이용하여 시설을 보호한다.
③ 콘서티나 철사는 빠른 설치의 장점을 가지고 있다.
④ 비상시에만 사용하는 출입구는 평상시에 개방되어 있어야 한다.

28

핀날름쇠 자물쇠에 관한 설명으로 옳은 것을 모두 고른 것은?

ㄱ. 열쇠의 양쪽에 홈이 규칙적으로 파여 있는 형태이다.
ㄴ. 열쇠의 양쪽에 홈이 불규칙적으로 파여 있는 형태이다.
ㄷ. 열쇠의 홈이 한쪽 면에만 있다.
ㄹ. 돌기형 자물쇠에 비해 안전성이 높다.
ㅁ. 판날름쇠 자물쇠에 비해 안전성이 높다.

① ㄱ, ㄷ, ㄹ
② ㄱ, ㄹ, ㅁ
③ ㄴ, ㄷ, ㅁ
④ ㄴ, ㄹ, ㅁ

29

시설물 내부의 경비요령에 관한 내용으로 옳지 않은 것은?

① 사무실 등의 출입문은 관계자들의 편리성과 내구성을 고려하면서 통제관리가 필요하다.
② 반입물품 뿐만 아니라 내부에서 외부로의 반출물품도 검색과 관리가 필요하다.
③ 건물내부의 중요구역 여부를 고려한 경비설계가 필요하다.
④ 출입문은 따로 구분하지 않고 일원화하여 관리하는 것이 효과적이다.

30

환경설계를 통한 범죄예방(Crime Prevention Through Environmental Design)에 관한 설명으로 옳은 것은?

① 범죄의 원인을 환경적 요인보다는 개인적 요인에서 찾는다.
② CPTED의 기본전략은 자연적인 접근통제와 감시, 영역성의 완화에서 출발한다.
③ 물리적 환경을 개선하여 범죄를 억제하고 주민의 불안감을 해소하고자 하는 이론이다.
④ 뉴만(O. Newman)의 방어공간 개념과는 무관하다.

31

컴퓨터 부정조작의 유형으로 옳지 않은 것은?

① 입력조작
② 프로그램조작
③ 콘솔조작
④ 메모리 해킹

32
다음 컴퓨터 범죄의 특성에 해당하는 것은?

범죄 행위가 단순히 데이터의 변경, 멸실 등의 형태에 불과할 경우 실수라고 변명한다면 형사처벌이 어렵다.

① 광범위성
② 고의 입증 곤란성
③ 자동성
④ 범행영속성

33
컴퓨터 범죄의 유형에 해당하지 않는 것은?

① 컴퓨터 부정조작
② 자료의 부정변개
③ 소프트웨어 파괴
④ 컴퓨터 절도

34
컴퓨터 시스템의 관리적 안전대책으로 옳은 것은?

① 데이터의 암호화
② 컴퓨터실 출입통제
③ 침입차단시스템
④ 기록문서화 철저

35
다음의 설명에 해당하는 범죄로 옳은 것은?

대규모 프로그램을 개발할 때 프로그램을 수정할 수 있는 명령어가 끼어 있고 프로그램 개발이 완성되면 명령어를 삭제해야 하나 고의 또는 과실에 의해 이를 삭제하지 않아 이 명령어를 이용하여 프로그램을 조작

① 데이터 디들링(data diddling)
② 스카벤징(scavenging)
③ 함정문 수법(trap door)
④ 스푸핑(spoofing)

36
정보보호의 기본원칙으로 옳지 않은 것은?

① 책임성의 원칙
② 인식성의 원칙
③ 윤리성의 원칙
④ 독자성의 원칙

37
융합보안에 관한 설명으로 옳지 않은 것은?

① 물리적 보안영역, 관리적 보안영역, 기술적 보안영역을 통합적으로 관리한다.
② 인력에 의한 출입통제와 통제시스템의 관리에만 주력한다.
③ 물리적 보안인증과 사이버 보안인증을 통합적으로 관리하여 보안관리를 강화한다.
④ 개인, 기업, 정부단체 등의 데이터를 통합해 정확한 사고징후를 감지하고 총체적으로 대응할 수 있다.

38
청원경찰과 민간경비제도의 이원화에 따른 문제점으로 옳지 않은 것은?

① 지휘체계의 이원화에 따른 혼란
② 보수의 차별화 문제
③ 청원주의 비용 부담 가중
④ 청원경찰 인력의 지속적 증가

39

우리나라 민간경비업의 발전방안으로 옳지 않은 것은?

① 민간경비와 청원경찰제도의 일원화
② 방범서비스산업에 대한 규제 강화
③ 민간경비와 경찰의 협업체계 구축
④ 경비관련 자격증제도의 도입을 통한 전문화

40

경찰과 민간경비의 협력증진방안으로 옳지 않은 것은?

① 경찰과 민간경비 책임자의 정기적인 간담회 개최
② 경찰의 민간경비 전담 부서의 운영
③ 비상연락망 및 개별출동시스템 구축
④ 경찰의 경비자문 서비스센터의 운영

정답 및 해설

제26회 경비지도사 민간경비론 기출문제

빠른 정답

01	02	03	04	05	06	07	08	09	10
③	④	②	②	③	①	①	④	②	①
11	12	13	14	15	16	17	18	19	20
①	①	④	③	②	②	②	④	①	③
21	22	23	24	25	26	27	28	29	30
③	①	③	①	①	③	②	④	④	③
31	32	33	34	35	36	37	38	39	40
④	②	④	④	③	④	②	④	②	③

01 | ③

청원경찰은 형법이나 그 밖의 법령에 따른 벌칙을 적용하는 경우와 청원경찰법 및 청원경찰법 시행령에서 특별히 규정한 경우를 제외하고는 공무원으로 보지 않는다(청원경찰법 시행령 제18조). 따라서 경찰관 신분을 갖지 않는 민간경비원인 청원경찰은 강제력 행사가 가능하지 않다. 다만 관할 경찰서장의 감독을 받아 경비구역만의 경비를 목적으로 필요한 범위에서 「경찰관 직무집행법」에 따라 경찰관의 직무를 수행할 수 있을 뿐이다.

02 | ④

민간경비와 공경비를 구분하는 기준으로서 기능, 역할, 전달조직에서 상호 차이가 존재하지만 존립 근거, 강제력 행사 등 업무수행의 근거 모두 법 규정을 준수해야 하는 것은 동일하므로 적법성 면에서는 차이가 존재하지 않는다.

03 | ②

① 민간경비 시장의 성장을 범죄의 증가에 따른 직접적 대응이 아닌 공적경비인 경찰이 이웃 간의 다툼해결, 사회봉사활동, 공중위생의 유지, 교통관제 등의 비범죄적인 업무에 쫓기고 있어서 경찰 본래의 직무인 범죄예방이나 범죄통제와 같은 서비스를 충분하게 제공할 수 있는 인적·물적 측면의 요인들이 감소됨으로써 나타나게 된 '공동화 상태'를 메우기 위해서 민간경비가 발달 성장하게 되었다고 하는 이론이다.
③ 수익자부담이론에서 주장하는 이론이다.
④ 민영화이론에서 주장하는 이론이다.

04 | ②

공동생산이론은 서비스주체의 단원화에 초점을 맞춰 민간경비를 공경비의 보조적 차원이 아닌 주체적 차원으로 인식함으로써, 치안서비스 제공은 경찰의 역할수행과 민간경비의 공동참여로 이루어진다고 보는 이론이다.

05 | ③

- 김하나: 공경비의 주체는 <u>국가기관(정부)</u>이다.
- 배성진: 민간경비는 <u>특정인(의뢰자)</u>을 상대로 경비업무를 수행한다.
- 정수혁: 민간경비는 범죄예방 및 <u>경제적 손실 방지활동</u>을 한다.

06 | ①

실질적 개념상 민간경비는 경찰이 수행하는 공공의 안녕과 질서유지 등의 경비활동과 본질적인 차이가 없다.

07 | ①

옥타비아누스에 의해서 임명된 자경단원이라 불리는 수천 명의 비무장 군인을 각 관할 구역의 질서를 유지한 것은 고대 로마에서 이뤄진 것이다.

08 | ④

방호회사(Holmes Protection Inc.)를 설립하여 최초의 중앙감시방식 방호서비스를 시작한 것은 에드윈 홈즈(Edwin Holmes)이다.

09 | ②

1967년 도쿄 올림픽을 계기로 민간경비 역할이 널리 인식되었고, 1970년 오사카에서 개최된 만국박람회(EXPO)의 대회장에 민간경비가 투입되어 시설관리·관람객들의 안전, 질서유지를 완벽하게 수행함으로써 일본의 민간경비가 양적·질적으로 성장하는 계기가 되었다.

10 | ①

1960년대 초 용진보안공사, 봉신기업, 화영기업 등이 미8군부대 용역경비를 실시한 것이 민간경비의 효시라 할 수 있다. 용역경비업법은 치안상황이 경찰력만으로는 부족하다는 정책적 판단하에 1976년에 제정되었다.

11 | ①

경비지도사는 경비지도사시험에 합격하고 <u>40시간 이상</u>의 기본교육을 받아야 한대(경비업법 제11조 제1항, 경비업법 시행령 제15조의2 제1항).

12 | ①

일반경비원 신임교육 제외 대상(경비업법 시행령 제18조 제2항)
1. 일반경비원 또는 특수경비원 신임교육을 받은 사람으로서 채용 전 3년 이내에 경비업무에 종사한 경력이 있는 사람
2. 「경찰공무원법」에 따른 경찰공무원으로 근무한 경력이 있는 사람
3. 「대통령 등의 경호에 관한 법률」에 따른 경호공무원 또는 별정직공무원으로 근무한 경력이 있는 사람
4. 「군인사법」에 따른 부사관 이상으로 근무한 경력이 있는 사람
5. 경비지도사 자격이 있는 사람
6. 채용 당시 일반경비원 신임교육을 받은 지 3년이 지나지 아니한 사람

13 | ④

계약경비는 급여를 사용자(고객)가 아닌 자신의 소속 회사로부터 직접 수령하기 때문에 경비업무의 수행에 있어서 특정한 관점에서 수행하지 않고 정해진 절차에 따라 소신껏 객관적으로 업무를 처리할 수 있다.

14 | ③

치안환경이 악화되면서 보이스피싱 등 신종사기범죄가 폭발적으로 증가하고 있다.

15 | ②

지역사회 문제해결을 위한 경찰과 지역주민의 협력은 방범경찰활동의 한계를 극복하기 위한 방안이지 한계요인이 아니다.

16 | ②

자치경찰사무(국가경찰과 자치경찰의 조직 및 운영에 관한 법률 제4조 제1항 제2호)

가. 지역 내 주민의 생활안전 활동에 관한 사무	1) 생활안전을 위한 순찰 및 시설의 운영 2) 주민참여 방범활동의 지원 및 지도 3) 안전사고 및 재해·재난 시 긴급구조지원 4) 아동·청소년·노인·여성·장애인 등 사회적 보호가 필요한 사람에 대한 보호업무 및 가정폭력·학교폭력·성폭력 등의 예방 5) 주민의 일상생활과 관련된 사회질서의 유지 및 그 위반행위의 지도·단속. 다만, 지방자치단체 등 다른 행정청의 사무는 제외한다. 6) 그 밖에 지역주민의 생활안전에 관한 사무
나. 지역 내 교통활동에 관한 사무	1) 교통법규 위반에 대한 지도·단속 2) 교통안전시설 및 무인 교통단속용 장비의 심의·설치·관리 3) 교통안전에 대한 교육 및 홍보 4) 주민참여 지역 교통활동의 지원 및 지도 5) 통행 허가, 어린이 통학버스의 신고, 긴급자동차의 지정 신청 등 각종 허가 및 신고에 관한 사무 6) 그 밖에 지역 내의 교통안전 및 소통에 관한 사무
다. 지역 내 다중운집 행사 관련 혼잡 교통 및 안전 관리	

라. 다음의 어느 하나에 해당하는 수사 사무	1) 학교폭력 등 소년범죄 2) 가정폭력, 아동학대 범죄 3) 교통사고 및 교통 관련 범죄 4) 「형법」 제245조에 따른 공연음란 및 「성폭력범죄의 처벌 등에 관한 특례법」 제12조에 따른 성적 목적을 위한 다중이용장소 침입행위에 관한 범죄 5) 경범죄 및 기초질서 관련 범죄 6) 가출인 및 「실종아동등의 보호 및 지원에 관한 법률」 제2조 제2호에 따른 실종아동등 관련 수색 및 범죄

17 | ②

교통단속과 교통위해의 방지활동은 경찰에 의한 치안서비스에 해당한다.

18 | ④

시설경비업무・호송경비업무・신변보호업무・기계경비업무・특수경비업무의 전부 또는 일부를 도급받아 영업을 행하는 민간경비업자는 상법상의 의제상인으로 그에 고용된 민간경비원은 수사상의 법적 권한이 없으므로 범인을 검거하기 위하여 압수・수색을 할 수 없다.

19 | ①

조직의 공동목표를 달성하기 위해 하위조직들이 수행하고 있는 업무가 통일성 내지 조화를 이루도록 해야 한다는 것은 조정・통합의 원리이다.
② 전문화의 원리는 업무를 그 종류와 성질별로 세분하여 조직 구성원에게 한 가지의 주된 업무만을 전담시킴으로써 조직 관리상의 능률을 향상시키려는 원리를 말한다.
③ 계층제의 원리는 직무를 권한과 책임의 정도에 따라 등급화하고, 상하계층 간에 명령・복종과 지휘・감독체계를 확립하려는 원리를 말한다.
④ 명령통일의 원리는 조직체 구성원은 오직 한 사람의 상관으로부터 명령을 받고 그에게만 보고하여야 한다는 원리를 말한다.

20 | ③

한국의 청원경찰은 국가공무원이 아닌 민간인으로서 경비구역에서 발생한 범죄에 대하여 범죄수사를 할 수 있는 권한이 없다.

21 | ③

① "경비지도사"라 함은 경비원을 지도・감독 및 교육하는 자를 말하며 일반경비지도사와 기계경비지도사로 구분한다(경비업법 제2조 제2호).
② 특수경비원의 교육시 관할경찰서 소속 경찰공무원이 교육기관에 입회하여 대통령령이 정하는 바에 따라 지도・감독하여야 한다(경비업법 제13조 제4항).
③ 경비업법 제12조 제2항 제3호
④ 경비지도사는 법 제12조 제3항에 따라 같은 조 제2항 제1호・제2호의 직무 및 제1항 각 호의 직무를 월 1회 이상 수행하여야 한다(경비업법 시행령 제17조 제2항).

22 | ①

일반경비지도사 기본교육의 과목(경비업법 시행규칙 별표 1)

일반경비지도사	시설경비
	호송경비
	신변보호
	특수경비
	혼잡・다중운집 인파 관리
	교통안전 관리
	일반경비 현장실습

23 | ③

경비위해요소 분석의 첫 번째 단계는 경비위해요소의 인지이다. 경비위해요소의 인지는 경비대상시설이 안고 있는 경비상의 취약성을 확인하는 절차로서 손실이 예상되는 곳, 물건을 훔쳐갈 수 있는 곳 등을 확인한다.

24 | ①

• 최고수준경비(Level Ⅴ) - 전혀 패턴이 없는 외부와 내부의 이상행동 및 침입을 감지하고 저지, 방어, 대응공격을 위한 경비수준
• 상위수준경비(Level Ⅳ) - 대부분의 패턴이 없는 외부 및 내부의 행동을 발견・저지・방어・예방하도록 계획되어진 것으로, 교도소나 제약회사 또는 전자회사 등에서 이루어지는 경비수준

25 | ①

경비계획의 수립과정
문제의 인지 → 목표의 설정 → 자료 및 정보수집 → 경비계획 전체의 검토 → 대안의 작성 및 비교검토 → 최선안의 선택 → 실시 → 평가 → 환류(평가결과를 재투입)

26 | ②

적외선감지기는 어떠한 외부침입에 의해 적외선이 차단되면 이를 감지하여 곧바로 비상신호로 바뀌도록 하는 장치로서 적외선 빔을 방출하는 송신부(투광기)와 이를 수신하는 수신부(수광기)로 구성되어 있다.

27 | ④

비상시에만 사용하는 폐쇄출입구는 평상시에 잠겨져 있어야 한다. 아울러 경보장치 등을 설치하여 보완하도록 한다.

28 | ④

핀날름쇠 자물쇠(Pin Tumbler Locks)
열쇠의 양쪽에 홈이 불규칙적으로 파여져 있는 복잡한 형태의 잠금장치로 돌기형 자물쇠에 비해 안전성이 높은 판날름쇠 자물쇠보다 한 단계 높은 안전성을 제공한다. 따라서 일반 산업분야뿐만 아니라 일반주택에도 널리 사용된다.

29 | ④

출입문은 구역의 중요성에 따라 등급화하거나 구분하여 관리해야 한다.

30 | ③

① 인간의 본성은 선과 악 사이에 존재하기 때문에 어떠한 환경에 놓이게 되느냐에 따라 범죄성을 결정지을 수 있다고 본다.
② CPTED의 기본전략은 자연적인 접근통제, 자연적인 감시, 영역성의 강화라는 세 가지 차원에서 출발한다.
④ 환경설계를 통한 범죄예방은 오스카 뉴만(Oscar Newman)이 제시한 방어공간 개념을 기반으로 한 개념이다.

31 | ④

컴퓨터의 부정조작에는 입력조작, 프로그램조작, 콘솔조작, 출력조작이 있다. 메모리 해킹은 해킹(Hacking) 유형에 해당한다.

32 | ②

범죄 행위가 단순히 데이터의 변경, 멸실 등의 형태에 불과할 경우 실수라고 변명하면서 과실로 인한 것이라고 주장하면 고의가 있었다고 입증하는데 어려움이 따르는 것은 고의 입증 곤란성을 말한다.

33 | ④

컴퓨터 기기 자체를 훔치는 절도는 일반 재산범죄인 절도죄(형법 제329조)에 해당하는 것이지 컴퓨터 범죄의 유형에 해당하지 않는다.

34 | ④

① 데이터의 암호화, ③ 침입차단시스템은 기술적 안전대책에 해당한다.
② 컴퓨터실 출입통제는 물리적 안전대책에 해당한다.

35 | ③

함정문 수법(trap door)은 프로그래머가 운영체계나 대형 프로그램을 개발하면서 프로그램 내부에 자신만이 드나들 수 있게 부정루틴을 삽입하여 컴퓨터 정비나 유지보수를 핑계삼아 컴퓨터의 내부자료를 뽑아가는 방식이다.

36 | ④

정보보호의 기본원칙으로 독자성의 원칙이 아니라 정보시스템의 보안을 위한 방법 및 실행과 절차는 가능한 행정적·운영적·기술적·상업적·교육적·제도적인 관점 등을 포함한 모든 사항이 고려되어야 한다는 다중협력성의 원칙이 강조된다.

37 | ②

융합보안은 물리적 보안과 정보보안의 경계가 허물어져 하나로 통합된 보안개념으로 무형자산에 대한 위협과 취약점에 대해 정책적·관리적·기술적인 관점에서 제어하고, 피해를 최소화하기 위해 다양한 기술을 융합하여 창출하는 보안제품 및 서비스를 말한다.

38 | ④

청원경찰 인력의 지속적 증가는 청원경찰과 민간경비제도의 이원화에 따른 문제점이 아니라 우리나라 방범서비스 시장의 추세일 뿐이다.

39 | ②

방범서비스산업에 대한 규제를 강화할 것이 아니라 완화하여 민간경비업의 다각적 발전을 꾀해야 한다. 경비인력만으로 국가중요시설을 완벽하게 경비하는 데에는 한계가 있기 때문에 각종 첨단화된 기계경비시스템을 확보할 수 있도록 제도적 규제 완화가 필요한 상황이다.

40 | ③

경찰과 민간경비의 협력증진방안으로 비상연락망 구축과 상호정보교환 네트워크를 통한 합동출동시스템 구축이 필요하다.